KB190879

복 있는 사람

오직 여호와의 율법을 즐거워하여 그 율법을 주야로 묵상하는 자로다.
저는 시냇가에 심은 나무가 시절을 좇아 과실을 맺으며 그 잎사귀가 마르지 아니함 같으니
그 행사가 다 형통하리로다. (시편 1:2-3)

오스 기니스는 지난 40년간 뛰어난 문화비평가요 사회비평가이면서 복음을 신실하고 용감하게 옹호해 온 기독교 변증가다. 이 책은 기독교 변증가로서 그의 삶과 성찰을 매우 정제된 형태로 오롯이 담고 있는 걸작이다. 기니스는 선지자들이 실천했고 예수께서 성육신과 십자가의 죽음과 부활을 통해 보여주고 사도들이 뒤를 이은 '창의적 설득' 방식을 오늘의 기독교가 회복하기를 소망하며, 그 방법을 차근히, 구체적으로, 매우 설득력 있게 보여준다. 복음 전도와 변증에 관심 있는 이들이 함께 곁에 두고 읽고 또 읽어야 할 책이다.

강영안 서강대학교 철학과 명예교수

오스 기니스의 『소명』은 내 생애 가장 큰 영향을 끼친 책이었으며, 그에게 영향을 준 C. S. 루이스와 프랜시스 쉐퍼는 내게도 소중한 스승이었다. 이번에 출간되는 『풀'스 톡』은 그의 또 다른 문제작이 될 것이다. 제자도와 변증이 분리된 오늘날의 세상에서 오스 기니스는 '창의적 설득의 예술'을 강조한다. 기독교의 진리는 아직도 충분히 매혹적이고 예술적일 수 있다는 것이다. 기독교의 전도가 매력을 잃는 세상에서 이 책은 우리의 자부심을 크게 고양시킬 것이다.

이동원 목사 지구촌교회 원로목사

오늘날 한국교회는 지난 20년 동안의 양적 성장에서 멈춰서며 다양한 지표에서 하락세를 기록하고 있다. 무엇보다 공적 영역에서 발언권을 급속히 잃고 있는 모습이다. 여러 이유 가운데 지나치게 단선적인 순진함을 앞세웠다는 데서 한 원인을 찾을 수 있다. 뛰어난 변증가이자 한국독자에게 친숙한 저술가인 오스 기니스는, 이 책에서 교회가 '기독교적 설득의 예술'을 회복해야 한다고 주장하며 기독교 변증을 위한 신선한 시도를 제시한다. 기독교 진리는 '바보의 말' 속에 담긴 번뜩이는 지혜다. 이 책을 통해 한국교회가 하늘의 선물인 소중한 진리를 합당하게 이해하고 전파하는 데 도움을 얻기를 기대한다.

송태근 삼일교회 담임목사

휴대폰이나 자동차 세일즈맨은 새 모델을 출시할 때 눈빛, 말씨, 옷매무새 등 온갖 설득의 기술을 동원하여 고객 앞에 선다고 한다. 그런가 하면, 기독교 전도자들은 주로 선포만 일삼거나 대화만 나누다 헤어진다. 오스 기니스는 이 책에서 선포만 일삼는 보수주의자들은 설득하는 법을 배우고, 대화만 나누다가 헤어지는 자유주의자들은 변증하는 법을 배우라고 한다. 가나안 성도나 실제적 무신론자나 회의주의자를 만나려는 사람은, 이 책이 제시하는 기독교적 설득과 변증의 예술을 가슴 깊이 새기고 만나기를 바란다.

성인경 라브리공동체 한국 대표

오스 기니스의 저작은 지난 수십 년간 교계에 아주 귀한 자산이었다. 나는 현대에 신앙을 소통하는 법을 다분히 그에게 배웠다. 이번 책도 실망시키지 않는다. 대다수 변증 관련 서적과 다르게 대화와 설득의 실제 역동성을 다루었다. 아울러 기독교 신앙을 어필하는 유용하고 접근하기 쉬운 논증들이 아주 광범위하게 제시된다. 이 책을 적극 추천한다.

팀 켈러 뉴욕 리디머장로교회 담임목사

설득의 숨은 논리와 수사학을 직접 해설한 책이다. 듣는 상대가 어떻게 불신과 의심에서 기독교 신앙의 진리를 확신하는 단계로 넘어가는지 보여준다. 기니스는 효과적 논증의 특성뿐 아니라 변증자의 성품과 윤리와 믿음에 초점을 맞춘다. 지적으로 심오하면서도 지극히 실제적이다. 나처럼 당신도 이 책이 마음에 꼭 들 것이다.

제임스 W. 사이어 『기독교 세계관과 현대사상』 저자

수많은 회의론자와 호전적 비신자는 기독교 변증자에게 난제일 때가 많다. 때로 논증만으로는 이들 비신자의 영혼에 깊이 가닿을 수 없다. 그래서 복음주의 최고의 살아 있는 사회비평가인 오스 기니스의 수사학적 지혜가 우리에게 필요하다. 이 책을 통해 독자들은 예수 그리스도의 비할 데 없는 복음을 더 지혜롭고 창의적으로 권유할 수 있을 것이다.

더글러스 그루타이스 덴버 신학대학원 철학 교수

대화와 토론이라는 예술과 과학에서는 메시지와 방법이 서로 조화를 이루어야만한다. 이 일을 내 동료 오스 기니스보다 더 잘하는 사람은 없다. 그의 예리한 사고와 신중한 연구 발표는 오랜 세월 나에게 유익을 끼쳤다. 이 책에서 그가 지혜롭게지적하듯이, "오늘날 우리의 급선무는 전도와 변증을 재결합하는 것이고, 단지 논증에 이기기 위해서가 아니라 사람들을 얻기 위해서 최선의 논증에 힘쓰는 것이다." 이번 역작에 다루어진 중대한 주제들은 평생의 변증만큼이나 광범위한데, 여기서도 역시 그의 독특한 사고를 볼 수 있어 기쁘다. 회의론자나 구도자와 대화하려는 모든 사람의 필독서다.

라비 재커라이어스 라비 재커라이어스 국제사역센터 총재

오늘날 기독교 변증은 전투에는 이기지만 전쟁에는 지는 것 같다. 교회가 전도를포기하고 성경적 전략을 무시하는 이때에 이 책은 꼭 필요하고 매우 중요하다. 저자는 재치와 영향력을 활용하도록 통찰력 있게 지도할 뿐 아니라, 그리스도를 소통하는 예술의 매력을 되찾아 준다. 기니스의 영향으로 독자들은 특유의 통합과지혜를 얻을 수 있으며, 과거의 유익한 점들이 참신하고 통찰력 있게 현재에 적용된다. 인간은 누구나 하나님이 자신을 깊이 사랑하시고 용서하심을 알아야 하는데, 이 책의 도움으로 사람들에게 그것을 더 잘 전할 수 있을 것이다. 진심으로 일독을 권한다.

제리 루트 휘튼 칼리지 전도학 부교수

분명히 기독교 변증학은 르네상스를 맞고 있다. 그런데 이상하게도 설득의 예술을 다루는 경우는 극히 드물다. 우리 시대의 탁월한 변증가 오스 기니스보다 그 공백을 더 잘 메울 수 있는 사람이 누구겠는가. 견고한 기독교 신앙을 뻔하지 않은 방식으로 제시하는 게 이 책의 많은 미덕 중 하나다. 첨단기술, 세계화, 정치적 궤변, 도덕적 상대주의 등 현대의 온갖 도전 앞에서 우리는 단 하나의 확실한 반응법을 찾아내 결정타를 날리고 싶어 하지만, 기니스는 정반대로 한다. 이전 시대의 G. K. 체스터턴처럼, 그도 이성이 빈약하면 진리도 부실하고 미심쩍어 보임을 상기시킨다. 그가 주창하는 광범위한 논증은 모두 상상력이 풍부하지만, 또한 모두 뜻밖의 진리를 가리켜 보인다. 바로 예측을 불허하는 하나님의 사랑이다.

윌리엄 에드거 웨스트민스터 신학대학원 변증학 교수

냉소적인 이 시대에 기독교가 전도와 변증과 제자도를 저버림은 아주 심각한 문제다. 사회 정의만으로는 부족하다. 영혼을 사랑하고 깨우는 설득의 예술을 속히 되찾아야 한다. 세상은 때로 귀먹은 듯하지만 기쁜 소식을 듣지 못해 죽어 가고 있다. 기니스가 보여주는 탁월한 '마음의 변증'은 논증에만 이기는 게 아니라, 훨씬 중요하게 사람을 얻는 변증이다. 그의 말대로 복음은 지고한 형태의 사랑이고, 최고의 소식이며, 구원을 고대하는 세상의 유일한 희망이다.

켈리 먼로 컬버그 베리타스 포럼 설립자

마크 트웨인과 G. K. 체스터턴이 기지와 역설을 살려 지혜를 권유한 작가였다면, 기니스는 우리 시대의 그리스도인들이 매력 있고 설득력 있게 믿음을 권유할 수 있도록 고전적 지혜와 기지의 광맥을 풍성하게 캐낸다. 40년이 넘도록 기니스는 학식과 기지와 설득력을 갖춘 책들을 공들여 써냈다. 직유와 비유와 통찰이 풍성한 이 책은 그의 저서 중 최고의 수작이 아닌가 싶다.

케빈 벨몬트 고든 칼리지 초빙작가

이 책은 가장 성경적인 신약의 전도 모델 곧 설득 전도를 당당하고 요긴하게 재천명하되 전도와 변증, 머리와 가슴, 주관과 객관, 이성과 신앙을 통합한다. 한마디로 신약의 가장 보편적인 전도 형태를 설명하고 변호한 책이다. 세계 교회의 한 가지 급선무는 성경에 강조된 설득 전도를 되찾는 일이다. 교회가 오스 기니스의 긴박한 촉구에 귀 기울인다면, 더 충실한 전도가 가능해질 것이다. 아울러 신자들 사이에 복음의 진리 주장에 대한 확신도 깊어질 것이다.

린제이 브라운 국제로잔복음화운동 총무

수십 년의 경험과 고찰이 녹아든 탁월한 책이다. 당신도 변증 서적 가운데 이 책만은 놓치고 싶지 않을 것이다. 마음을 다해 추천한다.

마이클 램즈덴 옥스퍼드 기독교 변증학 센터 공동대표

수십 년에 걸쳐 무르익은 사유와 풍성한 사역의 결과물이다. 기독교적 설득의 예술에 관한 지혜롭고 창의적이고 참신하고 독특한 책이다.

폴 코펀 팜비치애틀랜틱 대학교 철학윤리학과장

풀'스톡

Os Guinness

FOOL'S TALK

: Recovering the Art of Christian Persuasion

풀's톡

Fool's Talk

오스 기니스 지음 · 윤종석 옮김

복 있는 사람

풀's 톡

2016년 5월 3일 초판 1쇄 인쇄
2016년 5월 10일 초판 1쇄 발행

지은이 오스 기니스
옮긴이 윤종석
펴낸이 박종현

도서출판 복 있는 사람
주소 서울특별시 마포구 연남동 246-21(성미산로23길 26-6)
전화 02-723-7183, 7734(영업·마케팅)
팩스 02-723-7184
이메일 blesspjh@hanmail.net
등록 1998년 1월 19일 제1-2280호

ISBN 978-89-6360-181-6 03230
ISBN 978-89-6360-178-6 04230(세트)

이 도서의 국립중앙도서관 출판시도서목록(CIP)은
서지정보유통지원시스템 홈페이지(http://seoji.nl.go.kr)와 국가자료공동목록시스템
(http://www.nl.go.kr/kolisnet)에서 이용하실 수 있습니다. (CIP 제어번호 : 2016011009)

차례

해설의 글

한마디로 『풀'스 톡』 *Fool's Talk* 은 걸작이다. 오스 기니스가 그동안 펴낸 30여 권의 책을 총괄할 만큼 방대할 뿐 아니라 가장 깊이가 있어 그의 대표작으로 삼을 만하다. 뛰어난 작가에게는 사안을 꿰뚫어 볼 수 있는 눈이 있다. 또한 본 것을 쉽게 풀어내는 능력이 있다. 기니스는 이 두 가지 은사를 모두 갖춘 탁월한 기독교 변증가이자 사회·문화비평가다. 그는 이를 활용해 평생을 오늘날 교회의 절실한 필요를 채우는 일에 매진했다. 그것은 다름 아니라 "소통의 시대"에 "불통"으로 인해 위기에 처한 "기독교 변증"을 구하는 일이다.

변증은 신학의 출발점이며 기초였다. 신학은 호기심이나 학문적 관심에서 시작된 것이 아니다. 불신 세계의 비판과 이단에 맞서 정통 신앙을 지키려는 씨름의 결실이다. 그런 의미에서 기독교가 "변증의 종교"라는 말은 일리가 있다. 하지만 오늘날 변증은 위기에 처했다. 변증은 지난날의 영예를 잃고 구차한 변명이나 무력한 논박으로 인식되고 있다. 실제로 현재 변증학을 가르치는 신학교는 극소수다. "철학적 신학"이나 문화 관련 과목으로 바뀌었다. 문제는 과목명이 변경되면 내용도 달라진다는 데 있다. 변증학을 유지하는 경우도, 본래 성격과 달리 지나치게 방어적이거나 무례할 정도로 공격적 성향을 띠기도 한다. 기니스는 이처럼 성경과 교회 역사의 소중한 유산인 변증이 "소통과 선전의 시대"에 잊혀지고, 훼손되거나 무시되고 있는 현실을 개탄한다.

변증의 계보학　　　　　『풀'스 톡』은 문화철학에서 말하는 "계보학"의 성격을 가지고 있다. 계보학 또는 고고학은 주제를 역사적으로 파고 들어가며 그 근본 성격을 속속들이 드러내는 기법이다. 해당 주제 전반을 뿌리까지 알지 못하면 시도할 수 없는 거대한 작업이다. 기니스는 이 작업을 이 책에서 성공적으로 수행해 나간다. 그는 피터 버거, 프랜시스 쉐퍼, 맬컴 머거리지, C. S. 루이스, G. K. 체스터턴 같은 현대 변증가로부터 쇠렌 키에르케고르와 블레즈 파스칼을 지나, 에라스무스를 거쳐 아우구스티누스, 유스티누스 같은 초대 교회 변증가에게, 그리고 사도 바울로 거슬러 올라간다. 당연히 예수 그리스도를 만나고, 다시 히브리 시인, 지혜자, 선지자를 변증의 뿌리로 밝혀낸다. 사실은

"하나님 자신이 최고의 변증가"시며 이들 모두가 그의 일을 섬기는 종이라는 것이다.

소위 "바보 어법"^{Narrenrede}은 기독교 안팎에서 널리 활용되어 온 감추어진 지혜의 표현방식이다. 그것은 "다만 멸망하는 자들에게 미련한 것으로" 보일 뿐이다. 흔히 에라스무스의 『우신예찬』을 원조로 꼽지만, 기니스는 그것이 성경에 뿌리를 내리고 있음을 밝혀낸다. 성육신과 십자가, 성령의 구속 사역이 모두 이 범주에 속하는데, 한마디로 인류의 타락 이후의 계시가 죄인을 회개로 부르시는 사랑의 "설득"이었다는 것이다. 하지만 불신을 자랑스레 배지처럼 달고 다니는 이 시대의 사람들을 설득하는 것이 가능할 것인가? 첨단기술에 이동통신이 맞물려 각종 오락물이 넘쳐나는 이 시대 대중문화는, 생각을 죽이고 진지함마저 앗아 간다. 물질 이상의 가치나 비전을 잊고 삶의 궁극적 목적에 대해 생각조차 하지 않는다. 믿음을 추구할 생각조차 없는 "종교 없음"의 시대이다. 게다가 리처드 도킨스 같은 "신종 무신론자"들이 대담하고 무례한 선동을 하는 판국이다. 과연 이에 맞설 효과적인 전략이 우리에게 있을까?

기니스는 그 답을 변증의 회복에서 찾는다. 지금이야말로 잃어버린 변증의 유산을 되살려야 할 때라는 것이다. 상대주의와 세속화 문화 속에도 인간은 여전히 "삶에 뚫린 구멍"을 채

우려는 영적 갈망과 열망을 느낄 수밖에 없다. 참된 변증은 비신자로 하여금 이 갈망을 일깨워 그에게 주어지는 "초월의 신호"를 알아보도록 돕는 일이다. 그것은 김빠진 진부한 전도나 설교와 달리, 창의적이며 전복적 설득의 위력을 갖춘 변증을 필요로 한다. 또한 그것은 헛똑똑이의 잔소리가 아니며, 자신만이 옳다고 고집하는 꽉 막힌 정통주의의 오만한 정죄도 아니다. 십자가의 길을 따르는 "거룩한 바보의 길"이며, 이를 통해 비신자의 마음에 전인적으로 호소하는 "마음의 변증"이다.

창의적 설득의 힘　　　　기니스의 변증은 철저히 전통에 기초해 있지만 창의성이 매우 돋보인다. 『풀'스 톡』은 이것이 어떻게 통합될 수 있는지를 잘 보여준다. 초대 교회 변증가들의 글을 읽어 보면 누구나 놀라는 사실 두 가지가 있다. 그들의 변증이 당시뿐 아니라 지금 그대로 사용될 수 있을 정도로 보편적 시의성이 있다는 것과, 그들이 보여주는 놀라운 실력과 통찰이다. 당대 최고의 지성이었던 아우구스티누스는 말할 것도 없고, "예루살렘과 아테네가 무슨 상관이 있느냐"고 했고 "철학은 이단의 아비"라고 했던 테르툴리아누스도 결코 무지하거나 무례한 사람이 아니었다. 시대와 문화를 읽는 통찰 이면에는 당대 어떤 지성인에 못지않은 실력이 분명히 드러난다. 그 시대의 학문과 수사에 정통했고, 설득에 필요한 모든 기술과 능력을 갖추었다는 말이다.

그런 그들이었기에 순교자의 혀와 펜이 되어 로마 사회를 향해 신앙의 진리를 능히 "변증"할 수 있었던 것이다. 그들은 왜 그리스도인들이 산 채로 불태워지고 검투장에 끌려가고 짐승에게 찢기면서도 찬송하며 박해자를 위해 기도할 수 있었는지를 설득력 있게 말하는 방법을 알고 있었다. 그들의 설득은 감성적 호소이거나 일방적 선포에만 그치지 않았다. 기니스는 불신으로 가득한 오늘날, 바로 이런 살아 있는 변증이 회복될 필요가 있음을 주장한다. 그리고 자신의 실천과 글을 통해 그 잃어버린 설득의 예술과 능력의 회복이 어떻게 가능한지를 예시한다.

기니스 역시 앞선 시대의 변증가에 못지않은 통찰과 설득의 방법론에 숙달된 작가다. 다양한 학문을 변증을 위해 자유롭게 구사한다. 이를 통해 복음의 신빙성을 의심하며 닫혀 있는 사람들에게도 그들의 게임의 룰을 따라 상황을 반전시키는 전략을 구사한다. 그는 세계 곳곳의 대학과 지성인 사이에서 행해 온 40년 강연과 토론의 열매를 이 책에 고스란히 담았다. 한마디로 "발로 뛰며 쓴 변증"이라 할 수 있다. 자연히 현실감이 넘친다. 팀 켈러를 비롯한 오늘날의 대표적 목회자와 교수들이 이 책을 극찬하는 것도 바로 이 때문이다.

논쟁에서 이기기보다
사람을 얻으라

기니스의 주장은 단순하다. 세상이 답을 기다리고 있는 지금 이 바로 변증이 필요한 때라는 것이다. 이 경우에도 위기는 기회라는 말이 옳다. 침묵하고 있을 때가 아니다. 기독교적 설득이라는 구심점을 회복하고 전도와 변증과 제자도가 다시 연합되어야 한다. 본래 변증의 어원인 그리스어 아폴로기아*Apologia*의 의미는 "되받는 말"이다. 비신자의 영적 무관심에 구멍을 뚫을 수 있을 정도로 예리해야 한다. 공허한 사변이나 논리의 쳇바퀴를 벗어나 상대를 깨우치는 진전이 있는 진정한 대화여야 한다. 부드럽지만 단호하게 밀어붙여 진리를 직면할 기회를 제공해야 한다. 하지만 변증이 결코 무례한 난도질로 들려서는 안 된다. 끝내 무릎을 꿇는 대신 발길을 돌리는 사람에게도 애정을 갖고 예의로 대해야 한다. 결국 신앙의 결단을 돕는 것은 사랑이기 때문이다. 무엇보다 중요한 것은 메시지에 부합하는 삶의 증거인데, 사랑 없는 말은 "울리는 꽹과리" 소리로 들릴 뿐이기 때문이다.

이처럼 기니스는 예리하지만 따뜻함이 함께하는 인간적 변증을 강조한다. 참된 복음 변증은 청중의 자리에서 그들에게 합당한 목적과 방식으로 이야기하는 능력을 갖추어야 한다. 이는 설득에 용수철을 다는 것과 같다. 베드로의 말처럼, 변증은 "온유와 두려움" 곧 존중을 갖추어야 한다. 지독한 무신론적 실존주의자였던 알베르 카뮈조차도 "진실을 말하되 너그러운 마음을 잃어서는 안 된다"고 했음을 상기시킨다. 결코 혼자 똑똑한 체하며 실내의 산소를 독식해 모든 사람을 숨 막히게 하는 일을 해서는 안 된다고 경고한다. 에라스무스의 말처럼 "웅변"은 친절한 담론을 통한 설득이며, 논쟁에서 이기려 하기보다는 사람을 얻으려 할 것을 거듭 당부한다.

바로 여기서 창의적 접근의 중요성이 강조된다. 오늘날과 같은 다원화된 시대에 4영리처럼 모든 사람에게 동일하게 다가가는 표준화된 접근 방식이 왜 효과적이지 않은지를 날카롭게 지적하며, 대신 창조적이며 유연한 접근이 절실함을 호소한다. 각각의 사람에 맞는 다양한 접근은 이미 예수 그리스도께서 보여주신 방법이다. 그리스도는 단 한 사람에게도 같은 방식으로 다가가지 않으셨다! 바울은 유대인에게는 유대인의 방식으로, 이방인에게는 각각 다르게 접근했다. 특히 닫혀 있는 사람들을 설득을 통해 전도하는 것은 결코 쉬운 일이 아니다. 기니스는 방법과 기술에 전적으로 의존하는 태도는 비판하지만, 동시에 전통적 변증을 포함해 기독교 안팎의 모든 가용 자산을 창의적으로 활용할 것을 강조한다.

**"꽉 쥔 주먹"과
"활짝 편 손"으로**

기니스는 변증은 예술이라고 말한다. 논증이 너무 까다로우면 그 역시 사랑과 예의가 없어 보일 수 있고, 이런 변증일수록 기술에 지나치게 의존한다. 또한 변증이든 전도든 말이 아닌 실천이, 논리가 아닌 삶이 중요함을 강조한다.

그런데 문제는 변증에 가장 치명적 걸림돌 두 가지가 교회 안에 있다는 것이다. 첫째는 다름 아닌 위선이다. 기니스는 이 문제를 진솔하게 다룬다. 사실 우리 모두 위선적 요소를 가지고 있음을 직시해야 한다. 또 이를 인정하고 담대히 고백하는 용기가 필요하다. 또 다른 문제는 잘못된 신학이다. 최악의 교황들도 사도신경은 믿었는데, 오늘날의 이른바 훌륭한 신학자들 가운데 그 내용마저 부정하는 이들이 많은 것은 정말 개탄할 일이라는 것이다.

오늘날과 같이 "소통"이 중요한 시대에 교회가 불통의 위기에 봉착한 것은 이러한 결함 탓이 크다. 결국 권위와 연속성과 신빙성과 정체성마저 상실한 기독교는, 복음에서 미끄러져 진리를 버리고 각색하고 세상과 동화되어 결국 배교에 이른다고 그는 경고한다. 기니스는 이들을 "유다"라 부르기를 주저하지 않는다. 신정통주의와 복음주의는 선포를 강조하며 변증을 경시한다는 점에서 의외로 공통적이다. 반대로 자유주의는 대화를 하려고 하다 변증을 잃는다. 또한 증거주의와 전제주의의 불필요한 논쟁을 넘어서는 제3의 길도 제시한다. 특히 무례한 기독교를 극복하는 방안은 "창의적 설득"을 회복하는 것이라 말한다. 이를 통해 전도와 변증, 제자도가 연합되어야 한다. 변증과 전도는 결코 강압이나 호소가 아니며, 대화나 일방적 선포도 아니다. 그런 의미에서 기독교 변증이 전문가나 지식인만의 일이 아니라 모든 그리스도인의 일이며, "꽉 쥔 주먹"이면서 동시에 "활짝 편 손"일 수 있는지를 설득력 있게 제시하는 오스 기니스에게 귀를 기울이는 것은 어떨까?

신국원 교수 총신대학교 신학과

전도자는 지혜자이어서 여전히 백성에게 지식을 가르쳤고 또 깊이 생각하고 연구하여 잠언을 많이 지었으며 전도자는 힘써 아름다운 말들을 구하였나니 진리의 말씀들을 정직하게 기록하였느니라. 지혜자들의 말씀들은 찌르는 채찍들 같고 회중의 스승들의 말씀들은 잘 박힌 못 같으니.

전도서 12:9-11

지혜로운 사람은 미련해 보이는 게 가장 지혜롭다.

아이스킬로스 『사슬에 묶인 프로메테우스』

당신은 수사학에 이론적으로나 실천적으로 접근할 때 어떻게 하는 것이 신을 가장 기쁘게 하는지 아는가?

소크라테스

언어만큼 유연하고 잘 휘어지는 것은 없다. 당신이 어디로 이끌든 언어만큼 쉽게 따라오는 것은 없다.

마르쿠스 툴리우스 키케로 『연설가에 대하여』

태초에 말씀이 계시니라. 이 말씀이 하나님과 함께 계셨으니 이 말씀은 곧 하나님이시니라.

요한복음 1:1

그리스도께서 나를 보내심은 세례를 베풀게 하려 하심이 아니요 오직 복음을 전하게 하려 하심이로되 말의 지혜로 하지 아니함은 그리스도의 십자가가 헛되지 않게 하려 함이라. 십자가의 도가 멸망하는 자들에게는 미련한 것이요 구원을 받는 우리에게는 하나님의 능력이라. 기록된 바 "내가 지혜 있는 자들의 지혜를 멸하고 총명한 자들의 총명을 폐하리라" 하였으니 지혜 있는 자가 어디 있느냐. 선비가 어디 있느냐. 이 세대에 변론가가 어디 있느냐. 하나님께서 이 세상의 지혜를 미련하게 하신 것이 아니냐. 하나님의 지혜에 있어서는 이 세상이 자기 지혜로 하나님을 알지 못하므로 하나님께서 전도의 미련한 것으로 믿는 자들을 구원하시기를 기뻐하셨도다. 유대인은 표적을 구하고 헬라인은 지혜를 찾으나 우리는 십자가에 못 박힌 그리스도를 전하니 유대인에게는 거리끼는 것이요 이방인에게는 미련한 것이로되 오직 부르심을 받은 자들에게는 유대인이나 헬라인이나 그리스도는 하나님의 능력이요 하나님의 지혜니라. 하나님의 어리석음이 사람보다 지혜롭고 하나님의 약하심이 사람보다 강하니라.

고린도전서 1:17-25

옛적에 선지자들을 통하여 여러 부분과 여러 모양으로 우리 조상들에게 말씀하신 하나님이 이 모든 날 마지막에는 아들을 통하여 우리에게 말씀하셨으니.

히브리서 1:1-2

흔히 진지함보다 해학이 커다란 장애물을 더 힘차게 잘 헤쳐 나간다.

호라티우스 『풍자시』

아무리 감각이 받쳐 주어도 이성은 한계가 있다.

단테 『신곡』

인간들의 삶 전체가 일종의 희극이 아니고 무엇인가. 여러 배우가 여러 복장과 가면으로 분장하고 나와서 각자의 역을 연기하다가, 감독이 손짓하면 무대에서 퇴장한다.

에라스무스 『우신예찬』

세상은 분노와 증오와 전쟁으로 가득하다. 형리들과 화형주만 동원한다면 결과가 어찌 되겠는가?……미약한 인간을 불사르는 것은 대단한 재주가 아니다. 인간을 설득하는 것이야말로 큰 위업이다.

에라스무스 서신

광대는 알고 보면 예언자일 때가 많다.

윌리엄 셰익스피어 『리어 왕』

희극은 인간의 악을 바로잡는 데 유용하다.

몰리에르 『타르튀프』

기대와 현실 사이의 뜻하지 않은 부조화보다 더 웃음을 자아내는 것은 없다.

블레즈 파스칼 『팡세』

약간 지혜로운 사람이 가장 미련하다.

존 던 「삼중의 바보」

인간의 삐딱한 성질로는 어떤 곧은 것도 만들 수 없다.

임마누엘 칸트

인간은 웃고 우는 유일한 동물이다. 인간만이 현실과 당위의 차이에 감정을 느끼기 때문이다.

윌리엄 해즐릿

주제를 늘 너무 샅샅이 다루어 독자가 할 일이 없게 해서는 안 된다. 중요한 것은 사람들로 하여금 읽게 하는 게 아니라 생각하게 하는 것이다.

몽테스키외 『법의 정신』

오, 갈망이여! 갈망하다 죽기도 하고 갈망 때문에 죽지 않기도 한다!

프리드리히 니체 『비극의 탄생』

기독교가 직면해야 하는 대적은 더 이상 특별한 교리 또는 자연과학과의 모순점으로 국한되는 게 아니라……세계관과 인간관 전체, 곧 우리가 속해 있는 자연계와 도덕계 전체를 인식하는 방식으로 확대된다. 더 이상 지엽적 대적이 아니라 원리적 대적이다. 상황이 이러한지라 방어 전선도 똑같이 확대되어야 한다. 기독교 세계관 전반이 공격받고 있는 만큼, 그 공격에 가장 성공적으로 맞서려면 기독교 세계관 전반을 설명하고 변호해야 한다.

제임스 오어 『기독교적 신관과 세계관』

모든 동물 중에서 인간만이 웃음이라는 아름다운 광기(狂氣)로 들썩인다. 마치 우주의 형상 속에서 우주 자체를 피해 숨은 무슨 비밀이라도 언뜻 본 것처럼 말이다.

G. K. 체스터턴 『영원한 인간』

모든 익살은 작은 혁명이다.

조지 오웰 「천하지 않은 우스움」

유머와 신앙의 밀접한 관계는 둘 다 우리 실존의 모순을 다룬다는 사실에서 비롯
된다. 유머가 삶의 당면한 모순과 관계된다면, 신앙은 궁극적 모순과 관계된다.
유머와 신앙은 둘 다 인간의 자유로운 정신의 표출이다. 삶과 자아의 바깥에 서
서 전체를 조망하는 영혼의 능력이 그렇게 표현된다.……우리에게 본질적 영향
을 미치지 못하는 당면한 모순에 우리는 웃음으로 반응한다. 그러나 인생의 의미
자체를 위협하는 궁극적 실존의 모순에 대한 반응은 신앙뿐이다.……신앙은 모
순을 이기는 궁극적 승리이고, 실존의 유의미성을 인정하는 최후의 긍정이다.

라인홀드 니버 「유머와 신앙」

웃음에는 깊은 철학적 의미가 있다.……세상이 새롭게 보인다. 진지한 관점에서
볼 때 못지않게 심오해 보인다.……말의 어떤 본질적 측면은 웃음을 통해서만
다가갈 수 있다.

미하일 바흐친 『프랑수아 라블레의 작품과 중세 및 르네상스의 민중문화』

때로는 웃어야만 지각할 수 있다.……희극이 비극보다 깊다.

피터 L. 버거 『웃음의 구원성』

오늘날 하나님이 새로운 세대의 그리스도인 변증자들 또는 소통자들을 세워 주
시기를 간절히 기도한다. 그들은 성경적 복음에 대한 절대적 충절과 성령의 능
력에 대한 흔들림 없는 확신 외에도, 복음의 자리를 넘보는 현대의 대안들에 대
한 깊고 민감한 이해를 겸비해야 한다.

존 스토트 『생각하는 그리스도인』

머리말: 잃어버린 기독교적 설득의 예술을 찾아서

이제 우리는 모두 변증자이며, 웅대한 인간 변증의 시대가 밝아 오고 있다. 어쨌든 일각의 견해에 따르면 그렇다. 지금은 이동통신의 세상이자 세계화 시대여서, 자신을 표현하고 내보이고 나누고 팔고 변호하는 일이 전 세계 수십억 인구에게 일상생활의 주식이 되었기 때문이다. 그리스도인이든 아니든 관계없다. 인터넷 시대는 자아와 셀카의 시대라고들 한다. 세상은 자아로 가득 찬 사람들로 북적거린다. 한마디로, "나는 게시물을 올린다, 고로 존재한다"의 시대인 것이다.

더 쉽게 말해서 세계화 시대에 인간의 관계망은 유례없는 속도와 규모로 그야말로 세계적 수준에 이르렀다. 이제 모든 사람이 어디에나 있다. 또한 언제 어디서나 즉시 값싸게 누구와도 소통할 수 있다. 책과 신문과 텔레비전의 시대에는 "소수가 다수에게" 소통했으나, 이메일과 문자 메시지와 휴대전화와 트위터와 스카이프의 시대인 지금은 "다수와 다수가" 쉴 새 없이 소통한다.

이런 수준의 세계화가 몰고 온 한 가지 결과는 분명하다. 적극적 소통과 교류가 시대의 풍조가 되었다. 짤막한 문자와 트위터 메시지, 수수한 웹사이트, 분노에 찬 블로그, 방문자로 붐비는 SNS 등 이동통신의 세상에서 매일의 소통을 통해 증명되는 사실이 있다. 이제 모든 사람은 기를 쓰고 자기를 홍보하기에 바쁘다. 이렇게 자아를 내보이고 설명하고 팔고 변호하고 내면의 생각과 감정을 나눈 적은 일찍이 인류 역사에 없었다. 그래서 지금은 웅대한 세속 변증의 시대라 할 수 있다. 기독교적 변증의 개념을 알거나 가져다 쓰지 않고도 온 세상이 변증에 빠져 있다. 이제 우리는 모두 변증자여서 사이버 공동체나 가상의 친구들을 위해 하다못해 관심 뉴스나 트위터 업데이트라도 올려야 한다. 삶의 큰 목표는 최대한 널리 대중의 주목을 끄는 것이고, 자신의 상품으로 최대 다수의 세상 사람들에게 다가가는 것이다. 물론 우리의 주력 상품은 언제나 "나 자신"이다.

그리스도인들은 이런 새 시대에 부응할 준비가 되어 있는가? 예수를 따르는 우리는 예수의 삶과 죽음과 부활이라는 진리와 그 의미를 증언하는 일을 각자의 소명의 중심으로 삼고 있는가? 우리는 주님의 대변자이며 변호는 우리의 유전자 속에 들어 있다. 우리의 신앙이야말로 단연 변증의 신앙이다. 하지만 매체가 새로워졌는데도 우리 중 다수는 아직 새로운 변증의 도전에 부응하지 못하고 있다. 새로운 변증은 우리가 전하는 기쁜 소식만큼 심오해야 하고, 인간의 심령만큼 깊어야 하며, 인간의 사고만큼 세밀해야 하고, "이제 모든 사람이 어디에나 있는" 비범한 세상에서 우리가 매일 접하는 다양한 사람과 이슈만큼 강력하고도 유연해야 한다.

"웅대한 변증의 시대"란 예수를 따르는 우리에게 어떤 의미가 있는가? 이 일 전체의 범위는 이 책에 다루려는 특정한 관심사보다 훨씬 넓다. 하지만 한편으로 우리 시대는 예수와 사도 시대 이후로 기독교를 증언하기에 가장 절호의 기회다. 우리는 이 기회를 놓치지 말고 최대한 상상력을 살려 담대히 반응해야 한다. 성 바울이 말했던 복음의 "광대하고 유효한 문"고전 16:9이 다시 열린다면, 지금이 바로 그 때다.

다른 한편으로, 우리는 새로운 통신 시대의 많은 도전에 직면할 때 현실을 놓쳐서는 안 된다. 이상하게도 오늘날과 같은 통신 시대일수록 소통하기가 더 쉬운 게 아니라 오히려 더 어렵기 때문이다. 우리가 직시해야 할 사실이 또 있다. 현재 우리가 신앙을 전하는 접근 방식들에 여러 가지 약점이 있음이 세계화 시대에 들어서면서 분명해졌다. 그 부분을 보완해야 하는 이유는 무엇보다 이렇다. 모더니즘과 포스트모더니즘의 굵직한 철학들이 대규모로 교차하면서, 기독교 변증의 많은 시도들이 그로 인한 격랑에 갇혀 버렸기 때문이다.

그러므로 이 책의 주제는 시의적절하고 긴박하다. 즉 오늘날 기독교를 소통하는 부분에서 심각한 핵심 결점을 바로잡는 일이다. 또한 변호에 대한 이 책의 폭넓은 비전을 통해 우리는 새로운 시대를 최대한 활용하는 쪽으로 전진할 수 있다. 변증학의 광범위한 주제들을 탐색하려는 이들을 위해서는 이미 탁월한 저서가 많이 나와 있다. 윌리엄 에드거^{William Edgar}와 스코트 올리핀트^{Scott Oliphint}가 편집한 『기독교 변증학의 과거와 현재』^{Christian Apologetics Past and Present}는 고금의 최고의 변증학을 모은 웅대한 선집이다. 에이브리 덜리스^{Avery Dulles} 추기경의 『변증학의 역사』^{A History of Apologetics}는 이 분야를 탁월하게 개괄한 책이다. 현대 변증의 이슈들을 기독교 철학자들이 가장 방대하게 요약한 책으로는, 피터 크리프트^{Peter Kreeft}와 로널드 타셀리^{Ronald Tacelli}의 『기독교 변증학 입문』^{Handbook of Christian Apologetics}과 더글러스 그루타이스^{Douglas Groothuis}의 『기독교 변증학』^{Christian Apologetics} 등이 있다. 또한 『기독교 변증학 새 사전』^{New Dictionary of Christian Apologetics}은 이 주제에 대한 금광과도 같은 백과사전이다.[1]

이 책의 초점은 좀 더 좁은 이슈와 단순한 문제에 있다. 우리는 기독교적 설득의 예술을 잃었으며 그것을 되찾아야 한다.

급성장하는 남반구의 교회들에서는 여전히 전도가 잘 되고 있다. 그곳의 도전은 전도의 열정에 걸맞게 제자도의 열정을 회복하고 현대 세계를 분별하는 일이다. 그러나 서구의 발전된 현대 세계는 이미 기독교 이후post-Christian를 맞아 다원화되었기 때문에, 우리의 급선무는 설득을 회복하여 당면한 이슈들에 대처하는 것이다. 서구 교회의 일부 진영에서는 여러 가지 이유로 사실상 전도를 포기했다. 다른 진영에서는 기독교의 진리와 신앙이 마치 누구에게나 늘 쉽게 이해될 수 있는 것처럼 말한다. 듣는 사람의 마음 상태가 어떠하든, 청중의 세계관과 문화적 특성이 어떠하든 관계없이 말이다. 그런가 하면, 듣는 사람들이 다 똑같기라도 하다는 듯 일률적인 공식에 의존하여 전도와 변증에 접근하는 부류도 있다.

전도의 포기, 전도와 변증과 제자도의 분리, 인간의 참된 다양성에 대한 인식 부족. 이 정도면 아주 심각한 조합이다. 그것이 배후가 되어 많은 그리스도인들이 전도를 아예 그만두고 침묵에 빠져 버렸다. 현재의 많은 접근 방식들이 효과가 없음을 깨달았고, 기독교의 많은 증언이 인기도 없고 잘 통하지도 않음을 느꼈기 때문이다. 때로 그들은 전도를 회피하는 행위를 사회 정의에 대한 새로운 열정으로 가리며 안도한다. 그러면 어색한 전도쯤은 잊을 수 있기 때문이다. 그런가 하면 예수의 기쁜 소식을 진지하게 대하는 많은 사람들은, 그나마 마음이 열려 있거나 관심이 있거나 필요성을 느끼는 사람들을 만날 때면 기쁜 소식을 전하려는 열의도 있고 그럴 준비도 되어 있다. 그러나 마음이 열려 있지 않거나 관심이 없거나 필요성을 느끼지 못하는 사람들—다시 말해, 마음이 닫혀 있거나 무관심하거나 적대적이거나 회의적이거나 냉담한 사람들—을 상대할 때는 그 효과가 떨어진다. 그런 경우에는 설득이 필요하기 때문이다.

요컨대 오늘날 많은 그리스도인들의 소통 방식에 한 가지 중요한 부분이 결여되어 있다. 복음서와 성경 전체에는 두드러져 있는데 현대 교회에는 다분히 부재한 그것은 바로 설득이다. 설득이란 우리의 메시지에 어떤 이유로든 무관심하거나 저항하는 사람들을 상대로 말하는 예술이다. 그들은 우리의 생각에 전혀 동의하지 않으며, 우리가 하려는 말에 마음이 열려 있지 않다.

설득을 상실하다니, 이게 웬 말인가? 기독교의 사명에 이토록 핵심이 되는 것을 기독교의 소통이 잃어버렸다니, 이상하다 못해 거의 믿어지지 않을 수 있다. 그러나 설득은 심히 상실되었다. 그래서 우리의 도전은 변증에 대해 참신하게 생각할 뿐 아니라 충실하고도 독립적으로 생각하는 것이다. 충실하다 함은 변증의 내용이 기독교의 절대 진리라는 뜻이고, 독립적이라 함은 변증의 기반이 기독교적 사고방식에 어긋나는 다른 사고방식이 아니라는 뜻이다. 그와 같은 맥락에서 이 책의 관건은 잃어버린 기독교적 설득의 예술뿐 아니라, 또한 "마음의 변호"에 있다. 이는 우리의 신앙을 나누는 실존적 접근으로, 내가 믿기에 많은 사람들이 사용하는 통상적 접근들보다 더 깊고 충실할 뿐 아니라 효과도 더 좋다. 예로부터 기독교의 변호에는 많은 대화 상대가 있었다. 특히 그리스인과 로마인들이 정립한 고전 수사학의 위대한 전통도 그중 하나다. 그 밖에도 많은 대적과 스파링 상대가 있었는데, 가장 최근에는 신흥 무신론자들의 당찬 도전이 그 뒤를 잇고 있다. 하지만 이 모든 도전의 확실한 유익에도 불구하고 더 불운한 부작용이 하나 있다. 많은 변증이 전도와 분리된 채 그저 "논증"으로 변했다는 점이다. 특히 마음과 생각과 사람을 얻기보다 논증에서 이기는 게 관건이 되었다. 오늘날 우리의 급선무는 전도와 변증을 재결합하는 것이고, 단지 논증에 이기기 위해서가 아니라 사람을 얻기 위해서 최선의 논증에 힘쓰는 것이다. 이 모든 일을 복음 자체에 충실한 방식으로 하고자 애써야 한다.

기독교를 변호하려면 인간이 신앙을 숙고하고 신앙을 바꾸는 영적이고 철학적인 방식들을 깊이 이해해야 하는데, 사실 현대의 많은 변호는 그것을 무시한다. 또한 문화와 생활방식이 인간의 사고와 신념에 미치는 영향도 무시한다. 무엇보다 오늘날의 변호는 인간의 불신을 해부하는 중요한 성경적 이해

를 무시할 때가 많다. 하나님은 그분을 무시하거나 거부하는
사람들에게 어떻게 말을 거시는가? 어떻게 우리도 사람들에
게 말을 걸되, 하나님이나 교회나 우리에 대한 그들의 생각이
어떠하든 간에 현재 그들의 자리에서 하는 법을 배울 것인가?
문제의 핵심은 말 그대로 마음의 문제다.

내가 신앙에 이른 여정에 지적인 요소만 있었던 것은 아니
지만, 학창 시절 내 머릿속에서 벌어진 길고 더딘 비판적 변
론도 빼놓을 수 없다. 한편으로 나는 프리드리히 니체,Friedrich
Nietzsche 장 폴 사르트르,Jean-Paul Sartre 알베르 카뮈Albert Camus 같은 유
명한 무신론자들의 논증을 들으면서, 다른 한편으로는 블레즈
파스칼,Blaise Pascal 표도르 도스토예프스키,Fyodor Dostoevsky G. K. 체
스터턴,Chesterton C. S. 루이스Lewis 같은 기독교 사상가들의 말에
귀를 기울였다. 그렇기 때문에 이 책에 주창할 접근이 오늘날
드물다고 해서 결코 나만의 접근은 아니다. 나는 앞서간 신앙
의 거장들을 이어받았을 뿐이다. 내가 이 거장들에게 진 빚은
책을 읽어 갈수록 분명해질 것이다. 그들을 본받는 부분에서
나 자신이 부족하다는 점도 똑같이 분명히 해둔다. 그래도 우
리는 함께 시대의 도전에 부응해야 한다. 주님을 대변하되 어
떻게 하면 하나님의 경이로운 속성, 우리에게 맡겨진 기쁜 소
식의 깊이, 인간의 마음과 사고의 간사한 고집, 오늘의 세계의
광범위한 도전, 내일의 아찔한 전망 등을 공정하게 다룰 수 있

을까? 요컨대 예수를 따르는 우리는 어떻게 소원대로 진정 설득력 있는 존재가 될 수 있을까? 바로 그것이 우리가 탐색하려는 목표다.

1. 창의적 설득

논란이 많은 화려한 경력의 소설가 노먼 메일러^{Norman Mailer}가 한번은 캘리포니아 대학 버클리 캠퍼스에 강사로 초청되었다. 당시 그는 여성 운동을 신랄하게 비난하여 악명을 떨쳤고, 자신이 "못된 골수 남성우월주의자"라고 공공연히 떠벌였다. 애초에 그가 초청되었다는 사실도 그렇거니와, 이런 옹졸함을 뻔뻔스레 과시하는 그에게 많은 여학생들이 분개했다. 그래서 페미니스트들이 대부대로 강연장에 몰려가, 초청을 수락한 게 후회될 정도로 그를 규탄하기로 했다. 그들이 보기에 메일러는 야비하고 파렴치한 여성혐오자였으므로 호되게 본때를 보여주어야 했다.

사건을 전한 여러 기사에 따르면, 메일러가 강의실에 들어섰을 때 분위기는 살벌했다. 이미 그는 적대적인 페미니스트들이 숨어서 기다리고 있다는 경고를 들었다. 성큼성큼 당당히 무리를 헤치고 나가 연단에 올라선 메일러는, 오늘 자신이 중요한 강연을 하러 왔으니 야유할 사람들은 어서 실컷 하고 끝내라고 말했다. 그러면서 이렇게 도전했다. "여러분 가운데 나를 못된 남성우월주의자로 생각하는 사람들은 지금 야유하십시오."

페미니스트들은 기다렸다는 듯이 일제히 큰소리로 거센 조롱과 야유를 퍼부었다. 소리는 크레셴도로 치달아 한동안 조소와 비아냥거림이 계속되었고, 남자들도 강의실 여기저기서 간간이 날카로운 휘파람소리를 내며 조롱에 가담했다. 한동안 아수라장이었으나 결국 가라앉을 수밖에 없었다. 페미니스트들의 야유도 영원히 계속될 수는 없는지라 소음은 잦아들었다. 그러자 메일러는 마이크 앞에 다가서서 그들을 훑어보며 잠시 뜸을 들인 뒤 이렇게 말했다(그의 표현을 내가 약간 순화했다). "귀여운 아씨들, 말도 참 잘 듣네요. 그렇지 않은가요?"

잠시 어색한 침묵이 흘렀다. 메일러의 수법은 폭탄이 터진 듯한 혼란을 야기했지만 어쨌든 먹혀들었다. 적대적 긴장은 무너졌다. 청중을 노련하게 요리한 그에게 많은 사람들이 웃으며 박수를 보냈다. 모든 기사에 따르면, 일부 강경파 페미니스트들도 자신들이 그의 수법에 놀아난 게 너무 어이가 없어 그때부터는 조용히 침울하게 강연을 들었다.

물론 메일러는 여자들을 비롯해서 자기 마음에 들지 않는 모든 사람에게 그랬듯이 기독교 신앙도 신랄하게 비난했으며, 그의 여성혐오증은 변명의 여지가 없었다. 여성을 향한 그의 오만한 남성우월주의는 여섯 번에 걸친 결혼으로 증폭되었고, 예수의 모본이나 가르침과는 천지 차이였다. 우리 주님은 늘 여자들을 존중하고 존엄하게 대하셨으며, 이는 당대에만 돋보인 게 아니라 모든 시대에 빛을 발한다. 그러나 예수를 따르는 우리가 한 가지 생각해야 할 것이 있다. 메일러의 옹졸함과 논증의 내용은 예수와 더없이 거리가 멀었지만, 그의 소통 **방식**만은 예수를 따르는 우리 많은 사람들보다 더 예수와 가까웠다.

메일러가 보여준 이런 방식을 나는 창의적 설득 또는 불시의 전복이라 부른다. 그가 뻔히 자신의 말을 거부할 사람들에게 그런 식으로 소통하자, 그들은 자기도 모르게 말뜻을 알아들을 수밖에 없었다.

물론 예수와 성경의 방식대로 해야겠지만, 이런 창의적 설득이 오늘날 교회에 반드시 필요하다. 솔직하게 직시해야 할 그리스도인들의 명백한 약점이 있기 때문이다. 그 문제를 다시 진술한다. 우리 기독교의 거의 모든 증언과 소통은 사람들이 우리 메시지의 필요성까지는 못 느낄지라도 마음이 열려 있거나 적어도 관심이 있다고 가정한다. 하지만 대다수는 전혀 마음이 열려 있지 않고 관심도 없고 필요성도 느끼지 못하며, 오늘날 발전된 현대 세계의 많은 지역에서 마음이 열려 있는 사람은 불과 한 세대 전보다도 적다. 사실 많은 사람들은 오히려 더 적대적이며, 서구 문화의 역사상 적대감이 이렇게 심했던 적은 없다. 지난 50년 동안 다원주의가 급증하면서 세상은 몰라보게 더 다양해졌고, 많은 서구 국가에서 문화 전쟁이 격화되면서 세상은 우리의 신앙을 훨씬 더 무시하게 되었다. 요컨대 많은 나라에서 공적인 광장은 더 세속화된 반면 사적인 영역은 더 다양해졌다. 그러므로 우리는 "기독교"의 언어만이 아니라 많은 언어로 말해야 한다. 또한 사람들의 마음과 사고를 대할 때 설득력이 있어야 한다. 종종 우리의 말을 듣는 그들의 상태가 기본적으로 편견, 경멸, 참지 못함, 분노이기 때문이다.

물론 하나님의 지구상에 있는 모든 개인은 살다가 한 번쯤 마음이 열리고 관심이 있고 필요성을 느낄 때가 있다. 그때 우리는 늘 준비되어 있다가 선뜻 말할 수 있어야 한다. 우리 삶의 모든 의미와 가치의 중심이자 근원이신 그분을 가리켜 보여야 한다. 그러나 대다수 사람들이 대부분의 시간에 마음이 열려 있지 않고 관심이 없는 데는 깊은 신학적 이유들이 있으며, 조부모 세대보다 오늘날의 서구에 마음이 더 닫혀 있거나 적대적이거나 무관심한 사람들이 더 많은 데는 역사적이고 문화적인 이유들이 있다. 오늘날의 세상에서 우리가 거듭 직시해야 할 사실이 있다. 이전 세대들이 알던 세상은 영원히 사라졌다는 것이다.

제 꾀에 넘어가다 　　　　노먼 메일러가 자신의 편견을 아무리 교묘하게 변호했을지라도 그에게서 기독교적 변호의 지침과 영감을 얻을 수는 없다. 그러니 똑같은 창의적 설득의 예를 성경에서 살펴보자. 열왕기상 22:1-28에 기록된 선지자 미가야의 이야기다. 왕국이 분열된 후 이스라엘 역사의 어느 알 수 없는 해에, 유다 왕 여호사밧은 예루살렘에서 사마리아로 올라가 자신의 친족인 이스라엘 왕 아합과 회동했다. 아람에게 빼앗긴 분쟁 지역을 되찾고자 동맹을 맺을 참이었다. 이 군사 회담 앞에 놓인 질문은 단순했다. 동맹을 맺어 연합군으로 아람을 공격할 것인가? 이 전쟁은 하나님의 지지를 받아 승리로 끝날 것인가?

사마리아의 왕궁 선지자들을 소집하여 이 계획에 대한 하나님의 지지를 얻어 내는 게 당연한 수순이었다. 전시에 성직자의 본분이 그것 말고 또 무엇이겠는가? 아군을 축복하는 일이야말로 주교의 중대한 사명이었다. 그래서 왕궁 선지자들이

협조하여 만장일치로 내놓은 의견은 마침 정확히 두 왕이 듣고자 한 내용이었다. 사백 명의 선지자가 전원 한목소리로 두 왕에게 "올라가 승리를 얻으소서"라고 단언했다. 메시지를 부각시키려고 일부 선지자들은 시각 자료까지 만들어 시연해 보였다. 그들은 현대의 소통광표들조차 반색할 만큼 노련한 소통자들이었다. 그중 시드기야라는 선지자는 소뿔을 가져다 휘두르면서 두 임금이 적을 들이받아 완전히 몰아낼 것을 보여주었다.

당연히 감동적인 공연이었고 듣는 두 왕에게 소기의 영향을 미쳤다. 그런데 아합과 달리 이스라엘의 하나님께 충직했던 여호사밧 왕은 아합의 왕궁 선지자들이 내놓은 만장일치의 표결 앞에서 왠지 마음이 꺼림칙했다. 그래서 물을 만한 다른 선지자가 있느냐고 아합 왕에게 물었다.

"한 사람이 있기는 합니다만, 그는 나에 대하여 흉한 일만 예언하나이다." 아합이 대답했다.

선지자 미가야는 이미 불리한 입장이었다. 아합에 대해 늘 부정적이었기 때문이다. 그런데 아합 왕이 신하를 보내 그를 데려오게 하면서 미가야의 상황은 돌연 더 악화되었다. 그 신하는 "선지자들의 말이 하나같이 왕에게 길하게 하니 청하건대 당신의 말도 그들 중 한 사람의 말처럼 길하게 하소서"라고 말했다. 다시 말해 미가야가 군사 회담에 불려가 보니 자신은 이미 다른 모든 선지자들과 대책 없이 어긋나 있는데, 그들에게 맞추어 똑같이 말하라는 엄명이 떨어져 있었다. 요컨대 거짓 예언을 해야 했던 것이다.

놀랍게도 미가야는 정확히 그렇게 말문을 뗐다. 남들처럼 거짓 예언을 한 것이다. 그 전에 왕의 신하에게 말할 때는 "여호와께서 살아 계심을 두고 맹세하노니 여호와께서 내게 말씀하시는 것 곧 그것을 내가 말하리라"고 했었다. 그런데 막상 왕 앞에 나아가서는 다른 선지자들에게 맞추어 그들의 말을 정확히 따라했다. "올라가서 승리를 얻으소서." 아마도 거짓으로 예언하라는 주님의 직접적 감화가 있었던 모양이다. 일찍이 이스라엘 역사에 다른 선지자들도 그랬던 적이 있었다.

그러자 이번에는 아합이 어리둥절해졌다. 이번만은 정말 미가야의 견해가 왕궁 선지자들과 일치하는 것일까? 혹시 교묘하게 반어법을 쓴 것은 아닐까? 평소 때와 정반대의 답변으로 왕에게 경고를 발한 것일까? 아니면 혹시 미가야의 말이 사실이되 모든 것을 반전시킬 중요한 부분을 빼놓은 것일까? 이를테면 군대는 실제로 승리하지만 둘 중 한 왕이 전사할까? 그게 아합 자신일 수도 있을까?

무엇 때문에 심기가 불편했는지는 몰라도 아합은 선지자의 말이 채 끝나기도 전에 그에게 일갈했다. "내가 몇 번이나 네게 맹세하게 하여야 네가 여호와의 이름으로 진실한 것으로만 내게 말하겠느냐." 그 쩌렁쩌렁한 말 속에 담긴 위선에 모든 배석자들이 웃음을 참아야 했을 것이다.

미가야는 다만 "내가 보니 온 이스라엘이 목자 없는 양 같이 산에 흩어졌는데"라고 답했다. 다시 말하면 다음과 같다. "왕이여, 사실인즉 왕의 백성이 지도자를 잃을 것입니다. 왕이 죽을 테니 말입니다."

그 파장은 어마어마했다. 페미니스트들이 노먼 메일러에게 당했듯이, 아합 왕도 미가야의 결정타에 자신도 모르게 걸려들었다. 물론 페미니스트들이 메일러에게 수그릴 뜻이 없었듯이, 왕도 미가야의 말을 수용할 뜻은 전혀 없었다. 그러나 아합은 제 꾀에 넘어갔다. 자기가 주님의 말씀을 구했고, 구한 대로 면전에서 받았다. 아합은 자신이 우겨서 참 예언과 맞닥뜨렸고, 이제 그 예언이 거짓 예언들에 대한 반격으로 정식으로 기록되었다. 진리가 권력을 향해 말했다. 아합은 그저 자기 뜻대로 밀고 나갈 수도 있었다. 어쩌면 처음부터 그럴 셈이었을 것이다. 그러나 그 순간 이후로 그는 변명의 여지가 없었다. 선지자가 하나님의 말씀을 전한 결과로 이제부터 위태로워진 것은 바로 아합의 목숨이었다.

"네가 스스로 결정하였으니   열왕기상 20:26-43에 기록된
그대로 당하여야 하리라"   선지자들과 관련된 또 다른 예

를 생각해 보자. 그 전에 아합 왕이 결정타(꼭 맞는 표현이다)를 얻어맞은 또 다른 이야기인데, 이번에는 비유가 연극으로 시연되었다. 아람 왕 벤하닷이 서른둘의 동맹국을 이끌고 거만하게 대대적인 사마리아 정벌에 나서 아합을 공격했다.[왕상 20:1] 하나님께서 자비로 이스라엘을 구해 주셨으나 아합은 자신의 재주로 승리한 줄 알고 성급한 안일에 빠져, 급기야 적군을 무찌른 뒤에 적의 왕을 놓아주었다. 그러자 이스라엘 선지자들의 한 무리가 신기하고 극적인 일화를 통해 즉시 그에게 책임을 물었다.

무명의 선지자가 하나님의 사자로 위임되었고, 그의 지시대로 다른 선지자가 그의 머리를 때려 부상을 입혔다. 그는 아합왕이 전투에서 돌아올 길목으로 가서 눈에 피 묻은 붕대를 감고 신분을 숨긴 채 왕을 기다렸다.

얼마 후 왕이 그곳을 지나가다가 그에게 어떻게 다쳤느냐고묻자, 선지자가 이야기를 들려준다. 물론 완전히 허구였지만전쟁 직후여서 꽤 그럴듯했다. 그에 따르면, 전투가 한창일 때누가 그에게 포로 하나를 맡기면서 목숨을 걸고 잘 지키라고명령했다. 만일 포로를 놓치면 그는 목숨을 잃든지 은 한 달란트라는 엄청난 속전을 내야 했다.

그런데 불행히도 포로가 도망치고 말았다고 변장한 선지자는 말했다. 그러자 아합은 평소처럼 매몰차게 즉각 쏘아붙였다. "네가 스스로 결정하였으니 그대로 당하여야 하리라."

그 말을 들은 선지자는 보란 듯이 눈의 붕대를 풀고 자신이 왕의 선지자 중 하나임을 알렸다. 이어서 하나님의 사람은 이렇게 선포했다. "여호와의 말씀이 내가 멸하기로 작정한 사람을 네 손으로 놓았은즉 네 목숨은 그의 목숨을 대신하고 네 백성은 그의 백성을 대신하리라 하셨나이다."

"네가 스스로 결정하였으니 그대로 당하여야 하리라"고 했던 왕의 말이 그에게 그대로 되돌아온 것이다. 아합은 스스로 자신을 심판했다. 왁자지껄 환호하는 경호원들과 알랑거리는 신하들이 훤히 보는 앞에서 그는 또다시 제 꾀에 넘어갔다. 선지자의 심판은 호된 질책보다 훨씬 효과적이었다. 하나님의 말씀이 공공연히 연극 무대에 오르자, 왕이 자진해서 등장하여 자신의 검사와 판사 역할을 연기했다.

**십자가 중심으로,
십자가의 원리에 따라**
이런 이야기는 성경 전체에 산재한 많은 사례 중 일부에 불과하다. 차차 보겠지만 이런 접근을 누구보다도 탁월하게 예시하신 분은 예수다. 물론 그런 이야기의 배후에는 더 폭넓게 숙고해야 할 점들이 있으며, 그 또한 곧 살펴볼 것이다. 하지만 핵심은 창의적 설득—"예언적 설득"이라 할 수도 있다—이라는 탁월한 방식이며, 그 배후에는 이런 설득이 왜 필요하며 어떻게 작용하는지에 대한 깊은 이해가 깔려 있다. 그것을 종합하면 기독교적 설득의 모델이 나온다. 이 모델을 통해 되살려야 할 설득 방식은 성경 속에 강력히 나와 있고 기독교 역사에 지속되었으나, 오늘날에는 다분히 잊히고 말았다. 성경을 주의 깊게 읽는 사람이나 오늘날 예수의 복음을 전하려 한 자신의 경험을 성찰하는 사람이라면, 누구도 다음과 같은 솔직한 결론을 피할 수 없다. **우리의 메시지를 믿지 않거나 아예 듣지도 않으려는 사람들이 너무 많으며, 그렇다면 우리의 도전은 그럼에도 불구하고 그들에게 그것을 보여주는 일이다.**

잃어버린 기독교적 설득의 예술은 오늘날 서구 기독교의 많은 소통 방식과 극명한 대조를 이룬다. 후자는 단조롭고 일차원적이며 너무 효과가 없다. 더 중요하게, 기독교적 설득의 예술을 되찾으면 우리에게 두 가지 실제적인 도움이 된다. 첫째, 현대 기독교의 소통은 다분히 교착상태에 빠져 있는데, 설득은 거기서 벗어나는 길을 보여준다. 사람들이 우리의 메시지에 무관심, 적대감, 편견, 냉담함, 싫증 등을 보이면 우리는 대개 속수무책으로 말문이 막힌다. 하지만 그런 순간에도 더 좋은 길이 있다. **언제 어디서든 우리가 건설적으로 말하지 못할 대상은 아무도 없다.** 물론 이런 설득이 늘 성공으로 끝나지는 않으며 그래서도 안 된다. 거기에는 중요한 이유가 있다. 하지만 우리가 이런 방식으로 이슈들을 제기하면 사람들이 진리와 자신의 양심에 책임을 져야 하며, 따라서 변명의 여지가 없어진다.

둘째, 이 잃어버린 예술에 힘입어 우리의 소통은 더 확연히 기독교적이 될 수 있다. 오늘날 많은 그리스도인들이 풍기는 인상과는 반대로, 기독교적 소통이란 편리하고 효과만 좋으면 어떤 수단을 통해서든 기독교 신앙을 전한다는 뜻이 아니다. "통하면 써먹는다"는 원리는 현대의 고지식한 접근이며, 이 때문에 이미 기독교의 발언은 매끄럽게 술술 넘어가는 공식이나 다분히 대충 꿰어 맞춘 무력한 중얼거림으로 전락했다. 반면 복음을 기독교적으로 소통하려면, 그리스도를 통한 하나님의 소통을 먼저 알아야 한다. 그런데 그리스도를 통한 하나님의 소통은 그분이 아시는 우리의 마음 상태에 기초한 것이다. 복음의 대상이 우리의 마음인 까닭이다.

간단히 말해서 **하나님이 보셨으니 보내셨고, 그분이 보내셨으니 우리는 전한다.** 하나님이 우리의 죄를 보셨으니 그 아들을 보내셨고, 그분이 아들을 보내셨으니 우리는 이 신앙을 전한다. 참으로 그리스도 중심의 기독교적 설득이 되려면, 단지 증거에 대한 논증이나 세계관 싸움이 아니라 그 훨씬 이상이어야 한다. 진리를 변호하는 일은 예술이다. 이 예술은 기독교 신앙의 진리들에 충실해야 하며, 따라서 진리 자체를 기독교적으로 이해할 뿐 아니라 이 신앙의 특정한 진리들에 근거해야 한다.

오늘날 일각의 주장과 달리, 그 말은 우리가 복음을 전하기만 할 뿐 결코 설득하려 해서는 안 된다는 뜻이 아니다. 그 말은 곧 기독교의 변호가 늘 독립적이어야 한다는 뜻이다. 또한 늘 자체적 모순이 없어야 한다. 우리의 변호는 성경의 위대한 진리들과 그중에서도 특히 이 신앙의 다섯 가지 핵심 진리인 창조, 타락, 성육신, 십자가, 성령을 통해 형성되어야 한다.

성경적 관점의 창조에 충실하려면, 기독교적 설득은 인간 심령의 중요성과 인간의 사고 능력을 늘 고려해야 한다.

성경적 관점의 타락에 충실하려면, 기독교적 설득은 하나님을 부정하는 불신의 사고의 생리를 늘 고려해야 한다.

성육신에 충실하려면, 기독교적 설득은 언제나 일차적으로 인격 대 인격으로 얼굴을 마주 대해야 한다. 논증 대 논증, 공식 대 공식, 매체 대 매체, 방법론 대 방법론이 되어서는 안 된다.

예수의 십자가에 충실하려면, 기독교적 설득은 메시지만 십자가 중심일 뿐 아니라 방법도 십자가의 원리에 따라야 한다. 곧 보겠지만 이 책의 제목을 『풀'스 톡』*Fool's Talk*으로 정한 것도 그런 연유에서다.

끝으로 성령께 충실하려면, 기독교적 설득은 결정적 능력이 우리에게 있지 않고 하나님께 있음을 늘 알고 보여야 한다. 하나님이 수석 변호인이시고, 최고의 변증가시며, 세상을 향해 "너희는 소송하라"^{사 41:21}고 도전하는 분이시다. 또한 죄를 깨우치고 확신을 주는 본질적 작업은, 예수께서 말씀하셨듯이 그분의 영이신 진리의 영께서 하신다.

예수의 기쁜 소식을 그 기쁜 소식과 전혀 무관한 수단으로 변호할 수 있을까? 신자와 비신자 사이의 중립적 수단으로 변호해야 할까? 아니다. 물론 상대가 아무리 복음에 적대적이거나 복음과 거리가 멀지라도 우리가 말하지 못할 대상은 없다. 하지만 그것은 정확히 우리가 복음 자체의 고유한 진리들을 의지할 수 있기 때문이다. 즉 우리의 접근이 독립적이기 때문이다. 독립적이라는 말은 믿음과 불신 사이의 중립이 아니라 철저히 기독교적이라는 뜻이다. 기독교의 변호를 이렇게 "기독교 진리와 기독교 진리들의 예술"로 보는 관점이야말로 우리가 살펴보려는 잃어버린 설득의 예술의 핵심이다.

로마 제국 시대에 초대 기독교 변증가들의 도전은 전혀 새로운 메시지를 소개하는 일이었다. 그 메시지는 최초의 청중에게 낯선 것이었다. 아울러 그때의 변증가들은 고전 시대와 그 세련되고 자신만만한 사고방식을 상대로 메시지의 의미를 설명해야 했다. 반면에 오늘날 대부분의 발전된 현대 세계에서 우리의 도전은 아주 잘 알려진 내용을 다시 말해 주는 일이다. 사람들은 그것을 훤히 안다고 생각하지만 사실은 모르고 있으며, 그런데도 한사코 지겹다고 신물을 낸다.

다시 말해 우리 시대의 서구 세계는 대체로 기독교 이전이
아니라 기독교 이후이며, 세속적이라기보다 다원적이다. 거기
서 중요한 견해 차이들이 생겨나므로 대체로 대화가 더 어려
워진다. 그러나 개개인과 대화할 때는 그런 일반론은 조금밖
에 통하지 않는다. 정황은 매번 사람이나 시대나 나라마다 달
라서 기독교 변증자에게 도전이 된다. 그러나 시대와 지역을
초월하여 우리는 다 예수를 따르는 사람들이다. 그분을 알고
또 알리는 일이야말로 우리 삶의 최고의 기쁨이다. 그러므로
기독교적 설득은 형언할 수 없는 특권이고, 값비싼 도전이며,
힘들여서라도 충분히 배울 가치가 있는 교훈이다.

2. 기술: 마귀의 미끼

우리 집 냉장고에 붙어 있는 조그만 자석에 보면, 양 떼가 시골길을 느릿느릿 걸어가고 있고 그 밑에 "아일랜드의 러시아워"라는 글귀가 적혀 있다. 그것을 보노라면 아일랜드 서부를 방문했던 어느 스페인 교수의 이야기가 생각난다. 한때 그곳은 시간 감각이 가장 느린 곳이었다. 그는 술집 바깥에 몇 시간이고 앉아 있는 한 노신사를 보고 말을 걸었다. 아일랜드어에도 스페인어의 "내일"에 해당하는 단어가 있느냐고 물었다.

그 노신사는 오랫동안 생각하더니 이렇게 대답했다. "아니요. 그렇게 급한 단어는 없소."

물론 지나간 시절의 이야기다. 근래의 아일랜드는 유럽의

"켈트 호랑이"(1990년대에 눈부신 경제성장을 보인 아일랜드에 붙여진 별칭—옮긴이)가 되어 어느새 우리 대부분과 똑같이 발전된 현대의 압박감에 시달리고 있다. 연중무휴의 현대 세계에서 우리는 시간을 말할 때 다섯 시, 여섯 시, 일곱 시$^{o'clock}$라고 말하는데, 이는 글자 그대로 "시계의"$^{of\ the\ clock}$ 시간이다. 태양이나 계절이나 생명 탄생의 시간과 대비된다. 사실 우리를 지배하고 부리는 것은 첫째로 시계의 시간이고, 둘째로 전자 시간과 "광속의 삶"이다. 그만큼 우리는 산업화된 시계의 세상에 살고 있다. 삶을 미친 듯이 몰아가는 "속도, 재물, 스트레스"를 우리도 다 알고 있다. 사회과학자들은 "속전속결의 삶"을 말하고, 심리학자들은 "병적인 조급증"을 말하며, 사업가들은 "초고속 자본주의"를 말한다. 우리 눈에 비치는 삶은 속자생존^{速者生存}이다. 케냐의 속담처럼 "서구인에게는 시계가 있고 아프리카인에게는 시간이 있다."

아마도 무엇보다 서글픈 것은 서구인들이 현대의 시간관이라는 억측과 편견에 속아 왔다는 것이고, 또한 현대 교회의 세속성이 변화와 시의성과 혁신과 역사의 본무대 같은 현대의 개념들을 숨 가쁘게 우상화하는 부분에서 가장 현저하게 나타난다는 것이다. 사실 우리는 현대 세계의 근간인 두 가지 핵심요인에서 늘 급진적 세속성의 유혹을 받고 있다. 하나는 우리의 시간관이고, 또 하나는 기술관이다.

이 두 가지 유혹은 흔히들 생각하는 것보다 실제로 더 밀접하게 맞물려 있다. 시간이란 가속화된 첨단기술의 산물이기 때문이다. 현대적 시간의 유혹에 넘어가면 기술의 유혹에도 그만큼 취약해진다(나는 다음번 신상품을 꼭 가져야 한다. 당장 빨리 갖고 싶으니 나에게 최신 앱을 달라). 거꾸로 기술을 통한 성과가 더 많아질수록 우리는 시간의 유혹에 약해진다. 빠른 삶과 속전속결을 어디서나 최고로 여기게 된다.

패스트푸드의 세계에서는 양이 질을 정복하고 효율성이 탁월성을 이긴 지 이미 오래되었다. 양과 효율성은 둘 다 건강을 희생시킨 결과였다. 하지만 똑같은 과정과 정신이 세상의 이른바 맥도날드화를 통해 다른 많은 분야에도 침투했다. 맥도날드의 공식만 대입하면 삶 전체가 마법처럼 변화될 수 있다는 것이다. 즉 맥도날드의 4대 비법(타산성·효율성·예측가능성·통제성)을 따라하면 햄버거뿐 아니라 컴퓨터, 병원, 개척 교회, 새 회심자 등 무엇이든 양산할 수 있다("수십억 개의 햄버거가 팔렸다"는 구호처럼 수백만 명의 회심자를 얻는 것이다).

이런 사고방식을 교회 성장에 적용하면 아주 나쁘다. 그런데도 우리는 맥도날드나 스타벅스나 KFC 체인점을 열듯이 교회 개척도 똑같은 방식으로 하라고 배운다. 하지만 기독교적 설득에 관한 한, 그 결과는 부질없고도 저속하다. 물론 우리는 고전 수사학의 전통과 그것을 훌륭하게 실천한 소크라테스, 플라톤, 아리스토텔레스, 데모스테네스, 키케로 같은 탁월한 대화 상대를 통해 많은 것을 배울 수 있다. 또한 니체와 신흥 무신론자들 같은 대적과 스파링 상대를 통해서도 많은 것을 배울 수 있다. 그러나 우리는 또한 어느 세대를 막론하고 늘 시대정신을 분별해야 하며, 오늘날 같으면 기술의 유혹에 똑바로 맞서야 한다. 기술은 오늘날 마귀가 기독교적 설득자 앞에 던지는 미끼다. 예수께서 광야에서 유혹자를 물리치셨듯이, 우리도 번번이 이 유혹을 딱 잘라 거부해야 한다. 여전히 우리는 떡으로만 살지 않는다. 과학, 첨단기술, 관리, 계산, 교육으로만 살 수 있다는 환상이 오늘날 사상 유례없이 강할지라도 말이다.

내일 오후까지 세상을 얻는다? 모든 좋은 사고는 세 가지 기본 질문을 던지고 답한다. 말하는 내용이 무엇인가? 그것은 참인가? 그래서 이제 어찌할 것인가? 그런데 서구의 많은 지역에서 강연하면서 겪는 신기한 일이 하나 있다. 마치 청중 스스로 답할 능력이 없다는 듯 강사들이 거의 하나같이 마지막 질문에 몰두한다는 것이다. 즉 그들은 "구체적 적용", "다음 단계", "측정 가능한 결과" 따위를 다 만들어서 제시해야 한다. 나는 청중 쪽에서 첫 두 질문을 제기하기나 하는지 의문이 들 때가 있다. 이렇게 행동의 공식

과 비법을 고집한다고 해서 과연 실제로 더 과단성 있는 행동
이 나올지도 심히 의문이다. 그러나 많은 행사의 주최 기관과
책임자는 마치 다음 단계를 조목조목 알려 주지 않으면 청중
을 지독히 속이기라도 하는 것처럼 행동한다.

물론 그 이유는 우리가 웅대한 첨단기술의 시대에 살고 있
기 때문이다. 이제 가치 있다고 여겨지는 모든 것은 기술의 마
법을 통해 변화되어야 한다. 막스 베버Max Weber가 말한 유명한
"합리화"의 전체적 확산도 일부 그에 해당한다. 그것은 이성
의 적용을 제국주의적으로 확산하는 행위로, 이를 통해 우리
는 숫자와 규칙과 방법과 계산을 사사건건 어디에나 적용하여
무엇이든 계산하고 통제할 수 있게 된다. 맥도날드화가 베버
의 과정을 상품에 적용했다면, 디즈니화는 똑같은 것을 경험
과 오락에 적용했다. 의미심장하게도 둘 다 1950년대에 캘리
포니아에서 처음 꽃을 피웠다.

망치를 든 사람의 눈에는 못만 보이듯이, 과학과 첨단기술
의 이 시대에는 모든 것이 과학기술적 수단으로 풀어야 할 과
학기술적 문제가 되어 버렸다. 그래서 똑똑한 교사들은 우리
에게 모든 절대 기준과 확신을 버리고 지식에 관한 한 단호히
회의론자가 되라고 다그쳐 놓고는, 곧바로 돌아서서 전문가의
모든 통찰과 기술을 무조건 확신하라고 다그치는 모순을 범한
다. 그뿐 아니라 그들은 변모와 발전을 거듭하는 상품들—세

미나, 강좌, 비법, 자기계발 서적, 기타 "삶의 변화를 낳는" 무수한 공식 등―의 권위 있는 지도를 받아 우리의 무지를 타개하라고 훈수한다. 이런 진보의 신화와 맞물려 우리에게 제시되는 영원한 약속이 있다. 다음번 신상품과 신개념이 언제나 더 낫다는 것이다.

몇 가지 결과 중 하나는 기술의 제국주의다. 이는 현대 세계의 지독한 환멸의 주된 원인이기도 한데, 여기에 대해서는 이미 수많은 사람들이 글로 반론을 제기했다. 아니나 다를까, 기술의 솔깃한 유혹은 우리가 창의적 설득을 탐색하려는 초반부터 고개를 쳐든다. 이 유혹에 따르면, 분명히 우리는 설득법을 정복하여 확실한 기술로 축소시킬 수 있다. 그리하여 "내일 오후까지 세상을 얻도록 보장해 주는 놓쳐서는 안 될 신종 설득 학파"를 시장에 출시할 수 있다.

하지만 그렇게 서두를 일이 아니다. 기독교적 설득은 기독교 신앙을 설득력 있게 논증하는 전체 작업―이를 변증 또는 변호라 한다―에 꼭 필요한 부분이다. 물론 일률적 방식에 가장 근접한 4영리四靈理가 만들어진 시기와 지역이 맥도날드와 디즈니랜드의 경우와 똑같이 1950년대의 캘리포니아였다는 점은 의미심장하다. 그러나 설득과 변증에 관한 한 세트 메뉴로 된 이론이란 존재하지 않는다.

현대 기독교의 변호를 둘러싼 모든 혼란과 논란 속에서 설득을 회복하는 일은 쉽지 않다. 처음부터 길을 놓치지 않으려면 유혹하는 기술의 소리에 귀를 막아야 한다. 아울러 우리의 탐색에 필수가 되는 세 가지 사실을 기억해야 한다.

단 하나의 길은 없다　　　첫째로 기억할 것은 간단한 부정적 내용이다. 인생에서 가치 있는 일 치고 길이 하나뿐인 경우는 드물다. 설득도 마찬가지다. 설득에 단 하나의 옳은 길이란 없다. 모든 사람에게 통하는 일률적 접근도 없다. 물론 어떤 방법은 기독교적이지 않고 어떤 방법은 효과가 없다. 그러나 기독교적인 방법이 단지 하나만 있는 것은 아니다.

그 이유는 간단하다. 삶이란 이성보다 훨씬 크며, 따라서 이성이 비록 중요하고 귀해도 결코 삶을 이성으로만 이해하고 설명할 수는 없다. 이성을 최대한 신중하고 정연하게 적용해도 이성으로 설명되지 않는 부분, 이성의 범주에 좀처럼 맞아들지 않는 부분이 늘 있게 마련이다. 아무리 억지로 끼워 맞추려 해도 소용없다. 그러면 프로크루스테스Procrustes의 유혹이 찾아온다. "늘이는 사람"이라는 뜻의 이 인물은 그리스의 여관 주인이었는데, 모든 손님을 기어이 자기네 침대에 정확히 맞추었다. 키가 너무 작으면 잡아 늘였고 너무 크면 남아도는 발을 잘라 냈다. 이성도 이와 같아서 이성을 왕으로 삼아 최종 권위를 부여하면 똑같은 결과가 벌어진다.

맥도날드와 디즈니랜드에 대한 모든 연구에서 이미 지적된 바와 같다. 이 두 곳은 고도의 합리화를 통해 사업의 모든 부분에 이성이 치밀하게 적용되었으나, 그래도 늘 "본의 아닌 결과"와 "합리의 불합리성"이 있다. 예컨대 전화의 자동응답장치는 그것을 사용하는 회사로서는 시간과 인력이 절감되지만, 소비자에게는 오히려 시간 낭비와 짜증을 안겨 준다. 마찬가지로 놀이공원에서는 놀이기구를 타려고 기다리는 시간이 정작 기구를 타는 시간보다 오래 걸리기 일쑤이고, 패스트푸드점에서도 긴 대기 시간 때문에 식사하기까지의 시간이 전혀 빠르지 않을 때가 많다. 매번 고생은 업주가 아니라 소비자의 몫이다. 업주로서는 고객을 상대하는 과정보다 햄버거를 만드는 과정을 합리화하기가 더 쉽다.

변증 방법도 마찬가지다. 모든 사람에게 맞는 단 하나의 방법이란 없다. 인간이 제각기 다르기 때문이고, 아무리 좋은 방법도 누군가에게는 통하지 않기 때문이다. 그동안 4영리를 통해 놀라운 열매가 맺힌 것은 분명하지만 이 전도법이 모든 사람에게 통하지는 않는다. "하나님은 당신을 사랑하시며 당신을 위한 놀라운 계획을 가지고 계십니다"라는 제1원리는 하나님의 존재를 막연하게라도 믿는 사람에게는 안성맞춤일 수 있고, "무언가를 더" 찾으려는 무신론자에게도 일단 말은 된다.

그러나 무신론으로 만족하는 무신론자에게는 소귀에 경 읽기처럼 무의미하다. 더욱이 적대적인 무신론자에게는 대화의 첫머리부터 하나님을 언급한다는 것 자체가 황소 앞의 붉은 천처럼 거친 반발을 불러일으킨다. 우리가 끊임없이 거듭 상기해야 할 사실이 있다. 예수께서는 단 두 사람에게도 똑같은 방식으로 말씀하신 적이 없으며 우리도 그래서는 안 된다. 모든 인간은 독특한 개인이므로 마땅히 우리는 그 개성을 존중하는 방식으로 접근해야 한다.

과학이 아니라 예술 둘째로 기억할 것은 기독교적 설득이 과학이 아니라 예술이라는 점이다. 그것은 첨단기술보다 신학과 더 관계된다. 따라서 오늘날의 세계에서 우리는 그것을 명확히 이해하고 잘 지켜야 한다. 이 역점을 세 가지 서로 다른 방식으로 강조하고자 한다.

창의적 설득은 모더니즘이나 포스트모더니즘이 아니라 성경적인 일이다. 이성과 진리를 중시하여 이를 통해 신앙을 변호하는 사람은 오늘날의 풍토에서 모더니스트라고 외면당하기 쉽다. 반대로 상상력과 이야기를 활용하는 사람은 포스트모더니즘을 보는 상대의 관점에 따라 포스트모더니스트라고 칭송받거나 무시당하기 쉽다. 그러나 사실 성경은 그 자체로 가장 웅대한 이야기다. 성경은 진리와 이성을 중시하되 모더니즘에 빠지지 않고, 전체적 이야기 속의 무수한 이야기들을 중시하되 포스트모더니즘에 빠지지도 않는다. 요컨대 성경은 이성적이면서 경험적이고, 명제적이면서 관계적이다. 그래서 진정한 성경적 논증은 어느 시대의 누구에게나 통한다. 반면에 모더니즘과 포스트모더니즘에는 자산과 부채가 공존하며, 포스트모더니즘은 당면한 위험이라는 이유만으로 한동안 더 큰 위험이었다. 이와 대조적으로 기독교적 설득의 목표는 모더니즘이나 포스트모더니즘이 아니라 성경에 충실하게 모든 요소를 통합하는 것이다.

누구나 읽어 보면 알듯이, 성경은 이야기와 드라마와 비유와 시 못지않게 진리와 합리적 논증도 소중히 여긴다. 성경에는 다윗의 시와 예수의 비유뿐 아니라 로마서도 있다. 물론 성경적 관점의 창의적 설득에서 핵심이 되는 부분은 이야기이지만, 그렇다고 이성이나 논증이 밀려나지는 않는다. 성경적 관점에서 관건은 모더니즘 대 포스트모더니즘이 아니다. 그 둘은 맞는 부분도 있지만 결국은 둘 다 틀렸다. 또한 합리적 논증 대 이야기, 이성 대 상상력도 아니다. 사실 이것은 전혀 양자택일의 문제가 아니다. 하나님의 진리의 깊은 논리는 이야기와 논증, 질문과 서술, 이성과 상상력, 사복음서와 로마서 등 양쪽 모두를 통해 표현될 수 있다. C. S. 루이스의 매력이 그토록 오래가는 데는 그런 이유도 있다. 그는 『순전한 기독교』*Mere Christianity*에서는 냉철하게 이성적이었다가, 『스크루테이프의 편지』*The Screwtape Letters*나 『나니아 연대기』*The Chronicles of Narnia*에서는 상상력을 끌어들인다. 이야기를 들려줄 때가 있고, 합리적 논증을 전개할 때가 있다. 우리에게 필요한 능력은 언제 어느 쪽을 활용할지를 아는 것이다.

표현을 바꾸어 창의적 설득은 단지 기술이 아니라 진리의 문제다. 더 정확히 말해서 **창의적 설득은 진리의 예술이자 그 진리에서 태동하는 예술이다.** 1장에서 성경의 이야기 두 편을 소개했고 앞으로도 더 많이 살펴볼 것이다. 또한 몇 가지 원리와 실제적 도움말도 제시하고 논의할 것이다. 그러나 이 책에서 단지 남을 설득하는 기술, 공식, 비법, 실용 방법, 기타 확실한 길을 찾는다면 실망할 것이다. 그런 것은 존재하지 않는다. 존재하는 척하거나 그게 나에게 있는 척하지 않을 것이다.

확실하고 완벽한 방식으로 신앙을 전하고 싶은 마음은 이해할 만하다. 상대를 워낙 사랑하여 반드시 신앙에 이르기를 바라는 소원 때문에라도 그렇다. 사랑의 대상이다 보니 성공 외에는 모두 가슴 아픈 실패로 느껴질 것이다. 그러니 그런 마음은 당연하다. 하지만 앞으로 거듭 보겠지만 우리가 살고 있는 타락한 세상은 어떤 생각, 어떤 논증, 어떤 회의도 가능한 곳이다. 다시 말해, 어떤 사람들은 아무리 증거가 많아도 그 어느 주장에도 납득하지 않을 것이다. 어차피 그 주장을 부인하기로 결심했다면 말이다. 그들은 "하나님이 주장하셔도" 부인할 것이다. "하나님의 주장이라서 특히 더"라는 표현이 더 맞을 사람들도 있을 것이다. 그들이 보기에 하나님은 간섭을 일삼는 존재이며, 무슨 수를 써서라도 막아 내야 할 최악의 훼방꾼이기 때문이다. 그러므로 완벽한 설득 방법이란 없다. 거기에 가장 근접한 방법들은 강압적이고 위험하다. 사고를 설득하는 게 아니라 의지를 짓밟기 때문이다. 확실하고 완벽한 방법을 찾는 사람에게는 공산주의와 이단에서 써먹는 세뇌 기법이 우리가 살펴보려는 설득보다 더 나은 모델일 것이다.

우리는 웅대한 실용의 시대에 살고 있으며, 기술을 탐하는 현대인의 욕심은 그 사실에서 비롯된다. 첨단과학과 기술의 시대는 방법, 공식, 비법, 세미나, 실용 서적, 12단계 프로그램, 늘 유혹하는 효율성 등이 끝없이 난무하는 시대다. 그래서 우리도 자칫 설득력을 높이는 일을 훌륭한 목표로 추구하다가 흔한 덫에 빠져 기술에 함몰될 수 있다. 마치 과정을 잘 관찰하여 이성으로 축소시킨 뒤에 그것을 반복해서 재현하면 설득을 배울 수 있다는 듯이 말이다.

물론 기술을 쓰는 방법이 잘 통할 때도 있다. 특히 과학, 첨단기술, 공학 분야에서 그렇고 어떤 작업을 손수 할 때도 그렇다. 예컨대 자동차나 컴퓨터를 수리하는 일은 책을 보고도 가능하다. 그조차도 대다수 젊은 세대는 5개 국어로 된 사용설명서를 집어치우고 그저 직감으로 하지만 말이다. 이런 경우는 기술을 축소시킨 뒤에 반복해서 재현하면 큰 효과를 볼 수 있고, 생판 초보자를 위한 안내서를 펴낼 수도 있다. 그러나 조금만 생각해 보면 알듯이, 그런 기술은 대개 삶의 낮은 차원에서만 유효하다. 더 높은 차원으로 넘어가면—예컨대 팀을 이끌거나 최고급 포도주를 제조하거나 성관계를 하는 등—그때 요구되는 기술은 과학보다 예술이다. 실용 방법으로는 어림도 없다.

예수께서(소크라테스도) 저서를 남기지 않으신 이유가 아마 그래서일 것이다. 예수의 길은 인생 여정을 경험하는 가운데 스승이신 그분의 권위 아래서 그분께 직접 배워야 하는 것이었다. 그림 그리기나 낚시나 수플레 요리 같은 모든 예술과 마찬가지로 창의적 설득도 학습하기보다는 체득되는 것이며, 책이나 강의를 통한 설명보다는 경험자를 통해 더 잘 체득된다. **삶의 가장 깊은 것일수록 늘 더 알아야 할 게 있으며, 아무리 알아도 다 알 수 없다. 따라서 가장 깊은 지식은 스승 밑에서 경험을 통해 삶으로 체득해야 한다.** 언어를 초월하는 가장 깊은 차원은 심지어 스승도 뭐라고 꼬집어 말할 수 없다. 그것은 최고의 교사와 강의와 세미나와 책으로도 결코 안 되는 일이다. 제자의 길은 특이하고도 더 깊은 배움의 길이다.

현대인이 기술에 집착하는 최악의 경우는, 곧 성경적 사고 방식의 독립성을 놓치고 예수의 길의 깊이와 탁월함을 놓치는 것이다. 기술이 유행하는 데는 분명히 몇 가지 자체적 문제가 있다. 우선 하나는 그것이 고도로 합리주의적이라는 점이다. 모든 기술은 극대화된 이성이기 때문이다. 마치 삶의 모든 것이 이성으로 축소되어 간단한 단계들로 자세히 명시될 수 있다는 듯이 말이다. 수학자이며 게임 이론의 아버지인 존 폰 노이만John von Neumann은 역사상 가장 똑똑한 인간 중 하나였다. 위대한 물리학자인 에드워드 텔러Edward Teller도 노이만의 지성에 경탄했고, 일각에서는 그의 지성을 보며 인간보다 우월한 종의 존재를 점치기까지 했다. 노이만이 착상해 낸 프로그래밍의 개념이 나중에 컴퓨터로 발전되었는데, 그것은 문제를 일련의 간단한 단계들로 잘게 나눈 뒤에 숫자를 조작하듯 조작할 수 있다는 개념이다. 하지만 기계에 통하는 것이 인간에게는 통하지 않는다. 인간이 더 논리적이기 때문이거나 또는 단지 논리적이기만 하지는 않기 때문이다.

또 하나의 문제로, 기술에 집착하면 우리는 전문가에게 점점 더 의존하고 전문 지식에 위협당하는 문화에 갇혀 버린다. 하지만 삶의 가장 깊고 가장 중요한 다수의 분야에는 전문가라는 게 없다. 예컨대 고난을 헤쳐 나가는 부분에서 누가 전문가로 자처하겠는가? 매사를 전문가와 컨설턴트와 문제와 해결의 관점에서 보기 시작하면 우리는 의존의 운명에서 헤어날수 없다. 우리 보통 사람들은 문제의 소유자이고 전문가들은 본질상 "답의 소유자"가 되기 때문이다. 우리가 더 잘할 수 있음은 문제를 훤히 꿰고 있는 전문가 덕분이다. 결국 전문가는 신비로운 처방 능력으로 권력을 얻고 우리는 거기에 의존하는 존재가 된다. 웬만한 사람을 바보로 만드는 "전문직의 시대"는 모든 **신자**의 사역에까지 피해를 입힌다. 기독교적 설득은 전문가만의 일이 아니라 모든 그리스도인의 일이며, 지식인만의 일은 더더욱 아니다.

행여 변증 전문가들의 동업조합이 생겨나 그들이 우리에게 일체의 공식 해답을 내놓는 날이 와서는 안 된다. 우리가 사용하거나 사용하지 말아야 할 모든 논증을 그들이 처방해서는 안 된다. 마치 우리는 그들처럼 능숙하게 하는 법을 모른다는 듯이 말이다. 기독교적 설득은 모든 그리스도인의 일이지 소수 전문가만의 일이 아니며, 말로만 끝날 게 아니라 실제로 행해야 할 일이다. 그런데 일반 대중이나 학계나 할 것 없이 오늘날 말과 행동의 비율은 터무니없이 어긋나 있다. 변증학은 자칫 변증자가 다른 변증자들에게 변증에 대해 말하는 예술로 그칠 뿐, 정작 실행은 없을 수 있다. 그것이 전문화 시대의 한 가지 위험이다.

물론 남보다 나은 변증자와 설득자들이 있으며, 우리 모두는 최고의 귀감을 본받음으로써 가장 많이 배울 수 있다. 나 자신의 변증은 동시대의 살아 있는 어느 누구의 영향보다도 C. S. 루이스와 프랜시스 쉐퍼Francis Schaeffer와 피터 버거Peter L. Berger 의 영향을 많이 받았다. 그들은 서로 모르는 사이였고, 셋 다 아주 달랐으며, 함께 있었다면 서로 잘 지내지 못했을지도 모른다. 버거는 20세기 전반 변증학의 현실에 강한 회의를 품기도 했다. 그러나 차차 보겠지만 그들의 사상이 종합되면 위력이 있으며, 그것이 내게도 지대한 영향을 미쳤다. 루이스를 직접 만나 보는 행운은 누리지 못했지만, 그의 저작은 신앙에 이르는 나의 여정에 결정적 역할을 했다. 피터 버거는 현대 세계에 대한 사고에서 오랫동안 나의 으뜸가는 스승이었다. 프랜시스 쉐퍼는 내가 대면하여 만나 본 변증가 중 단연 가장 해박하고 긍휼이 넘치는 분이었다. 젊었을 때 그를 자주 보았는데, 매번 그는 이 예술을 가르칠 때보다 행동으로 본을 보일 때가 훨씬 뛰어났다. 그를 직접 모르고 책으로만 접한 사람들 중 다수는 적용 부분에서 딱딱해졌거나, 또는 변증 이론에 대한 토론에 너무 심취한 나머지 정작 실천까지 간 경우는 드물다. 하지만 쉐퍼는 실천도 아주 잘해서 실제로 사람들을 신앙으로 이끌었고, 그중에는 처음에 신앙과 아주 거리가 멀었던 사람들도 있었다.

달리 말해서 우리는 변증이 무미건조한 탁상공론에 빠지지 않도록 늘 조심해야 한다. 물론 솔직한 질문에 솔직한 답변을 늘 내놓아야 하지만, 그래도 처음부터 알아야 할 것이 있다. 우리는 결코 모든 질문에 완벽하고 설득력 있는 답을 내놓을 수는 없다. 한편으로 우리 개개인이 답할 수 없는 질문이 늘 있다. 무지하기 때문이거나 당장의 지식이나 관심이 부족하기 때문이다. 다른 한편으로, 현세에는 아예 답이 없는 질문도 늘 있다. 삶의 불가피한 신비에 속하기 때문이다. 나 자신의 인생만 보더라도 예컨대 내가 유년기를 보낸 난징南京에는 끔직한 학살이 있었고, 허난 성의 대기근으로 몇 달 만에 오백만 명이 죽을 때 내 형제들도 요절했으며, 훗날 내 아내는 (다행히 목숨을 건졌지만) 암에 걸렸다. 하나님은 세상에 이런 일이 있을 것을 아시고도 왜 세상을 창조하셨는가? 나에게 이런 질문은 늘 답이 없을 것이다. 하나님을 대면하여 뵐 때까지는 답할 수 없을 것이다. 여정은 각기 다를지라도 이렇게 답이 없기는 우리 모두가 마찬가지다.[1]

단 두 명의 화가나 조각가도 서로 같지 않듯이, 변증도 사람마다 자신의 성격과 인생 경험을 통해 굴절된다. 이 사실을 망각하는 사람들은 변증을 체스 게임처럼 제시하는 경향이 있다. 이에 따르면 우리가 할 일은 모든 수와 맞수와 그에 대한 맞수를 알아내는 것이며, 그러면 어떤 반론에 대해서도 장군을 부를 수 있다. 논증에서 무적의 최고수가 되는 것이다. 하지만 기독교의 변호는 예술이며, 과학이 아니라 철학과 같다. 철학적 논증에 완성이나 최종 결말이나 과학적 수준의 증거란 없다. 그런 것을 찾았다고 주장한 사람들은 매번 낭패를 보았다. 모든 철학적 주장은 반증으로 논박될 수 있다. 모든 입장은 조롱과 거부를 당할 수 있다. 타락한 세상에서 인간은 늘 하나님께 불순종할 수 있고, 늘 진리를 거부할 수 있으며, 늘 논리적 변증을 반박할 수 있다. 그 반론이 아무리 미약하고 동기가 아무리 속이 보이게 초라할지라도 말이다. 바로 여기에 기독교 변증자가 겸손해져야 할 한 가지 이유가 있으며, 다른 이유들은 차차 더 살펴볼 것이다.

이 책도 책인지라 당연히 논증이 들어 있다. 이 책은 설득의 망각된 한 측면을 글로 담아내려는 시도다. 그러나 여기 말한 모든 이유로 인해 나는 이 책을 쓰기까지 거의 40년을 기다렸다. 대학을 떠날 때 하나님께 약속한 바가 있기 때문이다. 그때 나는 단지 변증에 대해 글을 쓰기보다 늘 변증을 **실행할** 것, 글로 쓰기 **전에** 실행할 것, 글보다 **더 많이** 실행할 것을 다짐했다. 기독교적 설득은 언제나 말보다 실행이 앞서야 한다.

똑똑한 말이 아니라
십자가의 말

이상의 두 가지 문제보다 훨씬 심한 문제는 기술의 유혹 때문에 자칫 우리가 스승 예수로부터 그분이 소통하신 방식을 배울 수 없고, 세상적 관점이 아니라 기독교적 관점에서 비롯된 독립적 사고를 할 수 없다는 것이다. 이 유혹에 넘어가면 우리는 충실성과 창의성의 본분을 다할 수 없다.

역시 달리 말해서 **기독교적 설득은 똑똑한 말이 아니라 십자가의 말이다.** 물론 변증이 고전 수사학 같은 다른 요인에 큰 빚을 졌음을 인정하는 것도 중요하다. 자로슬라브 펠리칸Jaroslav Pelikan은 이렇게 말했다. "신약이 하필 그리스어로 기록되었다는 사실은 인간 지성과 정신의 역사를 통틀어 지금까지도 가장 중대한 언어적 수렴의 하나다. 신약의 언어는 모세와 선지자들의 히브리어도 아니고, 예수와 제자들의 아람어도 아니며, 로마 제국의 라틴어도 아니다." 신약은 "소크라테스와 플라톤의 그리스어나 적어도 그것과 상당히 정확하게 비슷한" 평민들의 그리스어로 기록되었다.[2]

그 수렴은 정말 중대했다. 유대교와 기독교의 신앙은 여러 면에서 그리스와 로마의 고대 문명과는 근본적으로 다르지만, 양쪽 다 언어와 이성과 말과 소통 기술을 중시한다는 점에서는 공통점이 있다. 그래서 요한복음의 서두는 형언할 수 없이 심오하고 더할 나위 없이 의미심장하다. "태초에 말씀이 계시니라. 이 말씀이 하나님과 함께 계셨으니 이 말씀은 곧 하나님이시니라."요 1:1

하지만 그렇다고 해서 변증의 기준을 고전 수사학에만 둔다면, 이는 변증을 세상의 최신 소통 이론의 통찰이나 요란한 무신론자들의 터무니없는 공격에 맞추는 것만큼이나 해로운 과오다. 로고스와 에토스와 파토스(아리스토텔레스가 제시한 설득의 3요소—옮긴이) 같은 기본 범주는 보편적으로 적용될 수 있지만, 우리의 절대 기준은 최고의 고전이라든가 가장 똑똑하거나 뻔뻔스러운 현대 이론가들이 아니라 하나님이 친히 우리에게 말씀하신 방식이다. 그것의 극치를 우리는 예수의 삶, 십자가의 죽음, 충격적 반전인 부활을 통해 보고 들을 수 있다. 저명한 역사가로서 초대 기독교 사상을 연구한 로버트 루이스 윌켄Robert Louis Wilken이 일깨워 주듯이, 기독교의 신앙과 사상은 너무 독립적이어서 비판자나 대화 상대를 향한 반응에서 생겨났을 수 없다. "기독교를 비판하는 목소리를 듣는 것도 유익하긴 하다. 하지만 기독교 사상의 에너지와 생명력과 상상력은 그 내부에서, 곧 그리스도, 성경, 예배, 교회의 삶에서 나온다."[3]

서글프게도 근래의 전도 방식들은 고전 수사학이나 하다못해 좋은 소통 이론을 따르는 게 아니라 효과적인 세일즈 기법의 지침서를 따를 때가 많다. "솔직한 질문에 솔직한 답변을 내놓는" 일은 훌륭한 목표이며, 프랜시스와 이디스 쉐퍼Edith Schaeffer의 라브리L'Abri 공동체가 강력한 영향을 미친 한 비결이기도 하다. 그러나 근래의 한 전도 방식은 그 목표를 완전히 거부했고, 오히려 "계약을 성사시키려면"(그것이 영리를 목적으로 한 세일즈이든 "그리스도를 믿겠다는 결단"이든) 결코 멈추어 질문에 답해서는 안 된다고 가르쳤다. 질문은 정신적 연막에 불과하며, 따라서 목적한 결론에 도달하지 못하게 방해하고 지체시킨다는 것이다.

세일즈 전략이야말로 기독교 변증자들이 채굴해야 할 풍부한 광산이라는 조언을 나도 많이 들었다. 과학적으로 우리를 납득시키고 설득하여 물건을 사게 만드는 법을 오늘날의 마케팅 담당자와 판매업자들이 아주 치밀하게 꿰뚫고 있다는 것이다. 쇼핑할 때 우리 대부분은 지독한 비합리에 빠져 쉽게 속으며, 판매업자들은 그것을 이용한다. 예컨대 최근의 한 연구는 구매자의 만족이 상품을—미적으로가 아니라 논리적으로—제시하는 방식에 달려 있다며, 상품을 소개하는 세 가지 최고의 방식을 소개했다. 이런 연구에서 보듯이, 구매자의 행복은 제품의 질이나 실제 가치와 거의 혹은 전혀 무관하다. 모든 것은 제품을 제시하는 논리적 방식에 달려 있다.

그렇다면 영리한 변증자가 되려면 최신 기술을 섭렵해서 그 논리대로 복음을 제시한 뒤 똑같이 확실한 결과를 기다리기만 하면 된다. 어차피 모든 진리가 하나님의 진리라면 업계 최고의 수법을 활용하는 게 얼마든지 정당하지 않겠는가. 다만 이번에는 그것을 진리를 전하는 데 쓸 뿐이다.

하지만 그렇지 않다. 물론 모든 진리는 하나님의 진리이며, 이스라엘 백성이 바로를 떠나 이집트에서 탈출할 때 "이집트의 금을 노략하라"고 명하신 분은 하나님이다. 그러나 머지않아 그분은 그 금으로 "금송아지를 만든" 그들을 책망하셨다.[출 3:21-22, 32:7-8] 주님의 일은 언제나 주님의 방식으로 해야 한다. 방법도 메시지와 일치해야 한다. 기술은 중립적이지 않다. 기술은 긍정적이고 유익할 수도 있지만 또한 해로울 수도 있다. 때로는 기술의 효과가 너무 뛰어나서 자칫 우리가 하나님의 필요성 자체를 느끼지 못할 위험마저 있다. 참된 변증은 진리의 예술이며, 따라서 변증으로 선포되는 진리의 독특성이 그 예술의 기준이 되어야 한다.

사도 바울이 고린도의 그리스도인들에게 설명했듯이, 똑똑한 말에 대비되는 십자가의 말이야말로 그가 전한 복음의 핵심이었다.[고전 1:17-31] 그는 "십자가의 도" 곧 "십자가에 못 박힌 그리스도"라는 메시지를 "말의 지혜"나 "말과 지혜의 아름다운 것"과 병치했다. 전자는 잃은 영혼들에게 미련해 보일 수 있으나, 사실은 능력과 지혜다. 반대로 인간의 지혜는 똑똑해 보일 수 있으나, 하나님의 어리석음이 인간의 지혜보다 지혜롭다. 오히려 인간의 똑똑한 말은 십자가의 능력을 막아 영혼들을 잃은 채로 계속 방황하게 만든다.

그것이 그리스도인들이 결코 변증을 기술의 수준에 남겨 두어서는 안 되는 가장 깊은 이유다. 기독교의 변호는 충실성을 잃어서는 안 된다. 그리스, 로마, 모더니즘, 포스트모더니즘, 기타 모든 것에 대한 빚을 인정한 뒤에 결국 기독교적 설득은 철저히 기독교적이어야 하며 자체에 충실해야 한다. 앞서 말했듯이, 기독교의 변호는 진리를 보는 자체적 관점과 진리들에 충실해야 한다. 1장에서 말했듯이, 우리의 설득은 특히 무엇보다도 창조, 죄, 성육신, 십자가, 성령 등의 진리들을 통해 형성되어야 한다. 분명히 그것이 나의 목표이며 우리의 탐색에 두 가지 방식으로 영향을 미칠 것이다. 변증에 대한 일부 접근 방식들과는 다를 수 있다.

첫째, 기독교적 설득은 늘 인간의 사고를 상대하여 앎의 행위에 초점을 맞추지만 또한 인간의 마음도 상대해야 한다. 즉 성경에 나타난 믿음과 불신의 다양한 측면도 살펴보아야 한다. 이 일을 부정적으로 해야 할 때가 있는데, 예컨대 인간이 진리에 저항하고 하나님을 싫어한다는 성경의 관점을 다룰 때가 그렇다. 반면에 그 일을 긍정적으로 해야 할 때도 있는데, 예컨대 인간이 의식 또는 무의식중에 하나님을 갈망한다는 성경의 관점을 다룰 때가 그렇다. 그 갈망은 사랑이신 하나님을 알 때에만 채워질 수 있다.

둘째, 기독교적 설득이 사고와 더불어 충실하게 다루어야 할 마음에는 열정 또는 감정도 포함된다. 아리스토텔레스 때부터 늘 인식되어 왔듯이, 열정은 인간의 삶에 중요한 역할을 한다. 좋은 쪽으로든 나쁜 쪽으로든 감정은 우리를 사고와 행동으로 이끈다. 예컨대 때로 우리는 사람들의 갈망이나 기쁨 같은 열정을 다루어 그들로 하여금 하나님을 구하게 할 수 있다. 갈망은 내게 없는 것을 가지려는 소원이고, 기쁨은 그 갈망하는 바를 얻겠다는 설렘이다. 또한 때로는 똑같이 강렬한 감정인 두려움이나 슬픔을 다루어 그들로 하여금 하나님을 구하게 할 수도 있다. 두려움은 원치 않는 바를 피하는 마음이고, 슬픔은 자신이 잘못한 일이나 하나님을 거부하다 잃어버린 것을 깊이 깨닫는 마음이다.

변증을 기술로만 보면 이는 복음을 모욕하는 처사다. 즉 하나님이 예수를 통해 말씀하시고 행하신 일의 엄청난 중요성을 모욕하는 것이다. 성경에는 소소한 언어유희로부터 사상 최대의 중의적 사건인 성육신에 이르기까지 온갖 이야기, 비유, 드라마, 실연實演 익살이 가득하다. 복음의 궁극적 목적을 위해 존재하는 그것들은 예수 그리스도의 탄생과 삶과 죽음과 부활이라는 메시지의 진리와 논리를 통해 형성된다. 변증은 최선과 최악의 세상 사조를 알 만큼 늘 지혜로워야 하지만, 동시에 우리가 아는 분이자 또한 사람들에게 알리려는 그분께 늘 충실해야 한다.

궁극적인 패러다임 전환　　　　많은 창의적 형태의 설득은 분명히 두 가지 창의적 긴장에 의지하여 논리를 전개한다. 이 부분에 기술이 유용하게 쓰일 수 있다. 우선 표면적 차원에서 작동하는 창의적 긴장이 있는데, 여기서 기술이 가장 명백히 드러난다. 화자가 질문을 던지거나 이야기를 풀어내거나 드라마를 전개하는 동안 계속 한 방향으로 **기대**가 고조된다. 그런데 결국 강력한 결정타를 통해 완전히 다른 방향의 **결과**가 제시된다. 이 방법은 순진한 쥐에게 치즈를 줄 것처럼 해놓고는 최후의 일격을 가하는 용수철 달린 덫과도 같다. 기대와 결과 사이의 이런 갑작스런 반전은 철저한 변혁을 유발하여, 기존의 사고방식을 **뒤집는** 동시에 새로운 사고방식을 **보여준다**. 이렇게 사고가 변혁되면 그 결과로 패러다임의 전환이 이루어진다. 사고와 마음이 전혀 새롭게 바뀌는 것이다.

　이런 표면적 수법의 창의적 긴장은 결국 또 다른 차원으로 연결된다. 오늘날 **패러다임 전환**paradigm shift이라는 용어가 널리 통용되고 있으며 다른 분야에도 비슷한 용어들이 있다. 예컨대 심리학에는 게슈탈트 전환gestalt switch이 있고 사회학에는 실재와 실재 사이의 이행alternation between realities이 있다. 모두 인간의 사고방식 또는 사고의 틀이 혁명적으로 변화되는 현상을 폭넓게 기술하는 말들이다. 물론 패러다임 전환이 가장 대중화된 표현이지만, 많은 사람들이 이 말을 주고받으면서도 그 배경을 잊어버린다. 이 표현은 토머스 쿤$^{Thomas\ Kuhn}$이 과학적 사고의 철저한 변혁을 지칭하는 말로 처음 썼는데, 본인도 인정했듯이 그는 이 개념을 기독교 회심의 어법과 경험에서 빌려 왔다. 다시 말해, 패러다임 전환은 궁극적 전복을 뜻한다. 마음과 사고의 이런 철저한 변화가 신약에는 메타노이아^{metanoia}로 표현되어 있는데, 이는 회개를 뜻하는 성경의 용어다. 마음과 지성과 생각과 삶이 전혀 새롭게 돌아선다는 뜻이다. 이를 계기로 회심이 이루어져 하나의 실재에서 다른 실재로―흑암의 나라에서 빛의 나라로―옮겨 가는 이동이 시작된다.

중요하게 지금은 패러다임 전환이나 이행이 도덕적으로 중립적인 용어로 쓰인다. 즉 하나의 관점에서 다른 관점으로 넘어가는 이동을 뜻하되, 이것이 저것보다 낫다는 도덕적 판단은 없다. 새로운 관점은 단순히 기존의 관점을 대체하는 현재의 선택일 뿐이다. 하지만 기독교에서 말하는 패러다임 전환은 그렇지 않다. 그리스어 단어 메타노이아를 직역하면 "사후에 지각한다"는 뜻으로, "사전에 지각한다"를 뜻하는 용어와 대비된다. 다시 말해, "나중에 본다"는 말은 회개를 뜻한다. 이전의 사고방식이나 생활방식이 잘못되어 변화가 필요함을 깨닫기 때문이다.

"회개하라"는 당당한 명령은 복음서에서 예수의 첫 메시지

의 핵심이었고, 그분이 파송하신 제자들도 똑같은 메시지를
전했다. 회개는 생각과 목적을 좋은 쪽으로 바꾸라는 도전이
다. 그러려면 지금까지 자신이 잘못되었고 나쁜 쪽에 있었음
을 솔직히 시인해야 한다. 마찬가지로 메타노이아에 해당하는
라틴어 단어 레시피스코*resipisco*는 "제정신으로 돌아오다", 잘못
된 관점 대신 "올바른 관점에 이르다"라는 뜻이다. 교만 때문
에 넘어진 느부갓네살이나 반항심 때문에 돼지우리로 내몰린
탕자처럼, 우리도 정신을 차리고 돌아서야 한다. 우리도 죄를
지었으므로 회개하여 용서받고 회복되어야 한다.

　그러므로 창의적 설득은 지적 결과뿐 아니라 영적·도덕적
결과를 낳는다. 즉 자신이 잘못되어 있음을 지적·영적·도덕
적으로 깊이 깨닫게 한다. 덕분에 사람들은 하나의 실재에서
다른 실재로—비신자의 관점에서 하나님의 관점으로, 불신에
서 진리로, 자만심에서 죄의 자각으로—옮겨 간다. 바닥의 문
이 어느 순간 열리면서 밑에 있는지도 몰랐던 방으로 사람이
쿵 떨어지듯이, 기독교의 창의적 설득도 사람을 문득 또 다른
차원의 실재 속으로 떠민다. 인간의 가상의 실재에서 하나님
이 보시는 실재인 진리 속으로 데려가는 것이다.

　다시 말해 분명히 기술도 무시할 수 없지만, 기술을 사용하
여 하나님의 진리를 소통할 때면 한낱 기술은 더 큰 진리에 삼
켜진다. 기술은 진리를 위해 존재하며, 이 진리는 십자가의 전

복적 복음이라는 역동적 진리다. 그러므로 정당하게 기술의 자리를 인정하고 같은 기술을 공유하는 유머 등의 다른 예술들도 존중해야 하지만, 결국 우리가 추구하는 설득의 원동력은 현대적 관점의 기술이 아니라 시대를 초월하는 복음 자체의 역동적 전복 행위에 있다. 때로 저마다의 목적을 위해 똑같거나 비슷한 기술을 사용하는 다른 사람들도 우리와 닮아 보일 수 있다. 그러나 우리의 초점은 기술 자체가 아니라, 그 기술을 통해 제시되는 복음의 가장 깊고 충만한 진리들이다. 즉 기독교 신앙의 핵심을 이루는 창조, 죄, 성육신, 십자가, 성령 등의 진리들이다. 기술 자체는 본질상 영혼이 없지만 변증은 본질상 영혼으로 충만하다.

이 예술은 그분을 사랑하는 사람들의 일이다

셋째로 기억할 것은 기독교적 설득이 하나님을 사랑하는 사람들의 일이라는 사실이다. 그들은 자신이 알고 사랑하는 그분을 최대한 잘 변호하려 한다. 그들은 사랑이 지식의 본질적 요소이며, 그 지식이 참된 추구와 발견에서 비롯됨을 잘 알고 있다. 설득은 예수를 따르는 사람들의 일이다. 그들은 그분을 알기에 그분을 사랑한다. 그래서 그들에게는 그분을 알고 또 알리는 일의 과분한 특권을 굳이 납득시킬 필요가 없다. 물론 모든 그리스도인은 복음을 전할 의무가 있고, 고전 수사학과

현대의 이론은 수많은 도움말로 우리를 더 효과적인 소통자가
되게 해주며, 인구통계와 문화의 압력은 신앙을 전하지 않으
면 우리가 시들어 죽는다고 도전한다.

　그러나 우리가 여기서 탐색하는 기독교적 설득은 세일즈맨,
선전가, 개종 권고자, 홍보 컨설턴트, 로비스트, 홍보 담당자,
언론 담당자, 피해 대책 전문가 등의 일이 아니다. 우리의 신
앙을 죄책감이나 사회적 압력 때문에 또는 오늘날의 세계에서
라이벌들에게 문화적 영향력을 빼앗기지 않으려는 경쟁심 때
문에 전하는 것으로는 부족하다. 그런 동기를 품은 사람들의
요구에 응해 줄 컨설턴트들은 얼마든지 많이 있다. 그러나 이
책은 예수의 길을 전하되 그분을 사랑하기에 전하는 사람들을
위한 것이다. 그들은 인간이 추구하는 모든 지식과 진리에서
도 사랑이 핵심 요소임을 안다. 그들의 마음은 기쁜 소식을 전
하려고 산을 넘는 사람의 모습이 아름답다고 한 이사야의 말
과 공명한다. 그들은 또 프랑스의 위대한 변증가 블레즈 파스
칼이 신비로운 "불의 밤"에 경험한 것을 웬만큼 안다. 그날 파
스칼은 하나님의 임재를 직접 알게 되었다.

　불
　"아브라함의 하나님, 이삭의 하나님, 야곱의 하나님."
　철학자와 학자의 하나님이 아니다.

확신, 확신, 가슴 깊이 차오르는 기쁨, 평안.

예수 그리스도의 하나님.

예수 그리스도의 하나님.

내 하나님 곧 너희의 하나님.

"당신의 하나님이 나의 하나님이 되시리니."

세상 만물은 간곳없고 하나님뿐이다.[4]

기독교적 설득이라는 상실된 예술에는 분명히 방법도 포함되지만, 방법은 그것을 빚어내는 메시지 속에 그리고 그것을 통해 전해지는 주님 속에 완전히 파묻혀 자취를 감춘다. 다시 말해, 변증에 개입되는 약간의 방법조차도 우리가 경험하는 하나님과 그분의 사랑과 진리와 아름다움 곧 신앙의 핵심으로부터 비롯되어야 한다. 예수의 메시지가 전면으로 드러나고 방법은 본래의 자리에 배경으로 남아 있어야 한다. 상대를 향한 사랑이 우리의 최고의 논증이라는 의미에서, 사랑이 "궁극의 변증"이라는 말은 맞다. 그러나 사랑에 대한 강조는 거기서 끝나지 않는다. 우리의 모든 말이 사랑에서 나와서 사랑에 이르고 사랑이신 그분께 이르러야 한다는 의미에서, 사랑은 "변증의 알파와 오메가"다. 다시 말해, 기독교의 변호는 하나님과 그분의 진리와 아름다움을 향한 우리의 사랑에서 출발하여 상대를 향한 사랑으로 이어지고, 이는 다시 상대의 마음에도 하

나님과 그분의 진리와 아름다움을 향한 사랑을 불러일으켜야
한다.

결국 설득이란, 우주의 궁극적 임재이신 그분의 실체를 증
언하는 일이다. 우리가 증언하는 그 이야기는 사람들을 초청
하여 "나는 스스로 있는 자이니라"고 말씀하신 위대하신 그분
을 알게 해준다.[출 3:14] 영존하시는 그분이 나사렛 예수를 통해
이 땅에 내려오셨다. 그분 앞에 합당한 반응은 "나의 주님이
시요, 나의 하나님이시니이다"라는 고백밖에 없다.[요 20:28] 그러
므로 기독교의 변호는, 참으로 혁명적인 경험을 낳고자 참으
로 혁명적인 메시지를 참으로 혁명적인 방법으로 전하는 것이
다. 예수의 기쁜 소식은 사상 최고의 소식이다. 그것은 하나님
의 어리석음이면서 곧 그분의 위대한 반전이다. 그것이 세상
의 지혜를 전복시켜 참 지혜와 참 능력을 보여준다. 잃어버린
설득의 예술을 되찾는 일은 긴박하고 시의적절하며 지극히 실
제적인 일이다. 그러나 이는 과학이 아니라 예술이며, 일부 세
일즈맨들의 일이 아니라 참으로 예수를 사랑하고 진리와 아름
다움과 지식을 사랑하는 사람들의 일이다. 여기서 지식은 사
실과 정보 이상이다. 기술도 개입되지만 이제 기술의 제국주
의에 도전하여 기술을 제자리에 묶어 두어야 할 때다.

3. 변호는 중지되지 않는다

도로시 세이어즈^{Dorothy L. Sayers} 소설의 독자들에게 해리엇 베인
은 중요한 인물이다. 여러 모로 저자와 닮은꼴이기 때문이다.
세이어즈처럼 그녀도 추리소설 작가이며, 옥스퍼드 대학에서
최고 학위를 받은 훌륭한 지성의 소유자다(세이어즈는 사상 최초
로 옥스퍼드를 졸업한 여성 중 하나였다). 그리고 세이어즈처럼 그
녀도 외도를 했다. 해리엇은 블룸즈베리의 예술계에 자주 드
나들면서 그곳에서 일 년 동안 연인과 동거했다. 연인은 크게
성공하지 못한 작가 필립 보이즈였는데, 결혼을 믿지 않는다
는 그에게 설득당해 그녀는 결혼하지 않은 채로 함께 살았다.
　세이어즈의 외도는 생전에 공적으로 알려지지 않았으며, 그

녀의 삶은 소설 속 닮은꼴의 삶과는 근본적으로 달랐다. 하지만 대중은 일부 유사성을 감지하고 세이어즈와 생생한 서신을 교환했다. 독자들은 "얄미운 여자" 해리엇이 세이어즈의 삶과 자신들의 진정한 영웅이자 점잖고 귀족적인 피터 웜지경의 삶에서 그토록 큰 비중을 차지하는 게 타당한가에 대해 묻곤 했다.

해리엇이 피터의 청혼을 수락하여 웜지 부인이 된 것은 몇권의 책과 많은 모험이 더 있고 나서였다. 그러나 두 사람을 가까워지게 한 소설은 1930년에 간행된 『맹독』*Strong Poison*이며, 그 이유는 도로시 세이어즈에게 굉장히 큰 의미가 있었던 기독교 신앙의 논리의 한 핵심 부분과 맞물려 있다. 보이즈는 일년 동안 해리엇과 동거하며 그녀의 사랑을 확인한 뒤 드디어 결혼을 청했다. 그러나 돌아온 반응은 격노였다. 그녀는 격분하여 그와의 관계를 아예 끊어 버렸다. 그의 위선에 화가 났고, 또 그가 내민 결혼반지가 동거에 대한 "불명예의 상"으로 여겨져 화가 났다.

관계가 깨어진 직후에 보이즈는 비소 중독으로 죽어 시체로 발견되는데, 마침 그것은 해리엇이 자신의 소설에 써먹으려고 연구 중이던 살해 방법이었다. 그녀는 즉시 가장 유력한 용의자가 되었다. 동기가 강하고 분명했을 뿐 아니라 정황적 증거도 전부 그녀에게 불리했다. 그래서 해리엇은 살인죄로 체포되어 재판을 받았고, 머지않아 교수형에 처해질 지경에 이르렀다.

사건의 전망은 암울했다. 그녀는 속수무책으로 궁지에 몰렸고 검사는 유죄 판결을 요구했다. 그녀에게 과거의 연인을 죽일 동기가 있었고 기회도 있었다는 것이다. 알려진 모든 사실은 그녀에게 불리했고 다른 용의자는 없었다. 교수형이 불가피해 보였다. 결정적 증거와 정의가 손을 맞잡자 즉결 재판마저 정당해 보였다. 해리엇 베인은 끔찍한 죄를 저지른 대가로 목숨을 잃어야 할 판이었다.

그런데 이 위급한 상황 속에 용감한 영웅 피터 윔지 경이 들어선다. 그는 해리엇을 알기에 그녀의 무죄를 믿는다. 그의 논리는 검사의 기소에 필적할 만큼 탄탄하다. 알려진 사실은 그녀에게 불리할지 모르나, 그는 그녀를 알기에 그 알려진 사실이 전부일 수 없음도 안다. 빠진 사실을 찾아내기만 하면 이야기가 송두리째 달라질 것이다. 경찰은 빈틈없어 보이는 증거 때문에 엉뚱한 결론으로 비약했으나 사실은 불충분한 증거였다. 해리엇은 억울하게 함정에 걸려들었다. 무죄인 그녀에게 죽음은 부당했다.

피터 경은 동료들에게 이렇게 역설한다. "반드시 어딘가에 증거가 있을 것이오. 내가 알기로 그대들도 모두 부지런히 일했지만 나는 더 부지런히 일할 것이오. 그대들 모두보다 내가

크게 유리한 점이 하나 있소.……베인 양의 무죄를 믿는다는
것이오."¹

믿음의 명예의 전당　　　　　　　이런 담대한 신뢰의 바탕에는
　　　　　　　　　　　　　　기독교 신앙과 기독교 변호의
핵심인 한 논리가 있다. 만일 우리가 하나님을 신뢰하는 이유
를 참으로 안다면—이 중대한 **조건**은 충분한 지적·영적 확신
으로 충족되어야 한다—그렇다면 하나님은 모든 것보다 크시
다. 만일 우리가 하나님을 신뢰하는 이유를 참으로 안다면, 모
든 사람과 모든 일에도 불구하고 어떤 상황 속에서도 그분을
신뢰할 수 있다. 히브리서 11장에 보면 현실을 초월하여 역사
를 바꾸어 놓은 믿음이 나오는데, 명백히 이 숭고한 역동적 믿
음의 원동력은 바로 그런 신뢰의 논리다. 믿음의 위대한 명예
의 전당에 오른 명단을 보면, 아벨과 에녹과 노아와 아브라함
과 사라와 이삭과 야곱과 요셉과 모세는 "다 믿음을 따라 죽
었으며 약속을 받지 못하였으되 그것들을 멀리서 보고 환영"
했다.ʰ 11:13 이런 믿음의 사람들은 하나님을 알았기에 상황과
시대에 역류했다. 그들은 자신이 하나님의 존재와 선하심을
신뢰하는 이유를 알았다. 그래서 삶의 개척자로서 당대의 세
상을 거스르는 인생의 소명과 과업에 부응했고, 그래서 그들
의 믿음의 순종과 모험은 극한의 시험에 부쳐졌다.

하나님을 신뢰하는 이유를 알았기에 그들은 알려진 사실이 결코 전부가 아닌 이유도 알았다. 따라서 알려진 사실이 하나님께 불리할 때도 그들은 신뢰하고 기다렸다. 기다리며 일했다. 이런 식으로 그들은 당대의 세상의 방식들에 이의를 제기했고, 불가능한 일에까지도 도전했다. 히브리서 저자의 결론은 바로 그런 믿음 때문에 하나님이 그들의 하나님이 되기를 부끄러워하지 않으셨다는 것이다. 그들이 주는 교훈은 우리에게 도전이 된다. 우리 삶과 세상의 알려진 사실은 번번이 하나님께 불리해 보일 수 있으나, 언젠가 모든 빠진 사실도 알려질 것이다. 따라서 그분의 백성으로서 우리가 할 일은 그때까지 그분을 신뢰하는 것이며, 아무리 역경과 박해가 많고 현 순간의 고난이 괴로울지라도 지금 그분을 증명해 보이는 것이다.

하나님께 덮어씌워진 죄   그보다 훨씬 덜 명백하지만, 기독교 변호도 똑같이 그 핵심이 신뢰의 대담한 논리에 있다. 변호의 가장 깊은 이론적 근거와 가장 열정적 동기가 거기서 비롯된다. 그렇다면 그 열정은 어디서 오는가? 이 질문에 답하려면 다른 질문을 던져야 한다. 변증을 보는 우리의 관점은 어디에 근거를 두어야 하는가? 이런 질문을 생각해 보는 사람은 거의 없다. 자신이 변증을 하면서도 그 이유를 분명히 답할 수 있는 사람은 드물다.

물론 변증을 무조건 배격하는 그리스도인들도 많이 있다. 그들의 주장에 따르면, 우리가 우선으로 해야 할 일은 변증이 아니라 전도다. 그들이 보기에 변증이란 성경적 관심사가 아니라 기독 지성인들에게만 해당되는 좁은 일이다. 충실한 사람들이나 단순하고 솔직한 사람들이 할 일은 절대로 못 된다. 전자에게는 그것이 필요 없고 후자는 그것을 다룰 능력이 없다. 게다가 그들이 보는 변증은 인간의 이성과 논리에 전적으로 의존하므로 성령의 능력을 부인할 수밖에 없다. 이런 사람들의 말은 분명히 경건하게 들리지만 사실은 절반만 너무 경건하다. 그들은 성경을 인용하지만 성경에서 변증이 차지하는 자리와 비중에 대한 풍부한 증거를 아직 공부하지 못했다.

그렇다면 변증을 더 진지하게 대하는 사람들은 어떨까? 내가 만나는 많은 사람들은 모든 변증을 곧 신앙을 변호하는 하나의 특정한 학파와 등식화한다. 그 한 가지 방식으로만 훈련받았기에 그들은 괜히 시간만 아깝게 다른 방식을 생각해 보거나 각각의 특수한 방식이 어떻게 시대의 산물인지 따져 보지 않는다. 역시 망치를 든 사람의 눈에는 못만 보이듯이, 그들은 상황이나 결과와 관계없이 자기가 좋아하는 방법을 적용한다. 그러다 사람들의 반응이 예상과 다르면 그들은 편리한 신학적 알리바이를 내세운다. 자신의 실패 때문에 밤 새워 고

민하거나 자신의 방법에 의문을 품어 보는 일은 결코 없다.

그보다 생각이 깊은 사람들도 있다. 그들은 예로부터 교회가 접해 온 서로 다른 대화 상대나 스파링 상대를 통해 여러 부류의 변증 학파들이 형성되었음을 인식한다. 기독교 변호는 많은 대화 상대를 거쳤고 대화의 결과도 매우 유익할 때가 많았다. 초대 기독교에는 순교자 유스티누스와 이레니우스와 오리게네스 같은 변증가들이 있었고, 이어 위대한 교부들은 그리스와 로마의 고전 전통과 씨름했고, 중세가 한창일 때는 토마스 아퀴나스^{Thomas Aquinas} 같은 학자들이 있었고, 근래에는 모더니즘과 포스트모더니즘의 여러 철학도 있었다.

마찬가지로 교회는 많은 스파링 상대를 통해서도 유익을 얻었다. 교회는 도전에 응하여 경기장에 나가 많은 훌륭한 대적들에 당당히 맞섰다. 그런 대적들의 예로 2세기의 켈수스, 3세기의 포르피리우스, 4세기의 율리아누스 황제, 18세기의 데이비드 흄,^{David Hume} 19세기의 니체 등이 있었고, 더 근래에는 리처드 도킨스^{Richard Dawkins}와 그의 요란한 동료 선수들도 있다. 대개 그 결과로 신앙의 변호인들은 더 강해지고 더 잘 싸울 준비가 되었다. 그러나 경우에 따라 변호인들의 폭이 좁아져 당대의 더 넓은 싸움이나 차세대의 다른 싸움들에 잘 준비되지 못한 적도 있었다. 예컨대 수 세기 동안 신의 존재를 입증하는 변론에 집중하다 보니, 한동안 변증은 철학자들의 고차원적

대화로 좁아져 보통 사람들에게는 거의 아무런 의미가 없어 보였다. 그러다 블레즈 파스칼의 재기와 독창성이 변증의 방향을 다시 인간 심령의 문제들과 "일탈"diversion 같은 실생활의 이슈들로 되돌려 놓았다.

기독교 변호에 관심이 있는 다른 사람들은 그보다 더 거슬러 올라가 변호의 기원을 성경 자체에서 찾는다. 그런데 그중 다수의 탐색은 신약으로 국한된다. 더러는 베드로가 오순절에 했던 연설을 꼽는데, 이를 통해 삼천 명의 사람들이 회심했다. 또한 스데반이 복음을 단호히 변호했던 일을 꼽는데, 그 결과 그는 돌에 맞아 죽어야 했다. 그 밖에 바울이 아레오바고에서 아테네의 철학자들에게 했던 명연설을 꼽는가 하면, "너희 속에 있는 소망에 관한 이유를 묻는 자에게는 대답[변호]할 것을 항상 준비하라"는 베드로의 유명한 권고를 꼽는 이도 있다.벧전 3:15

이 모든 신약의 예는 유익한 출처이며 저마다 아주 중요한 내용을 더해 준다. 그러나 변증의 핵심에 대한 성경의 관점은 그것이 전부가 아니며, 구약으로 더 거슬러 올라가야 한다. 많은 사람들에게 간과되어 온 풍부한 주제들이 거기서 우리의 채굴을 기다리고 있다. 히브리 선지자들은 언약과 관련하여 특수한 소송의 어휘를 자주 사용했다. 여기에 주목한 사람들도 소수 있으나, 대다수의 변증자들은 선지자들의 놀랍도록 광범위한 호소—이성과 논리, 역사와 그 굵직한 사건들, 파괴된 도시들의 교훈과 경고, 공유된 기억과 공통의 정치의식, 자연과 창조 세계, 초강대국이나 우상 같은 세력에 의존하는 미련함과 미친 행동 따위—를 아직 풀어내지 못했다.

위대한 히브리 선지자들은 무엇보다도 변증자들이 실제로 너무 자주 망각하는 당연하고도 근본적인 주제를 우리에게 소개한다. 그것은 바로 하나님이 자신의 최고의 변증자라는 사실이다. 우리는 기껏해야 미천한 보조 변호인들에 지나지 않으며, 최악의 경우에는 욥의 친구들처럼 행동할 수도 있다. 의도는 좋지만 영적 상황을 밝혀 주기는커녕 오히려 더 어둡게 만들 수 있다. 히브리 선지자들의 거침없는 위력과 위엄에 비하면 오늘날의 변증자인 우리는 부끄럽기 짝이 없다. 우리 현대의 변증은 그들의 큰 그늘에 가려져 다분히 권위도 약하고 파장도 미미하며 범위도 제한적이다.

선지자들이 변증자로서 보여주는 영토는 자원이 풍부한데도 다분히 미답의 상태다. 거기에 현대의 기독교 변호를 위한 새로운 풍경이 광활하게 펼쳐져 있다. 일각에서는 마치 그들이 그저 문화를 빌려 논증하기라도 한 것처럼 그들의 일을 "문화적 변증"이라 부르지만, 이는 잘못된 것이다. 현대의 일부 변증자들은 그런 식으로 하는 가운데, 가령 최신 영화와 늘 바뀌는 히트곡 목록을 거론하여 자신들의 시의성을 증명하려

한다. 그러나 선지자들은 주님의 말씀을 가지고 당대의 세상을 상대했으며, 따라서 동시대인들로 하여금 하나님의 선포를 거부하게 만들던 당대의 모든 이슈를 지적했다. 오늘 우리도 똑같이 급진적인 방식으로 해야 한다. 그러나 그것으로도 부족하다. 물론 우리도 선지자들에게 배워 개인에게뿐 아니라 전체 기관, 사회, 국가, 심지어 배후의 영적 세력까지 상대해야 한다. 하지만 동시에 다른 모든 동기―예컨대 우리의 대화 및 스파링 상대, 신약과 선지서의 전례 등―를 종합한 뒤에, 창세기의 첫머리와 특히 타락의 이야기로 거슬러 올라가야 한다. 변증자의 동기로서 시기적으로 가장 이르고도 깊은 동기는 바로 거기에 있다.

하와를 유혹할 때 뱀의 첫마디는 질문이었다. "하나님이 참으로 너희에게 동산 모든 나무의 열매를 먹지 말라 하시더냐." ^{창3:1} 모든 피조물 중에 "가장 간교하다"고 소개된 뱀은 하나님을 향한 하와의 신뢰가 시험을 거치지 않아 순진할망정 온전함을 알았다. 하와는 자신이 창조된 틀대로 하나님과 삶을 보았고 아담과 함께 그 틀대로 살았다. 그녀에게 하나님은 실체 그대로였으며 삶은 그분 아래에 있었다. 하나님을 믿는 믿음과 그분의 세계를 보는 관점이 완벽하게 일치한 것이다. 하와가 믿은 세계관과 현실관은 하나님 앞에 놓인 진리와 정확히 맞아들었다.

처음부터 뱀이 노골적으로 하와가 틀렸다고 말했다면, 결과는 정면충돌이 되어 싸움이 뱀에게 불리해졌을 것이다. 뱀의 말이 하나님의 말씀과 상치되어 뱀은 즉각 패자가 되었을 것이다.

대신 뱀은 아무런 서술도 없이 간교하게(자기답게) 질문을 던진다. "하나님이……하시더냐." 질문은 언제나 서술보다 전복적이다. 우선 질문은 간접적이다. 서술은 내용과 취지가 아주 분명해야 하지만, 좋은 질문은 그다지 명확하지 않고 취지가 숨겨져 있다. 또한 질문은 상대를 끌어들인다. 서술에는 늘 "받아들이든지 말든지 둘 중 하나"라는 성질이 있으며, 우리는 그 내용에 관심이 있을 수도 있고 그렇지 않을 수도 있다. 그러나 좋은 질문을 받으면 뒤로 물러날 수 없다. 질문은 우리를 초대하거나 도전하거나 자극하여 안으로 들어오게 한다. 취지가 무엇인지 따라와서 보라는 것이다. 요컨대 간단한 질문 하나도 부드러운 형태의 전복이 될 수 있다.

물론 악한 자는 그런 수법으로 아담과 하와를 유혹했다. 하나님의 말씀을 정면으로 공격했다면, 시작도 해보기 전에 재앙을 불러 그의 계획이 무산되었을 것이다. 그러나 악의 없게 들리는 질문을 정중하게 던져 일단 적의 땅에 한 발이라도 들여놓으면, 거기서부터는 차차 교묘하게 영역을 넓혀 나갈 수 있었다. 질문의 골자는 액면 그대로였을 수도 있다. "하나님이

참으로······하시더냐." 그러나 교활하게 동기를 살짝 비틀어 사실을 호도하려 했을 소지가 더 높다. 뱀의 질문은 다음의 말을 암시한다. "그렇게 말씀하신 하나님의 속셈을 모르겠느냐? 하나님의 가능한—아니, 거의 확실한—의중을 생각해 보라. 그러면 그 명령의 관건이 그분의 통제권에 있음을 알게 될 것이다. 요컨대 하나님의 명령은 힘의 과시일 뿐이다. 공짜란 없는 법이니 공짜 순종도 없다. 하나님은 무엇 하나 값없이 거저 주실 분이 아니다."

하와가 미끼를 꿀꺽 삼켜 머릿속으로 질문을 곱씹자, 그제야 악한 자는 감히 하나님을 정면으로 반박했다. "너희가 결코 죽지 아니하리라. 너희가 그것을 먹는 날에는 너희 눈이 밝아져 하나님과 같이 되어 선악을 알 줄 하나님이 아심이니라." ^{창 3:4-5} 오히려 눈이 밝아질 테니 금단의 열매를 어서 먹으라는 것이다. 마치 훗날 임마누엘 칸트^{Immanuel Kant}와 18세기의 사상가들의 표현처럼 말이다. "**과감히 알라.** 그러면 계몽되어 피후견인의 신분에서 해방될 것이다."

그런 잠깐의 대화 끝에 하와의 신뢰는 더 이상 무조건 절대적이지 않았고, 하나님이 말씀하신 진리와 완벽하게 일치하지도 않았다. 대신 그녀는 미끼를 물어 우선 하나님을 의심했고, 이어 스스로 하나님의 말씀과 뱀의 말 사이의 조정자로 나섰다. 결정적이고 독자적인 자신의 관점으로 양쪽을 능히 판단할 수 있다고 본 것이다. 그 솔깃한 자유에 취하여 그녀는 금단의 열매를 먹어도 해로울 게 없다고 단정했다. 어차피 실험을 해봐야 알 것이고, 그래야 하나님의 말씀과 뱀의 말 사이에서 결정할 수 있지 않겠는가. 그렇게 대놓고 말하지는 않았지만, 그녀는 자신이 옳고 하나님이 틀렸다고 행동으로 말했다. 그분의 말씀을 무시해도 무사할 줄로 알았다.

아담과 하와는 알고서 그랬을까? 성경에 타락이 기록된 취지는 강력하다. 그들의 불순종에는 두 가지 의미가 내포되어 있으며, 지금은 그것이 우리 모든 인간의 특성이 되었다. 한편으로 우리 각자에게 죄란 나 자신의 권리와 관점을 주장하는 일이다. 이것이─계층과 성별과 인종과 세대보다 훨씬 더─인간의 상대성의 궁극적 출처다. 다른 한편으로, 죄는 하나님과 그분의 관점인 진리를 고의로 거부하는 일이다. 내 관점이 결정적이라면, 나와 의견이 다른 사람은 원칙적으로 모두 틀렸을 수밖에 없다. 거기에 하나님도 포함된다. 아니, 하나님이라서 특히 더 그렇다. 그분의 관점은 어느 누구의 관점보다도 강력하며 따라서 더 위협적이기 때문이다. 그분의 말씀은 우리에게 방해가 된다.

그래서 결국 죄는 하나님을 실체 그대로 보지 않는다. 그럴 능력도 없고 의향도 없다. 죄에서 비롯되는 불신을 인정하지 않기 때문이다. 여전히 하나님을 알고 자신의 죄를 알면서도 이제 죄는 그 지식에 대한 책임을 늘 회피해야만 하고, 그러자면 책임을 전가해야만 한다. 그래서 하나님이 아담에게 그가한 일을 물으시자 그는 질문을 피하려고 하와에게 책임을 떠넘겼고, 하와는 다시 질문을 비껴가려고 뱀을 탓했다.

하나님이 뱀에게 그가 한 일을 물으셨다면, 분명히 뱀은 주르르 미끄러져 피하면서 자신을 창조하신 분 곧 하나님께 손가락질을 했을 것이다. 늘 그런 식이다. 모든 길은 로마로 통하고 모든 비난은 하나님께로 향한다. 자백하지 않은 마지막 죄가 세상에 남아 있는 한 책임은 계속 돌고 돌아 항상 하나님께로 와서 멈출 것이다. "하나님은 왜 이런 일이 벌어지게 두시는가?" 하나님을 믿지 않는다는 사람들까지도 상처와 분노 중에 그렇게 외칠 때가 많다.

알베르 카뮈의 『전락』에 나오는 장-바티스트 클라망스는 이런 책임 전가의 허구적 사례다. 그는 "인류와 하늘을 비난하는" 한이 있더라도 모든 인간은 반드시 무죄여야 한다고 절규한다.[2] 현실 속의 사례는 더 뻔뻔하다. 윌리엄 캘리 중위가 베트남전에서 밀라이 마을 학살에 가담한 죄로 재판받을 때, 그의 정신과 의사는 이런 말로 그를 변호했다. "나는 밀라이에 대한 책임을 어떤 한 사람의 책임으로 돌려서는 안 된다고 봅니다.……내가 믿기로 그 책임은 어떤 한 개인이나 심지어 국가에도 있지 않습니다. 누군가에게 책임을 돌리려 한다면, 그

대상은 신밖에 없을 것입니다."[3]

검사가 무죄한 해리엇에게 살인죄를 덮어씌웠듯이, 죄도 자신을 정당화하려면 늘 하나님께 덮어씌워야만 한다. 하나님을 피고석에 세우는 것이다. 우리가 죄에서 벗어나려면 그분을 고발해야만 한다. 요컨대 **죄는 책임을 무고하게 하나님께 덮어씌운다.**

정확히 여기에 기독교 변호의 핵심 이유가 있다. 변증의 동기가 되는 열정도 거기에 있다. 그리스어 단어 아폴로기아 *apologia*에서 유래한 변증은 본래 "되받는 말"이라는 뜻이다. 즉 변증이란, 무죄한데도 억울하게 무고를 당하시는 사랑하는 그분을 위한 우리의 합리적 변호다. 믿음은 하나님을 하나님 되시게 하고자 한다. 죄는 하나님께 책임을 덮어씌운다. 만물의 창조주이신 그분이 존재하지 않으신다고 최악의 모욕을 퍼붓는가 하면, 그분의 선한 창조 세계에 인간이 악과 고난을 들여놓고는 이를 지극히 거룩하신 그분의 탓으로 떠넘긴다. 그러므로 하나님의 명예가 회복되고 그분의 존재와 속성이 의문의 여지 없이 만천하에 드러나야 한다. 그래서 우리는 "(아버지의) 이름이 거룩히 여김을 받으시오며"라고 기도한다. 그 이름을 변호하는 일이야말로 우리의 변증의 강렬한 동기다. 하나님을 사랑하고 그분이 실체 그대로 알려지기를 소원하는 사람들은 그분께 불의하게 죄가 덮어씌워질 때 분개한다. 그래서 어떻게든 그분의 명예를 변호하여 회복하고 그분의 속성의 결백을 입증하려 한다.

요컨대 죄가 하나님께 책임을 덮어씌우는 한, 하나님을 사랑하는 사람들은 세상에서 할 일이 있다. 우리는 우리가 알고 사랑하는 그분의 변호인이다. 최후의 심판이 종결될 때―역사의 대심판이 끝나고 장부가 결산되어 정의가 명실상부하게 시행될 때―까지는 "변호를 중지한다"는 말이 성립될 수 없다.

사실 우리든 다른 누구든, 진정으로 자백할 때마다 자신이 한 일에 대한 책임을 기꺼이 받아들이게 된다. 그러므로 고백은 책임 전가를 종식시키고, 죄를 하나님께 덮어씌우려는 괘씸하고 터무니없는 시도를 중지시키며, 그분의 명예를 회복시킨다. 다윗 왕도 그것을 알고 자신의 살인과 간음을 이렇게 자백했다.

> 내가 주께만 범죄하[였사오니]……
> 주께서 말씀하실 때에 의로우시다 하고
> 주께서 심판하실 때에 순전하시다 하리이다.^{시 51:4}

우리 인간의 끝없는 책임 전가와는 사뭇 대조적으로, 최후의 심판 날에는 책임 전가가 일체 끝나고 모든 죄악이 각자의 책임으로 돌아갈 것이다. 사도 바울의 말대로, 그날 하나님의 결백이 입증되고 그분의 명예가 회복되어 "모든 입을 막을" 것이다.[롬 3:19] 여기 바울이 쓴 단어를 직역하면 "변명 또는 변호가 없다"는 뜻이다. 즉 사람들을 옹호해 줄 법정 변호인과 법률 고문이 없어진다. 책들이 펼쳐져 각 사람의 은밀한 흉중이 드러나면, 누구도 피하거나 비켜가거나 부정하거나 모면할 수 없다. 우리 모두가 하나님과 진리 앞에 벌거벗은 몸으로 서야 하며 자신 외에는 아무도 탓할 수 없다. 그때 제힘으로 설 수 있는 사람은 아무도 없다. 우리를 대변해 줄 변증가도 변호인도 없다. 그래서 우리 모두는 자신이 실제로 어떤 존재이고 어떻게 살아왔는지 똑똑히 볼 수밖에 없다. 물론 은혜의 가장 놀라운 진가는 그때 드러날 것이다.

그러나 그 큰 날이 올 때까지 게임은 계속되고 음악은 멎지 않으며 책임은 부단히 전가된다. 결국 비난의 손가락은 늘 엉뚱하게도 하나님께로 향한다. 중세의 랍비 라시[Rashi]는 "세상에 우상숭배가 존재하는 한, 세상에 하나님의 맹렬한 분노도 존재한다"고 썼다.[4] 마찬가지로 하나님께 고의로 죄가 덮어씌워지고 그분의 실체가 왜곡되는 한, 그분을 사랑하는 변증자들도 결코 물러서지 않는다. 기독교의 변증은 마지막 날까지 항상 진행 중이며, 그 관건은 바로 하나님의 명예다. 역사의 대심판이 이루어질 그 순간까지 변호는 결코 중지되지 않는다.

정반대의 위험

그 사실에서 중대한 결과들이 파생된다. 첫째, 이는 변증의 관건이 우리가 아니라 주님이라는 뜻이다. 물론 소소하고 어두운 요소들이 그 과정에 끼어들려고 늘 위협한다. 예컨대 우리의 신앙 앞에 지독한 반론이 제기되었을 때, 거기서 말문이 막히면 자존심이 무너질 수 있다. 또는 살벌하게 경멸을 퍼붓는 상대에게 제대로 답하지 못하면, 우리의 위안과 사회적 체면이 손상될 수 있다. 그러나 주님의 명예에 비하면 이런 요소들은 정말이지 전혀 아무것도 아니다. 기독교의 변호에서 중요한 것은 우리가 아니라 그분이다.

성경에서 주님과 우상이 대비되어 그분의 명예가 걸려 있을 때면, 늘 **살아 계신 하나님**이라는 인상적 표현이 등장한다. 젊은 다윗이 골리앗을 죽인 기사에 보면, 그는 블레셋의 영웅과 싸우러 나갈 때 그 거인에게 칼과 창과 단창이 있음을 잘 알았다. 하지만 다윗에게 그것은 우려할 게 못 되었다. 그의 더 큰 우려는 이교도가 살아 계신 하나님을 모욕한다는 사실이었다. 그래서 그는 "온 땅으로 이스라엘에 하나님이 계신 줄 알게" 하려고 싸웠다.^{삼상 17:46}

무적의 앗수르 왕 산헤립이 어마어마한 대군을 이끌고 쳐들어왔을 때, 히스기야 왕도 똑같은 태도를 보였다. 그는 이미 정복당한 다른 왕들의 처참한 운명을 잘 알고 있었다. 그들은 사로잡혀 산 채로 살가죽을 벗김을 당했다. 하지만 히스기야 는 자신이나 민족의 안위보다 하나님의 명예를 수호하는 일을 더 걱정하며 이렇게 기도했다. "우리 하나님 여호와여, 이제 우리를 그의 손에서 구원하사 천하만국이 주만이 여호와이신 줄을 알게 하옵소서."^{사 37:20}

둘째, 이런 동기가 일깨워 주듯이 변호의 초점이 주님이 아 니라 우리가 되면 기독교의 변호는 언제나 변질된다. 초점이 우리에게 있으면, 하나님이 우리의 변호만큼밖에 확실하실 수 없다고 은연중에 믿게 되기 때문이다. 우리가 하나님을 잘 논 증하고 변호하면 신앙의 세계가 요지부동으로 보인다. 그러나 우리가 그분을 형편없이 변호하면 회의가 스며들거나 온 세상 이 무너져 내린 듯한 기분이 든다.

이상의 두 가지를 합하면, 변증자들이 빠지기 쉬운 위험이 왜 많은 이들이 생각하는 것과 정반대인지 알 수 있다. 변증과 변증자에 대한 두 가지 오해가 널리 퍼져 있으며, 어떤 때는 그 둘이 서로 연계된다. 하나는 변증이 소수파의 종목 곧 지식 인들만의 일이라는 것이다. 또 하나는 변증이 이론적 활동에 불과하다는 것이다. 지식인들이 으레 그렇겠듯이 변증도 무균 무혈의 무미건조한 일이라는 말이다.

그것은 천만의 말이다. 나는 **지식인**보다 **사상가**라는 단순한 표현을 훨씬 선호한다. 전자에는 나쁜 어감이 서려 있기 때문이다. 하지만 지식인과 사상가 양쪽 모두 오늘날 억울하게 악평을 듣고 있다. 양쪽 모두의 생각이 세간의 인식보다 훨씬 열정적이고 치열하다는 점을 많은 이들이 보지 못하기 때문이다. 다음에 오귀스트 로댕$^{Auguste\ Rodin}$의 유명한 조각품인 「생각하는 사람」이나 그 복제품을 볼 기회가 있거든 찬찬히 뜯어보라. 로댕은 이 훌륭한 조각상을 이렇게 묘사했다. "그가 「생각하는 사람」인 것은 머리로만 생각하는 게 아니라 벌어진 콧구멍, 눌린 입술, 팔다리와 등의 모든 근육, 꼭 쥔 주먹, 오므린 발가락으로도 생각하기 때문이다."[5]

발가락에도 열정이 있단 말인가? 로댕의 「생각하는 사람」이 그 정도로 치열하다면, 그리스도인 설득자와 변호인은 얼마나 더하겠는가. 기독교의 변호는 사랑하는 사람이 하는 변호다. 하나님께 무고한 죄를 덮어씌우고 그분을 부당하게 공격할 때, 우리가 당당히 일어나 똑똑히 말하는 것이다. 그러므로 변증은 전혀 무미건조하지 않으며 무균과도 거리가 멀다. 신약에 기술된 변증은 예수를 따르는 모든 사람의 일이지 일부만의 일이 아니며, 지식인만의 일은 더더욱 아니다. "너희 속에 있는 소망에 관한 이유를 묻는 자에게는 대답[변호]할 것을 항상 준비하되 온유와 두려움으로 하라"는 베드로의 권고는 1세기 모든 교회의 새로 믿은 그리스도인들에게 쓴 말이다.^{벧전} $^{3:15}$ 지식인은 고사하고 교회 지도자들에게만 한 말이 아니다.

진짜 문제는 이것이다. 기독교의 변증이 온통 우리에게 달려 있다고 생각한다면, 우리는 "훌륭한 기대주"가 되는 불가능한 짐을 스스로 지는 것이다. 그러면 링에 오르는 상대를 모두 쓰러뜨려야 한다. 우리는 겁 없는 다윗이 되어 과감히 나가 모든 골리앗을 죽여야 하고, 용감무쌍한 엘리야가 되어 모든 거짓 선지자를 폭로해야 하며, 담대한 루터가 되어 당대의 모든 권력 앞에서 단호한 확신으로 진리를 옹호해야 한다.

물론 다윗은 골리앗을 죽였고, 엘리야는 바알의 선지자들을 무찔렀고, 히스기야와 그의 작은 나라는 당대의 가장 큰 제국의 군대로부터 건짐을 받았으며, 루터는 당대의 군주들과 고위 성직자들을 이겼다. 그러나 하나님을 믿는 신앙이 진리인 것은 그 자체가 진리이기 때문이지, 우리나 다윗이나 엘리야나 루터가 그것을 성공적으로 변호하기 때문이 아니다. **기독교 신앙이 진리라면 아무도 믿지 않아도 진리이고, 진리가 아니라면 모두가 믿어도 거짓이다. 신앙의 진리는 우리의 변호에 따라 서거나 넘어지는 게 아니다.**

물론 신앙의 변호가 좋고 나쁨에 따라 유익할 수도 있고 무익할 수도 있으나, 어느 경우든 우리의 변호는 보조적 역할을 할 뿐이다. 기독교 신앙은 누가 그것을 탁월하게 논증한다고 진리가 되는 것도 아니고, 변호가 형편없다고 거짓이 되지도 않는다. 기독교 신앙의 진위 여부는 인간의 변호와 관계없다.

신앙의 확실성은 변증자의 칼같이 예리한 논리나 쇠망치 같은 위력에 있지 않고 다른 데 있다. 결국 충만한 확신은 성령의 깨우침을 통해서만 가능하다.

그와 관련하여 오늘날 그리스도인들이 아주 좋아하는 공개 토론 방식의 문제를 들 수 있다. 이 방식에 탁월한 은사가 있는 그리스도인들도 있고 그렇지 못한 경우도 있다. 문제는 그 방식 자체의 가정에 있다. 그 가정이란 변증자가 나서서 복음의 적들에게 공개적으로 참패를 안겨야 한다는 것이다. 하지만 이런 승패의 상황에서는 자칫 변증자가 논쟁에 이기고도 청중을 잃을 위험이 있다. 논쟁에 지면 성도들을 실망시킬지도 모르기 때문에 이기는 쪽으로 변론하려는 유혹이 들 수 있다. 마치 우리의 신앙이 이번 한 번의 변호만큼밖에 확실할 수 없다는 듯이 말이다.

스스로 최고의 변호인이신 하나님

그 점을 더 강력하게 표현하자면, 하나님은 자신의 최고의 변호인이시다. 죄가 하나님께 책임을 덮어씌우면 그분이 스스로 그 모독에 능동적으로 대항하신다. 우리가 하는 일도 중요하지만 기껏해야 성령의 능력으로 말미암아 하나님의 임재를 토론장에 들여놓는 역할일 뿐이다. 아울러 우리가 보조 변호인들에 불과함을 기억해야 한다. 그 점을 염두에 두고 성경을 읽어 보

라. 하나님이 친히 검사장이 되셔서 자기 백성과 그 밖의 사람들의 죄를 기소하시는 법정 장면이 반복되어 나올 것이다.

우선 하나님은 욥에게 이렇게 물으신다.

무지한 말로 생각을
어둡게 하는 자가 누구냐.
너는 대장부처럼 허리를 묶고
내가 네게 묻는 것을 대답할지니라.^{욥 38:2-3}

그분은 또 선지자 이사야의 메시지 서두에 "오라, 우리가 서로 변론하자"고 말씀하신다.^{사 1:18} 이 심문을 이사야는 이렇게 생생히 묘사한다.

여호와께서 변론하러 일어나시며
백성들을 심판하려고 서시도다.
여호와께서……심문하러 오시리니.^{사 3:13-14}

이스라엘 자손들아, 여호와의 말씀을 들으라.
여호와께서 이 땅 주민과 논쟁하시나니……
어떤 사람이든지 고발하지 말며
누구도 소송을 입증하지 말지니

너 거짓 제사장과 다투는 것은 나의 일이니라.^{호 4:1, 4, NEB}

하나님이 이런 검사의 역할을 하시는 게 뜻밖으로 다가올 때
도 있다. 예컨대 이사야에 예언된 장차 오실 종에게 그런 표현
이 쓰인 경우인데, 그분은 결국 고난당하는 종이 되실 분이다.

그는 먼저 시온의 변호인으로서 말할 것이니
내가 예루살렘을 변호할 사람을 세우리라.……
내가 붙드는 나의 종[을]……보라.^{사 41:27, 42:1, NEB}

동일한 검사의 역할은 예수의 자아 인식과 그분이 성령을
약속하신 말씀에서 최고조에 달한다. 그분은 자신이 떠나신
후에 오실 성령에 대해 제자들에게 이렇게 말씀하신다.

내가 떠나가는 것이 너희에게 유익이라. 내가 떠나가지 아니하면
보혜사[변호인]가 너희에게로 오시지 아니할 것이요 가면 내가
그를 너희에게로 보내리니 그가 와서 죄에 대하여, 의에 대하여,
심판에 대하여 세상을 책망하시리라. 죄에 대하여라 함은 그들이
나를 믿지 아니함이요 의에 대하여라 함은 내가 아버지께로 가니
너희가 다시 나를 보지 못함이요 심판에 대하여라 함은 이 세상
임금이 심판을 받았음이라.^{요 16:7-11}

이렇게 하나님의 주도권이 강조되는 것과는 정반대로, 우리 인간의 역할은 늘 겸손히 복종하며 보조하는 것이다. 예수의 약속대로 성령께서 우리 위에 임하여 계시니, 이제 우리가 할 일은 어디를 가나 하나님의 임재 앞에서 사는 것, 모든 상황 속에서 하나님의 능력으로 행하는 것, 하나님이 예수를 통해 행하셨고 지금 세상에서 하고 계신 일을 복음과 함께 증언하는 것이다. 결정적 핵심은 우리가 증인으로 부름받았다는 사실이다. 우리의 본분은 자신의 탁월한 논증을 통해 무언가 새것을 입증하는 것 아니다. 우리의 소명은 옛것을 가리켜 보이는 것이다. 기정사실인 복음의 이야기를 증언하는 것이다. 물론 그 과정에서 사람들의 이해를 가로막거나 흐려 놓는 것이 있다면 무엇이든 걷어 내야 한다.

그러므로 우리는 하나님 아래서 그분을 대신해서만 말한다. 그분을 떠나서 우리는 아무런 권세나 능력도 없다. 선지자들의 구호는 언제나 "여호와의 말씀이니라"였다. 거짓 선지자들을 향한 최악의 고발은 순전히 자기가 지어낸 말을 건방지게 하나님의 말씀이라 주장한다는 것이었다. 요컨대 신앙의 변호에서 가장 중요한 관건은—우리도, 우리에게 달린 일도 아닌—하나님이시며, 주체도 하나님이시다.

변증자들의 수호성인　　　지금 내가 글을 쓰고 있는 책상 위에는 특유의 긴 귀가 달린 조그만 은색 나귀 한 마리가 어색하게 서 있다. 순수한 혈통의 경주마라든가 갑옷 차림의 기사를 태우고 전쟁터로 달려갈 수려한 준마와는 달라도 너무 다르다. 나귀는 내게 변증자 본연의 역할을 상기시켜 준다. 앞서 인용한 사도 베드로의 서신의 후편에 보면, 민수기의 기사가 언급되어 있다. 선지자 발람이 하나님의 승인도 없이 메시지를 전하려고 떠나자, 그가 타고 있던 나귀가 즉각 그를 막아 세웠다. 베드로에 따르면, 발람은 자신의 불법 때문에 혹독한 책망을 받은 사람이었다. "말하지 못하는 나귀가 사람의 소리로 말하여 이 선지자의 미친 행동을 저지하였느니라."[벧후 2:16]

　발람의 나귀는 변증자들의 수호성인이다. 곧 보겠지만 "미친 행동"은 불신의 허위성을 가리키는 적절한 표현이다. 그것을 논박하고자 우리는 최선을 다해 우리의 몫을 다한다. 하지만 우리의 노력이 유용할 때조차도 우리의 역할은 늘 미천하며, 또한 부족하다 못해 좀 우스울 때도 많다. 자신의 소명을 아는 그리스도인 변증자들은 결코 우쭐해서는 안 된다. 일의 관건은 우리가 아니라 그분이다. 그분께서 알아서 중요한 일을 하신다.

4. 제3유형의 바보의 길

"신흥 무신론자들"은 어떤 의미에서 정말 신흥인가? 그들은 왜 그렇게 공격적이거나 막무가내이거나 관용이 없거나 아예 무례할 때가 많은가? 리처드 도킨스만 하더라도 그런 상태를 즐기는 듯 보인다. 새롭다는 그 주장의 정체는 쉽게 폭로된다. 역사적 관점에서 보면, 오래된 쪽은 오히려 무신론이고 세상에 새롭게 터져 나온 쪽은 기독교 신앙과 그 기쁜 소식이다. 한때 "원자론"atomism으로 흔히 불리던 무신론의 계보는 계몽주의를 지나 로마의 시인들에게로 한참 거슬러 올라간다. 루크레티우스Lucretius와 그의 시 「사물의 본성에 관하여」가 좋은 예다. 그 전으로 가면 그리스 철학자들이 있는데, 에피쿠로스

Epicurus와 데모크리토스Democritus와 그들의 원자론 철학이 좋은 예다. 바로 이런 철학이 고대 세계에 깊은 운명론을 심어 주었고, 인간의 목적과 삶이 허무하다는 생각을 퍼뜨렸다. 거기서 비롯된 어두운 배경에 대비되어 예수의 기쁜 소식은 찬란한 희망의 빛을 발했으며, 머지않아 다시 그렇게 될 것이다.

하지만 무신론자들이 지금처럼 공격적이고 무례해진 것은 무엇 때문인가? 한 가지 분명한 이유는, 계몽주의가 떠받들던 세속화 이론이 붕괴되자 무신론자들이 깜짝 놀라 그렇게 반응한 데 있다. 소멸될 것이라던 종교가 오히려 1970년대 이후로 전 세계적으로 급성장했다. 하지만 그것이 이유의 전부는 아니다. 종교가 강세일 때도 무신론자들이 항상 이렇게 공격적이지는 않았다. 18세기 말에 에드먼드 버크Edmund Burke는 이렇게 말했다. "전에는 무신론자들의 특성이 그렇게 대담하지 못했다. 오히려 거의 정반대로 옛 에피쿠로스학파처럼 소극적 특성을 보였다. 그런데 근래 들어 적극적이고 치밀하고 사납고 선동적으로 변했다."[1] 유니테리언 교도인 조셉 프리스틀리Joseph Priestly도 같은 시대에 기록하기를, 인류가 공적 생활에서 새 시대에 막 접어들면서 이른바 자유사상가들에게 새로운 문이 열렸다고 했다. "이제 종교적 소신 때문에 박해를 받는 일은 없다. 자신의 생각을 공공연히 드러내기를 크게 주저하는 사람도 별로 없다."[2]

18세기에 그런 변화가 있었고 그보다 약하기는 하지만 더 근래에도 비슷한 현상이 나타나고 있는데, 그 배경이 무엇일까? 안타깝게도 우리 그리스도인들이 인정해야 할 사실이 있다. 새로운 공격성은 다분히 기독교 역사의 한 나쁜 장—기독교 세계의 압제적 불관용—이 막을 내렸기 때문이었다. 과거의 수 세기 동안 정통은 진리나 공개토론을 존중하기는커녕 오히려 "진리를 위험하게 만들었다." 정통의 권력이 강압적이어서 불신의 자유가 없었다는 뜻이다. 가톨릭이 사상의 독점을 고집하면서 이견은 불법이 되었고 "오류는 권리가 없었다" (교황 비오 9세가 발표한 "오류 목록"The Syllabus of Errors에서 유래했으며, 누구도 오류를 공론화할 도덕적 권리가 없다는 의미다—옮긴이). 종교재판과 금서목록에 뒤이어 "오류 목록"의 시대가 절정에 달하자, 강제 회심이 시대의 풍조가 되었다. 이런 상황에서 이견을 품는다는 것은 불가능한 일이었고, 사람들에게 생각의 공적 표현을 허용하기에는 진리가 너무 위태롭게 여겨졌다. 중세 말기의 사고 통제는 극대화된 기독교 버전의 정치적 공정성이었고, 그것 때문에 목숨이 위태로울 수도 있었다.

이런 압제적 불관용의 결과로 이른바 "은폐의 시대와 정책"이 나타났다. 가톨릭 정통에 동의하지 않는 사람들은 자신의 생각을 밝히지 않고 오히려 생각과 정반대로 말할 때가 많았다. 독자들은 초기 형태의 "의심의 해석학"(폴 리쾨르의 용어로,

모든 해석학은 본문에 순종하는 듯하면서도 본문에 대한 의심을 전제로 하고 있음을 빗댄 말이다—옮긴이)[hermeneutics of suspicion]을 통해 읽는 법을 배웠다. 말의 겉과 속이 달라졌다. 16세기에 미셸 드 몽테뉴[Michel de Montaigne]는 "은폐는 이 시대의 가장 숭고한 자질의 하나다"라는 말로 그런 현실을 지적했다.[3] 조금 후대의 데카르트[Descartes]는 갈릴레오[Galileo Galilei]의 운명을 피하고자 "잘 숨어 지내는 게 잘 사는 것이다"라는 로마 시인 오비디우스[Ovid]의 경구를 지키겠다고 했다.[4] 그 전에 이탈리아의 아리스토텔레스학파인 체사레 크레모니니[Cesare Cremonini]는, 자신에게 경건이 털끝만큼도 없지만 그래도 경건해 보이고 싶다고 고백했다. 그의 좌우명에 은폐의 정신이 고스란히 담겨 있다. "속으로는 네 마음대로 하지만, 문밖으로 나서면 관습에 따르라."[5]

은폐 정책의 비범한 사례는 파올로 사르피[Paolo Sarpi, 1552-1623년]의 생애다. 베네치아의 궁정 신학자였던 그는 "신흥 무신론의 원조"로 추앙받고 있다.[6] 1609년에 사르피는 "나는 카멜레온처럼 매번 상대하는 사람들의 관행에 맞추는 성질이 있다.……나도 가면을 쓸 수밖에 없다. 이탈리아에서 아무도 가면 없이 살아갈 수 없다"라고 썼다.[7] 300년 넘게 이어진 반종교개혁(종교개혁에 대항하여 일어난 가톨릭의 개혁 운동—옮긴이)의 교의와 기조가 트렌트 공의회에서 다져졌는데, 이 공의회 기간 중에 출생한 사르피는 갈릴레오의 친구였고 교회의 위계에서 급부상하여 베네치아의 궁정 신학자가 되었다. 실제로 그는 『트렌트 공의회의 역사』*The History of the Council of Trent*를 집필했으나 공의회를 관리하던 정부의 속임수를 폭로하여 개신교도들의 영웅이 되었다. 그 책만 읽으면 그는 교회의 충실한 아들이요 가톨릭 개혁가다. 교황 바오로 5세로부터 그를 보호하려고 친구들이 그의 죽음의 방식에 대해 그럴듯한 경건한 이야기들을 유포했다. 그러나 더 근래에 발견된 그의 사적 비망록인 『철학적 사고』*Philosophical Thoughts*를 읽어 보면 전혀 다른 그림이 나온다. 한 역사가가 말했듯이, "베네치아의 이 궁정 신학자는 제도 교회의 권위를 무너뜨리는 데 몰두한 신앙 없는 사람이었다." 그의 사상은 계몽주의 회의론의 전조이자, 오늘날 신흥 무신론자들의 반종교적 공격성의 전조였다.[8] 궁정 신학자 사르피는 겉보기와 전혀 달랐다. 시대가 그에게 진실한 언행을 허용하지 않았다.

눈에 보이는 게 다가 아니다? 기독교의 이런 압제는 교회의 거대한 오점으로 남아 있으며, 압제가 느슨해질 때마다 세속주의자들이 교회를 공격하는 근본적 이유이기도 하다. 제2차 세계대전 후에 서구 사회에서 기존의 기독교적 합의가 붕괴되자, 그때도 좀 더 약한 형태로나마 그런 공격이 있었다. 압제가 지속되는 동안에는 당연히 압제를 피해 가려는 기발한 시도가 많이 있었다. 그러나 압제가 느슨해지면 다시는 기독교적 합의에 지배권을 내주어서는 안 된다는 결의가 공격으로 터져 나왔다.

어떤 사람들은 에라스무스Erasmus의 작은 책 『우신예찬』In Praise of Folly을 이런 어두운 역사에 비추어 해석해 왔다. 바보짓과 익살이 고의적 기만이라는 것이다. 그렇다면 그는 넓게는 당국으로부터 좁게는 검열관의 예리한 눈초리로부터 자신을 안전하게 지키려고 메시지를 위장한 셈이다. 다른 사람들은 에라스무스가 엘리트층만 알아듣게 메시지를 암호화했다고 주장한다. 무지한 사람들에게는 진리가 이해될 수 없도록 일부러 내용을 비밀스럽게 했다는 것이다. 레오 스트라우스Leo Strauss와 같은 사람들이 그렇게 주장했는데,[9] 이런 관점에서 본다면, 에라스무스는 이후의 프랜시스 베이컨,Francis Bacon 몽테뉴, 피에르 벨Pierre Bayle과 같았다. 행여 자신의 지고한 사상이 그것을 제대로 소화할 수 없는 사람들의 머릿속과 귓전에 떨어지지 않도록 신중하게 위장한 셈이 된다. 몽테뉴는 "아는 대로 다 말하는 인간은 어리석다" 했으며, 또한 "나는 진실을 말하되 마음껏 하지 않고 감히 할 수 있는 만큼만 한다"고 했다.[10]

분명한 것은 에라스무스가 『우신예찬』을 영국에서 친구 토머스 모어Thomas Moore의 집에 일주일간 머물던 중에 썼다는 것이다. 모어는 자기 집에 전업 광대를 고용했던 사람이다. 책

제목은 모어의 영어 이름 tomfoolery(바보짓)와 그리스어 성 Morias(바보라는 뜻)에서 딴 것이다. 이 책은 1511년에 간행되어 유럽에 선풍을 일으키면서 르네상스의 고전이자 종교개혁의 촉매제가 되었다. 사람들의 말대로 에라스무스는 르네상스시대의 교황 제도와 교회를 신랄하게 비판하면서도 책 속의 광대인 "바보 여신"을 통해 그런 자신에 대한 비판을 일체 차단했고, 나아가 자신의 진정한 생각과 감정의 깊이를 숨겼다. 중세 말기의 세계에 유행했던 궁정 광대는 그런 목적에 안성맞춤이었다(셰익스피어는 "광대는 알고 보면 예언자일 때가 많다"고 했다).[11] 결국 에라스무스는 마지막 문단의 아주 노련한 회피성 발언으로 이 작은 고전을 마무리한다. "이 책에 혹시 경솔하거나 수다스러워 보이는 말이 있다면, 그것이 바보 여신의 말임을 잊지 마시라."[12]

분명히 에라스무스의 『우신예찬』에는 눈에 보이는 것보다 훨씬 이상이 있다. 또한 틀림없이 어떤 시대는 진리를 견디지 못한다. 우리 시대처럼 광고와 정치적 공정성의 시대는 허튼 소리라면 기가 막힌 수준까지도 참고 견디면서 **어떤** 진리에는 여전히 선을 긋고 용납하지 않는다. 그 어떤 진리가 우리의 경우에는 얄궂게도 기독교의 진리다. 피에르 벨이 말한 바와 같이, 정직한 독자는 시대가 그런 것만으로도 너무 구역질이 나서 "나에게 대야를 달라!"*Date mihi pelvim*고 소리친다.[13]

그러나 에라스무스의 전략의 출처는 결코 엘리트주의나 은폐 정책이 아니고, 그저 르네상스 시대에 유행하던 광대의 개념도 아니었다. 그보다 깊은 기독교적 설명이 있는데, 그것이 그 책의 열쇠이면서 또한 변증의 한 심오한 요소를 보여주는 중요한 표지판이다. 즉 에라스무스는 깊고 진정한 신앙의 사람이었고, 바보 여신을 핵심 대변인으로 활용하여 성경적 개념의 바보와 어리석음으로 되돌아갔다. 르네상스 세계에서 진리는 위험한 것이었지만, 그가 활용한 고전적 관점의 어리석음의 이면에는 어리석음과 바보 행세에 대한 더 깊은 성경적 이해가 깔려 있다.

르네상스 시대의 부패한 교회에 저항하면서 에라스무스가 부딪쳤던 몇 가지 도전을 생각해 보라. 그는 당시 막 로마에 다녀와 교황 제도와 도시 전체의 죄악과 부패상에 심히 격분해 있었다. **당시의 세계가 철저히 상대주의적이었다는** 사실도 일부 문제가 되었다. 기독교 세계는 붕괴하고 있었고 머지않아 연합도 완전히 깨질 판이었다. 유럽 북부와 남부 사이에, 그리고 학문하는 새로운 방식과 기존의 방식 사이에 충돌이 있었다. 머지않아 충돌은 종교개혁 세력과 반종교개혁 세력 사이로도 번질 참이었다.

셰익스피어는 이런 상대주의를 『리어 왕』*King Lear*의 알바니 공작의 입을 빌려 "악의 눈에는 지혜와 선도 악해 보였다"고 명쾌하게 표현했다.[14] 관점이 그렇다 보니 더 이상 아무것도 단순명료하지 않았다. 기독교 세계가 붕괴하면서 공통의 권위는 물론이고 공용어조차 없어졌다. 모든 것은 관점의 문제요 "각자 생각하기 나름"이었다. 즉 누구나 서로에게 똑같이 전후좌우가 엉망으로 뒤바뀌어 보일 수 있었다. 아무것도 단순명료하게 선하지 않았고 기쁜 소식도 마찬가지였다. 진지하고 단순한 유형의 설교자와 설교는 더 이상 효과가 없었다. 그 결과 중세 말기의 세계에 권위의 심각한 위기가 찾아왔다.

에라스무스에게 상대주의는 문제의 시작에 불과했다. 그가 부딪쳤던 또 다른 도전은 **당대의 교회가 철저히 세속적이었다는** 점이다. 제대로 배우지 못한 지방 신부들의 속된 문란함과 맹목적으로 중얼대는 미신에서부터 로마 교황들의 파렴치한 죄악과 부패상에 이르기까지, 교회의 병은 깊고도 흉했다. 에라스무스는 교황 율리우스 2세^{Julius II}가 볼로냐 전투에서 승리한 후 황금 갑옷을 입고 귀환하는 모습을 직접 지켜보았다. 교황은 정말 나사렛 예수의 제자인가, 아니면 자신의 유명한 이름처럼 율리우스 카이사르^{Gaius Julius Caesar}의 제자인가? 에라스무스는 분개하여 그렇게 탄식했다.

이 두 번째 문제는 권위의 위기를 더욱 심화시켰다. 고전 수사학에서 첫째이자 필수 요건은 늘 에토스 곧 화자의 도덕적 성품이었다. 그것이 화자의 로고스 곧 합리적 논증을 뒷받침했다. 그 기준으로 볼 때, 르네상스 시대의 교회는 세속성의 물결을 거슬러 예언자적 충실성으로 시대를 상대하기는커녕 아예 말의 권위가 서지 않았다. 여기서 우리는 잠시 멈추지 않을 수 없다. 위의 두 가지 문제 모두에서 우리 세대보다 더 에라스무스의 시대에 가까웠던 세대는 아마 없을 것이기 때문이다. 포스트모더니즘은 오늘날 우리 시대를 종교개혁 직전 이후의 어느 시대 못지않게 미친 듯이 상대주의적이고 세속적인 시대로 만들어 놓았다. 그 결과로 권위의 심각한 위기가 닥쳐, 많은 서구 국가에서 교회의 말은 중얼거림이나 침묵이나 위선처럼 들린다. 또는 아무리 크게 말하려 해도 모순투성이로 들린다.

에라스무스는 이런 장벽들을 어떻게 뛰어넘으려 했을까? 단순명료한 소통의 장이 그토록 가망이 없던 시대에 어떤 방식을 택하여 말하고 글을 썼을까? 그는 성경에 나오는 특유한 방식의 바보 행세로 되돌아갔다. 성경에 세 가지 종류의 바보가 있는데, 에라스무스는 제3유형의 바보의 길을 되살렸다. 즉 전복적 설득의 위력을 회복하여 자신의 논지를 피력하려 한 것이다. 그의 논지는 우리의 논의에 매우 중요하다. 제3유형의 바보의 길 속에 십자가의 능력이 들어 있고, 오늘날 우리 기독교의 변호에 필요한 창의적 설득의 비결이 숨어 있기 때문이다.

진짜 바보　　　　　성경에 나오는 제1유형의 바보
　　　　　　　　　　는 **진짜 바보**라 불릴 만한 인물
이다. 타락한 세상에서 어리석음이란 분명히 어느 정도 상대
적이며, 따라서 우리는 늘 "누가 그러는데?"라고 묻는 게 지
혜롭다. 웃기는 농담과 그렇지 않은 농담이 집집마다 다르고
또한 세상의 지역마다 다르다. 추앙받는 영웅과 멸시받는 악
당이 공동체와 국가에 따라 다른 것과 마찬가지다. 영웅적 행
위와 악행과 미련함은 다 상대적이다. 그런데 성경에 진짜 바
보로 선고된 바보가 있다. 이 부류의 미련함은 절대적으로 어
리석다. 이 사람은 참으로, 객관적으로, 실제로 바보다. 하나
님이 그렇게 말씀하시기 때문이다. 그는 사실상 무신론자로,
주님을 두려워하지 않으며 실제로 하나님을 전혀 인정하지
않는다.

　성경에 이런 의미의 바보로 불린 개인들이 있는데, 멍청하
고 우둔하여 분명히 표가 난 경우도 있고 그렇지 않은 경우도
있다. 히브리어로 "바보"라는 단어는 "고상하다"와 아주 비슷
하여 한 글자만 다르다. 당대의 사람들에게 고상해 보이던 인
물이 바보로 드러나거나 하나님께 바보라는 선고를 듣기도 하
는데, 때로 그것은 삶의 결과를 보아야만 알 수 있다. 다윗의
아내 아비가일은 본래 확연한 부류의 바보와 결혼했었다. 그
녀에 따르면, 그 첫 남편은 "불량한 사람"으로 이름값을 했다.

그의 이름 나발은 "벨리알의 아들" 또는 "미련한 자"라는 뜻이었다.^{삼상 25:25} 반면에 예수께서 바보라 칭하신 그 농부("어리석은 자여, 오늘 밤에 네 영혼을 도로 찾으리니")^{눅 12:20}는 아마 근면하고 크게 칭송받는 지역사회의 기둥 같은 사업가였을 것이다. 그의 유일한 어리석음은 하나님을 빼놓고 계산한 것인데, 그리하여 그는 사업 계획에서 장기적으로 중요한 한 가지 요인을 빠뜨렸다.

그러나 이 두 부류의 바보가 서로 어떻게 다르든, 바보라는 말은 하나님을 외면하는 광범위한 범주의 사람들에게 적용된다. 시편과 잠언에 그런 바보가 즐비한데, 예컨대 "어리석은 자는 그의 마음에 이르기를 하나님이 없다 하는도다"라는 말씀이 있다.^{시 14:1} 비슷하게 사도 바울도 인류 전반이 하나님의 진리를 막고 있으며, 따라서 말로는 지혜롭다 하지만 바보가 되었다고 했다.^{롬 1:22} 주님을 경외하는 것이 지혜의 근본인데, 그런 사람들은 그게 없기 때문에 개인이든 국가든 결국은 모두 모종의 사회적·성적·경제적·문화적 미련함에 빠질 수밖에 없다. 다른 사람들의 눈에 아무리 고상하거나 용감하거나 발전되어 보여도 소용없다. 참으로 그들은 바보다. 제1유형의 바보는 우리에게 별 도움이 안 된다. 신앙의 사람들에게 피해야 할 생활방식을 알려 주는 경고판의 역할을 할 뿐이다. 우리는 결코 이 첫 번째 의미의 "속물"과 바보가 되어서는 안 된다. 소통에 관한 한 이런 바보는 우리에게 아무것도 가르쳐 줄 게 없다.

그리스도를 위한 바보   성경에 나오는 제2유형의 바보는 아주 다르며, 우리를 설득의 비결 쪽으로 상당히 바짝 데려간다. 이것은 **바보 취급당하는 사람**이다. 사실은 전혀 바보가 아니지만 바보로 비쳐지고 취급당할 각오가 된 사람이다. "우리는 그리스도 때문에 어리석으나"고전 4:10. 이 짤막한 문구는 성 바울이 고린도라는 그리스 도시의 교회에 보낸 편지의 유명한 본문에 처음 등장한다. 편지에서 그는 사도로서 자신의 입지를 교회 앞에 변호했다. 그는 한순간도 자신과 동료 사도들을 정말 바보라 생각한 적이 없으나, 고린도 교인들은 스스로 우월감에 젖어 그렇게 생각했다. 그 교인들은 자신들을 너무 높이 평가한 나머지, 사도들과 의견이 갈리자 사도들을 바보로 얕보았다.

사실 예수께서는 하나님의 지혜 자체이셨다. 그분은 진리를 말씀하신 정도가 아니라, 진리 자체이자 진리의 화신이셨다. 그러므로 그분의 사도들의 지혜는 곧 하나님의 지혜였다. 그러나 바울은 고린도 교인들의 오판에 굳이 맞서 싸우지 않고, 반어적으로 "우리는 그리스도 때문에 어리석으나"라고 말했다. 사도들은 전혀 바보가 아니었으나 바보로 비쳐지고 취급당할 각오가 되어 있었다. 도스토예프스키의 소설 속의 "백치"가 오해와 구박을 받은 것처럼, 사도들도 심지어 "세상의 더러운 것"과 "세계[의]······구경거리"[고전 4:9, 13]로 여겨질 마음까지 있었다. 장차 올 큰 날에 진실이 밝혀지고 그들도 신원될 것이다. 그러나 그때까지 바울은 소명에 충실하게 복음을 전할 수만 있다면 어떤 조롱과 거부가 닥쳐와도 기꺼이 당하고자 했다.

바울의 다른 기록에 보면 그는 폭동, 굶주림, 구타, 투옥, 파선 등 온갖 육체적 고초를 겪었다. 그러니 로마 총독에게 "미쳤다"고 무시당하거나 고린도의 그리스도인들에게 "바보"라는 말을 듣는 것쯤은 아무것도 아니었다. 육체적 시련에 맞먹는 정서적·사회적 시련일 뿐이었다. 예수를 따르는 사람들은 대가를 계산한 뒤 기꺼이 십자가를 진다. 그분을 따르려면 전천후가 되어야 한다. 현대인들은 스스로 피해자 행세를 하거나 상대에게 이런저런 "공포증"이 있다고 비난하지만, 바울은 그런 비열한 수법을 쓰지 않았다.

"그리스도를 위한 바보"라는 구체적 표현은 바울의 고린도전서에 나오지만, 바보 취급당하는 사람이라는 개념은 더 이전으로 거슬러 올라간다. 예컨대 다윗 왕이 주님 앞에서 기쁨을 이기지 못해 공공연히 춤을 추자, 그의 아내 미갈은 그를 바보로 여겼다. 선지자 예레미야는 자신이 하나님 편을 들다가 괴롭게도 자기 백성 가운데서 웃음거리가 되고 말았다고 탄식했다. 타락한 세상에서 신앙에 충실하려면 대가가 따른다.

조롱당하신 왕　　　　　이 모든 사례도 성경에서 가장 바보 취급당한 사람에 비하면 차라리 무색해진다. 물론 그분은 조롱당한 왕이신 예수 자신이다. 대제사장 가야바의 집에서 시작된 조롱은 헤롯왕의 시위대를 거쳐 빌라도와 로마 군병들 앞에서 끝났다. 다시 말해 예수께서는 당대 최고위의 종교 지도자들, 당대 최상위 법의 대표자들, 당대 최강의 정치군사적 세력 앞에서 잔인하게 조롱을 당하셨다. 세상의 대다수 감옥들은 한없이 비인간적이고 열악한 상태이며, 인간성의 말살은 사형 집행으로 극에 달한다. 사형을 앞둔 죄수는 대개 당국에서 목숨을 끊어 놓기 오래전부터 이미 인간 이하로 전락한다. 간수와 군인과 조수들은 평소에 평범한 아버지이자 이웃이자 동료이며 사형수에게 아무런 사사로운 감정도 없다. 그러나 사형 절차를 준비하는 섬뜩한 과정에서 자신의 억압된 감정을 죄수에게 쏟아 낼 때가 많다.

그래서 대제사장의 하인들은 가학적인 술래잡기 놀이를 벌인다. 그러다 비열하게 예수의 평판을 조롱하며 "이제 누가 선지자인지 보자"는 장난으로 바꾼다. 아마 그들은 자기들의 스승인 사두개인들처럼 초자연적 세계에 대해 회의적이었을 것이다. 따라서 그들에게 예언이란 완전히 사기였으나, 그래도 예수라는 만만한 놀림감이 눈앞에 있었다. 그들은 그분을 때리고 나서 눈을 가린 뒤, 무력한 그분을 다시 치면서 "우리에게 선지자 노릇을 하라. 너를 친 자가 누구냐"고 놀렸다.[마 26:68]

예수께서 놀이에 동조하지 않고 그 수모 속에서도 침묵만 지키시자, 사람들은 그분을 헤롯의 시위대와 로마 군병들을 차례로 거쳐 결국 본디오 빌라도 총독에게 넘겼다. 고문의 절정은 「이 사람을 보라」는 제목의 수많은 그림 속에 포착되어 있다. 예수께서는 고문자들 앞에 서서 말없이 고난을 당하신다. 머리에는 가시관이 씌워 있고, 어깨에는 주홍색 옷이 걸쳐져 있으며, 오른손에는 홀처럼 갈대가 쥐어져 있다. 군중은 조롱하듯 환호성을 지른다. 마지막 패러디는 십자가에서 그분의 머리 위에 3개 국어로 내걸린 "나사렛 예수 유대인의 왕"이라는 죄패였다.

말할 것도 없이 빌라도의 조롱은 가장 교묘하고 오만했다. 그는 메시아로 자처한 미련한 예수를 조롱했고, 지금이든 장래에든 메시아가 로마 제국의 대군으로부터 자신들을 능히 해방시켜 주리라는 한심하고 어이없는 희망을 품은 유대 민족을 조롱했다. 카이사르의 권력 앞에 마주 선 나사렛의 "사기꾼"은 병력이 없었다. 빌라도는 죄패 하나로 예수와 유대 민족을 양쪽 다 조롱하며 코웃음을 칠 수 있었으니, 그야말로 일석이조였다. 권력이 없는 왕은 사기꾼이나 망명객이나 한물간 퇴물에 불과하며, 실패한 메시아는 명백한 가짜다. 그러니 자칭 메시아가 치욕스럽게 로마의 극형에 처해지는 것보다 더 어처구니없는 일이 무엇이겠는가? 그간의 모든 위장 행세를 이보다 더 황당해 보이게 만들 일이 무엇이겠는가? 그래서 지나가던 행인들로부터 시작하여 고용된 야유꾼들과 묵인하는 성직자들과 총독 자신에 이르기까지 모두가 그분을 비웃고 경멸하고 조롱했다. 사람이 무력해지면 사기 행각이 모두 들통나는 법이다.

사태가 반전되어 제자들이 이 재앙 속에서 영광을 보게 되기까지 시간이 얼마나 걸렸는가? 이 소름 끼치는 장난이 이사야가 예언한 고난당하실 종에 대한 성취로 뒤바뀐 계기는 무엇인가? 물론 결정적 사건은 부활이다. 하지만 도마 같은 일부 제자들에게는 왜 더 오래 걸렸는가? 분명한 것은 예수께서 자원하여 세상의 죄를 지실 때 먼저 세상의 잔인한 조롱부터 감수하셨다는 사실이다. 예수께서는 세상에서 가장 바보 취급당한 사람이다.

거룩한 바보들

모든 심오함과 파토스에도 불구하고, 바보 취급당하는 사람의 역할은 우리의 소통에 큰 도움이 되지 않는 듯 보일 것이다. 그런 역할의 의미는 언제나 주로 제자도와 연관되었다. 예수를 따르려면 제자도의 대가를 치르고, 자아와 자신의 이해관계와 속셈과 평판에 대해 죽어야 한다. 대가를 셈하여 그분의 뜻과 길에 어긋나는 것을 전부 버리고 자기 십자가를 져야 한다. 한때 소중하게 여겼던 대외적 평판이나 사람들 사이의 지위나 단체의 감투도 버릴 수 있어야 한다. 제자도란 유일한 청중이신 그분 앞에서 사는 삶이며, 따라서 이에 어긋나는 다른 모든 견해나 평가에 대해서는 죽어야 한다. 타인의 눈에 투영된 자아상 같은 현대적 개념은 여기에 들어설 자리가 없으며, 현대인들이 집착하는 유산 따위도 고려 대상이 못 된다.

의미심장하게도 십자가형을 초기의 기독교 예배와 연결시킨 그림 중 아마도 최초라고 알려진 것은 벽에 낙서된 조롱이었다. 그 그림은 1857년에 로마의 팔라티노 언덕에서 발견되었지만, 적어도 3세기나 그 이전으로 거슬러 올라간다. 나귀 머리의 사람이 십자가에 못 박힌 모습이 투박하게 만화처럼 그려져 있고, 그 밑에 "알렉사메노스는 자기 신을 예배한다"라는 글귀가 적혀 있다. 다행히도 같은 가옥의 옆방에 "알렉사메노스는 성도다"라는 응수가 재치 있게 덧붙여져 있다. 요컨대 예수를 따르려면 기꺼이 그리스도를 위한 바보가 되어, 교회의 이야기를 맨 처음부터 빛내 준 "거룩한 바보들"의 오랜 전통에 합류해야 한다. 가장 잘 알려진 거룩한 바보는 하나님의 음유시인이자 곡예사인 성 프란체스코이지만, 아일랜드와 러시아와 기타 많은 나라에서 "바보 성도"의 훌륭한 모범들이 더해졌다.

그러나 제2유형의 바보의 길에는 앞을 향하는 전진이 내포되어 있다. 안디옥과 콘스탄티노플의 달변의 설교자였던 크리소스토무스는, "거룩한 바보"란 모욕을 당해도 늘 한결같은 사람이라 칭송했다. 그 이유인즉 기독교의 인생관에는 당면한 현실과 궁극적 실재 사이에 늘 중대한 긴장이 있기 때문이다. 현 상황과 단기적 관점이 만들어 내는 당면한 현실은 때로 끔찍할 수 있다. 우리는 실직, 건강의 위기, 공개적 수모, 자녀나 가까운 친구의 죽음 등을 겪을 수 있으며, 욥처럼 우환이 겹칠 수도 있다. 그러나 당면한 현실이 아무리 열악해도 궁극적 실재는 늘 희망이 있으며, 그 둘의 긴장 사이에 신앙의 복원력이라는 가능성이 놓여 있다.

신앙은 어떻게 그런 복원력을 가능하게 하는가? 그것을 처음 접하던 날, 나는 그 심오함에 심장이 멎는 듯했다. 그때 나는 폴란드의 크라쿠프에 갔다가 죽음의 수용소에서 기독교 신앙으로 개종한 아우슈비츠-비르케나우의 한 생존자를 만났다. 일찍이 볼테르Voltaire는 하늘이 인생의 많은 재난을 상쇄하려고 우리에게 두 가지, 곧 희망과 잠을 주었다고 했다. 그러나 프랑스의 이 유명한 회의론자는 유머를 망각했다. 내가 만난 그 남자를 감동시켰던 것은 한 동료 재소자의 증언이었다. 그리스도인인 그 동료의 희망은 유머로 표현되었다. 재미는 고사하고 아무런 의미조차 없어 보이던 그곳에서 말이다.

역시 아우슈비츠의 생존자인 빅터 프랭클Viktor Frankl은 유머를 "자신을 보호하기 위해 싸우는 영혼의 또 다른 무기"라 표현했다.[15] 그러나 위의 개종자를 기독교 신앙으로 이끈 것은 야비한 유머가 아니었고, 잔인한 간수들에게 조금이나마 정신적 복수를 가하려는 비방 같은 것도 아니었다. 플라톤과 아리스토텔레스와 토머스 홉스Thomas Hobbes가 내놓은 유머의 우월성 이론superiority theory of humor은 그런 것이다. 이 관점에 따르면, 우리는 자신이 더 우월해 보이려고 상대를 농담으로 비웃는다. 그 동료의 유머는 프로이트Sigmund Freud 같은 사람들의 해소 이론relief theory과 달리 도피성도 아니었다. 이 관점에 따르면, 웃음은 정서적 울분을 풀어내는 일종의 배출구다. 반대로 그의 유머는 희망에 차 있었다. 어두운 당면한 전망과 밝은 궁극적 전망 사이의 괴기한 괴리가 빚어낸 유머였다. 이것이 임마누엘 칸트, 쇠렌 키에르케고르Søren Kierkegaard 라인홀드 니버Reinhold Niebuhr, 피터 버거 등이 말한 부조화 이론incongruity theory이다.

물론 그 유머는 한순간에 지나지 않았고, 시야를 벗어나지 않는 곳에 늘 처형장과 가스실이 있었다. 아우슈비츠 자체는 한순간도 웃음거리가 아니었다. 그러나 순식간에 번개가 치거나 구름이 갈라지듯이 유머는 진리를 밝혀 주었고, 그 진리는 비참한 재소자들에게 벌어질 수 있는 어떤 일보다도 컸다. 아우슈비츠조차도 그 진리만은 검열할 수 없었다. 철갑을 두른 듯한 세상에 잠시나마 구멍이 뚫렸다. 그 구멍이 영원히 다시 뚫리는 날, 궁극적 실재가 당면한 현실을 이길 것이었다. 그래서 그들 앞의 험악한 참상은 최종 상태가 아니었다. 천국은 히틀러와 히믈러Heinrich Himmler와 그 수용소의 잔인한 회스Rudolf Höss 소장마저 상대화했다. 이 모두가 한 재소자의 번득이는 유머를 통해 이루어진 일이다.

히브리서 저자도 십자가를 기술할 때 똑같은 복원력을 말했다. 그는 예수께서 "그 앞에 있는 (궁극적) 기쁨을 위하여 십자가를 참으사 (당면한) 부끄러움을 개의치 아니하셨다"히 12:2고 썼다(괄호 안의 두 단어를 첨가해도 무방하다). 어떤 역본들에는 "부끄러움을 개의치 아니하시더니"가 "수치를 가볍게 여기시더니"로 되어 있는데, 수치는 이런저런 광대들에게 쓰이던 단어다. 이것은 다시 독자들에게 고린도전서 1장을 가리켜 보이는데, 거기에 기술된 십자가는 죄를 전복시키는 하나님의 방법이다.

바보 행세하는 사람　　　　거기서 곧바로 연결되는 것이 성경에 나오는 제3유형의 바보인 바보 행세하는 사람이다. 바보 행세하는 사람도 전혀 바보가 아니지만 바보로 비쳐지고 취급당할 각오가 되어 있다. 그들은 어리석다고 조롱받는 그 자리에서 다시 튀어 올라 광대 노릇을 한다. 권력을 향해 진리를 말하고, 높고 힘센 사람들의 콧대를 꺾어 놓으며, 벌거벗은 임금에게 그 사실을 알려 준다. 바울의 말대로, 하나님께서 십자가에서 하신 일이 바로 그것이다. 예수께서 가장 바보 취급당하신 분이라면, 하나님은 가장 바보 행세하시는 분이다. 그분은 세상의 높아진 지혜와 힘과 우월감을 십자가로 부끄럽게 하심과 동시에 전복시키신다. 어리석음으로 세상의 지혜를, 연약함으로 세상의 힘을, 위장하고 오신 보잘것없는 존재로 세상의 우월감을 각각 부끄럽게 하시고 전복시키신다.

　마르틴 루터^{Martin Luther}는 십자가가 마귀에게 쥐덫이었다고 썼다. 치즈 냄새를 맡는 순간, 마귀는 덫에 걸려들었다. 베들레헴의 요람에 무방비로 누워 있는 어린 아기는 그렇게 보일 수 있다. 예루살렘 외곽의 로마 십자가에 고통스레 매달려 철저히 버림받은 사람도 마찬가지다. 하지만 그게 전부라고 믿는 사람들은 대충 겉만 보았을 뿐 성육신과 십자가를 통해 실제로 벌어진 일을 오판한 것이다. 더 자세히 보는 가운데 그 아기가 누구이며 그 사람이 왜 고통스레 죽어 가는지 물어보면, 이 모든 사건이 눈에 보이는 것보다 훨씬 이상임을 알게 된다. 잠시 멈추어 생각해 보면, 자원해서 무력해진 그분이 오히려 진정한 강자로 드러난다. 명백한 부조리는 신비로운 계시로 변하고, 코를 틀어쥐게 할 만큼 역겨운 유혈과 만행은 온통 심장을 녹이는 포옹으로 바뀐다. 자신을 구원할 수 없을 만큼 무력했던 예수께서 죽음으로 다른 사람들을 구원하고 온 세상을 품으신 것이다.

그 격렬했던 유월절 주간에 절정을 맞이한 전체 사건에는 역사의 지축을 뒤흔드는 심오한 진리가 용수철처럼 달려 있었다. 다만 너무도 희한하게 위장되어 있어 예수를 가장 가까이서 열렬히 따르던 사람들조차도 갈피를 잡지 못했고, 마귀도 치즈 냄새에 속아 넘어갔다. 그렇게 하나님은 세상의 미련함을 부끄럽게 하셨고, 세상의 교만을 전복시키셨으며, 아들의 죽음을 통해 사망을 죽이셨다. 냉엄한 진리이지만 분명히 그것만이 길이었다. 그 방법으로만 이루어져야 했고, 다른 길은 없었다. 하나님은 죄와 반항에 언제나 힘으로 대응하실 수 있다. 에덴동산과 바벨탑 이후로 줄곧 하나님은 인간이 상상할 수 있는 모든 교만과 악에 맞서 경계선을 그으셨고, 그리하여 그분 자신과 창조 질서를 거스르는 모든 반항을 억제하셨다. 그러나 힘으로 이기려면 대개 그 힘에 저항하는 상대를 멸해야 한다.

그래서 라인홀드 니버가 역설했듯이, 심지어 하나님도 힘으로만 하실 수 있는 일에는 한계가 있다. "힘으로는 반항하는 상대의 마음에 다가가지 못하기" 때문이다.[16] 힘은 우리를 안에 가둘 수는 있으나, 우리를 찾아내 밖으로 나오게 할 수 있는 것은 희생적 사랑뿐이다. 힘은 반대편에 선 우리를 이길 수는 있지만 우리를 돌려놓을 수는 없다. 우리 각자의 심중에 박혀 있는 죄의 응어리는 그렇게도 완강하고 끈질기고 고집스럽고 고질적인 것이어서, 우리 모두를 향한 끈질기고 의지적인 사랑만이 우리에게 다가와 우리를 전복시킬 수 있다. 그 사랑은 십자가의 말도 안 되는 무력함, 수치, 고통, 외로움, 황량함으로 위장되어야만 했다. **다른 길은 없었다. 한없이 어리석고 연약한 십자가만이 우리를 찾아내 돌려놓을 수 있다.**

결국은 다 잘될 것이다　　　　　에라스무스가 『우신예찬』을 통해 한 일은 은폐가 아니라 물론 기독교의 바보 행세다. 바보 여신이 방울 달린 광대 모자를 쓰고 무대에서 광태를 부리자, 순식간에 온 유럽의 독자들이 그 대담성과 유쾌한 재치 앞에 포복절도했다. 에라스무스가 그런 식으로 자신의 과녁을 낚아챈 것이다. 사실 그 책이 갈아 놓은 땅에서 머지않아 종교개혁의 씨앗이 싹을 틔웠는데, 저자 자신도 생각하지 못했을 만큼 훨씬 운명적이었고 풍작이었다. 그러나 최종 관점도 중요하다. 르네상스 세계 전체가 몹시 미쳐서 유일하게 남은 지혜로운 사람이라고는 바보뿐이었다면, 이는 그 세계에 대해 무엇을 말해 주는가? 그리고 그 바보는 누구인가? 다시 말하지만, 바보 여신은 하나님의 위장된 지혜다. 하나님은 성육신과 십자가를 통해 인류 전반을 부끄럽게 하시고 전복시키셨듯이, 규모만 작을 뿐 똑같은 방식으로 르네상스 세계에 만연해 있는 허영을 전복시키셔야 했다. 에라스무스의 책 제목에는 성 바울이 이해한바 하나님께서 십자가를 통해 하신 일이 고스란히 담겨 있다.

물론 에라스무스의 논지를 누구나 다 포착한 것은 아니다. 한편으로 어떤 사람들은 그의 바보 행세하는 방식을 이해하지 못하여 책을 경직되게 해석했다. 동료 목사인 한 둔감한 비평가는 에라스무스가 『우신예찬』이라는 명작을 냈으니 이제 후속작으로 『지혜예찬』을 생각해 보아야 한다고 썼다. 딱한 사람이다. 그는 진지하고 경직되게 문자 그대로 해석한 나머지 핵심을 놓쳤다. 에라스무스는 이미 『지혜예찬』을 썼다. 도전에 저항하는 사람들을 더 잘 설득하고자 전후좌우를 뒤집어서 썼을 뿐이다.

다른 한편으로, 에라스무스의 문학적 실력을 극찬하는 데서 그친 사람들이 있었다. 그들은 그런 바보 행세가 기독교 신앙의 자연스러운 산물이라는 의미심장한 사실을 보지 못했다. 에라스무스가 총명한 지성과 예리한 재치와 풍자 실력을 갖춘 뛰어난 작가인 것은 아주 분명하지만 그것이 전부는 아니다. 진짜 핵심은 그의 창의적 설득 방식이 기독교 신앙에 지극히 자연스러울 뿐 아니라, 그때나 지금이나 기독교 신앙의 변호에 절대적으로 필요하다는 점이다.

유머와 신앙은 둘 다 인간이 경험하는 역설적 현실과 근본적 부조화에 대한 반응으로 튀어나온다. 그런 점에서 유머는 신앙으로 연결된다. 하지만 유머는 낮은 차원의 부조화에 잘 반응하는 반면, 높은 차원에 잘 반응하는 것은 신앙뿐이다. 그런 의미에서 유머는 자기 너머의 신앙을 가리켜 보인다. 니버의 말대로 "사실 유머는 신앙의 전조이며 웃음은 기도의 시작이다."[17]

세상의 가장 위대한 철학자와 시인들이 거의 모두 역설과 부조화를 직시했듯이, 우리도 자아와 인간을 생각하다 보면 거기에 부딪칠 수밖에 없다. 시편 8편에서부터 셰익스피어의 『햄릿』*Hamlet*에 나오는 위대한 독백에 이르기까지, 세상의 가장 아름답고 심오한 묵상 중에는 인간의 역설에 초점을 맞춘 것들이 많다. 우리 인간이란 본래 아주 작으면서 아주 크고, 아주 강하면서 아주 약하다. 하늘 높은 줄 모르고 올라가다가도, 저 밑바닥까지 가라앉는다. 우리는 몸이면서 영혼이고, 필멸

이면서 불멸의 존재다. 위엄도 있지만 비애도 느낀다. 때로 우리의 짧은 인생은 망망대해에 잠깐 보이다 마는 작은 점 같지만, 그래도 살아 있는 동안 우리 모두는 늘 자기만의 우주의 중심이다. 나아가 인류 전체는 전체 동물의 왕국에서 가장 강하고 영향력 있는 피조물이다. 우리는 현실을 볼 뿐 아니라 당위도 알며, 때로 그 차이 때문에 울고 웃는다. 그런 우리를 닮은 존재가 우주에 또 누가 있는가? 이런 역설과 부조화를 어떻게 설명할 것이며, 나아가 그것을 조화시켜 삶의 의미를 발견할 수 있는 희망은 어디에 있는가?

분명히 현재 유행하는 사상은 어느 한쪽만 강조하여 부조화를 피하는 것이다. 신흥 무신론자들의 경우, 실재를 이성과 과학으로 처리될 수 부분으로 환원시키고, 그 환원주의에 들어맞지 않는 부분은 모두 부정한다. 당연히 도킨스를 비롯한 자연주의자의 무리들은 인간이 미약한 자연적 존재임을 너무 강조한 나머지, 한때 인간의 위대한 일면으로 간주되던 다른 측면들을 으레 부정한다. 즉 인간의 존엄성과 자유마저 마침내 "환상"이라는 쓰레기통에 버려지고 있다.

유머와 신앙은 역설의 양쪽 요소에 담긴 도전을 피하지 않고 오히려 부조화를 진지하게 대한다. 다만 그 둘은 각각 다른 차원에서 다른 방식으로 반응한다. 유머는 낮은 차원에서 잘 통하는데, 그 진가는 시야를 터 주는 능력에 있다. 거기서 보면 세상이 달라 보이고, 그래서 우리는 세상을 너무 심각하게 대하지 않고 웃는다. 길에서 넘어지는 할머니나 장애 아동을 보고 웃는다면, 이는 매정하여 인간성이 부족하다는 뜻이다. 그러나 어떤 오만한 정치가가 자격도 없이 명목뿐인 상을 받으러 연단에 올라가다가 꽈당 넘어진다면, 많은 사람들이 무척 재미있어할 것이다. 전자를 통해서는 세상의 일상적 고난을 상기할 뿐이지만, 후자를 통해서는 인간의 힘을 너무 심각하게 대하지 않고 그 한계와 허세를 꿰뚫어 볼 수 있다. 그 정치가가 당한 수모가 그의 위신과 대비되어 우리를 웃게 만든다. 그리고 웃음에는 우리를 해방시키는 힘이 있다.

니버가 지적했듯이, 이런 유머에는 심판과 자비가 공존한다. 우리가 어떤 대상을 **비웃을** 때 거기에 심판의 요소가 드러난다("그 사람은 아주 오만한 멍청이라서 그런 벌을 받을 만하다"). 그러나 심판하면서도 얼마간 유쾌하게 대한다는 점에서 웃음에는 자비도 있다("우리도 다 우쭐댈 때가 있으니 그렇게 심각하게 대할 일은 아니다"). 그러나 니버의 이어지는 말처럼 잘못의 수위가 과실에서 악으로, 아주 흔한 악에서 표독스러운 악으로 높아지면, 심판의 요소만 그대로 남고 자비의 요소는 사라져야 한다. 그럴 때는 유머조차 아깝고 부당해진다. 진정한 악은 가볍게 대할 일이 아니다. 악에 대한 농담은 처음에는 괜찮을지 몰라도 언제나 의미를 부조리로, 삶 자체를 몹쓸 장난으로 변질시키고 만다. 커트 보네거트^{Kurt Vonnegut}의 소설을 읽었거나 영화 몬티 파이튼 시리즈 「브라이언의 일생」^{Life of Brian}을 본 사람들은 잘 알 것이다.

이렇듯 부조화의 수위가 높아지고 특히 악과 고난에 맞닿으면, 경박한 말은 떨어져 나간다. 바로 그때, 신앙이 진가를 발휘한다. 신앙 외에는 그 무엇도 화해 불능의 요소들을 화해시킬 수 없기 때문이다. 하지만 신앙은 그럴 때조차도 세 가지 면에서 여전히 유머와 비슷하다. 즉 신앙은 인간의 자유로운 정신의 표출이고, 부조화의 양쪽 요소를 모두 똑바로 직시하며, 창의적 전복으로 그 둘을 화해시킨다.

이런 신앙을 가능하게 하는 유대교와 기독교의 매우 고유한 특성을 많은 사람들이 놓친다. 한쪽 극단에서 성경의 세계관은 세속주의의 일차원적 성격과 대비된다. 세속주의자들의 현실관에는 단 하나의 차원밖에 없다. 이 세상이 전부이며 그 외에는 아무것도 없다. 막스 베버의 유명한 표현으로, 그들은 보이지 않는 실재를 모르는 "음치"다. 아인슈타인은 그들을 "천체의 음악을 들을 수 없는" 사람들로 보았고, 피터 버거는 그들이 "창문 없는 세상"에 살고 있다고 비유했다. C. S. 루이스는 그런 사람이 "창문 없는 조그만 우주"에 갇힌 채 "그곳을 단 하나의 가능한 우주로 착각하고 있다"고 표현했다.[18] 이 세상만 있고 반대의 실재가 없으니 그들은 세상을 판단할 기준이 없다. 아르키메데스의 지렛대가 없으니 세상을 개혁할 희망도 없고, 천국이 없으니 히틀러나 기타 모든 참상을 상대화할 수도 없다. 이런 세속 인본주의에는 유머가 거의 전무하여, 인생의 궁극적 부조화들을 진지하게 대할 때면 어두운 면만 다룰 수밖에 없다. 그래서 분노와 원한과 절망에 빠진다.

반대쪽 극단에서 성경의 세계관은 무한한 회귀의 문제를 안고 있는 동양의 세계관들과 대비된다. 동양의 세계관들은 궁극적 실재가 항상 인간의 모든 범주―참과 거짓, 옳음과 그름, 이것과 저것 등―를 "벗어난다"는 사실을 강조한다. 언제나 "이것도 아니고 저것도 아니다"라는 것이다. 하지만 그러면 어디서 멈출 것인가? 이른바 중국 상자 속에 무한히 상자가 들어 있는 것처럼, 또는 뇌 속에 소리가 끊임없이 메아리쳐 사람을 미치게 하는 것처럼, 거기에도 발을 딛고 설 굳은 땅은 없다. 안다고 생각하는 세계마저도 환영幻影으로 환원된다. 그래서 주전 3세기에 중국의 스승 장자는 이런 유명한 선문답을 남겼다. "내가 잠들면 꿈속에서 나비로 변하는데, 그렇다면 생시의 나는 혹 나비가 제 꿈속에서 나로 변한 게 아닌지 어떻게 아는가?"

세속주의와 정반대로, 기독교적 관점에는 이 세상도 있고 다른 세상도 있다. 이 세상을 건강하게 중시하되 늘 다른 세상도 똑같이 매우 중시하는 가운데 전자를 본다. 내세를 통해서

보면 현세가 달라져, 최악의 부분들은 구속救贖되고 강점들은
영원히 강화된다. 또한 동양의 관점들과 정반대로, 기독교적
관점은 우리가 알고 있고 신뢰할 수 있는 창조된 실재를 충분
히 존중한다. 하지만 이 세상을 본연의 모습이 되게 하려면 다
른 세상도 반드시 필요하다.

기독교의 바보 행세는 이런 양날의 특성을 지닌 성경적 세
계관의 직접적 산물이다. 이 세계관 하나만으로 삶의 본질적
부조화들이 공정하게 다루어진다. 사실 우리는 단지 바보 행
세를 통해 하나님을 변호하는 것만이 아니다. 우리의 바보 행
세는 바보 행세하시는 하나님을 닮은 것이다. 예수의 십자가
는 세상에서 고뇌와 고난과 불의가 극에 달한 사례이지만, 아
이스킬로스Aeschylus와 소포클레스Sophocles와 에우리피데스Euripides
와 셰익스피어를 통해 경험하는 비극과는 전혀 무관하다. 그
런 비극이 끝날 때는 온 무대에 시체가 널려 있고 연민과 두려
움이 좋은 감정으로 남는다. 그래서 청중은 니체의 표현으로
"형이상학적 위로"를 얻는다.[19]

그러나 실재는 그와 정반대다. 지금 하려는 말에 우리의 황
송함과 경외심과 깊은 감사가 담겨야 하지만, 그래도 반드시
언급되어야 할 부분이다. 신앙은 결코 경박하지 않고 가벼울
때도 드물며, 항상 웃기만 하는 것은 항상 심각하기만 한 것만
큼이나 어리석다. 하지만 그래도 진리는 건재하다. **예수의 십**

자가의 역동성은 비극보다 희극에 더 가깝다.

비극과 희극은 둘 다 지금 이대로의 세상과 우리 인간이 바라는 세상 사이의 깊은 모순과 괴리에서 생겨난다. 다시 말해 현세의 모습 중 부조화하거나 우스꽝스러워 인간 최고의 허세까지도 무색하게 만드는 그런 부분들에서 생겨난다. 그런데 비극은 우리에게 현실이라는 감옥의 철창을 상기시킬 뿐이며, 우리 중 누구도 평생 거기서 탈출할 수 없다. 하지만 희극은 뚫고 나갈 길을 보여준다. 희극에서는 굴욕적 실패나 패배도 끝이 아니며, 기독교 신앙에서는 궁극적 패배인 죽음조차도 끝이 아니다. **십자가와 부활이 있기에 언제나 출구가 있다.** 따라서 모순이 전복되고 실재가 바로잡히면, 그 결과는 연민과 두려움이 아니라 얼마든지 감사와 기쁨과 희망일 수 있다. 물론 하나님이 무덤에 오래 계실 수 없어 부활하신 그 역동성은, 마치 어린아이의 깜짝 상자에서 도깨비가 튀어나오듯이 온 우주에 더할 나위 없이 명백하게 드러났다.

그래서 쇠렌 키에르케고르, G. K. 체스터턴, 라인홀드 니버, 피터 버거 같은 일부 가장 위대한 기독교 사상가들은, 방식만 다를 뿐 하나같이 복음이야말로 세계 역사상 가장 희망적이고 유머러스한 인생관을 제시한다고 역설했다. 키에르케고르의 관점에 따르면, "희극 속의 불안은 모순을 불러내거나 드러낼 때 이미 출구를 생각해 두고 있다. 그래서 모순에 고통이 없다. 그러나 비극 속의 불안은 모순을 보고 탈출을 체념한다."[20]

니버가 말하기를, 유머와 신앙의 밀접한 관계는 "둘 다 우리 실존의 모순을 다룬다"는 사실과 둘 다 "인간의 자유로운 정신의 표출"이라는 사실에서 비롯된다고 했다. 그러나 웃음이 당면한 차원의 모순밖에 다루지 못하는 데 반해, "인생의 의미 자체를 위협하는 궁극적 실존의 모순에 대한 반응은 신앙뿐이다."[21]

버거의 관점은 『웃음의 구원성』*Redeeming Laughter*이라는 그의 책 제목 자체에 간명하게 들어 있다. 유머와 신앙은 둘 다 삶의 근본적 모순들을 다루어 그것을 초월하게 해주지만, 유머는 "저차원의 초월"일 뿐이고 신앙은 "고차원의 초월"이라는 것이다.[22] 그래서 그의 결론은 다음과 같다. "때로는 웃어야만 지각할 수 있다", "희극이 비극보다 깊다."[23]

노리치의 율리아누스가 역설했듯이, 마침내 그날이 오면 모든 것이 잘될 것이다. 하지만 그러려면 먼저 삶의 모든 전도된 것들이 바르게 놓이고, 앞뒤가 원래대로 회복되고, 비뚤어진 것들이 똑바르게 되고, 정상과 비정상의 기준이 정말 정상으로 돌아와야 한다. 요컨대 세상의 마지막 미련함이 응분의 벌을 받으면, 그때 모든 것이 잘될 것이다. 그날이 오면, 바보 행세하시는 하나님의 가장 "어리석은" 계획까지도 신원되어 모든 사람이 그 실체인 지혜를 보게 될 것이다. 그제야 인류는 하나님이 처음부터 준비해 두신 모든 반전의 진가를 이해하고 즐거워할 것이다. 그때까지 우리의 설득의 동기와 기초와 역동성은 바보 행세하시는 하나님의 방식에서 온다.

5. 불신의 해부

"지식인을 조심하라!" 폴 존슨^{Paul Johnson}이 서구 지식인들을 연
구한 뒤에 내린 이 충격적 결론은, 많은 사람들의 생각이나 적
어도 한때 품었던 생각과는 정반대다.[1] 지식인들에게 진리가
성배^{聖杯}가 아니라면, 그렇다면 무엇인가? 진리야말로 지식인
들이 열정적으로 사고하고, 왕성하게 책을 읽고, 지칠 줄 모르
고 연구하고, 모든 주제에 대해 끊임없이 논쟁하는 이유다. 서
구의 지식 전통이 동틀 무렵에 플라톤은 『국가』에 철학자란
"거짓을 싫어한다. 즉 허위를 인정할 마음이 전혀 없어 거짓을
미워하고 참을 소중히 여긴다"고 기술했다.[2] 비슷하게 아리스
토텔레스도 『니코마코스 윤리학』에 기록하기를, 아무런 위험

부담이 없을 때 진리를 위해 진리를 사랑하는 사람은 훗날 모든 것이 위태로울 때도 여전히 더 진실하다고 했다.

하지만 그것은 그때의 이야기다. 물론 자기보다 더 많이 아는 사람을 무조건 의심하는 사람들은 늘 있었다. 상대가 믿을 만한 사람인지 어떻게 안단 말인가? 그러나 지금은 불신을 자랑스레 배지로 달고 다니는 사람들이 많이 있다. 자신이 포스트모더니즘의 회의를 배웠다는 표시로 말이다. 그래서 "지식인에 대한 불신"과 "권위에 대한 의심"은 한패가 되었다. 어쨌든 지금 당장은 니체와 그의 제자인 포스트모더니스트들이 승자다. 진리는 죽었고, 모든 것은 기껏해야 상대적이며, 최악의 경우에는 권력 의지의 문제다. 아무것도 겉에서 보는 것과 같지 않다. 한때는 진리가 지식인들의 분명한 목표였으나, 이제는 그들의 학문의 행간을 쉽게 읽을 수 있다. 알고 보면 진리를 향한 고상한 열망의 이면에는 쩨쩨한 자존심과 더러운 야심이 도사리고 있다. 포스트모더니스트 철학자들의 표현대로, 마침내 진리는 부정형(不定形)이 되고 말았다. 기껏해야 진리란 어쩌다 어떤 문장에 공감을 느낄 때 당신의 입에서 나오는 찬사의 말에 불과하다.

이력을 어떻게 설명하든 지식인들의 이야기에는 부인할 수 없는 사실들이 있으며, 그런 민망한 증거는 시기적으로 포스트모더니즘보다 훨씬 앞선다. 즉 근대 세계를 형성한 많은 명사들이 사고 혹은 삶의 어느 부분에서 진리를 불순하게 다루었음이 밝혀졌다. 여기에는 장 자크 루소, 퍼시 비시 셸리, 칼 마르크스, 헨리크 입센, 레프 톨스토이, 어니스트 헤밍웨이, 베르톨트 브레히트, 버트런드 러셀, 장 폴 사르트르, 마가렛 미드 등이 두루 망라된다. 그런데 바로 이들 사상가들이 부상하여 전통 서구 사회의 수호자들을 무너뜨렸다. 게다가 이제는 그들이 그 똑똑한 지성을 바탕으로 우리의 병을 진단하고 치료책을 처방할 존재, 나아가 우리의 후손과 세상의 미래를 이끌어 나갈 존재로까지 여겨지고 있다.

칸트의 "과감히 알라"*Aude sapere*와 같은 계몽주의의 온갖 도도한 자랑에도 불구하고, 현대 서구 지식인들의 이력은 "사심 없는 진리 탐구자"라는 신화를 누더기로 만들어 놓았다. 실제 상황은 정반대일 때가 비일비재하고, 많은 사상가들은 진리를 왜곡한다. 자신의 사고를 실재에 맞추려는 사상가들이 있는 반면, 어떻게든 실재를 자신의 사고에 맞추려는 사상가들도 있다. 머리가 똑똑할수록 마음도 교활해지고, 고등교육을 받았을수록 합리화도 정교해진다. 학식은 자기기만에 확신을 더해 준다. 폴 존슨은 충격적 증거를 바탕으로 이렇게 냉정한 결론을 내린다.

지식인이 과거의 주술사나 무당과 다를 바 없다는 생각이 확산되는 것 같다. 그만큼 지혜로운 스승과 훌륭한 귀감이 못 된다는 것이다. 나도 이러한 회의에 공감한다. 사실 대표적 지식인들보다는 거리의 평범한 시민들이 도덕적·정치적 문제에 대해 양식 있는 견해를 내놓을 소지가 높다. 나는 거기서 한 걸음 더 나가고 싶다. 지금의 비참한 세기에 인류의 운명을 향상시킨답시고 수백만의 무죄한 인명이 희생되었다. 우리에게 남은 가장 중요한 결론 중 하나는 바로 이것이다. 지식인을 조심하라.[3]

이 거침없는 결론에 납득이 가지 않는다면, 위에 나열된 사상가들의 책을 직접 읽으며 증거를 검토해 보면 된다. 하지만 정말 어이없게도 일부 지식인의 경우는 굳이 우리가 그렇게 조사해 볼 필요도 없다. 본인들이 자신의 의중을 숨기지 않기 때문이다. 그들은 자신의 사고의 길잡이가 진리가 아님을 솔직히 인정한다. 가장 솔직한 사람 중 하나는 『멋진 신세계』*Brave New World*의 저자 올더스 헉슬리*Aldous Huxley*다.

그 후에 나온 헉슬리의 에세이집 『목적과 수단』*Ends and Means*은 "이상理想의 본질을 탐구한" 책인데, 그 과정에서 그는 자신의 신념을 솔직히 밝힌다. "우리의 전 존재는 사고의 산물이다"라고 그는 두 번이나 반복해서 말한다. 따라서 중요한 것은 사고를 잘하는 것, 자신의 사고방식을 명확히 아는 것, 최고의 세계관을 선택하는 것이다. "철학 없이는 살 수 없다. 우리에게 주어진 선택은 철학의 유무가 아니라, 항상 좋은 철학과 나쁜 철학 중의 선택이다."[4] 그렇다면 좋은 철학과 나쁜 철학을 어떻게 분간할 것인가? 그것은 실재에 가장 근접하여 참이라고 간주될 만한 철학을 관찰하면 된다.

그러나 헉슬리는 "전혀 사심 없는 철학이란 없다"고 주장한다. "진리를 향한 순수한 사랑에는 개인이나 사회의 특정한 행동을 정당화하려는 욕구, 특정한 계층이나 공동체의 전통적 편견을 합리화하려는 욕구가 늘 어느 정도 섞여 있다. 가장 고상하고 지성적인 철학자들조차도 마찬가지다."[5] 모든 사람의 생각은 (진리에 기초한) "지성적 이유"와 (소원과 뜻에 기초한) "의지적 이유" 둘 다에서 나온다고 그는 주장한다.

헉슬리는 매우 생각이 깊고 민감한 사람으로, 당대와 자신의 명문가에 유행하던 풍조에 겁 없이 반대 입장을 취했다. 그는 잘못된 의미 체계들—예컨대 민족주의, 민족사회주의, 공산주의, 잘못된 과학관 등—의 위험을 비판했고, 무의미의 철학이 사람들을 그런 잘못된 관점들로부터 해방시켜 준다면 그런 철학도 유용할 수 있다고 주장했다. 그러면서도 그는 아무런 의미가 없어도 살 수 있다고 주장하는 반대쪽 극단의 사람들을 비판하는 상당한 현실주의도 보였다. 일관되게 무의미를 주장한 마르키 드 사드Marquis de Sade 같은 사람들은 위험하지만, 다행히도 대부분의 사람들은 그저 일관성이 없을 뿐이다. 그런 사람들의 의미 없는 삶은 제한된 영역에서 단기간 동안에만 가능하다. 삶의 다른 부분에서는 그들도 막연히 의미의 출처를 전제하기 때문이다.

끝으로 헉슬리는 이런 입장에서 파생되는 문제점을 예리하게 짚어 낸다. 한편으로 그것은 선으로 간주되는 모든 것을 진리와 치명적으로 분리시킨다. 진리에 대한 생각을 억누른 채 개인적 욕구에 지나치게 주목하기 때문이다. 다른 한편으로, 의미 없는 삶이란 실제로는 불가능하다. "무의미의 철학은 감정의 차원에서만 수용되며, 유전과 양육을 통해 세상을 조금이라도 의미 있는 것처럼 살 수 있는 사람들만이 그 철학을 고수할 수 있다. 인간의 사고가 본래 그렇게 구성되어 있다."[6]

이처럼 인간 사고의 철저한 이원론을 예리하게 진단했으니 헉슬리는 우리에게 진리를 심각하게 여기되, 우리의 욕구를 합리화하려는 모든 유혹을 물리치라고 촉구할 만도 하다. 플라톤과 아리스토텔레스라면 그렇게 권했을 것이다. 하지만 이상하게도 그는 자신이 공격한 바로 그 입장을 취했다. 헉슬리는 자신이 세상의 무의미성을 "당연시했다"고 거리낌 없이 시인한다. 그것을 발견한 게 아니라, 자신이 그렇게 결정했다는 것이다. "나는 세상에 의미가 없기를 바랄 만한 동기가 있었다. 그래서 의미가 없다고 가정했고, 그 가정의 충분한 근거를 어려움 없이 찾을 수 있었다."[7] 그의 무의미의 철학은 사심 없는 것과는 거리가 멀었다. 그 이유는 무엇인가? "우리가 도덕을 거부한 이유는 도덕이 우리의 성적인 자유를 방해하기 때문이다."[8]

대단한 고백이다. 물론 헉슬리를 비롯하여 옥스퍼드 근교의 가싱턴 서클의 동료 멤버들은 마르키 드 사드와는 달랐다. 후자는 무의미의 철학을 빙자하여 학대와 강간과 살인을 정당화했다. 하지만 헉슬리의 논리도 전혀 다를 바 없다. 그의 세계관도 비지성적 이유에서 도출되었다. "어떤 주제에 어떻게 지성을 구사할지는 우리가 정하기 나름이다." 결국 그의 공개적 고백은 이렇게 이어진다. "세상을 무의미하게 보는 철학자는 형이상학의 문제에만 관심이 있는 게 아니라 다음을 입증하는 것에도 관심이 있다. 즉 **그가 자기 마음대로 행동해서는 안 될 정당한 이유도 없고**, 친구들이 정치권력을 잡아 자기들에게 가장 유리한 쪽으로 통치해야 할 정당한 이유도 없다는 것이다."[9]

현대의 저명한 철학자 토머스 네이글Thomas Nagel도 똑같이 솔직하다. 본인도 시인하듯이, 그가 기독교 신앙을 철저히 배격하는 이유는 철학 때문이 아니라 두려움 때문이다.

내가 말하는 것은 훨씬 깊은 문제다. 바로 종교 자체에 대한 두려움이다. 경험에서 하는 말이며 나 자신도 걸핏하면 이 두려움에 빠진다. 나는 무신론이 옳기를 바라며, 내가 아는 일부 가장 박식한 지식인들이 종교 신자라는 사실이 불편하게 느껴진다. 그저 하나님을 믿지 않으면서 내 생각이 옳기를 바라는 게 아니다. 나는 하나님이 없기를 바란다! 신이 없었으면 좋겠고, 그런 우주가 싫다.[10]

이런 고백에는 적어도 가식은 없다. 파스칼이 오래전에 썼듯이, "인간은 종교를 멸시한다. 종교를 미워하며 그것이 진리일까 봐 두려워한다."[11] 헉슬리의 경우는 루드비히 포이에르바하Ludwig Feuerbach가 말한 "투사",投射 프리드리히 니체가 말한 "권력 의지", 지그문트 프로이트가 말한 "합리화",rationalization 장폴 사르트르가 말한 "불량 신앙", 지식사회학자들이 말하는 "이데올로기"—사회적 무기로 삼아 자신과 자신의 동지들의 이익을 도모하는 일련의 지성적 관념—등을 더 명확히 고백하지 않았다. 계몽주의의 후예인 그는 부지중에 모든 점에서 자신의 죄를 인정한다. 그러나 헉슬리는 그것을 고백으로 보기보다 자신의 입장을 무슨 선언처럼 자랑스레 떠벌인다. "대부분의 동시대인들처럼 나 자신에게도 분명히 **무의미의 철학은 본질상 해방의 도구였다.**"[12]

진리가 아니면 아무것도 없다　이 부분에서 올더스 헉슬리처럼 뻔뻔한 작가는 별로 없다.

알프레드 킨제이[Alfred C. Kinsey]의 혁신적인 책 『남성의 성생활』
*Sexual Behavior in the Human Male*은 고도로 조작된 허위 자료에 기초한 것
으로 밝혀졌다. 『여성의 신비』[The Feminine Mystique]의 저자이며 페미
니즘의 혁명가였던 베티 프리단[Betty Friedan]은 파렴치하게 자신
의 정체를 속였다. 그녀는 자신의 주장대로 교외의 갑갑한 주
부이기는커녕 가정부를 상시 고용한 공산주의 활동가이자 선
전요원이었다. 유명한 해체주의자로 예일 대학 교수였던 폴
드 만[Paul de Man]은 전 나치 부역자로 드러났고, 거짓과 기만의 이
력이 가공할 만했다. 전기 작가에 따르면 그는 중혼자에다 고
질적 기만을 일삼는 사기꾼이었고, 그의 사상은 평생의 은폐
습관에서 비롯되었다.[13] 메리 매카시[Mary McCarthy]는 드 만을 "지
식이 도덕을 앞선" 사람이라 평했다. 이 모든 지식인들은 니체
가 『선악의 저편』에서 "자신의 편견을 '진리'로 미화하는 교활
한 대변자"라 칭한 그 철학자를 닮았다.[14]

말할 것도 없이 이것은 이야기의 한쪽 면에 불과하며, 이를
강력하게 상쇄해 주는 두 가지 사실이 있다. 첫째, 진리를 왜
곡하다 들통난 사상가들도 있지만 큰 희생도 마다하지 않고
용감하게 진리를 추구한 위대한 사상가들도 틀림없이 많이 있
다. 막스 베버가 그런 사람이었다. 가장 위대한 사회과학자 가
운데 한 사람으로 꼽을 만한 베버는 "진리가 아니면 아무것도
없다"는 이상을 열정적으로 추구했다. "나의 조국은 진리다"

라고 말한 에밀리 디킨슨Emily Dickinson이나 "다른 모든 것보다 진리를 앞세우라"고 말한 알베르 카뮈와 비슷하다. 생애 말년에 한 친구가 베버에게 비관적 결론과 이전의 건강 악화에도 불구하고 연구에 몰두하는 이유를 묻자, 그는 단호히 이렇게 대답했다. "내가 얼마나 견딜 수 있는지 보고 싶네."[15]

진리에 대한 베버의 용기와 헌신에 필적할 사상가는 많지 않지만 그중에 신앙의 사람들이 있다. 예컨대 랍비 "코츠커" Kotzker라는 이름으로 알려진 메나헴 멘들Menachem Mendl은 진리Emeth라는 한 단어를 기치로 내세웠고, 쇠렌 키에르케고르는 생애 말년에 "나는 무엇을 원하는가?"라는 물음에 "아주 간단하다. 정직하고 싶다"라고 답했다.[16] 또한 액튼Acton 경은 사랑하는 가톨릭 교회가 잘못되었다는 확신이 들 때면, 진리에 대한 불굴의 헌신으로 교회를 비판했다. "거짓 종교는 모든 진리의 전진을 두려워하지만, 참된 종교는 어디서나 진리를 구하고 인정한다."[17]

둘째, 인생의 많은 중요한 영역에 확고한 관점의 진리가 전제되고 요구되는 것 또한 틀림없는 사실이다. 진리가 없으면 삶이 무너진다. 예컨대 사업을 하려면 신뢰가 필요하고 신뢰를 쌓으려면 진실해야 한다. 거짓과 기만과 부패가 업계 내부에서 아주 치명적인 이유가 거기에 있다. 과학계 전반도 마찬가지다. 우주의 질서에 대해서도 신뢰가 필요하고, 동료의 평가를 통한 과학 실험의 틀림없는 결과에도 신뢰가 필요하다. 또한 언론의 기초가 진실임은 두말할 것도 없다. 진실이 없으면 신문과 텔레비전의 세계는 온통 미화된 뒷공론과 소문의 진원지로 전락하고 만다.

철학자 지야드 마라^{Ziyad Marar}는 그것을 이렇게 간단히 표현했다. "내가 당신을 신임하려면 당신의 신빙성을 보아야 한다. 믿을 만한 근거도 없는데 신뢰하는 것은 위험한 맹신이다. 종교적 신조, 또래집단의 신뢰도, 직업의 신임장, 정치적 신용 등 우리가 거래하는 통화는 여타 모든 동물과 다르다."[18] 그야말로 우리는 호모 크레덴스^{homo credens} 곧 믿는 동물이다. 그런데 신뢰하려면 진실이 절대적으로 필요하다. 그래야 어리석거나 근거 없는 신뢰가 아니라 정당한 신뢰가 된다.

불신의 해부 이런 논의의 결론은 무엇이며, 그것이 기독교의 변호에 의미하는 바는 무엇인가? 우리는 참으로 우리의 사고를 실재에 맞추려 하는가, 아니면 실재를 우리의 사고에 맞추려 하는가? 진리를 추구하는 쪽과 진리를 왜곡하는 쪽의 이런 충돌은 단지 지식인들과 지성 생활을 즐기는 사람들만의 문제인가, 아니면 모든 인간은 양면적이며 니체의 표현대로 "인간적 형태의 부조화"를 안고 있는가?[19] 인간에게 "삐딱한 성질"이 있다는 칸트의 관점은 우리의 사고와 인지에 어떤 의미가 있는가? W. H. 오든^(Auden)은 무엇을 보았기에 "마음의 갈망은 실타래마냥 꼬여 있다"고 썼을까?[20] 이것은 단지 생생한 은유인가, 아니면 우리가 진지하게 대해야 할 무언가가 더 있는가?

성경의 답은 우리를 성경이 진단하는 불신의 핵심으로 데려 간다. 성경적 관점에서 **불신을 해부하면 그 중심에는 진리에 대한 고의적 오용이 있다.** 그런 의미에서 우리를 비롯한 모든 인간은 진리를 추구하기도 하고 왜곡하기도 하는 존재다. 그 것도 아주 깊고 빈틈없고 집요하고 치명적인 방식으로 그렇게 한다. 우리는 실재에 우리의 사고를 맞추려 할 때도 있지만, 그 못지않게 실재를 우리의 사고에 맞추려 할 때도 많다. 토머스 모어 경의 『유토피아』^(Utopia)에서 주인공 히슬로데이가 주장 했고 후에 17세기의 얀센파 신학자 피에르 니콜^(Pierre Nicole)이 주 장했듯이, 인간은 "자신의 행동을 하나님의 법에 맞출 의향이 없어 하나님의 법을 자신의 행동에 맞추려 했다."[21] 창세기 타락의 기사 이후로 수많은 본문에 그런 인식이 제시되어 있으나, 가장 깊은 것 중 하나는 성 바울의 로마서 1장에 나온다. 세상의 잘못을 바로잡는 복음의 영광과 능력에 대해 감사와 자랑을 쏟아 내던 사도는, 방향을 돌려 인간의 불순종과 그 결과에 주목한다. 죄와 문화적 타락에 대한 이 유명한 본문에서 그는 다른 말도 많이 했지만, 특히 하나님께 불순종하는 사람

들이 "불의로 진리를 막는다"(억압한다)고 역설한다.롬 1:18

성경은 **완악함, 교란, 눈멀고 귀먹음, 역리, 거짓, 속임수, 미련함, 반항, 미친 것** 등 많은 강경한 어휘로 불신을 표현한다. 그러나 그 개념을 로마서에 나오는 바울의 이 말보다 더 잘 담아낸 것은 없다. 바울에 따르면, 죄와 불순종의 핵심은 진리를 짓밟는 지극히 고의적이고 지속적인 행위다. 죄와 불순종은 진리를 손아귀에 난폭하게 틀어쥐고는, 본연의 존재가 되지 못하게 하고 본연의 할 말을 하지도 못하게 한다. 이렇듯 불신의 고의적 역동은 진리를 인질로 잡아 숨 막히게 억압한다. 바울의 말대로, 하나님을 알 만한 것이 아주 명백히 보이는데도 죄와 불신은 단호한 의지적 행위로 그것을 완강히 부인한다.

"오기로 버틴다"는 표현에 바울의 말뜻을 담아내기는 미흡하지만, 오기만으로도 충분히 진리의 위력에 역공을 가할 수는 있다. 훨씬 근접한 비유로 항공기의 납치가 있다. 비행기를 납치하여 승객들을 인질로 잡은 테러리스트는 조종사의 머리에 총구를 들이대 예정된 목적지가 아닌 자기가 원하는 방향으로 비행을 유도할 수 있다. 마찬가지로 바울은, 불신이 하나님의 우주의 부인할 수 없는 진리와 하나님의 형상대로 지음받은 비신자의 속성을 뻔히 보면서도, 그것의 참된 힘을 부인하고 진정한 의미를 억압하여 본래의 목적지를 다른 방향으로 돌린다고 말한다. 선지자 미가는 "정직한 것을 굽게 하는" 이스라엘의 거짓 지도자들을 질타했는데,[미 3:9] 바울은 더 깊이 들어가 불신의 핵심을 진리에 대한 능동적 오용으로 분석한다.

이 부분을 급히 지나치거나 단지 극적 은유로 일축한다면, 과오를 범하는 것이다. 바울의 이 요지는 성경 전체를 관통하는 죄와 관련된 여러 주제들의 기초이자 그것들을 부각시켜 주기 때문이다. 네 가지 강조점이 가장 자주 반복되는데, 이를 모두 합하면 죄와 불순종과 불신의 어두운 고의성에 대한 다층적 관점이 생겨난다.

첫째, 불신은 고의적 억압 행위를 통해 진리를 오용한다. 불신은 진리를 붙잡아 사납게 틀어쥐어 그 목소리를 침묵시킨다. 진리를 비틀어 하나님의 본래의 목적에서 벗어나게 한다. 진리란 그 자체로 자연스럽고 명료하게 말하는 법인데, 이렇게 검열하여 방해하고 입을 막으면 더 이상 자연스럽게 말할 수 없다.

그러할지라도 그들은 하나님께 말하기를 "우리를 떠나소서. 우리가 주의 도리 알기를 바라지 아니하나이다."[욥 21:14]

네가 교훈을 미워하고
내 말을 네 뒤로 던지며.[시 50:17]

그들이 여호와를 인정하지 아니하며

말하기를 "여호와께서는 계시지 아니하니."^{렘 5:12}

에돔의 서너 가지 죄로 말미암아

내가 그 벌을 돌이키지 아니하리니

이는 그가 칼로 그의 형제를 쫓아가며

[순리의] 긍휼을 버리며.^{암 1:11}

둘째, 불신은 고의적 착취 행위를 통해 진리를 오용한다. 불신은 진리를 억압하고 비틀어 하나님의 참된 목적에서 벗어나게 할 뿐 아니라, 억지로 진리를 자신의 목적과 속셈 쪽으로 몰아간다.

예루살렘 주민이……이르기를 "너희는 여호와에게서 멀리 떠나라. 이 땅은 우리에게 주어 기업이 되게 하신 것이라" 하였나니.^{겔 11:15}

그러나 네가 네 화려함을 믿고 네 명성을 가지고 행음하되.^{겔 16:15}

두로야, 네가 말하기를

"나는 온전히 아름답다" 하였도다.……

네 가운데에서 방패와 투구를 달아

네 영광을 나타냈도다.^{겔 27:3,10}

네가 아름다우므로 마음이 교만하였으며

네가 영화로우므로 네 지혜를 더럽혔음이여.^{겔 28:17}

야곱 족속의 우두머리들과

이스라엘 족속의 통치자들

곧 정의를 미워하고 정직한 것을 굽게 하는 자들아,

원하노니 이 말을 들을지어다.^{미 3:9}

셋째, 불신은 더 나아가 고의적 도치 행위를 통해 진리를 오용한다. 불신은 진리를 억압하고 자기 마음대로 착취할 뿐 아니라, 완전히 전후좌우를 엉망으로 뒤집은 다음 자신의 목적을 위해 그 상태로 지속시킨다. 무엇보다 도치를 통해 우리 피조물은 창조주의 자리에 올라서서 그분의 진리보다 자신의 거짓을 믿는다. 하나님 대신 자기가 신이 되는 것이다. 그 결과 건강한 자애^{自愛}가 교만한 자기중심적 사랑으로 변한다. 니버가 직설적으로 말했듯이, "궁극적 의미에서 자아는 자기 뜻에 어긋나는 것은 전혀 모른다."²² 우리는 진리에 관한 한 늘 자기가 옳고, 선에 관한 한 늘 자칭 의인이며, 하나님에 관한 한 늘 자기가 신이다.

존 밀턴John Milton의 『실낙원』*Paradise Lost*에서 사탄의 말은 더할 나위 없이 명백하다. "천국에서 섬기는 것보다 지옥에서 다스리는 게 낫다." 또는 "악이여, 너는 나의 선이 되어라." 사르트르는 이 역동성을 "본래 인간은 신이 되려고 애쓰는 존재다"라는 유명한 말로 표현했다. 그보다 전에 니체도 동일한 의미로 "신들이 존재할진대, 내 어찌 차마 신이 되지 않을 수 있으랴"라고 단언했다.[23] 칼 구스타프 융Carl Gustav Jung은 그것을 니체가 주장한 초인의 핵심으로 짚어 냈다. "인간 안의 그것이 하나님을 대신한다"는 것이다.[24] 레닌Vladimir Lenin은 러시아 혁명에 승리한 후 바벨탑과 프로메테우스 같은 "신에게 도전하는" 과시용 탑들을 설계하기까지 했다. 물론 대부분은 건설되지 못했지만 말이다. 이런 예들에서 보듯이 죄는 본질상 고의적 자아도취이며, 죄에는 진리 주장("신은 죽었다")과 행동("이제 내 삶의 신은 나다")이 둘 다 포함된다.

이렇듯 죄란 나 자신의 권리를 주장하는 일이며, 비신자의 모든 세계관은 어느 정도 자아의 신전이다. 이를 가장 극명하게 보여주는 것은 무신론도 점차 자연스럽게 종교성을 띤다는 사실이다. 오귀스트 콩트Auguste Comte의 "인간 종교", 알랭 드 보통Alain de Botton의 "인간을 위한 종교", 샘 해리스Sam Harris의 "무신론적 영성" 등에서 얼마든지 그런 예를 볼 수 있다. 이렇게 우리 인간은 우상을 숭배하면서 또한 우상이 되는데, 다만 그 미련함을 자신 안에 감춘다. 그러나 이 부조리는 온갖 해괴한 방식으로 정체를 드러낸다. 예컨대 G. K. 체스터턴이 지적했듯이, 사람들은 한 하나님 안에 세 위격이 계시다는 교리를 불합리하다고 비웃고 무시하면서, 한 하나님 안에 있는 70억의 인간을 숭배하는 것쯤은 아무렇지도 않게 생각한다.[25]

이런 현대의 진술들은 성경적 관점의 죄를 확증해 줄 뿐이다. 장 칼뱅John Calvin이 인간의 마음을 가리켜 우상을 만드는 공장이라 한 까닭도 그래서다. 오래전에 성 바울도 똑같이 말했다. 비신자들은 하나님을 거부하고, 어이없는 도치 행위를 통해 창조주보다 피조물을 숭배한다. 또한 영원불멸한 하나님의 영광을 우리만큼이나 보잘것없고 깨지기 쉬운 썩어질 우상들로 바꾸고, 하나님이 주신 성性의 순리도 역리로 바꾼다. 그보다 전에 히브리 선지자들도 동일한 도치에 초점을 맞추어, 하나님을 대적하는 사람들과 회의론자들을 맹비난했다. 우상을 숭배하는 그들의 행위가 그만큼 우스꽝스러운 부조리였기 때문이다.

도끼가 어찌 찍는 자에게 스스로 자랑하겠으며
톱이 어찌 켜는 자에게 스스로 큰 체하겠느냐
이는 막대기가 자기를 드는 자를 움직이려 하며

몽둥이가 나무 아닌 사람을 들려 함과 같음이로다.^{사 10:15} 사 10:15

너희의 패역함이 심하도다.

토기장이를 어찌 진흙같이 여기겠느냐.

지음을 받은 물건이 어찌 자기를 지은 이에게 대하여 이르기를
"그가 나를 짓지 아니하였다" 하겠으며

빚음을 받은 물건이 자기를 빚은 이에게 대하여 이르기를 "그가
총명이 없다" 하겠느냐.^{사 29:16} 사 29:16

네 마음이 교만하여 말하기를 "나는 신이라. 내가 하나님의 자리
곧 바다 가운데에 앉아 있다" 하도다. 네 마음이 하나님의 마음 같
은 체할지라도 너는 사람이요 신이 아니거늘.^{겔 28:2} 겔 28:2

**넷째, 불신은 고의적 기만행위를 통해 진리를 오용하며 그
끝은 자기기만이다.** 불신은 하나님의 진리를 붙잡고 비틀어
그분의 목적에서 벗어나 자신의 목적으로 향하게 하며, 그러
자면 진리의 실체를 뻔히 알면서도 부인할 수밖에 없다. 하지
만 부인할 수 없는 것을 부인하려 해봐야 헛수고이므로 불신
은 남들과 자신을 모두 속인다. 그리하여 자기기만에 빠진다.
이렇듯 불신은 우상만 만들어 내는 것이 아니라 환상도 만들
어 낸다. 철학자 지야드 마라는 "우리의 심장이 쉬지 않고 피

를 뿜어내듯이, 우리의 사고는 쉬지 않고 환상을 뿜어낸다"고 썼다.[26] 그런 의미에서 모든 불신의 세계관은 자아의 신전일 뿐만 아니라, 하나님과 그분의 진리를 피하는 대피소이기도 하다.

이렇게 기만과 자기기만으로 치닫는 배후의 논리는 간단하다. 죄가 "나 자신의 권리"를 주장하는 일이라면, 거기에는 "내 관점의 권리"도 포함된다. 그런데 우리는 다 유한하므로 "내 관점"도 필연적으로 제한되어 있어 전체 그림을 볼 수 없다. 그래서 내 관점에 맞지 않는 다른 모든 관점, 특히 하나님의 관점을 우리는 못 본 체한다. 신학자 N. T. 라이트[Wright]가 지적했듯이 나무는 나무로, 돌은 돌로, 바다는 바다로 행동하지만 "유독 인간만은 나 아닌 다른 존재로 살아가는 재주가 있다."[27] 그러므로 자기를 교만하게 사랑하는 일, 충만한 진리를 혐오하는 일, 환상을 지어내는 일은 다 밀접하게 맞물려 있다. 키에르케고르는 이렇게 썼다. "그러나 자연인은 영적으로 병들어 오류와 환상에 빠져 있으며, 따라서 무엇보다 속기를 원한다. 그래야 오류를 고수할 수 있을 뿐 아니라 자기기만이 한없이 편하게 느껴질 테니 말이다."[28]

성 아우구스티누스와 훗날 그의 제자인 피에르 니콜과 같은 사람들도 똑같이 지적했다. 기만과 자기기만의 핵심 요소는 악과 불신과 악덕이 각각 선과 진리와 미덕을 모방해야 한다는 사실이다. 그래서 질서가 바른 사랑은 신뢰와 감사와 겸손 가운데 모든 것을 하나님과 연관시키지만, 질서가 어긋난 자애는 교만한 이기심으로 모든 것을 자신과 연결시킨다. 이런 교만은 두 가지 방식으로 항상 자신의 육체와 정신을 섬기는데, 우선 쾌락의 추구를 통해 육체에 대한 자애를 도모하고, 또한 인정과 명예의 추구를 통해 정신에 대한 자애를 도모한다.

말할 것도 없이 후자는 인간의 위선의 치명적 출처다. 정반대의 **동기**인 잘못된 자애에서 비롯되었는데도 올바른 사랑의 **외양과 결과**를 내도록 행동한다면, 우리는 동료 인간들 앞에 훌륭하고 너그러워 보일 수 있다. 그래서 바리새인들은 사람들이 보는 길모퉁이에서 기도하기를 좋아했고, 거액 기부자들은 사랑이 별로 없으면서도 자신의 인심과 선행을 사람들에게 선전하기를 좋아한다. 곧 보겠지만 그래서 죄가 선행을 모방하면 위선에 날개를 달아 주는 꼴이 된다. 우리는 타인의 뻔뻔한 자애를 경멸할 수 있을지는 몰라도, 자신의 자애를 남에게 들키려는 마음은 없다. 그래서 동기를 감추고 결과만으로 타인의 인정과 칭찬을 얻어낸다. 니콜의 표현으로 이것은 "자애의 거래"로서 인간은 "나 자신이라는 이 멋진 관념에서 만족을 얻는다."[29]

교만한 자애, 진리에 대한 혐오, 자기기만, 위선 등이 서로 불가분의 관계라는 사실은 성경의 굵직한 주제 중 하나다. 예컨대 "미련한 자는 자기 행위를 바른 줄로" 여긴다는 내용이 눈에 띄게 반복된다.[잠 12:15] 그러므로 죄의 생각은 진리에 관한 한 자기가 옳다고 주장하고, 선에 관한 한 자칭 의인이라 주장한다. 아우구스티누스의 『고백록』에 이 주제가 두드러지게 나타난다. 그의 고백은 성경의 가르침에 비추어 자신을 근본적으로 성찰한 직접적 결과였다. 그는 "거짓이란 존재하지 않는 것의 존재에 불과하다"고 썼다.[30] 하지만 그렇다면 "거짓을 발하는 사람은 그것을 순전히 제 것으로 발한다." 새로 지어낸 거짓말보다 더 사적인 것은 없기 때문이다.[31] 그러므로 모든 사람의 불신의 핵심에는 거짓이 있다. 아우구스티누스는 이를 가리켜 "하나님, 그것은 제가 하나님 대신 사랑했던 거창한 허구입니다. 우리 마음이 늘 듣고 싶어 안달하는 끈질긴 거짓말입니다"라고 표현했다.[32] 『고백록』 제10권의 한 비범한 대목에 이 모든 주제가 하나로 수렴된다.

인간은 본래 진리를 사랑하는 존재인지라 진리 아닌 것을 사랑할 때는 그것이 진리인 양 자신을 속인다. 하지만 자신의 오류가 밝혀지는 게 싫다 보니 그러한 자기기만을 한사코 부인한다. 결국 인간은 진리 아닌 것을 대신 마음에 품느라 정작 진리를 미워한다.[33]

어떤 사람들은 위의 말을 칼뱅 이전 칼뱅주의자의 편견이라 며 비웃는다. 하지만 기만이 인간의 보편적 현상이라는 증거 가 지금보다 많았던 적은 없었고, 기만을 유도하는 요인이 우 리 시대처럼 많았던 적도 없었다. 우선 지금은 "타인의 눈에 투영된 자아상"의 시대, "겉으로 보이는 인상을 관리하는" 시 대, 기만술을 보강하는 장치가 무수히 넘쳐나는 시대다. 예컨 대 얼굴을 마주 대하는 교류가 새로운 SNS에 밀려났고, 화장 품과 비아그라와 보톡스와 성형수술 같은 현대의 보강재가 급 증했으며, 선전하고 조종하여 팔아먹는 과학이 발전했다. 하 지만 그조차도 요점을 벗어난다. 예나 지금이나 기만은 늘 인 간 보편의 현상인데, 현대의 사조가 우리의 그런 인식을 심화 시켜 주었을 뿐이기 때문이다. 오래전에 파스칼이 썼듯이, "인 간 사회의 기초는 상호 간의 기만이다."[34]

무의식, 혼합된 동기, 합리화, 악의 없는 거짓말, "인지 부조 화", 또 다른 자아, "그림자 인격" 등에 대한 모든 고찰을 생각 해 보라. 니체와 포스트모더니즘 사조에서 "능동적 망각"과 고의적 "억제"가 차지하는 자리와 또한 인간을 "건망증의 화 신"으로 본 니체의 인간관을 생각해 보라.[35] 로버트 루이스 스 티븐슨Robert Louis Stevenson의 『지킬 박사와 하이드 씨』, *The Strange Case of Dr. Jekyll and Mr. Hyde* 오스카 와일드Oscar Wilde의 『도리언 그레이의 초 상』*The Picture of Dorian Gray* 같은 책들의 매력을 생각해 보라. 또는 우리 인간의 자기기만의 역량에 대한 D. H. 로렌스^{Lawrence}의 관점을 생각해 보라. 그의 주장에 따르면 인간의 지식은 크게 두 종류 곧 인간이 스스로에게 말하는 부분과 발견해 내는 부분으로 나뉘는데, 문제는 인간이 스스로에게 말하는 지식은 거의 언제나 듣기에 좋지만 거짓이라는 점이다. 그 이유가 무엇일까?

인간은 사고의 모험가여서 먼 옛날부터 자신의 생각대로 길을 갔다.……의식으로 모험하는 인간의 진짜 딜레마가 거기서 생겨난다. 인간은 거짓말쟁이다. 즉 자기 자신에게 거짓말쟁이다. 일단 자신에게 거짓을 하나 말하면, 마치 그 거짓이 코끝에 맺힌 작은 인광燐光이라도 되는 양 그것만 쫓아 뱅글뱅글 돈다. 구름기둥과 불기둥은 그가 그 짓을 그만두기를 기다린다. 말없이 곁에 서서 그가 콧등의 도깨비불을 문질러 없애기만을 기다린다. 그러나 인간은 거짓을 오래 따를수록 그게 빛이라는 확신이 더 깊어진다.……광야 같은 세월 속에서 낮에는 구름기둥이 밤에는 불기둥이 앞서간다. 그러다 인간은 자신에게 또 다른 거짓을 말하고, 그러면 당근을 쫓는 나귀처럼 다시 그 거짓을 따라간다.[36]

현대적 관점의 기만을 연구한 지야드 마라는 이 상황을 간단히 이렇게 요약했다. "우리의 사고는 미래나 현재나 과거를 막론하고 사실을 날조해 내는 확실한 재주를 갖추고 있다."[37] 그러니 성경의 진단에 우리가 조금이라도 이의를 제기할 수 있을까? 성경은 이미 오래전부터 기만과 자기기만을 인생의 불가피한 일면이자 불신의 핵심 요소로 보았다. 기만과 그 기만을 믿는 미련함은 선지서의 핵심 주제이기도 하다. 예컨대 예레미야는 이렇게 말했다.

> 만물보다 거짓되고
> 심히 부패한 것은 마음이라.
> 누가 능히 이를 알리요.[렘 17:9]

기만과 자기기만에 대한 현실주의는 기독 지성 고유의 특징이다. 라인홀드 니버는 담대히 그것을 국제 관계에 대한 사고에 적용했거니와, 변증에는 그것이 얼마나 더 해당되겠는가. 니버는 현대인의 미련한 지성이 정확한 과학적 사고를 인간의 모든 사고의 모델로 삼지만, 그 과정에서 모든 사고—때로 과학에 관한 사고까지—의 핵심에 도사리고 있는 편견과 이기심과 도덕적 결함을 망각한다고 역설했다. 성 바울의 진단을 중심으로 한 이 분석에 따르면, 인간의 사고는 삼중의 사슬에 묶여 있다. 우선, 인간의 모든 사고는 죄에 물들어 있다. 우리는 유한한 피조물인 데다 죄성을 지닌 타락한 존재인지라 이기심에서 완전히 벗어날 수 없다. 다음으로, 인간의 모든 사고는 우상을 숭배한다. 인간은 하나님의 형상대로 지음받은 존재인지라 여전히 영적·이성적 능력이 있다. 그 능력으로 우리는 순리의 범위를 벗어나는 최악의 생각과 이기심까지도 한껏 부풀릴 수 있다. 마지막으로, 인간의 모든 사고는 위선적이다. 우리는 자신의 생각의 편견과 이기심을 인정하기는커녕 부정직을 능히 감출 수 있다. 그렇게 자신의 사고를 더 높은 이상과 더 넓은 이해관계에 맞추면 자신이 실제보다 더 훌륭하고 너그러워 보일 수 있다.[38]

그래서 도덕적 결함은 역사 속에 영속된다. 그런데도 우리는 자신의 문제가 무지보다 훨씬 크다는 사실을 인정하지 않는다. 우리의 문제는 모든 것을 변질시키는 극악한 죄 때문에 진정으로 사심 없는 사고가 불가능하다는 데 있다. 죄는 인간의 모든 사고에 교묘히 스며들며, 따라서 개인이든 국가든 할 것 없이 아무리 고상하고 기품 있는 생각에도 일정한 공통적 특성이 나타난다. 니버는 "맹목적 우상숭배", "체질적 독단", "음험한 부정직", "미련한 죄", "부패의 영적 출처" 등이 역사 속에 존재하여 "헛된 공상"과 결국 "영적 무력함"을 낳는다고 썼다.[39] 그래서 인간의 이상理想은 자신이 꿈꾸는 원대한 비전을 결코 능히 이룰 수 없다. 또한 이런 고질적 특성은 우리의 모든 사고를 오염시키며, 온갖 궤변과 본의 아닌 결과를 잡초처럼 심어 더 나은 생각들과 함께 자라게 만든다. 인간의 삐딱한 성질 이면에는 삐딱한 사고가 있으며, 이제 그 삐딱한 성질은 그나마 거기서 나오는 가장 좋고 훌륭한 비전조차도 비틀어 놓는다.

전말이 이러할진대 다음 사실에 조금이라도 이의가 있을 수 있겠는가? 즉 기독교의 변호란 검증되어 믿을 만한 일률적 논증과 틀림없는 증거만 기계적으로 내놓는 일이어서는 결코 안 된다. 파스칼이 이 도전을 잘 묘사했다. "우리는 인간을 상대하는 일이 평범한 풍금을 연주하는 일과 같은 줄로 안다. 인간도 풍금이긴 하지만 이상하게 늘 변하고 조가 바뀐다. 평범한 풍금밖에 연주할 줄 모르는 사람은 결코 인간의 가락에 맞출 수 없다. 건반이 어디 있는지 알아야 한다."[40]

늘 떠나지 않는 긴장   지금까지 살펴본 불신의 네 가지 성질—억압, 착취, 도치, 자기기만—을 종합해 보라. 거기에 불신을 각각 다른 각도에서 보는 다른 은유들—완악함, 눈멀고 귀먹음, 역리, 거짓, 속임수, 미련함, 반항, 미친 것—까지 합해 보라. 바로 그것이 성경이 말하는 인간의 어두운 마음이다. 이는 곧 하나님께 반항하는 인간의 정신과 의지이며, 불신은 그것의 한 표출일 뿐이다. 요지는 우리 모두가 죄의 이 모든 특성을 똑같이 극대치로 내

보인다는 게 아니라, 누구나 방식만 다를 뿐 어느 정도는 그렇다는 것이다.

그러므로 결코 우리는 불신을 한낱 이론이나 고상한 중립적 개념이나 어쩌다 품는 세계관 정도로 보아서는 안 된다. 불신의 태도가 아무리 점잖거나 멋있고 때로 그 논리가 아무리 합리적으로 들려도 불신의 핵심은 다르다. 깊이 들어가 보면, 불신의 마음은 능동적·의지적·고의적·이기적이다. 또한 간사하고 교활하며 악착같다. 하나님과 그분의 실재의 모든 진리를 공공연히 거부하며 대놓고 반항하고 전적으로 저항한다. 어두운 마음의 이런 은밀한 위력을 무시한 채 지적인 논증만으로는 결코 불신에 맞설 수 없다. 다시 말하지만 **변증의 핵심은 곧 마음의 변증이다.**

불신에 내재하는 필연적 긴장과 역동적 갈등에 초점을 맞추면, 불신의 네 가지 특성이 미치는 결과를 정리할 수 있다. 불신의 중심에는 집요하고 불가피한 긴장과 갈등이 끊이지 않는다. **비신자들은 불의로 진리를 억압하지만, 그래도 진리는 늘 진리여서 그들은 거기서 완전히 벗어날 수 없다.** 하나님이 빠진 비신자의 세계관에도 저마다 깊은 진리와 장점들이 들어 있을 수 있다. 그러나 비신자는 하나님을 받아들이지 않기에 그 세계관은 결코 완전히 진리일 수 없다. 하나님 없이는 결국 어디선가 늘 틀릴 수밖에 없기 때문이다. 하지만 동시에 비신자는 하나님과 그분의 진리에서 완전히 벗어날 수 없기에, 그 세계관도 완전히 오류는 아니다. 그래서 불신은 본래 늘 긴장에 싸여 있고 결코 갈등을 모면할 수 없다. 불신이 어떤 세계관을 내세우든 그것은 늘 일부 진리이되 왜곡되어 있고, 왜곡되어 있되 여전히 일부 진리일 수밖에 없다.

기독교적 사고에 함축된 많은 의미가 그런 긴장과 갈등에서 파생된다. 우선 우리의 논증이 늘 이성에 호소할 수 있고 또 그래야만 하는 이유가 그것으로 설명된다. 진리의 주님께서 인간을 창조하실 때 사고력을 주셨기 때문이다. 이성은 진리에 유용하게 쓰이는 하나님의 도구다. 하나님의 형상대로 지음받은 인간에게 논리적 사고란 호흡이나 보행이나 미소만큼이나 자연스러운 일이다. 동시에 우리는 순전히 이성적인 논증을 늘 뛰어넘을 준비가 되어 있어야 한다. 인간의 의지가 개입되기 때문이다. 결국 우리의 논증 상대는 결코 순전히 중립적이거나 사심 없는 사고의 소유자가 아니다.

인간이 세계관을 만들어 내는 이유와 세상에 세계관이 그토록 많은 이유도 그것으로 설명된다. 그런 세계관들은 철학적·사회적 허구다. **하나님을 대적하고 떠난 상태에서 세상에 의미를 부여해 주는 세상 속의 세상이다.** 어떤 세계관도 결국 진리가 아니므로 결국 불충분하며, 그래서 보다 충분한 설명을 찾아내려다 보니 불충분한 설명들만 더 난무하게 된다.

거짓 종교가 그토록 거짓이고 나쁜 종교가 그토록 나쁜 이유도 그것으로 설명된다. 종교는 최고의 허구와 알리바이가 되며, 우리는 그것을 핑계로 어떻게든 하나님을 회피한다.

인간의 가장 위대한 사상에조차 프로메테우스와 프로크루스테스의 요소가 모두 들어 있는 이유도 그것으로 설명된다 (한편으로 "세상에 나 말고 또 누가 있는가" 다른 한편으로, "진리가 삶에 들어맞지 않으면 언제든지 내가 원하는 크기대로 잡아 늘이거나 잘라 내면 된다").

기독교적 현실주의라는 철학의 배후에 깔린 현실주의도 그것으로 설명된다. 즉 인간의 모든 사고에는 늘 중대한 도덕적 결함이 있으며 앞으로도 있을 것이다. 인간의 사고는 진정으로 사심 없는 적이 없으며 어딘가 늘 잘못되어 있다는 뜻이다. 극단적인 경우에는 미련하고 어두워져 미치기까지 한다. 또한 "본의 아닌 결과"라는 현상도 늘 있을 것이다. 최고의 지식으로도 미처 예견하지 못한 요소가 언제나 인간 최고의 선견지명에 차질을 빚기 때문이다. 반대로 그래서 완전히 틀린 사람은 아무도 없다. 가장 거짓되고 위험한 세계관에도 늘 진리가 섞여 있기 때문이다.

비그리스도인이 그리스도인보다 "더 나은 사람"일 수 있고 최악의 인간 속에도 늘 구속救贖의 요소가 남아 있는 이유도 그것으로 설명된다. 하나님을 알든 모르든 그리고 하나님에 대해 뭐라고 말하든, 모든 사람은 여전히 하나님의 형상대로 지어진 존재이며 따라서 인간 고유의 역량을 지니고 있다.

인간의 모든 갈망과 동경과 열망이 자아를 넘어 하나님 쪽을 향하는 이유도 물론 그것으로 설명된다. 우리의 갈망은 굉장히 넓고 깊어서 불신의 믿음과 철학으로는 다 다루어질 수 없으며, 따라서 불신의 사고가 내세우는 "진리"로는 다 충족되지 못한다. 모든 인간의 진정한 갈망과 동경과 열망은 "무언가를 더" 얻고자 부르짖는데, 예수와 그분의 충만한 궁극적 진리만이 그 갈망을 충족시킬 수 있다.

이 모든 상이한 개념에 함축된 의미를 지금 여기서 다 논할수는 없다. 여기서 중요한 것은 기독교적 설득에 긴장과 갈등이 왜 중요한가 하는 단순한 이유다. 세상의 그 어떤 사람을 만나도 접촉점이 있는 이유가 그것으로 설명된다. 세상 모든 사람이 하나님의 진리를 그대로 받아들인다면, 우리는 아무도 설득할 필요가 없다. 모두가 하나님의 세상에서 충만하게 살아갈 테니 말이다. 마찬가지로 누구나 자신이 진리라고 주장하는 세상 속에서 시종일관 살아갈 수 있다면, 우리는 사람들을 설득할 기회가 없을 것이다. 그들이 완전히 다른 세상 속에 있을 테니 말이다. 하지만 모든 불신에는 진리와 거짓의 긴장이 내재하기에 비신자들이 주장하는 자신의 정체는 실제의 정체와 늘 다르다. 또한 그들이 살아가고 있다고 말하는 세상도 실제의 세상―하나님의 세상―과 늘 다르다.

"불의로 진리를 막는다"는 성 바울의 말은 이 긴장을 인간의 죄라는 관점에서 포착하여 더 부정적으로 표현했다. 반면에 성 요한은 동일한 요지를 하나님의 은혜라는 관점에서 더 긍정적인 어조로 표현했다. "그 안에 생명이 있었으니 이 생명은 사람들의 빛이라. 빛이 어둠에 비치되 어둠이 깨닫지[이기지] 못하더라."요 1:4-5

양극단 사이에서 이 근본적 긴장에 대한 이해를 한 걸음 더 끌고 나갈 수 있다. 하나님의 진리의 논리를 한쪽으로 잡아당기고 불신의 논리는 반대쪽으로 잡아당긴다면, 불신은 둘 중 어느 쪽의 논리도 결코 다 직시할 수 없다. 이유는 전혀 다르지만, 양방향 모두 불신의 종말을 의미하므로 결국 용납될 수 없기 때문이다. 하나님의 진리의 논리는 하나님 쪽으로 이끌고, 불신의 논리는 재앙 쪽으로 이끈다. 그러므로 불신은 두 세상 사이의 긴장 속에 살고 있다. 프랜시스 쉐퍼가 지적했듯이(그의 전체 논증은 이 점에 의존하고 있다) "비그리스도인은 자신의 가정에 더 논리적일수록 현실 세계에서 멀어지고, 현실 세계에 가까울수록 자신의 가정에 더 비논리적이다."[41]

그러므로 불신의 사고와 마음에는 양극단이 있다. 나는 그것을 "딜레마 극단"dilemma pole과 "일탈 극단"diversion pole이라 표현한다. 딜레마 극단으로 표현되는 논리적 사실은 이렇다. **인간은 자신의 현실관에 일관될수록 하나님의 현실에서 멀어져 결국 더 딜레마를 느끼기 쉽다.** 반면 일탈 극단으로 표현되는 사실은 이렇다. **인간은 자신의 현실관에 덜 일관될수록 하나님의 현실에 가까워져 결국 더 일탈을 찾아야만 한다.** 둘 중 어느 한 극단이 반드시 하나님께 더 가까운 것은 아니다. 불신은 불신이라서 어느 쪽으로도 하나님께 승복하지 않기 때문이다. 다만 어느 쪽 극단이냐에 따라 사람들이 하나님과 자신의 진리 주장을 대하는 방식이 전혀 다를 뿐이다.

　그렇게 표현하고 보면 분명히 대부분의 인간이 더 다가가고자 선호하는 쪽은, 용감하고 일관되지만 불편한 딜레마 극단보다는 일관성은 없어도 편한 일탈 극단이다. 다시 말해 대부분의 인간은 비록 이론과 실재 모두에서 하나님을 부인할지라도, **마치** 하나님이 계신 것처럼 살면서 모든 부대 혜택을 누리는 쪽을 선호한다. 그 반대는 실행하기가 보다 힘들기 때문에 더 드물다. 니체의『즐거운 학문』에 나오는 광인은 하나님을 일관되게 거부한다는 의미를 알고 그 결과를 직시한 사람의 전형이다. 자칭 "적그리스도"이자 "쇠망치로" 철학을 한 그에게, 신이 죽었다는 개념은 따분한 문제가 아니었다.

광인은 그들 가운데로 뛰어들어 눈빛만으로 그들을 꼼짝 못하게 만들었다. 그의 외침이 이어졌다. "신은 어디로 갔는가? 분명히 말하건대 그대들과 나, **우리가 신을 죽였다.** 우리 모두가 그의 살해자다! 그 일을 우리는 어떻게 했던가? 어떻게 바닷물을 다 마실 수 있었던가? 수평선을 다 빨아들일 스펀지를 누가 우리에게 주었던가? 어떻게 우리는 지구를 태양으로부터 해방시켰단 말인가? 이제 지구는 어디로 움직이는가? 우리는 어디로 움직이는가? 모든 태양들을 떠나 전후좌우 사방으로 쉴 새 없이 돌진하지 않는가? 아직도 위와 아래가 있는가? 우리는 무한한 무無의 한복판에서 헤매지 않는가? 텅 빈 공간이 우리 위로 입김을 내뿜지 않는가? 그 입김은 더 싸늘해지지 않았는가? 밤만 계속되면서 세상이 점점 더 어두워지지 않는가? 아침에도 호롱불을 켜야 하지 않는가? 무덤을 파고 신을 묻는 사람들의 소리가 들려오지 않는가? 신들도 부패하기에 신이 썩는 냄새가 나지 않는가? 신은 죽었다! 지금도 죽어 있다! 우리가 그를 죽였다! 가장 흉악한 살해자인 우리 자신을 어떻게 위로할 것인가? 여태까지 세상에 존재했던 가장 거룩하고 강한 존재가 우리의 칼에 피 흘리며 죽었으니, 누가 우리의 피를 닦아 줄 것인가? 어떤 물로 우리 자신을 깨끗이 씻을 수 있겠는가? 어떤 재계齋戒와 신성한 방도를 만들어 내야 할 것인가? 이 행위의 규모가 우리에게 너무 크지 않은가? 단지 정당해 보이기 위해서라도 우리 자신이 신이 되어야 하지 않겠는가? 이보다 더 큰 사건은 일찍이 없었으며, 따라서 우리 이후에 태어나는 사람은 모두 지금까지의 역사보다 더 수준 높은 역사에 속한다."[42]

본인의 생각에 니체는 "수수께끼를 풀도록 타고난 사람", 곧 "오늘과 내일 사이에 끼인" 산에서 망을 보면서 아직 대다수 인간에게 보이지 않는 것을 볼 줄 아는 사람이었다. 폭풍이 몰려오고 있었지만 번개와 천둥 사이에는 늘 시간 간격이 있었다. 하지만 보통 사람들은 어차피 이 큰 사건의 도래를 알아볼 수 없을 터이므로, 니체가 가장 지독히 경멸한 대상은 그것을 자기처럼 알아보고도 꿈쩍없이 이전처럼 살아간 사상가들이었다. 그들은 유럽 사회에서 신이 이미 "죽었음"을 믿었을 텐데도 조금도 달라지지 않았다. 삶은 전과 똑같이 계속되었다. 니체는 조지 엘리엇[George Eliot] 같은 영국의 작가들을 가리켜, 그런 사람들이야말로 "진보적 낙관론의 가증한 말쟁이들"이라고 썼다. 신이 죽었다면, 한때 신에게 의존했던 모든 것들도 결국 사라져야 하지 않겠는가. 그는 심지어 과학에 기초한 자연주의도 "비관론을 피하려는 두려움"의 산물이 아닌지 의심했다. 결국 **진리**에 대항하는 세련된 방식의 자기방어가 아니냐는 것이다.[43]

조지 엘리엇을 비롯한 빅토리아 시대의 중산층 낙관론자들과 니체의 충돌은 딜레마 극단과 일탈 극단의 분명한 차이를 보여준다. 니체는 무신론의 논리에 더 일관되었으나 덜 편했던 반면, 영국의 무신론자들은 훨씬 덜 일관되었으나 더 편했다. 이런 차이는 계속 반복되어 나타났다. 프랑스의 장 폴 사르트르와 알베르 카뮈의 유명한 충돌도 그중 한 예다. 사르트르는 무신론에 더 일관하느라 더 냉담했던 반면, 카뮈는 덜 일관되었으나 따뜻했다. 카뮈 스스로 자신의 비관적 철학에도 불구하고 "나는 어쩔 수 없는 낙관론자"라고 고백했으며, 한 친구는 그에 대해 "카뮈는 계속 절망을 생각하고 글도 그렇게 쓰지만 희망으로 살아간다"고 말했다.[44]

더 최근으로 오면, 『하찮은 인간, 호모 라피엔스』*Straw Dogs*의 저자 존 그레이John Gray의 세속 인본주의에 대한 신랄한 공격에서 동일한 긴장을 볼 수 있다. 반反인본주의적 무신론자인 그는 자유와 인간의 존엄성 같은 개념을 부당하게 차용하는 인본주의자들을 맹비난한다. 유대교와 기독교가 허위라면 자유는 결정론 앞에 녹아 없어질 것이고, 인간이 "하나님의 형상대로" 지음받아 존엄하다는 개념도 사라질 것이다. 10년 단위로 시대마다 양극단 중 어느 한쪽에 더 가까운 것도 대략 사실이다. 예컨대 반문화가 성행한 1960년대는 모든 생각을 자기네 결론 쪽으로 더 몰아가려 했던 반면, "나 세대"인 1970년대는 너무 깊거나 일관된 생각 없이 삶을 즐기는 데 더 만족했다.

딜레마 극단이 더 용감하고 일관성은 있으나 덜 편하다 보니 당연히 그쪽에 가까운 사람들이 늘 더 적을 수밖에 없다. 일탈 극단에 가깝게 사는 사람들이 항상 훨씬 더 많을 것이다. 그러나 적어도 딜레마 극단은 더 이해하기 쉬우며, 성경의 잘 알려진 주제들과도 일맥상통한다. 무엇보다 딜레마 극단은 죄와 심판에 대한 성경의 일부 특징적 가르침을 예시해 준다.

인간은 자기가 숭배하는 대상처럼 된다는 주제도 그중 하나다. 열왕기 저자는 왕조 후기의 이스라엘이 "허무한 것을 뒤따라" 허망해졌다고 지적했다.[왕하 17:15] 시편의 저자도 우상을 숭배하는 사람들에 대해 비슷하게 "우상들을 만드는 자들과 그것을 의지하는 자들이 다 그 [우상들과] 같으리로다"라고 썼다.[시 115:8, 135:18] 예레미야는 자기 세대가 "헛된 것을 따라 헛되이 행"했다고 묘사했고,[렘 2:5] 호세아도 "[에브라임이] 저희가 사랑하는 우상같이 가증하여졌다"고 질타했다.[호 9:10]

또한 **심은 대로 거둔다**는 주제도 그중 하나다. 성경에 나타난 심판은 임의나 변덕과는 거리가 멀다. 하나님은 그분께 불순종하는 사람들을 무인기의 원격조정 공격처럼 일거에 타도하시는 게 아니다. 대개 심판이란 하나님이 개인이나 사회를 그들 자신이 최종 선택한 논리에 맡겨 두시는 일이다. 가장 유명한 예로 호세아는 이스라엘이 "바람을 심고 광풍을 거둘 것이라"고 선포했다.[호 8:7] 그보다 전에 예레미야는 이렇게 선고했다.

네 길과 행위가

이 일들을 부르게 하였나니

이는 네가 악함이라.

그 고통이 네 마음에까지 미치느니라.[렘 4:18]

오바댜도 동일한 교훈을 강조했다.

여호와께서 만국을 벌할 날이 가까웠나니

네가 행한 대로 너도 받을 것인즉

네가 행한 것이 네 머리로 돌아갈 것이라.[옵 1:15]

또한 앞서 보았듯이, 바울은 로마서 1장에 인간이 고집스레 바꾼 것들을 세 번 지적하면서, 그에 상응하는 결과를 세 번 모두 이런 운명적인 말로 시작한다. "하나님께서 그들을…… 내버려 두셨으니."[롬 1:24, 26, 28]

대량 오락의 무기　　　　　　우리 시대의 변증을 위해 더 설명이 필요한 부분은 말할 것도 없이 일탈 극단이다. 일관된 불신을 옹호하는 딜레마 극단에 가까운 사람들은 우리가 쉽게 찾아내 예로 들 수 있다. 어둠 속에서 부르짖는 그들의 절규가 그만큼 심금을 울리기 때문이

풀'스 톡

다. 예컨대 스웨덴의 극작가 아우구스트 스트린드베리^{August} ^{Strindberg}는 인류의 위기를 자신이 본 그대로 솔직히 인정했다. 그에 따르면 우리는 본의 아닌 결과, 미지의 여파, 쉴 새 없는 유동 등 일관성 없고 모순된 세상에 살고 있다. 니체처럼 그도 신을 대적하고 기독교 신앙을 경멸했으나, "나는 신을 찾으려 다 악마를 만났다"고 시인하지 않을 수 없었다. 인간의 가장 고상한 성취도 "우리의 악의 은폐"일 뿐이다.[45]

하지만 그런 절규는 극적이고 인용 가치가 있지만 드물다. 그 정도로 솔직한 사람이 별로 없기 때문이다. 반면 일탈 극단 쪽은 더 사람들로 혼잡하면서도 그에 대한 이해는 부족하다. 일탈 극단은 모든 세대의 대다수 인간을 대변할 뿐 아니라, 이 전 어느 때보다 오늘날 세상의 확실한 특성을 잘 보여준다. 알 다시피 일탈의 핵심 원리는 인간이 자신의 현실관에 덜 일관 될수록 하나님의 현실에 가까워진다는 것이다. 그래서 더 일 탈을 찾아야만 한다. 여전히 하나님께 승복할 마음은 없기 때 문이다. 즉 모종의 바쁘고 즐거운 오락을 찾아 그 뒤에 숨어야 한다. 자아의 신전을 유지하려면, 하나님과 그분의 진리를 피 할 대피소가 필요하다. 그렇지 않으면 자아가 주장하는 비참 한 허구가 들통날 수 있다.

일탈의 개념은 성경에 아주 명백히 나와 있지만, 이에 대한 현대의 깊은 이해는 순전히 파스칼이 『팡세』^{Pensées}에 그것을 탁월하게 설명한 덕분이다. 그는 "내가 종종 말했듯이, 인간이 불행한 단 하나의 이유는 자기 방 안에 조용히 있을 줄 모르기 때문이다"라고 썼다.[46] 왜 그럴까? 우리는 다 일탈에 에워싸여 궁극적 실재를 망각해야 하기 때문이다. 궁극적 실재에는 모든 인간이 결국 죽는다는 사실도 포함된다. 한번은 화가 프랜시스 베이컨이 아주 부유한 여자의 집에서 저녁 시간을 보낸 뒤에 격분하여 돌아왔다. 그녀의 집에 있던 꽃들이 생화가 아니라 조화였기 때문이다. "꽃이란 죽기 때문에 꽃이다"라고 그는 노하여 소리쳤다.[47] 파스칼의 말처럼 "행복한 사람은 일탈이 적을수록 더 행복하다."[48] 그런데 지금의 우리는 그렇지 못하다. "인간은 죽음과 비참함과 불행을 해결할 수 없으므로 행복해지려고 그런 것들을 생각하지 않기로 작정했다."[49]

파스칼의 시대에 일탈로 가득 찬 삶은 부유한 권력층의 특권이었다. "사실 그것이 왕의 주된 낙이다. 사람들이 늘 그에게 일탈을 주려 하기 때문이다.……왕 주변의 사람들은 왕을 즐겁게 하여 자신에 대한 생각을 막으려는 일념뿐이다. 아무리 왕이라 해도 자신에 대해 생각하는 순간 불행해지기 때문이다."[50] 그래서 사냥 자체가 포획물보다 중요해지고 추구 자체가 발견보다 중요해진다. "인간은 아무리 오락에 몰두해도 과한 줄을 모른다. 그래서 할 일이 많은 와중에도 틈만 나면 일탈과 유희에 빠진다. 항상 무언가에 완전히 몰두해야 하기 때문이다."[51]

한때 부유한 권력층의 전유물이던 것이 오늘날 발전된 현대 사회에서는 거의 모든 사람의 손에 들려졌다. 첨단기술에 이동통신이 맞물려 세상에 일탈이 넘쳐난다. 빠르고 즐거운 각종 오락물이 너무도 많아 아예 "대량 오락의 무기"라 불릴 정도다.[52] 손안과 주변에 일탈의 기기들이 이렇게 많은데, 현세 너머에 대한 생각이 필요한 사람이 오늘날 누가 있겠는가?

내 요지는 우리 시대의 한 우상을 가상의 적으로 삼아 무모한 공격을 퍼붓는 게 아니라, 일탈을 성경적으로 바로 이해하려는 것이다. 어차피 첨단기술을 통한 일탈은 인생의 많은 오락 중 시작에 불과하다. 오락은 성찰하는 삶에 요구되는 집중된 주의력을 우리에게서 앗아 간다. 최선의 추구조차도 최악의 일탈이 될 수 있다. 그러나 일탈의 출처가 무엇이든, 일탈이야말로 소크라테스가 말한 "성찰하지 않는 삶"과 마르틴 하이데거Martin Heidegger가 말한 "허위 전략"의 가장 흔한 원인이다. 수많은 사람들이 아주 비이성적으로 신앙을 거부하는 이유도 그것으로 설명된다. 파스칼은 이렇게 썼다.

이런 점에서 우리는 인생의 궁극적 목적을 생각하지 않고 살아가는 사람들을 고발한다. 그들은 성찰도 없고 고민도 없이 자신의 취향과 즐거움에 이끌려 살아간다. 마치 생각만 피하면 영원을 소멸

시킬 수 있다는 듯이 지금 당장 행복해지려는 생각밖에 모른다.[53]

다시 말하지만 성경에도 파스칼의 일탈의 개념과 강력하게 맞물리는 주제가 여럿 등장한다. 우선, **일탈의 출처가 무엇이든 일탈은 하나님과 그분의 진리 앞에서 헛되다.** 인위적 거짓말, 안락한 생활방식, 거짓 예언과 거짓 종교와 우상숭배 등 성경에 많은 종류의 일탈이 나온다. 그러나 종교까지 포함하여 그 모두는 결국 헛되다. 거짓의 벽을 쌓아 현실을 피할 수 있다고 믿을 만큼 어리석은 사람들을 선지자 이사야는 이렇게 비판한다.

> 너희가 말하기를 "우리는 사망과 언약하였고
> 스올과 맹약하였은즉
> 넘치는 재앙이 밀려올지라도 우리에게 미치지 못하리니
> 우리는 거짓을 우리의 피난처로 삼았고
> 허위 아래에 우리를 숨겼음이라" 하는도다. 사 28:15

아모스가 본 일탈은 부자들의 무사태평한 생활방식 속에 있었다.

> 화 있을진저, 시온에서 교만한 자와

사마리아 산에서 마음이 든든한 자[여]……

너희는 흉한 날이 멀다 하여

포악한 자리로 가까워지게 하고

상아 상에 누우며

침상에서 기지개 켜며. 암 6:1,3-4

물론 궁극적 일탈은 거짓 예언과 거짓 종교다. 선지자 예레미야는 동료들의 배반에 대해 이렇게 경고한다.

너희에게 예언하는 선지자들의 말을 듣지 말라.

그들은 너희에게 헛된 것을 가르치나니

그들이 말한 묵시는 자기 마음으로 말미암은 것이요

여호와의 입에서 나온 것이 아니니라. 렘 23:16

이 경고가 무시되자, 사람들이 놓친 교훈이 선지자의 애통을 통해 부각된다.

네 선지자들이 네게 대하여

헛되고 어리석은 묵시를 보았으므로

네 죄악을 드러내어서

네가 사로잡힌 것을 돌이키지 못하였도다.

그들이 거짓 경고와

미혹하게 할 것만 보았도다.애 2:14

마침내 하나님이 심판하시는 날, 공허한 종교와 헛되게 의지한 우상은 그 누구도 안전하게 지켜 주지 못한다.

다음으로, **일탈은 단기적으로는 만족을 줄지 몰라도 장기적으로는 재앙을 부른다.** 이사야서에 이 주제가 누누이 되풀이된다. 선지자는 일탈이 환상과 같다고 말한다. 얼마간은 통하지만, 그러다 갑자기 전혀 통하지 않게 된다.

주린 자가 꿈에

먹었을지라도

깨면 그 속은 여전히 비고

목마른 자가 꿈에

마셨을지라도

깨면 곤비하며 그 속에 갈증이 있는 것같이

시온 산을 치는

열방의 무리가 그와 같으리라.사 29:8

이런 말씀도 있다.

너희가 이 말을 업신여기고
압박과 허망을 믿어
그것을 의지하니
이 죄악이 너희에게
마치 무너지려고 터진 담이
불쑥 나와
순식간에 무너짐 같게 되리라.^{사 30:12-13}

또한 이런 말씀도 있다.

허망한 것을 의뢰하며 거짓을 말하며
악행을 잉태하여 죄악을 낳으며
독사의 알을 품으며 거미줄을 짜나니
그 알을 먹는 자는 죽을 것이요
그 알이 밟힌즉 터져서 독사가 나올 것이니라.^{사 59:4-5}

예레미야가 이스라엘의 인접국들에게 퍼부은 맹비난은 오늘날 안일에 빠진 서구 세계에도 그대로 적용된다.

모압은 젊은 시절부터 평안하고
포로도 되지 아니하였으므로

마치 술이 그 찌끼 위에 있고

이 그릇에서 저 그릇으로 옮기지 않음 같아서

그 맛이 남아 있고

냄새가 변하지 아니하였도다.

그러므로 여호와께서 말씀하시니라. 날이 이르리니

내가 술을 옮겨 담는 사람을 보낼 것이라. 그들이 기울여서

그 그릇을 비게 하고 그 병들을 부수리니.^{렘 48:11-12}

헛된 일탈의 공허함을 가장 생생히 묘사한 그림은 에스겔서
에 나온다.

그들이 내 백성을 유혹하여 평강이 없으나 평강이 있다 함이라. 어
떤 사람이 담을 쌓을 때에 그들이 회칠을 하는도다. 그러므로 너
는 회칠하는 자에게 이르기를 그것이 무너지리라.……그 담이 무
너진즉 어떤 사람이 너희에게 말하기를 그것에 칠한 회가 어디 있
느냐 하지 아니하겠느냐. 그러므로 나 주 여호와가 말하노라. 내가
분노하여 폭풍을 퍼붓고……무너뜨리리라. 회칠한 담을 내가 이
렇게 허물어서 땅에 넘어뜨리고 그 기초를 드러낼 것이라.^{겔 13:10-14}

좋은 아침식사, 나쁜 저녁식사　　오늘날 우리는 웅대한 일탈의
　　　　　　　　　　　　　　　　　시대에 살고 있으며 그 이유는

명백하다. 경제적 풍요, 첨단기기들, 각종 다채로운 오락이 우리의 관심을 사로잡는 이때에, 우리는 요람에서 무덤까지 일탈에 에워싸여 살아갈 수 있다. 우리는 그 어떤 것에도 장시간 주의력을 집중하지 않는다. "삶다운 삶"이 무엇이며 그렇게 살려면 무엇이 필요한지 묻지 않는다. 행복은 작은 동심원에 불과하며, 따라서 대다수 사람들이 삶의 의미의 문제, 닥쳐올 죽음, 지혜로운 선택에 필요한 우선순위 따위를 한순간도 생각하지 않는 것은 당연하다. 소크라테스는 "성찰하지 않는 삶은 살아갈 가치가 없다"고 했는데, 이제 이전 어느 때보다 더 많은 사람들이 그 삶으로 빠져든 것 같다.

다시 말해, 대부분의 사람들은 자신의 일탈을 의식하지도 못한 채 그대로 즐겁게 지낸다. 버지니아 울프Virginia Woolf의 표현으로 "안락한 생활"에 빠진 것이다.[54] 그보다 놀라운 것은 뻔히 일탈인 줄 알면서도 그렇게 살아가는 사람들이다. 그들은 자신의 신념에 뒤따를 달갑잖은 논리적 결과를 알고 있으며, 그래서 그것을 막으려고 일부러 선택한 방패가 바로 일탈이다. 스코틀랜드의 철학자 데이비드 흄이 좋은 예다. 그는 아주 예리하고 해박한 사람이었지만, 삶의 희망을 잃지 않기 위해 자신의 철학의 회의적 결론들을 계속 무시해야만 했다.

이성은 이런 먹구름을 몰아낼 수 없으나, 천만다행히도 그 일이라면 자연만으로 충분하다. 자연은 나의 철학적 우울을 치유하여 정신착란에 빠지지 않게 해준다. 이런 정신적 긴장을 풀어 주기도 하고, 무언가 소일거리나 생생한 감각적 감동을 주기도 한다. 덕분에 모든 괴물이 사라진다. 나는 식사도 하고 주사위놀이도 하고 대화도 나누며 친구들과 즐겁게 지낸다. 그렇게 서너 시간 즐기고 나서 다시 사색으로 돌아가면 사색이 어찌나 냉랭하고 긴장되고 우스워 보이는지, 더 깊이 들어가고 싶은 마음이 들지 않는다.[55]

신앙이 필요하다는 보통 사람들을 수준이 낮다고 얕보는 지식인들이 많이 있다. 예컨대 헨리크 입센Henrik Ibsen의 희곡 『들오리』Wild Duck에 보면 이런 유명한 대사가 나온다. "평범한 사람에게서 그 평생의 거짓을 빼앗는 것은 그의 행복을 빼앗는 것이나 마찬가지다."[56] 그러나 훨씬 흥미로운 것은 지식인들 자신도 **마치** 세상이 의미 있는 것처럼 살아가야 함을 인정한다는 사실이다. 세상은 무의미하지만, 그것을 알면서도 실제로는 **마치** 의미 있는 듯 살아가야 한다는 것이다.

윌리엄 제임스William James의 실용주의 철학이 그런 유용한 허구를 부추겼다. 또한 객관적 진리는 없으나 무엇이든 실제 효과를 내면 실존하게 된다는 개념도 거기에 한몫했다. 제임스가 임마누엘 칸트의 개념을 고쳐서 표현했듯이, 우리는 **마치** 신이 존재하는 것처럼 행동할 수 있다. 그러면 신은 실존하게 된다. 정말 신이 존재해서가 아니라, 신을 믿는 것이 이 세상에서 우리의 행동에 영향을 미치기 때문이다. 그의 동생인 소설가 헨리 제임스$^{Henry James}$의 주장에 따르면, 우리는 "마치" 신을 믿는 것 같은 "공유된 허구"와 "필연적 거짓"에 힘입어 살아갈 수 있다. 그러면 신이 정말 살아 있을 경우만큼이나 유익한 결과를 누릴 수 있다. 신앙의 잔여물인 이런 공유된 허구를 통해서만 인간은 더불어 잘 살아갈 수 있다.

우리의 일탈을 가장 잘 아는 사람은 물론 우리의 친한 친구와 가족들이다. 훌륭한 종군 사진기자였던 로버트 카파$^{Robert Capa}$에 대해 한 친구는 이렇게 말했다.

카파가 통과한 비극과 슬픔은 그에게 흔적을 남겼으나, 그에게서 그것이 표가 날 때는 아침에 침대에서 비틀거리며 나올 때뿐이다. 얼굴은 납빛이고, 눈은 간밤의 악몽에 시달려 흐리멍덩하다. 그것은 카메라로 죽음과 악을 너무 많이 들여다본 사람, 세련된 멋은 간곳없이 절망과 고통과 후회에 찬 사람의 모습이다. 이제 카파는 거품이 이는 진한 맥주를 마시고, 몸을 한번 부르르 떨고, 시험 삼아 오후의 미소를 지어 보고, 그게 잘됨을 확인하고, 겉만 번드르르한 또 하루의 산을 오를 힘이 남아 있음을 느끼고, 옷을 입고, 짐짓 유쾌하고 태연하게 밖으로 나선다.……가는 곳마다 이 집 없는 사람의 집이 되어 줄 것이고, 친구 없이 외롭고 처량했던 지난밤

과 다가올 밤의 시간을 친구들이 잊게 해줄 것이다.[57]

소설가 E. M. 포스터Forster는 자신의 일탈의 핵심에 "마치"의 요소가 있음을 솔직히 인정했다. "내가 가장 존경하는 사람들은 마치 자신이 불멸의 존재이고, 마치 사회가 영원할 것처럼 행동한다. 둘 다 거짓된 가정이지만 진리로 받아들여야만 한다. 그래야 계속 먹고 일하며 살아갈 수 있고, 인간의 정신에 숨구멍이 몇 개라도 열려 있을 수 있다."[58] 철학자 C. E. M. 조드Joad는 제2차 세계대전의 암울한 시절에 신앙인이 되었으나, 그 전에는 그도 전쟁 팸플릿에 똑같은 "마치"의 입장을 역설했다. 그런 입장의 모순을 다 직시하지 않은 채 말이다. "나는 개인의 불멸성에 대해서는 의심할지 몰라도 개인의 중요성에 대해서는 조금도 의심이 없다. 인생이 잠깐이어도 영혼은 영혼이며, 인간이 불멸하지 않을지라도 정부는 인간을 마치 불멸의 존재인 것처럼 대할 책임이 있다."[59]

철학자 프랜시스 베이컨은 "희망은 아침식사로는 좋지만 저녁식사로는 나쁘다"고 말했다. 마음의 전략인 일탈 덕분에 분명히 많은 사람들이 자신의 초라한 저녁식사를 숨긴 채 근거 없는 희망을 붙든다. 그런데 이 모두는 불신을 예리하게 해부한 성경의 관점을 보여줄 뿐이다. 불신은 결코 단순한 우연이나 집안의 영향이나 인생길에 잠시 거쳐 가는 정신적 선택이 아니다. 불신은 의지의 행위이며, 선택을 통해 굳어진 사고의 습관이다. 이제 우리는 진단에서 치료의 문제로 넘어간다. 믿지도 않고 믿을 마음도 없는 사람들을 우리는 어떻게 말로 설득할 것인가?

6. 형세를 역전시킨다

"이 천한 세상을 그냥 목매달아 버리시지요!" 약간 골이 난 거구의 학생은 더 이상 참을 수 없었다. 그래서 주먹으로 탁자를 탕탕 치며 교수의 말을 끊었다.

"우선 세상에 오명을 씌운 다음에 매달아야겠지." 교수는 분위기가 돌변한 것도 모른 채 말을 이었다. "광견병에 걸린 강아지는 우리가 죽이는 동안 아마 살려고 발버둥 칠 걸세. 하지만 우리가 자비롭다면 그 강아지를 죽여 주어야 하지. 그러니 전지한 신도 우리를 고통에서 벗어나게 하지 않겠는가? 차라리 우리를 쳐서 죽이겠지."

"그런데 왜 우리를 쳐서 죽이지 않을까요?" 학생이 물었다.

"그야 신 자신도 죽어 있으니까 그렇지." 교수가 대답했다.[1]

G. K. 체스터턴의 책 『살아 있는 인간』*Manalive*에서 이노센트 스미스와 케임브리지 대학의 철학 교수에 관한 극적인 이야기는 그렇게 전개된다. 이 탁월한 예에서 보는 변증의 한 방식이 오늘날 우리에게 더 많이 필요하다. 이해는 가지만 서글픈 사실이 있다. 영어권 세계의 변증에서 C. S. 루이스의 인기가 워낙 비상하다 보니, 동일하게 주목받을 자격이 있는 다른 위대한 기독교 변증가들이 거기에 묻혀 버렸다. 물론 가장 대표적인 사람들로 블레즈 파스칼, 쇠렌 키에르케고르, G. K. 체스터턴을 빼놓을 수 없다. 루이스도 자신이 그들에게 의존한 부분을 누구보다 먼저 인정할 것이다. 아울러 우리는 루이스의 위대한 논증을 보완해 주는 그들 각자의 강점을 바로 인식할 필요가 있다.

체스터턴의 이야기에 나오는 에머슨 에임즈 박사는 가공의 학교인 케임브리지 내 브레익스피어 칼리지의 저명한 철학 교수이자 학장이며, 쇼펜하우어*Arthur Schopenhauer* 같은 염세 철학자들에 관한 한 세계 최고의 권위자다. 그날도 그는 학부의 바쁜 일과를 마치고 연구실에서 쉬던 중이었다. 친구들과 아끼는 제자들은 언제라도 그 방에 드나들 수 있었는데 이노센트 스미스도 그중 하나였다.

학장이 와인 잔을 들고 염세 철학에 대해 줄곧 논하고 있는

데, 갑자기 스미스가 그렇게 돌변했던 것이다. 어느새 에임즈 박사는 방아쇠가 당겨진 싸늘하고 검은 총의 몸체에 시선을 고정시켰다.

"교수님, 제가 교수님을 곤경에서 벗어나게 해드리겠습니다." 스미스는 거친 듯 부드럽게 말했다. "교수님 말씀처럼 제가 강아지의 고통을 없애 주면 되잖아요."

두 사람은 염세 철학과 이에 대한 논리적 반응을 놓고 몇 시간째 토론하던 중이었다. 마침내 인내심이 한계에 달한 학생은 총을 휘두르며, 교수가 늘 말하던 바로 그 방식으로 교수를 불행에서 건져 주겠다고 으름장을 놓았다. 교수는 얼른 달아나 엉성하게 창밖으로 넘어가 창 아래쪽의 난간을 위태롭게 딛고 섰다. 그 상태로 둘의 긴장된 대화가 계속되었다. 학생은 총을 휘두르며 앞서 교수가 했던 말을 계속해서 되풀이했고 교수는 살려 달라고 애원했다.

"일단 여기서 좀 나가세.……견딜 수가 없잖은가."

"저는 그게 교수님을 견딜지 더 의문인데요." 스미스가 금방이라도 깨질 것 같은 돌판을 가리키며 말했다. "하지만 교수님이 떨어져 목이 부러지거나 제가 교수님의 머리를 날려 버리기 전에, 한 가지 확실히 해둘 형이상학적 사실이 있습니다. 교수님, 지금 살고 싶으신 것 맞습니까?"

"살 수만 있다면 무엇을 주어도 아깝지 않겠네." 교수가 겁에 질려 외쳤다.

"무엇을 주어도 아깝지 않으시다고요!" 스미스가 되받았다. "그럼 잘난 척 그만하고 노래나 해보시지요!" 깜짝 놀란 교수는 마지못해 실존을 감사하는 노래를 부르기 시작했다. 스미스는 그제야 만족스러워하며 허공에 총 두 발을 쏜 뒤 교수를 무사히 올라오게 했다.

교수가 깜짝 놀랄 일이 또 있었다. 둘이 다시 얼굴을 맞대자 스미스가 양해를 구하며 이렇게 말했던 것이다. "꼭 아셔야 할 게 있습니다. 저는 방금 구사일생으로 살아났습니다."

"**자네가** 구사일생으로 살아났다고?" 교수의 말에 역정이 묻어났다.

"예, 모르시겠습니까? 정말 모르시겠어요?" 스미스가 소리를 높였다. "에임즈 교수님, 저도 어쩔 수 없었습니다. 교수님이 틀렸음을 입증하지 못하면 제가 죽어야 했으니까요.…… 난간에 매달려 계실 때 제가 교수님의 눈빛에서 본 것은 '생의 의지'가 아니라 삶에 대한 즐거움이었습니다. 교수님은 그 위험한 처마 끝에 앉아 세상이 결국 경이롭고 아름다운 곳임을 깨달으셨지요. 저도 그 순간 똑같이 깨달았기에 압니다."[2]

이노센트 스미스의 익살처럼, 체스터턴도 자기 세대에게 그들이 옹호하는 철학적 입장들의 결과를 반드시 보여주고 싶었다. 그런 철학들은 진리가 아닐 뿐더러 옹호자들 자신에게 별로 유익하지도 못했다. 본인의 말로 체스터턴은 "현대인의 머리에 권총을 들이대려" 했으나, "다만 죽일 마음은 없고 오직 살리기 위해서였다."[3] 독특하게 혼합된 그의 재치와 장난기와 깊은 진지함에 버금갈 사람은 우리 중에 별로 없다. 짤막하게 발췌한 이 이야기만 보아도 그의 논증의 논리를 똑똑히 읽을 수 있다. 철학적 염세주의에 대한 세계적 권위자라는 그 교수는 염세적 관념에 조금 손만 댔을 뿐이지, 자신의 논증을 끝까지 따라가 그 결과를 본 적은 없었다. 막상 결과를 보고 나자 그가 정말 무엇을 믿는지가 분명해졌다. 그가 정말 아낀 것은 삶이었고, 이는 여태껏 자신이 가르치던 것과는 전혀 다른 관점이었다.

체스터턴의 접근은 5장에서 개괄한 불신의 해부에 대한 두 가지 광범위한 반응 중 첫 번째의 한 예다. 즉 "형세를 역전시키는" 부정적 전략이다. 이 전략은 모든 논증이 양방향으로 통한다는 사실에 기초한다. 즉 무엇을 믿고 믿지 않는다는 상대의 말을 진지하게 받아들여, 상대를 자신의 불신의 결과 쪽으로 밀어붙이는 방식이다. 이 전략의 전제로, 기독교 신앙이 진리라면 상대의 불신은 결국 진리가 아니며, 따라서 상대는 거기에 끝까지 충실할 수 없다. 어디선가 허위가 드러나게 되어 있으며, 그 순간 상대는 극도의 인지 부조화를 경험하게 된다. 여태까지 믿었던 것을 계속 고수해 봐야 더 이상 자신에게 별로 유익할 게 없음을 깨닫는 것이다. 사람이 이 지점에 이르면 딜레마에 부딪쳐 자신의 입장을 심각하게 재고할 여지가 생긴다.

두 번째 반응은 "신호를 촉발하는" 긍정적 전략으로 7장에서 살펴볼 것이다. 이 전략은 상대에게 자신의 인간적 열망과 갈망 그리고 그런 열정의 궁극적 지향점을 의식하게 하는 방식이다. 그런 열망과 갈망은 선천적으로 우리 삶 속에 묻혀 있다. 특히 이 전략은 평범한 일상사 속에 심겨져 있는 이른바 "초월의 신호"에 주목하게 한다. 이것은 매우 긍정적인 경험에서 비롯되는 신호로서, 경고음처럼 상대의 현재의 신념에 구멍을 내고 그 너머의 진리를 가리켜 보인다. 신호가 만족스러운 지향점에 이르려면 반드시 그 진리가 필요하다. 사람이 이 지점에 이르면, 신호에 이끌려 무언가를 찾아 나서게 된다. 구도자가 되어 현재의 신념 너머에 있는 답을 탐색하는 것이다.

이 두 가지 전략이 왜 필요하며 둘 사이의 연결 고리는 무엇인가? 간단히 답해서 마음과 생각이 닫혀 있는 사람들에게 다가가려면 두 가지가 모두 필요하다. 어떤 종류의 것이든 불신이란 본질상 하나님과 그분의 기쁜 소식에 열려 있지 않다. 따라서 마음이 닫혀 있는 사람들에게는 기쁜 소식이 전혀 기쁜 소식이 아니다. 물론 바로 여기가 변증이 들어서는 자리다. 변증은 일종의 예비 전도로서, 하나님과 복음에 열려 있지 않은 사람들을 위한 전도에 선행한다. 물론 변증과 전도를 너무 깔끔하게 구분해서는 안 된다. 그러나 넓게 말해서 전도는 기쁜 소식을 나누는 일이며, 자신의 상태가 좋지 못함을 알고 있는 사람들의 필요와 갈망을 다룬다. 대체로 변증은 자신의 상태가 좋지 못함을 아직 모르는 사람들을 상대한다는 점에서 예비 전도다. 그들에게는 복음이 기쁜 소식으로 보이지 않는다. 존 웨슬리John Wesley는 당대(아직 성경이 대다수 사람들의 삶의 지평을 이루던 때였다)의 젊은 설교자들에게 이렇게 조언했다. "사람들의 양심이 찔릴 때까지 율법을 전하라. 그다음에는 회심할 때까지 은혜를 전하라." 한참 더 기독교 이후인 우리 시대에 시급한 것은 변증의 본업인 창의적 설득이다. 이를 통해서만 사람들의 마음이 열려 복음의 기쁜 소식이 얼마나 좋은지 볼 수 있다.

두 가지 함정　　기독교의 변호라는 전체 과업에서 변증과 전도의 관계를 생각할 때, 우리는 두 가지 대등하고도 상반되는 과오를 직시해야 한다. 하나는 변증자가 느끼는 유혹으로, 변증을 강조하느라 전도를 희생시키는 것이다. 또 하나는 전도자가 느끼는 정반대의 유혹으로, 전도를 강조하느라 변증을 희생시키는 것이다. 첫 번째 과오에 맞서 분명히 해둘 것이 있다. 변증은 예비

전도이므로 종종 전도에 선행되어야 하지만, 결코 두 일을 분리시켜서는 안 된다. 둘은 이음매 없이 연결되어야 한다. 둘의 분리는 다분히 현대의 변증에 닥친 재앙이다. 변증이 무미건조하고 생명력 없는 지성주의로 변할 수 있음도 그래서다. 언제 필요하든 변증은 전도에 선행해야 한다. 둘이 구별되기는 하지만 변증은 늘 전도로 직결되어야 한다. 변증의 일이 종료되려면, 복음의 문이 열려 복음의 기쁜 소식이 선포될 수 있어야 한다.

말할 것도 없이 우리 중 다수는 그 둘 중 하나의 일을 더 잘하며, 둘 다 똑같이 잘하는 사람은 드물다. 하지만 둘 다 꼭 필요한 은사이며, 우리 각자는 자신의 강점이 어디이고 보완이 필요한 약점이 어디인지 알아야 한다. C. S. 루이스도 이렇게 고백했다. "나 자신의 일은 불치의 지성주의인 내 접근 방식 때문에 아주 어려움을 많이 겪었다. 단순한 정서적 호소('예수께로 오십시오')도 여전히 성공적일 때가 많다. 하지만 나처럼 그런 은사가 없는 사람들은 시도하지 않는 게 좋다."[4]

당연히 변증은 우리가 다가가려는 사람들과 대응하려는 반론들만큼이나 멀리 나가고 깊이 들어가야 한다. 그러므로 변증을 통해 질문이 제기되고 문이 열려도 거기서부터 복음까지는 아직 멀 수도 있지만, 변증이 그런 일을 하는 목적은 오직 기쁜 소식의 길을 닦는 데 있다. 전도를 염두에 두지 않은 변증은 성경에 없다. 그런 개념 자체가 지독한 시간낭비요 해로운 일이다. 때로는 변증이 박식하고 복잡하고 학문적이어서 소수의 사상가들에게만 호흡이 편할 법한 아득한 고도에 오를 수도 있다. 그래서 때로 복음의 단순성과는 거리가 멀어 보일 수 있다. 그러나 변증 자체가 목적이 되거나 변증만 따로 존재해서는 안 된다. 초대 교회가 제대로 자랑했듯이, 예수의 메시지는 충분히 단순하여 어린아이도 물장구칠 수 있고, 또 충분히 깊어 코끼리도 헤엄칠 수 있다.

두 번째 과오에 맞서 늘 기억해야 할 것이 있다. 상대의 마음과 생각이 닫혀 있을 때는 우리의 입장이 아니라 상대의 입장에서 시작하는 게 더 지혜롭다. 다시 말해, 기쁜 소식이 왜 좋은지를 듣는 사람 쪽에서 볼 마음이나 능력이 없는데도 먼저 기쁜 소식으로 시작하는 것은 대개 잘못이다. 상대의 마음이 닫혀 있기 때문에 부정적 전략도 긍정적 전략도 복음 자체의 변호나 언급으로 시작되지 않는다. 그 이유는 믿음을 반박하는 논증이 거칠거나 회의적이거나 적대적일수록 **상대의 입장에서** 논박하는 게 더 지혜롭고 효과적이기 때문이다. 체스터턴에 따르면, 이런 경우에는 아예 토론을 삼가거나 우리의 입장이 아닌 상대의 입장에서 토론하는 게 원칙이다.

전도를 중시하고 변증을 수상쩍게 보는 사람들에게는 그것이 타협으로 비쳐지며, 그것만으로도 변증은 참된 신앙 세계의 사기꾼이자 부당 행위로 유죄 선고를 받기에 충분하다. 그들에 따르면, 사람을 구원하는 것은 복음이므로 복음 자체만으로 사람들에게 다가가기에 충분하며, 다른 모든 접근은 아무리 화려한 옷을 입었어도 불필요하고 심지어 불충실한 것이다. 그들의 요지는 비신자를 설득하는 게 아니라, 복음을 전하는 것이다. 복음을 전해도 상대가 거부하면, 이는 상대의 마음과 생각이 완고해져 하나님의 구원 바깥에 있다는 증거일 뿐이다.

그런 말은 충실하게 들릴지 모르지만 역시 절반만 너무 경건한 것이며, 성경에도 전혀 근거가 없다. 전도로 연결되지 않는 변증이 성경에 없듯이, 꼭 필요한 설득의 일과 복음을 전하는 일이 분리된 예도 성경에 없다. **전한다**는 말과 **설득한다**는 말은 불가분의 관계이며, 그 배후의 두 개념도 마찬가지다. 가장 두드러진 예는 어디를 가나 변증자로서 지칠 줄 모르고 일했던 성 바울이다. 그는 전하고 설득했고, 설득하고 전했다. 아무도 그 둘 사이에 레이저 광선조차 끼워 넣을 수 없다. 상대의 마음과 생각이 완고해져 있다면, 그것을 비집어 열도록 도전하고 돕는 게 변증의 역할이다. 그러므로 변증은 비신자의 자리에서 시작하고 비신자가 믿는 내용에 초점을 맞추지만, 이는 오직 그 내용이 예수의 기쁜 소식을 가로막고 있기 때문이다. 그 불신의 부실함이 드러나야만, 비신자가 기쁜 소식을 사실 그대로 보고 들을 수 있다.

열매를 보아 알리라　　　　　　앞서 보았듯이, 성 바울은 모든
　　　　　　　　　　　　　　　　　불신의 핵심을 "진리를 막는"
것으로 기술했다. 그래서 불신의 일부는 진리이고 일부는 허
위일 수밖에 없다. 다만 각 비신자는 이 긴장에 두 방향 중 하
나로 반응한다. 일부는 더 일관되게 하나님을 거부하여 결국
하나님과 그분의 전체 현실에서 더 멀어진다. 대개 이쪽이 소
수다. 일부는 하나님을 거부하는 데 일관성이 떨어져 결국 그
분의 현실에 더 가까워진다. 대개 이쪽이 다수다.

　전자는 "딜레마 극단"에 더 가깝다. 즉 하나님을 일관되게
거부하는 정도만큼 하나님의 현실에서 더 멀어지고, 그리하
여 조만간 딜레마에 직면해야 한다. 후자는 "일탈 극단"에 더
가깝다. 즉 하나님을 덜 일관되게 거부하는 정도만큼 더 편하
되 하나님의 실재에 더 가까워지고, 그리하여 일탈을 찾아야
한다. 하지만 앞서 강조했듯이, 영적으로 어느 한쪽이 하나님
과 더 가깝고 반대쪽이 더 먼 것은 아니다. 양극단의 사람 모
두 하나님께 저항하기는 마찬가지다. 차이라면 불신의 형태
가 다르고, 하나님과 복음을 거부하는 방식이 다를 뿐이다. 따
라서 양쪽 다 부정적 전략이나 긍정적 전략을 통한 전복이 필
요하다.

형세를 역전시키는 부정적 전략은 사람들이 둘 중 하나의 방식으로 하나님과 그분의 진리에 닫혀 있을 때 진가를 드러낸다. 우선, 절대다수의 사람들은 일반적 의미에서 영적으로 닫혀 있다. 즉 자신이 이미 믿고 있는 바에 충분히 만족한다. 그들은 자신을 만족스러운 무신론자, 불교도, 무슬림, 마술 숭배자 등으로 볼 것이며, 그 밖에 다른 것을 찾아야 할 필요성을 느끼지 못한다. 많은 경우에 그들은 기독교 신앙을 대적하지 않으며, 그들의 닫힌 마음도 적대적이라기보다 만족한 상태로 보는 게 더 적합하다. 반면에 자신이 믿는 바에 만족하면서 동시에 다른 이유로 기독교 신앙에 적대적인 경우도 있다.

다음으로, 어떤 사람들은 더 특수한 다른 의미에서 영적으로 닫혀 있다. 즉 기독교 신앙에 특정한 반론이 있어서 닫혀 있으며, 따라서 그 반론 때문에 신앙을 생각할 수도 없고 고려할 가치도 없다고 믿는다. 예컨대 종교를 "대중의 아편"으로 일축하는 마르크스주의자, 종교를 "소원 성취"의 문제로 보는 프로이트주의자, 종교를 "허튼소리"로 보는 논리실증주의자 등이 이에 해당한다(그들은 '하나님'이라는 단어가 '개'라는 단어보다 의미가 없다고 말한다. 전자는 오감을 통해 실증될 수 없기 때문이다). 이들 모두는 서로 다른 방식으로 기독교 신앙을 상대화하여 무시했다. 신앙의 필요성을 느끼지 못하는 것으로 만족했고, 반론을 제기할 때도 신앙을 자신의 반론의 프리즘을 통해서만 보았다.

피터 버거는 조언하기를, 그런 상대주의자들에 맞서는 최선의 방법은 "상대주의자를 상대화하여" 그들 쪽으로 형세를 역전시키는 것이라고 했다.[5] 기억하다시피 논증은 양방향으로 통한다. 상대주의가 진리라면 그 위력이 정말 무서울 것이다. 그러나 상대주의는 늘 모순되어 있으며 상대주의자는 늘 어디선가 속임수를 쓴다. 그들은 타인의 관점만 상대화하고 자신의 관점은 제외시킨다("그야 물론 당신은 그런 식으로 보겠지. 당신은 서구인, 중산층, 구세대 등등이니까"). 그들은 과거만 상대화하고 현재는 제외시키며, 우리만 상대화하고 자신은 제외시킨다. 상대주의는 늘 도피의 수단일 뿐 검사할 수 있는 탄탄한 입장이 아니다("나는 천성이 그렇다. 우리는 뇌 구조가 다르다. 이건 세대 간의 문제다. 당신은 모른다").

이런 상대주의에 부딪칠 때, 많은 그리스도인들은 해외의 영국인이나 미국인 관광객들과 똑같은 방식으로 반응하는 과오를 범한다. 즉 더 천천히 목청을 높여 "기독교 언어로 말하고", 더 열심히 공들이고 힘주어 자신의 주장의 객관성을 천명한다. 그래도 상대가 말뜻을 알아듣지 못하면 그리스도인들은 좌절감을 숨기면서, 상대가 자신에게 동의하지 않은 데 대해 무서운 결과를 경고한다. 그 결과 양쪽 다 서로를 이해하지 못하고 대화가 교착상태에 빠진다.

체스터턴과 버거는 우리에게 형세의 역전을 통한 더 나은 길을 보여준다. 믿음과 불신에 관한 한 우리가 기억해야 할 것이 있다. **이론적으로 불가능한 생각이나 논증은 없지만, 어떤 생각은 생각으로 그칠 뿐 삶으로 옮겨질 수 없다.** 이 요지는 "본의 아닌 결과"unintended consequences라는 유명한 개념과 비슷한데, 인류 역사 전체에 명백히 드러나는 그것을 프린스턴의 사회학자 로버트 머튼Robert Merton이 체계적으로 정리했다. 우리 인간은 유한하므로 우리의 불신도 다른 모든 의도적 행동과 마찬가지로 결코 모든 요인을 다 계산에 넣을 수 없다. 참으로 지혜로운 결정을 내리려면 모든 요인을 다 고려해야 하는데도 말이다. 따라서 예기치 못한 본의 아닌 결과가 항상 있게 마련이다. 아무리 좋은 생각도 불발로 끝날 때가 많고, 더러는 매우 해로운 결과를 낳기도 한다. 이렇듯 불신에는 늘 본의 아닌 결과가 개입된다. 불신의 신념은 참으로 충분할 수 없다. 불신의 지식이 완전히 충분하지 못하며 결국 진리가 아니기 때문이다.

이 통찰은 이 부분에서 우리의 길을 가로막는 두 가지 장벽을 극복하는 데 도움이 된다. 첫 번째 문제는, 모든 세계관이 제 나름대로 포괄적이라는 사실에서 비롯된다. 아무리 거짓되거나 어이없는 세계관이라도 마찬가지다. 즉 각 세계관은 모든 실재를 그 틀 안에서 설명할 뿐 아니라, 다른 모든 세계관의 허위성까지 설명한다. 그래서 히브리인들은 우상숭배를 공허한 "무"無의 투사라고 공격했고, 그러자 루드비히 포이에르바하는 하나님을 믿는 신앙도 무에 기초한 투사라고 되받아 주장했다. 그러니 많은 세계관과 그 상충되는 주장들을 어떻게 분별할 것인가?

두 번째로 가중되는 문제가 있다. 상상 가능한 모든 논증은 누군가 언제 어디선가 이미 제시했거나 앞으로 제시할 것이다. 그러니 역시 어떻게 분별할 것인가? 뱀이 제 꼬리를 물듯이, 각 세계관은 다른 세계관들을 설명하고 각 논증은 다른 논증들을 뒤엎는다. 결국 남는 것이라고는 어지러운 현기증과 회의론뿐인 듯 보인다. 기독교의 답은 성경이 말하는 진리의 본질에 있다. 어떤 신념이든 그것을 믿는 사람들이 그렇게 믿는 한 의미 있고 충분해 보이지만, 하나님의 진리와 상충되는 모든 신념은 결국 둘 중 하나의 방식으로 늘 함량 미달일 수밖에 없다. 즉 실재라는 대낮의 환한 햇빛에 비추어 보면, 그런 신념은 제한되거나 모순되거나 둘 중 하나다.

한편으로 불신의 신념은 제한적이다. 설령 내적인 일관성이 있더라도 어딘가 부족한 데가 있기 때문이다. 즉 그것은 너무 좁아서 비신자가 경험하는 삶과 세상의 전체 범위를 설명할 수 없다. 체스터턴은 이를 가리켜 "광인의 문제"라 했다. 이때의 광인이란 이성을 잃지는 않았지만 이성만 **빼고** 모든 것을 잃은 사람이다. 이런 광기는 논리적 완전성과 영적 제약성의 조합으로 표출된다. 다른 한편으로, 불신의 신념은 마모될수 있다. 아무리 포괄적이어도 때로 비신자의 가장 중요한 열망과 모순되기 때문이다. 최악의 경우 자가당착이 되는데, 체스터턴은 이 문제를 "사고의 자멸"이라 칭했다.

형세의 역전을 통해 상대주의자를 상대화한다는 말은, 상대주의자(회의론자)가 다른 사람들에게 적용하는 상대주의(회의론)를 우리 쪽에서 그들에게 똑같이 적용한다는 뜻이다. 그리하여 그들을 자신의 신념의 부정적 결과 쪽으로 밀어붙이는 것이다. 에임즈 교수도 좋은 담배와 와인 잔을 손에 들고 대학의 편안한 연구실에 있을 때는 삶과 죽음에 대한 태도가 염세적이었으나, 난관에 간신히 매달려 총구를 노려보고 있을 때는 그것이 완전히 달라졌다. 정작 자신에게 겨누어지자, 그의 인생철학은 별 위안이 되지 못했다.

버거가 지적했듯이, 이 전략은 두 가지 전제를 기초로 한다. 상대주의는 진리가 사람마다 다르다고 주장하고 회의론은 진리를 알 수 없다고 주장한다는 점에서 둘은 다르지만, 둘 다 이중의 잣대를 숨기고 있다. 즉 둘 다 모순되고 불충분하다. 다른 모든 이슈에는 상대주의와 회의론의 논리를 퍼부으면서, 정작 자신의 신념만은 무조건 감정적으로 수호한다. 두 번째 전제는 일관성과 명료성이 서로 맞물려 있다는 점이다. 버거는 상대주의를 논박하려면 "상대성의 생리를 아주 끝까지 보아야 한다"고 썼다.[6] 회의론과 상대주의를 각자의 일관된 결론에까지 밀어붙이면 깜짝 놀랄 만한 결과가 나온다. 회의론과 상대주의는 난공불락의 사상이기는커녕 그것 자체가 상대화되고 그 정체가 폭로된다. 그 결과 진리의 중요성을 거의 원초적으로 깨닫게 된다.

역시 교훈은 단순하다. 이론적으로 불가능한 생각은 없지만 어떤 생각은 삶으로 옮겨질 수 없다. 그래서 회의론을 대할 때는 결코 중간에 멈추지 말고 반드시 결론에까지 그 사상을 단호히 밀어붙여야 한다. 마음과 생각이 벽에 부딪치면 자기 입장의 한계에 도달할 테고, 따라서 재고의 여지가 생길 수 있다. 그런 의미에서 생각이 잘못되어 있으면 실재와 충돌한다. 하지만 생각이 옳으면 충돌할 벽이 없어 마음껏 달릴 수 있다. 바츨라프 하벨Vaclav Havel은 "우물의 바닥까지 내려가야 대낮에도 별을 볼 수 있는 것과 마찬가지로, 때로 우리는 불행의 바닥까지 떨어져야 진리를 깨달을 수 있다"고 썼다.[7]

예언적 전복 형세를 역전시키는 전략은 발전된 현대에 뒷문으로 몰래 들여온 기술에 불과한가? 천만의 말이다. 그것은 우리가 핵심으로 이해하고 있는 불신의 성경적 해부와 불신을 전복시키는 원리에서 비롯된다. 이 전략의 중요성을 몇 가지 차원에서 바르게 인식할 수 있다. 첫째, 형세를 역전시키는 일은 불순종과 불신에 대한 하나님 특유의 반응이다. 인간이 진리를 오용하고 억압하고 착취할 때 하나님은 단호히 거짓을 드러내시고, 확실히 우상을 파괴하시며, 철저히 신화를 폭로하신다. 로마서의 그 중요한 본문에 성 바울은 세 번이나 "하나님께서 그들을……내버려 두셨으니"라고 말했다.[롬 1:24,26,28] 하나님께 반항한 그들은 마음의 정욕과 부끄러운 욕심과 상실한 생각을 따르기로 했고, 그래서 하나님은 그들을 그런 것들에 내버려 두셨다. 그들은 선택했고, 그 선택에 결과가 따랐다. 죄 자체가 죄에 대한 형벌이었다. 그들은 심은 대로 거둠으로써 스스로 자신을 심판했다.

이렇게 정체를 폭로한다는 주제는 성경 전체를 관통하고 있다. 하나님은 이사야를 통해 "나는 정의를 측량줄로 삼고 공의를 저울추로 삼으니 우박이 거짓의 피난처를 소탕하며 물이 그 숨는 곳에 넘칠 것"이라고 선포하셨다.[사 28:17] 에스겔을 통해서도 주님은 "회칠한 담을 내가 이렇게 허물어서 땅에 넘어뜨리고 그 기초를 드러낼 것이라"고 말씀하셨다.[겔 13:14]

하나님께서 형세를 직접적으로 역전시켜 폭로하실 때도 많다. 그분은 사람들을 그들이 선택하는 대로 내버려 두신다. 그들을 자신의 잘못된 선택의 논리 쪽으로 몰아가시거나 그저 놓아두신다. 이스라엘이 하나님의 왕권을 거부하고 주변국들처럼 왕을 세우려 했을 때, 하나님의 반응은 "그들의 말을 들어 왕을 세우라"였다.^{삼상 8:22} 그들의 선택이 잘못되었고 비참한 결과를 부르겠지만, 그것을 깨닫게 하는 최선의 방법은 그들을 자신의 선택의 논리대로 밀어붙이는 것이었다. 정 그렇다면 끝까지 가 보라는 것이다. 또한 주님은 이런 말씀도 하신다.

> 이스라엘이 나를 원하지 아니하였도다.
> 그러므로 내가 그의 마음을 완악한 대로 버려 두어
> 그의 임의대로 행하게 하였도다.^{시 81:11-12}

"네가 그 길을 택하겠다면, 얼마든지 좋다. 단 네가 지금 무슨 짓을 하고 있으며 그 결과가 어떻게 될지 잘 보아라." 하나님은 그렇게 말씀하신다.

둘째, 예언적 전복의 핵심에도 똑같은 역동성이 있다. 주전 9세기에 선지자 엘리야가 이스라엘 앞에 내놓은 유명한 도전이 바로 형세의 역전이었다. 백성의 큰 무리는 선지자의 말을 듣고도 관망만 하고 있었다. 많은 현대인들이 W. H. 오든의 표현으로 "기독교 이단들"의 옹호자인 것과 같다. 즉 그들은 유대교와 기독교 신앙에 기초한 문화에서가 아니고는 생겨나지 못했을 신념들을 고수한다.⁸ 엘리야는 여호와 대신 바알이 하나님이라면 바알을 따르라고 외치면서, 바알의 선지자들에게 그들의 신을 입증할 기회를 먼저 주었다. 왕과 왕비는 엘리야를 대적하고 있었고, 백성의 태반은 주님과 바알 사이에서 어정쩡하게 눈치만 보고 있었다. 따라서 그는 하나님께 돌아오라고 경건하게 외쳐 봐야 소귀에 경 읽기요 이견만 분분하리라는 것을 알았다. 그래서 그들의 입장에서 도전을 가하는 수밖에 없었다.

여호와가 하나님이라면 바알은 하나님이 아니다. 사람들에게 그것을 보여주는 가장 빠른 방법은 그들을 거짓된 믿음 쪽으로 밀어붙이는 것이었다. 거짓된 믿음은 실재 앞에서 거짓으로 판명될 수밖에 없었다. 먼저 반증이 나왔으니, 이제 입증의 입지가 다져졌다. 허위가 허위로 드러나면 진리가 확증될 수 있다. "여호와 그는 하나님이시로다. 여호와 그는 하나님이시로다."^{왕상 18:39} 백성들이 마음 깊이 확신하고 내린 결론이었다.

정반대로 거짓 선지자들의 표지 중 하나는 그들이 백성의 거짓과 우상들을 상대하여 무찌르지 못했다는 것이다. 그래서 위대한 애가에 이런 탄식이 나온다.

네 선지자들이 네게 대하여
헛되고 어리석은 묵시를 보았으므로

네 죄악을 드러내어서

네가 사로잡힌 것을 돌이키지 못하였도다. 애 2:14

셋째, 기독교 역사에도 동일한 논리가 면면히 흐른다. 물론 기독교만의 전유물은 아니어서 헝가리의 지식인이자 마르크스주의자인 게오르크 루카치^{Georg Lukács}도 똑같은 방식을 따르려 했다. "중간에 멈추지 말고 타협 없이 그 사상을 결론에까지 따라가라. 당신의 머리가 벽과 충돌하여 불꽃이 튀거든 당신이 한계에 부딪쳤다는 뜻이다."9 예수부터 그 이후로 이 역동성은 기독교의 선포에 아주 명백히 나타난다. 예수께서는 씨앗으로가 아니라 "그 열매로 나무를 아느니라"고 말씀하셨다.마 12:33 당신이 만일 탕자가 집을 떠나던 그날 그를 집으로 돌아오라고 설득하려 했다면, 그가 말을 들었을까? 그러나 돼지우리로 처음 보내진 그날 그와 대화했다면, 굳이 설득할 필요가 있었을까? 성 아우구스티누스는 거짓된 사상을 상대할 때는 늘 "그 종착지를 보라"고 조언했다.10 C. S. 루이스도 끝까지 따라가 "완전히 끝장을 보라"고 특유의 영어로 말했다.11 프랜시스 쉐퍼도 "상대의 논리적 전제 쪽으로 밀어붙이라"고 말하곤 했다. 중간까지 가다 마는 불신이 너무 많다. 자신의 생각을 끝까지 따라가 볼 용기나 일관성이 없는 비신자들이 너무 많다.

이제 신흥 무신론자들은 이 도전에 맞서야 한다. 그들은 실재가 아무리 암울할지라도 데모크리토스와 루크레티우스 때로부터 줄곧 자신들이 실재의 본질에 단호히 맞섰다고 자랑한다. 루크레티우스는 영혼 없는 자연이 맹목적이고 무의미하지만 그래도 대단히 아름답다고 말했다. 하지만 사실 그들은 계속해서 속임수를 쓴다. 즉 특정한 것들은 단순히 진리여야만 하기 때문에 진리라고 주장한다. 예컨대 데모크리토스는 원자가 절대적으로 결정되어 있으며, 따라서 인간의 모든 행동도 똑같이 결정되어 있다고 가르쳤다. 그러나 에피쿠로스와 루크레티우스는 자유 의지와 인간의 책임의 중요성을 믿는 도덕주의자이기도 했다. 그래서 그들은 자유의 여지가 확보되려면 원자가 **아주 가끔씩 조금이라도** "빗나가야" 한다고 생각했다. 루크레티우스는 "원자가 빗나가 새로운 운동을 촉발하여 운명의 고리와 영원한 인과의 흐름을 끊어 놓지 않는다면, 온 지구상의 생명체들이 가지고 있는 자유 의지는 어디서 온 것인가?"라고 썼다.[12]

화가이자 공공연한 무신론자인 프랜시스 베이컨도 비슷하게 우연과 신비에 중심적 자리를 내주어야 한다고 주장했다. 루크레티우스가 인간에게 자유의 여지가 열리려면 원자가 임의로 "빗나가야" 한다고 믿었듯이, 베이컨의 믿음의 핵심 조항도 다음과 같았다. 우연—예컨대 화가의 손이 미끄러지거나 물감이 줄줄 흐르거나 형체가 서로 겹쳐지는 등—이 자신의 작품 속에 화가가 다른 방식으로는 도입할 수 없는 예기치 못한 자유를 불어넣었다는 것이다. 마찬가지로 그는 자신의 작품에 대해 일체 설명이나 해석을 하지 않았다. 그림은 아무 말이 없고 아무 의미도 없으며 그 자신도 딱히 할 말이 없음을 사람들에게 분명히 알리려 한 것이다. 그래야 보는 사람마다 자유로이 반응할 수 있을 테니 말이다. 요컨대 우리의 용감한 신흥 무신론자들은 **마치** 자유 같은 것들이 진리인 양 살아간다. 자신들에게 그것이 진리여야 하기 때문이다. 간단히 말해서 그들은 속임수를 쓴다.

마지막으로, 그리스도인의 회심이라는 역동도 형세의 역전을 중심으로 이루어진다. 죽음 다음에 생명이 있고, 율법 다음에 은혜가 있고, 죄의 자각 다음에 중생重生이 있다. 그러므로 기쁜 소식은 자신의 상태가 좋지 못함을 아는 사람들에게 최고의 소식이다. 아우구스티누스는 자신이 이교도로 살아가던 시절을 되돌아보며 이런 감사의 기도를 드렸다. "주님은 분노와 자비를 동시에 품으시고 늘 제 곁에 계셨습니다. 저의 모든 부정한 쾌락을 쓰라린 고통으로 뒤덮으셔서 고통과 무관한 다른 쾌락을 찾도록 인도하셨습니다. 오 주님, 그것을 다른 어느 곳도 아닌 오직 주님 안에서만 찾게 하셨습니다.……주께서 매를 드심은 낫게 하시기 위함입니다."[13]

물론 형세의 역전이나 기타 순전히 부정적인 논증을 통해 하나님을 믿게 되는 사람은 아무도 없다. 사람들은 우선 **자신이 전에 믿던 것을 불신하게 되고,** 그다음에 구도자가 되어 신앙의 가능성에 마음을 연다. 참된 신앙 자체는 결코 부정적 논증에서 나오지 않는다. 참된 신앙은 긍정적 요소에 기초해야 한다. 우선 기독교 신앙으로 충분하다는 긍정적 확신이 필요하고, 다음으로 복음의 진리를 긍정적으로 확신해야 하며, 무엇보다 예수 자신을 긍정적으로 만나야 한다.

다시 제 꾀에 넘어가다   형세를 역전시키는 전략은 오늘날과 같은 회의의 시대에 회의론자들을 상대할 때 특히 유용하다. 회의론이 대세이다 보니 회의론자들은 태연하게 자기네 패를 즐겨 내놓는다. 마치 그것이 다른 모든 패를 이기는 무적의 으뜸패인 것처럼 말이다. 많은 회의론자들에게 그것은 호텔 방의 바깥 문고리에 걸어 두는 "방해하지 마시오"라는 문구처럼 되었다. 그저 회의적 반론을 제기한 뒤 모든 논쟁에서 슬쩍 빠지면 된다.

그러나 물론 가장 간단한 반응은 형세를 뒤집어 회의론을 회의론 자체에 적용하는 것이다. 내가 1960년대에 학부에서 철학을 공부할 때도 신앙에 대한 진지한 인식을 일체 얼어붙게 만드는 한랭전선이 있었다. 비엔나 서클의 논리실증주의

logical positivism 철학이라든지 옥스퍼드 대학의 알프레드. J. 에이어 Alfred. J. Ayer 의 유명한 "검증 원리"verification principle 도 그런 출처의 하나였다. 그는 오감으로 검증될 수 있는 것만 진리로 확인될 수 있다고 주장했다. 따라서 신학은 "허튼소리"가 되었고, "하나님G-O-D이라는 단어가 개d-o-g라는 단어보다 의미가 없다"는 유명한 말도 나왔다.

에이어 교수의 문제는, 그의 검증 원리 자체가 그 원리로 검증될 수 없다는 점이었다. 자가당착이었던 것이다. 오감으로 검증될 수 있는 것만 진리로 받아들인다는 원리는 오감으로 검증될 수 없다. 따라서 그것 역시 자체적 기준으로 보아 허튼소리다. 나중에 본인이 인정했듯이, 그의 접근은 "막다른 골목"이었다. 훗날 나는 런던발 옥스퍼드행 기차에서 그와 즐겁게 대화한 적이 있다. 마침 그 칸에는 우리 둘밖에 없었다. 당시에 그는 은퇴하여 에이어 경이라는 작위까지 받았지만 자신의 원리가 실패작이었음을 솔직히 인정하며 내게 이렇게 말했다. "아쉽게도 나에게 일관성이 부족했습니다. 누구든지 우상을 파괴하여 정체를 폭로한다고 칼을 휘두르는 사람은, 우선 자신이 품은 신념을 상대로 그것을 공적으로 예증해 보여야 합니다."

에이어의 잘못된 주장은 고대에도 선례가 있었고 현대에도 그에 상응하는 예가 있다. 켈수스는 기독교의 가르침이 합리적인 것으로 밝혀지려면 당대의 철학적 기준으로 평가되어 "그리스의 입증"을 통과해야 한다고 주장했다. 더 과학적인 우리 시대의 많은 사람들도 비슷하게 모든 진리 주장이 진리의 자격을 얻으려면 엄격한 검증 절차를 거쳐야 한다고 요구한다. 사실 자신들이 신뢰하고 중시하는 많은 것들—우선 역사와 사랑—은 결코 그런 시험에 통과할 수 없는데도 말이다.

신앙을 투사投射로 일축한 포이에르바하, 신앙이 사슬에 묶인 꽃이라고 비웃은 마르크스, 신앙의 정체가 소원 성취라고 말한 프로이트, 모든 종교적 신념은 불합리할 뿐이라고 신조처럼 되뇌는 도킨스 등에게도 각자의 논리를 똑같이 되돌려 줄 수 있다. 각 경우마다 신앙의 정체를 폭로하려던 그들의 칼날이 부메랑으로 변한 듯, 자신의 그런 일축이 그대로 자신에게로 되돌아오곤 했다. 우리 세대에 오랜 악영향을 끼친 니체도 마찬가지다. 진리가 한낱 관점의 문제라면, 니체 자신의 저작도 자신의 관점에 불과하지 않겠는가? 진리가 분노에 기초한 권력 의지의 표현일 뿐이라면, 우리도 그의 주장들을 그의 기준으로 판단해야 하지 않겠는가?

논리와 삶 형세의 역전에 엄청난 위력이 있음은 명백하지만 여기서도 질문이 제기된다. 다른 장에서 다루겠지만 즉각적 질문은 이것이다. 사람들이 우리 그리스도인들을 우리가 말하는 믿음에 충실하도록 밀어붙인다면 어찌할 것인가? 내가 주장하는 답은 우리가 그것을 환영해야 한다는 것이다. 한편으로 우리의 삶이 신앙에 충실하지 못하다면, 그 결과는 위선이다. 다른 한편으로 진리 가운데 살아간다면, 그만큼 우리가 성경적으로 말해서 더 예수의 방식대로 살고 있으며, 따라서 충실하게 그분을 닮아 가고 있다는 뜻이다. 그보다 여기서 더 실제적인 질문은 이것이다. 실제로 어떻게 사람들을 그들의 불신의 논리적 결과 쪽으로 밀어붙일 것인가?

몇 가지 간단한 생각이 도움이 될 수 있다. 첫째, **상대 입장의 충분한 결과를 말에서뿐 아니라 삶에서 보아야 함**을 늘 잊어서는 안 된다. 상대의 세계관을 진지하게 대하는 일은 중요하지만, 세계관이나 인생관을 그 사람 자신으로 혼동하는 것은 잘못이다. 사실 자신이 말하는 믿음을 정식으로 완벽하게 실천하는 사람은 극히 드물다. 모든 사람은 자기 버전의 세계관과 인생관을 **자기 방식대로** 살아 낼 뿐이다. 우리가 상대해야 할 것은 그 생존 인물이지, 해당 세계관에 대한 이상적이고 모범적인 표본이 아니다. 그러므로 지금 우리가 말하는 상대 입장의 "논리"가 엄격하게 논리적이고 이성적이고 지성적이고 언어적인 것이라고 생각한다면 오산이다. 그러면 변증은 체스 게임으로 전락하고 만다. 변증자는 최고수가 되어 컴퓨터 같은 지능과 각종 묘수와 치밀한 전략으로 어떤 반론에도 장군을 부를 수 있어야 한다.

하지만 그런 변증자는 거의 없다. 설령 있다 해도 단언컨대 우리가 상대하는 사람들은 그렇지 못하다. 엄격하고 일관되게 논리적인 사람은 매우 드물다. 그러므로 상대의 소소한 모순점을 들추어내면 상대는 불쾌해하며 마음을 닫을 뿐이다. 예수께서는 "마음의 보물"에 대해 말씀하셨다. 마음의 보물은 우리 삶의 중심에 깊숙이 박혀 있어, 무슨 수를 써서라도 지킬 만큼 최고로 중요한 것이다. 우리의 도전은 사람들 마음의 보물을 파악한 다음, 그 차원에서 상대에게 결정적 의미가 있는 모순점을 찾아내는 것이다.

오래전에 나는 영국 북부의 어느 대학에서 기독교 신앙을 논증해 달라는 부탁을 받았다. 강연 후에 한 교수가 남아서 내게 간곡히 대화를 청했다. 그는 자기네 부부가 여태껏 신앙에 일말의 관심도 보인 적이 없으며, 나와 대화하려는 취지도 그 날의 강연 내용과는 무관하다고 했다. 사실 그들은 여러 해 동안 학생들이 신앙을 전할 때마다 저항하기로 유명했다. 그는 50대 중반이었고, 그의 아내는 열다섯 살 연하였다.

그 교수의 부부관계는 오랫동안 매우 개방적이어서 자신은 다른 여자들과, 아내는 다른 남자들과 동침했다고 했다. 그런데 놀랍고 기쁘게도 딸이 태어났다. 그러자 딸을 여태껏 자신들이 살아온 윤리 기준대로 기르고 싶지 않음을 두 사람 모두 즉각 깨달았다. 그는 "우리도 늘 결혼생활을 개방적으로 해왔지만, 젊은 세대는 개방성을 더 심화시켜 아예 혼돈에 빠져 버렸습니다. 우리 딸만은 그렇게 되지 않았으면 좋겠습니다"라고 말했다.

그렇게 솔직한 교수와 대화해 본 적도 많지 않지만, 무엇보다 그 이유가 가슴 찡하게 와 닿았다. 그들 부부는 서로보다 어린 딸을 더 사랑함을 아름답게 깨달았고, 딸이 잘되기만을 바라는 마음에서 전에 없이 신앙에 마음을 열었다. 복음의 도전이 그들의 마음의 보물을 건드려 여태껏 막혀 있던 부분을 열어 준 것이다.

이렇듯 가장 중요한 것은 단지 논리가 아니라 삶이다. 젊은 아우구스티누스가 밀라노의 암브로시우스에게 수사학을 배우려고 찾아갔을 때, 지혜로운 이 주교는 아우구스티누스를 신앙으로 이끌려면 논증 이상이 필요함을 간파했다. 생각이 더 깊어지려면 삶을 더 살아 보아야 했던 것이다. 그래서 그는 아우구스티누스의 어머니 모니카의 간곡한 청마저도 물리쳤다. 훗날 아우구스티누스는 암브로시우스의 이러한 행동이 지혜로웠음을 깨달았다.

어머니께서 그에게 나와 대화해 달라고 부탁했다. 내 과오를 밝혀

내 머릿속의 악을 몰아내고 선으로 대체해 주기를 바랐던 것이다. 마땅한 제자들만 있으면 늘 그런 일을 하던 그가 나에게는 거절했다. 나중에 알고 보니, 지혜로운 결정이었다. 그는 어머니께 내가 배우기에 아직 시기상조라고 말했다. 어머니께서 그에게 말씀하셨듯이, 내가 이교의 새로운 맛에 푹 빠져 있었기 때문이다.…… 그는 "내버려 두십시오. 아들을 위해 하나님께 기도만 하십시오. 책을 읽다가 스스로 과오를 깨달을 것입니다"라고 말했다.[14]

이 점을 명심하지 않으면 우리의 변증은 궤변과 논리적 난도질처럼 들릴 수 있고, 상대의 마음은 꿈쩍도 하지 않을 수 있다. 궤변가들은 모든 입장이나 그 반대 입장에 대해서도 똑같이 확신에 차서 응수할 수 있었지만, 그런 똑똑함이 오히려 의혹을 조장했다. 그들은 밤을 낮으로, 낮을 밤으로, 옳음을 그름으로, 그름을 옳음으로 둔갑시킬 수 있었다. 그러나 듣는 사람들은 놀라고 머리가 어질어질했을 뿐이지, 대개 설득되지는 않았다. 이 요지는 두 가지 특정한 상황에서 그리스도인 변증자들에게 중요하다. 하나는 우리가 대화 상대의 진짜 입장을 반박하는 게 아니라 "허수아비 오류"(상대의 입장을 비슷하게 왜곡해 놓고 그것을 반박하는 논증상의 오류―옮긴이)를 범할 때다. 또 하나는 아픔을 겪고 있는 사람을 상대할 때다. 욥은 매정한 친구들에게 "너희의 책망은 무엇을 책망함이냐. 너희가 **남의**

말을 꾸짖을 생각을 하나 실망한 자의 말은 바람에 날아가느니라"고 항변했다.[욥 6:25-26]

마음의 보물을 파악하고 그리하여 논리의 결과를 삶 속에서 찾아내는 일은, 논리 자체에 대한 공격이 아니라 논리의 오용에 대한 공격이다. 물론 상대의 머릿속이 혼란스러울 수도 있으나, 대개 문제는 상대의 마음이 머릿속에 있지 않다는 것이다. 변증자에게 중요한 것은 상대의 마음이 어디에 있느냐는 것이다. 사실 논리도 인간의 삐딱한 성질을 거드는 도구가 될 수 있다. 논리 자체는 쉽게 일탈로 변할 수 있으며, 그리하여 하나님과 그분의 진리를 피하는 대피소가 될 수 있다.

불신은 지극히 논리적일 수 있으나, 동물원의 우리 안을 터덜터덜 뱅뱅 도는 코끼리처럼 그런 논리는 도무지 헤어날 길이 없는 순환 논리가 될 수 있다. 체스터턴은 사람들을 대하다가 상대의 그런 악순환에 부딪칠 때면 재치와 유머로 의표를 찌르곤 했다. "이성으로만 움직이는 순간, 상대의 움직임은 다시 다람쥐 쳇바퀴에 빠진다. 자신의 순환 논리에 갇혀 뱅뱅 돈다."[15]

C. E. M. 조드는 회심한 후에 자신이 합리주의자로서 종교를 맹비난하며 살았던 시절을 이렇게 회고했다.

물론 나는 논쟁에 가담했고 분명히 그 주제로 책도 썼다. 그러나 나의 많은 글과 말은 주제를 참신하게 사색한 지성의 산물이 아니었다. 그 지성은 과거에 자신이 만들어 낸 생각의 퇴적물로 생계를 이어 가고 있었다. 나는 활동하고 있었고 다시 응용했지만 옛 자료에 새것을 더하지는 않았다. 사실 나는 조상이 모아 둔 재산으로 생활하는 불로소득자였다. 마흔이 된 중년 남자는 자신의 사고를 빚어냈던 스무 살 젊은이를 조상으로 대할 자격이 있다.[16]

다시 말하지만 이 요지도 양방향으로 통한다. 그리스도인들도 마흔, 쉰, 예순이 되어서도 자신의 젊은 자아가 대학 시절에 만들어 낸 다람쥐 쳇바퀴에 갇혀 똑같이 맴돌 수 있다. 하지만 사실은 그래서는 안 되며 그럴 필요도 없다. 기독교 신앙이 진리라면, 아무리 넓은 인생 경험에 부딪쳐도 여전히 진리로 입증될 것이기 때문이다. 그러나 불신은 그렇지 못하다. 조지 오웰George Orwell은 합리주의자인 H. G. 웰즈Wells가 "너무 합리적이라서 현대 세계를 이해할 수 없다"고 비꼬았다.[17] 나중에 신앙에 이른 아우구스티누스의 여정처럼, 많은 사람들에게 필요한 것은 더 많은 새로운 논증이 아니라 상쾌한 공기다.

의문을 불러일으키는 질문   두 번째로 생각할 것은, 늘 의문을 불러일으키는 질문을 사용해야 한다는 것이다. 뒤에서 살펴보겠지만 질문에는 특유의 전복적 성질이 있다. 특히 형세를 역전시킬 때 질문의 특별한 역할이 있다. 머리말에 강조했듯이, 기독교의 전도와 변증은 거의 모든 사람의 마음이 열려 있고 관심도 있으며 필요성도 느끼고 있다는 가정에 기초할 때가 많다. 하지만 대부분의 사람은 그렇지 않을 때가 대부분이다.

말할 것도 없이, 그래서 우리의 많은 노력은(또한 책과 강연과 세미나와 토론도) 의도는 좋지만 비효과적일 수밖에 없다. 해리 블래마이어즈$^{Harry\ Blamires}$가 수십 년 전에 한탄했듯이, "그런 게 도움이 될 대상은 기존의 신자, 절반의 신자, 불만을 느끼는 비신자다. 아주 큰 도움이 될 대상은 가르침을 받지 못한 신자, 기독교에 귀의하기 직전의 사람, 자신의 무신론과 불가지론과 엉성한 유신론이 불편한 사람이다."[18]

그렇다면 우리 시대의 대다수 사람들은 전도를 받지 못했다기보다 고민이 없고, 설득되지 않았다기보다 관심이 없다는 뜻이다. 그들에게는 답 못지않게 질문이 필요하다. 질문으로 의문을 불러일으키면 답이 필요해지기 때문에 사람들이 진정한 구도자가 될 수 있다. 윌리엄 윌버포스$^{William\ Wilberforce}$는 18세기 말 부유층 상류 사회의 정치적 무관심에 부딪쳤다. 해법으로 그는 "도입 장치"를 생각해 냈다. 여러 접근과 질문을 통해 당대의 보이지 않는 사회적 장벽에 구멍을 내고 사람들을 자극하여 생각하게 만든 것이다. 가장 유명한 예는, 노예제도에 반대하는 홍보물인 웨지우드 도기 접시였다. 작은 접시 한 가운데 사슬에 묶인 노예의 얼굴이 있고, 빙 둘러 가장자리에 "나도 인간이며 형제가 아닌가?"라는 질문이 새겨져 있었다. 질문이 서술보다 더 전복적임을 윌버포스는 알았다. 그의 친구였던 조사이어 웨지우드^{Josiah Wedgwood}가 디자인한 도기의 명성에 힘입어, 작은 접시가 불러일으킨 의문은 귀족 사회 전체에 반향을 일으켰다.

목표는 질문을 통해 의문을 불러일으켜 무관심의 벽이 무엇이든 거기에 구멍을 내는 것이다. 지금 상대하고 있는 사람에게 통할 만한 어법과 방식으로 해야 함은 물론이다. 그러려면 상대의 자리에서 의문을 불러일으켜야 한다. 예컨대 진지한 책을 읽는 사람이 소수뿐이라면, 진지한 책으로는 소수에게만 의문을 불러일으켜야 한다. 의문을 불러일으키기에 더 좋은 매체도 있고, 답하기에 더 좋은 매체도 있다. 예컨대 의문을 불러일으키기에는 대개 영화, 연극, 그림, 시, 만화 등이 진지한 책보다 낫다. 반대로 의문에 답할 때는 진지한 책이 유리하다.

그러나 어떤 식의 질문과 매체로 의문을 불러일으키든 요지는 동일하다. 즉 불신의 결과를 깊이 파헤치는 것이고, 사람들에게 자신의 신념의 논리를 끝까지 따라가 보도록 도전하는 것이다. 어떤 그리스도인들은 묻는 사람이 없는데도 항상 답을 내놓기로 대책 없이 유명하다. 그보다는 의문을 잘 불러일으키라. 그러면 우리는 탐구의 질문을 던지는 사람으로 알려질 것이고, 사람들은 그런 의문을 채워 줄 유일한 답으로 기쁜 소식에 기대를 걸 수 있다. 파스칼은 『팡세』에 "그러므로 나는 인간 안에 진리를 찾고 싶은 갈망을 기꺼이 **불러일으켜야** 한다"고 썼다.[19]

우리의 선지자가 아닌 상대측의 선지자

세 번째로 생각할 것은, 상대의 입장에서 논쟁하는 게 더 효과적이듯이 우리의 선지자가 아닌 상대측의 선지자에 의거하는 게 더 지혜롭다는 점이다. 이는 비단 친숙함의 문제만이 아니라 권위의 문제이기도 하다. 성 바울은 회당에서는 율법으로 전도했지만, 아레오바고에서 아테네의 철학자들을 상대할 때는 주전 6세기 크레타의 시인 에피메니데스("우리가 그를 힘입어 살며 기동하며 존재하느니라")와 주전 3세기 그리스의 시인 아라토스("우리가 그의 소생이라") 등 예수보다 오래전에 살았던 이교 시인들의 말을 인용했다.[행 17:28] 성 아우구스티누스도 자신이 과거의 이교 신앙을 버리는 데 이교 철학자들이 중요한 역할을 했음을 훗날 돌아보며 깨달았다. 그는 "전통적 교육이 내게 가르쳐 주었듯이, 주피터는 벼락으로 악인을 벌하면서 정작 자신은 간음을 저지른다. 완전히 모순이다"라고 썼다.[20]

나중에 키케로의 『호르텐시우스』를 읽고 나서 그는 이렇게 썼다. "내 모든 허황한 꿈이 갑자기 매력을 잃었고, 그때부터 내 심장은 영원한 진리의 지혜를 찾으려는 정체 모를 열정으로 고동쳤다."[21]

이교 철학자들은 아우구스티누스가 신앙에 이르는 여정에 요긴한 도움이 되었다. 그래서 그는 "이 책들이 일깨워 준 덕분에 내 본연의 자아로 돌아갈 수 있었다"고 회고했다.[22] 그로부터 오랜 후에 파스칼도 하나님을 찾는 모든 사람에게 동일한 과정을 덤덤하게 권했다. "철학자와 회의론자와 독단론자들 사이에서 그분을 찾아보라. 그들 때문에 찾는 사람의 속이 탈 것이다."[23]

체스터턴도 남이 흉내 낼 수 없는 자기만의 방식으로 똑같은 취지를 표명했다. "희한하게도 그들 자신의 회의보다도 더 깊은 회의를 불러일으키는 위대한 불가지론자들"이 그에게 깊은 인상을 남겼다.

나는 기독교 변증을 한 줄도 읽은 적이 없고 지금도 되도록 읽지 않는 편이다. 나를 정통 신학으로 돌아오게 한 것은 토머스 헉슬리Thomas Huxley와 허버트 스펜서Herbert Spencer와 찰스 브래들로Charles Bradlaugh였다. 그들이 내 사고 속에 회의에 대한 거센 회의의 씨앗을 처음 뿌려 주었다. 토머스 페인Thomas Paine과 자유사상가들이 사고를 뒤흔들어 놓는다던 우리 할머니들의 말이 정말 옳았다. 사실이다. 그들은 내 사고를 사정없이 뒤흔들어 놓았다. 그 합리주의자 때문에 나는 이성이 도대체 쓸모 있는 것인지 의문이 들었고, 스펜서의 책을 다 읽고 나서는 진화가 과연 발생하기나 했는지 (처음으로) 의심하는 지경에까지 이르렀다. 잉거솔Robert Ingersoll 대령의 마지막 무신론 강연집을 내려놓았을 때는, 이런 무서운 생각이 뇌리를 훑고 지나갔다. "당신이 나를 설득하여 거의 그리스도인이 되게 하는구나." 나는 절박한 상태였다.[24]

나는 첫 저서 『죽음의 먼지』*The Dust of Death*를 쓸 때 그 교훈을 배웠다. 그 책의 한 장에 1960년대에 유입된 동양 종교들을 개관하고 비평하면서 나는 18세기 일본의 하이쿠 시인 고바야시 잇사小林一茶의 이야기를 소개했다. 연이은 비운의 사건으로 그의 아내와 다섯 자녀가 모두 세상을 떠났다. 그는 매번 슬픔에 겨워 선사禪師를 찾아갔으나 돌아온 위로의 말은 똑같았다. "세상이 이슬임을 잊지 마시오." 이슬은 잠깐 있다 사라지는 덧없는 존재다. 해가 뜨면 이슬은 스러진다. 이 환영幻影의 세상에서 겪는 고난과 죽음도 그러하니 너무 연연해서는 안 된다는 것이다. 세상이 이슬임을 잊지 말라. 더 초연하라. 애통해 봐야 슬픔만 오래갈 뿐이니 초월하라.

한 자녀의 사후에 잇사가 위로받지 못한 채 집에 돌아가서 쓴 시가 그의 가장 유명한 시 중 하나가 되었다. 번역하면 이렇다.

> 이슬의 세상은
> 이슬의 세상이지만,
> 그러나……

전반부에는 불교의 전체 논리가 담겨 있으나, 후반부에는 아버지의 그리운 마음이 사무쳐 있다. 그 뒤로 오랜 세월 동안 나는 물리적으로나 영적으로 동양으로 가는 길에 올랐다가 내 책의 그 이야기 때문에 즉각 멈추어 돌아선 사람들을 많이 만나 보았다. 상대측의 선지자를 한 명만 짧게 언급했는데도, 수백 페이지에 달하는 기독교의 논증보다 더 가치가 있었다. 정말 그럴 때가 많다.

무릎을 꿇을 것인가, 발길을 돌릴 것인가?

이렇듯 우리는 상대를 위해 기도하면서 그가 자신의 입장의 달갑잖은 논리를 볼 수 있도록 그를 부드럽고도 단호하게 그쪽으로 밀어붙여야 한다. 그렇다면 이때 우리가 예상할 수 있는 바는 무엇인가? 우선, 우리는 상대의 세계관에서 긴장이 어느 부위에 있는지 모른다. 성경의 가르침에 근거해 그런 긴장

을 전제할 수는 있으나 그것을 미리 볼 수는 없다. 하지만 그
것을 전제하면 확실한 접촉점이 생긴다. 긴장이 곧 **만남의 지
점**이 되는 것이다. 상대가 하나님에 대해 뭐라고 말하든—그
분을 무시하든 부정하든 혐오하든 조롱하든—우리가 늘 상대
에 대해 아는 두 가지 사실이 있다. 첫째, 그 자신도 하나님의
형상대로 지음받았다. 둘째, 그는 하나님의 현실 세계 안에 살
고 있다. 따라서 그가 뭐라고 말하든, 반드시 그의 신념에는
진리와 거짓이 공존하며 어딘가에 긴장이 있을 수밖에 없다.

대화가 계속되고 더 깊어지면 점점 긴장의 사실이 **만남의
지점**을 넘어 잠재적 **압력의 지점**으로 변한다. 그러면 상대의
마음의 보물이 무엇이며, 그 보물을 지키는 일과 그의 신념이
어디에서 충돌하는지 드러난다. 늘 그런 것은 아니지만 상대
보다 우리가 그 압력의 지점을 먼저 알 때가 많다. 하지만 이
는 늘 영적 분별의 문제이며, 대화나 관계 초기부터 명확한 경
우는 드물다.

지극히 당연하게도 우리 주님은 사람들과 대화하실 때 즉각
적 분별력이 있으셨다. 복음서에 수없이 나와 있듯이, 그분은
상대의 마음이 어디에 있는지 즉시 아셨다. 예컨대 부자 청년
관원의 경우, 예수께서는 엄청난 재물이 그의 문제임을 아셨
다. 그 장벽에 막혀 그가 제자도의 대가를 치를 마음이 없었으
므로 그분은 대번에 그 점을 지적하셨다. 우리는 그런 분별력

이 없기 때문에 시간을 내서 상대를 알아 가고, 사랑하고, 위해서 기도하고, 이야기를 들어야 한다. 돌담을 쌓는 사람이 돌을 가볍게 톡톡 치다가 단층선을 치면 돌이 쉽게 갈라지듯이, 우리도 그러면서 상대의 사고에서 단층선을 찾아야 한다.

어느 시점부터 상대는 긴장을 인식한다. 그것이 마음의 보물을 건드리기 때문인데, 이는 그에게 중요한 문제다. 이제 긴장은 **만남의 지점**에서 **압력의 지점**을 지나 **위험의 지점**에 이른다. 세 번째 용어는 니체가 썼던 표현이다. 그는 사람들이 각자의 철학의 논리에 정면으로 맞서지 않으려는 모습을 보았다. 대신 그들은 권투 선수처럼 멋지게 피하고, 자신이 만들어 낸 코너에 몰릴 때면 로프의 반동에 의지하려 한다. 니체는 그런 사상가들을 참지 못했다. 예컨대 그는 제이콥 버크하트[Jacob Burckhardt]가 허무주의를 똑바로 직시하지 않는다며 그를 공격했다. 니체가 보기에 이 스위스 역사가의 강연은 "사상이 깊긴 하지만 **위험의 지점에 닿는 순간** 갑자기 조용히 무너져 비틀어진다."[25]

사람이 하나님 앞에서 자신을 성찰하다가 위험의 지점에 도달하거나 근접해지는 때는 정말 엄숙한 순간이다. 그 순간이 언제 참으로 온전히 올지는 하나님만이 아신다. 우리는 모를 때도 있으며, 그것을 아는 게 우리의 소관도 아니다. 하지만 분명히 상대는 이제부터 자신에게 변명의 여지가 없음을 그 순간에 하나님 앞에서 안다. 이제는 진리를 보았고 알았기에, 그는 그 진리에 책임져야 한다. 무화과 잎사귀는 다 떨어져 나갔고 알리바이도 다 드러났다. 자신이 그 자리에 이르렀음을 마음 깊이 알기에, 상대는 이 진리의 결정적 순간에 대해 전적으로 책임을 져야 한다. 프란츠 카프카Franz Kafka가 지적했듯이, 성경대로 역사의 종말에 임할 심판 날은 성경의 시간관을 통해서만 가능하다. 심판 날은 "영원한 회기의 즉결 재판소"이기도 하다.26

물론 이 진리의 순간에 모든 사람이 진리에 설득되는 것은 아니다. 이때조차도 늘 최종 선택은 각자의 몫이다. 즉 **무릎을 꿇을 수도 있고 발길을 돌릴 수도 있다.** 무릎을 꿇는 경우, 그 순간은 자신의 불신이 부실한 것으로 판명되는 순간이다. 그런 사람은 새롭게 드러난 실재를 온전히 인정하며, 부인할 수 없이 하나님 자신을 가리켜 보이는 그분의 진리의 논리를 받아들인다. C. E. M. 조드는 자신이 철학자로서 그 엄숙한 진리의 순간에 부딪친 일을 이렇게 묘사했다. "여태껏 최선을 다해 살아온 것에 비추어 볼 때, 합리주의와 낙관론의 철학은 견딜 수 없이 시시하고 얄팍해 보였고……더 매서워진 20세기의 바람들을 당해낼 수 없을 듯 보였다. 그래서 나는 그것을 버리고 어느새 그리스도인이 되어 있었다."27

반대의 반응도 똑같이 가능하다. 상대는 발길을 돌릴 수도 있다. 권투 선수가 로프의 반동에 의지하고 요트 조종사가 코스를 바꾸듯이, 그런 사람은 논리를 회피하고 진리의 명백한 위력을 비켜가려 한다. 이런 술책의 한 특징으로, 사람들은 한쪽 극단에서 반대쪽 극단으로 넘어갈 때가 많다. 어이없게도 논리가 전혀 새롭게 돌변하는 것이다. 예수께서도 비판자들의 그런 반응에 부딪치셨다. 그들은 그분을 방탕한 사람이라 부르다가 돌연 그분이 남의 흥을 깨뜨린다고 말을 바꾸었다. 체스터턴도 그런 수법을 자주 접했다.

한 합리주의자가 기독교를 악몽이라 부르자마자, 다른 합리주의자는 기독교를 환상의 천국이라 불렀다. 어이없게도 두 공격은 모순되어 보였다. 기독교란 백색 세상에 씌운 흑색 가면이면서, 동시에 흑색 세상에 씌운 백색 가면일 수는 없다. 그리스도인의 상태란 거기에 매달리는 게 비겁할 정도로 편하면서, 동시에 그것을 견디는 게 미련할 정도로 불편할 수는 없다.[28]

C. S. 루이스는 똑같은 반응에 대해 이렇게 말했다.

그런 사람들은 여섯 살 난 아이에게나 어울릴 만한 수준의 기독교를 내세우면서 그것을 공격의 대상으로 삼는다. 교육받은 성인이 믿는 진정한 기독교 교리를 당신이 설명하려 하면, 그들은 당신의 말이 너무 복잡해서 골치가 아프다면서 하나님이 정말 존재한다면 분명히 종교를 단순하게 만들었을 것이라고 투덜거린다.[29]

무릎을 꿇는 사람은 전망이 밝다. 변증자의 일은 여기서 끝나고, 우리는 아주 다른 일 곧 더 단순하고 긍정적인 전도자의 일로 넘어갈 수 있다. 기쁜 소식은 정말 희소식이어서 금세 탕자의 귀환을 축하하는 잔치가 벌어질 수 있다. 그러나 상대가 발길을 돌릴 경우, 비록 그의 반론의 골자는 더 분명해졌어도 우리의 일이 끝나려면 아직 멀었다. 이렇게 먹물을 내뿜고 도망가는 문어처럼 교묘히 회피하는 사람은 전망이 밝지 못하며 그 이유는 분명하다. 한 친구가 화가 프랜시스 베이컨에게 자기는 영원한 고통 속에 사느니 차라리 영원한 영혼이 없는 게 낫겠다고 말하자, 베이컨은 섬뜩한 현실주의를 답으로 내놓았다. 인간은 "자아에 너무 애착이 강하여 그저 소멸되느니 차라리 고통을 원할 것"이라고 말이다.[30] 이 지점에서 우리 변증자들은 다시 돌아가 형세를 더 잘 역전시키려 애쓰거나, 아니면 더 긍정적인 다른 접근을 시도해야 한다. 이번에는 그 후자를 살펴보고자 한다.

7. 신호를 촉발한다

영국의 젊은 시인 W. H. 오든을 알던 대부분의 사람들은 제2차 세계대전이 발발한 1939년까지만 해도 그가 그리스도인이 되리라고는 상상조차 못했을 것이다. 그는 옥스퍼드의 동기들인 스티븐 스펜더$^{Stephen\ Spender}$와 세실 데이 루이스$^{Cecil\ Day\ Lewis}$와 더불어 당대의 영어권에서 가장 영향력 있는 시인 중 한 사람이었고, 많은 사람들이 그를 예언자로 여겼다. 그는 또한 무신론자이자 좌익 사회주의자면서 동성애자였고, 스페인 내전에서 공화군 진영에 자원 복무한 재향군인이었다. 그를 기독교 신앙으로 이끌 만한 요소는 그의 삶에 별로 없어 보였다. 그런데 그 일이 벌어졌으니, 그의 일부 가장 가까운 친구들마저 깜짝 놀라지 않을 수 없었다.

1939년 1월 크리스토퍼 이셔우드와 함께 미국에 도착했을 때, 오든은 종교가 없었다. 영국의 그레셤 학교에 다니던 열세 살 적부터 종교를 갖지 않았다. 할아버지와 외할아버지가 둘 다 성직자였으나, 그가 기숙사 학교에서 접한 종교는 "막연히 사기를 북돋아 줄 뿐, 오래된 탄산수처럼 김이 빠져 있었다." 그는 또 "열세 살 때 견진성사를 받았는데, 그 직후에 내 신앙을 잃었다고 말한다면 감상적 과장이나 거짓이 될 것이다. 나는 단순히 흥미를 잃었다"라고 썼다.[1] 그 이후로 그는 "사람들은 아무도 자기를 사랑해 줄 사람이 없을 때에만 하나님을 사랑한다"고 확신했고, 그런 생각은 옥스퍼드 내 크라이스트처치 칼리지에 다니는 동안 더 굳어졌다. 말할 것도 없이 그가 살던 시대도 신앙에 그리 도움이 되지는 않았다. 뉴욕 52번가의 허름한 술집에서 쓴 「1939년 9월 1일」이라는 유명한 시에서, 오든은 암울한 1930년대를 "비굴하고 부정직한 시대"라고 표현했다.[2]

그러나 특히 두 가지 경험이 오든을 흔들어 깨우는 바람에 그는 재고하지 않을 수 없었다. 첫 번째는 일찍이 1933년에 그가 맬번 힐즈의 다운즈 학교에 교사로 있을 때였다. 동료 교사 세 명과 함께 앉아 있다가 갑자기 그는 그들 모두의 존재에 무한한 가치가 있으며 자신이 그들을 존재 자체로 사랑한다는 의식에 압도되었다. 하지만 왜 그랬을까? 훗날 그는 이 경험을 "아가페(사랑)의 한 장면"으로 묘사했다.[3]

두 번째이자 더 깊은 경험은 「1939년 9월 1일」이라는 시를 쓴 지 두 달 만에 뉴욕에서 있었다. 그날 그는 맨해튼 동북부 요크빌의 한 극장에 있었는데, 그때는 몰랐지만 그 지역은 대체로 아직 독일어를 쓰던 곳이었다. 전황의 소식이 무척 궁금했던 그는, 나치가 폴란드를 침공하여 정복한 내용의 「폴란드에서의 승리」라는 다큐멘터리를 보러 들어갔다. 나치 돌격대가 아녀자들을 총검으로 찔러 죽이고 있는데, 관객들은 "죽여라! 다 죽여 버려라!"고 외치며 동족을 응원했다.

오든은 기겁했다. 그때 그의 인생철학은 자유주의와 사회주의와 민주주의가 섞여 있었고, 그 전에는 지그문트 프로이트와 칼 마르크스Karl Marx의 학설을 탐구한 지적 편력이 있었다. 그러나 신념이 바뀌어도 늘 하나의 공통된 줄기가 있었으니, 곧 인간의 본질적 선에 대한 믿음이었다. 세상의 문제를 푸는 해법이 정치든 교육이든 심리학이든, 인간이 선하기 때문에 그는 일단 문제만 해결되면 세상이 행복하리라 믿었다.

그런데 나치 친위대의 만행과 관객들의 잔인한 반응을 보고 들으면서, 불현듯 그는 자신이 틀렸음을 알았다. 자신이 지금 절대적 악을 대면하고 있으며 그 악이 절대적으로 비판받고 단죄받아 마땅하다는 것을 그의 온몸이 추호도 의심 없이 직관으로 알았다. 히틀러를 "극도로 악하게" 볼 근거가 있어야만 했다. 깊은 충격을 받은 오든은 그 일을 곰곰이 반추했다. 19세기에 러시아의 농민을 선하게 보았던 도스토예프스키의 믿음이 시베리아에서 농부의 타락상을 접하며 산산이 부서졌듯이, 인간을 선하게 본 오든의 순진한 확신도 구멍 난 풍선처럼 푹 꺼지고 말았다.

이 경험은 오든에게 두 가지 난감한 문제를 들이밀었다. 부정할 수 없는 악을 접했으니 이제 그것을 어떻게 설명할 것인가? 그리고 그 악을 절대적이고 무조건적인 비판으로 단죄하는 일을 어떻게 정당화할 것인가? 오든처럼 교육받은 사람들과 그가 살고 있던 시대에 어차피 "절대 기준"이란 그 무엇도 존재하지 않았다. 윌리엄 제임스는 걸핏하면 "절대 기준이여, 저주를 받을지어다!"라고 말했고, 제임스 조이스^{James Joyce}의 『젊은 예술가의 초상』^{The Portrait of the Artist as a Young Man}에 나오는 스티븐 디덜러스는 "절대 기준은 죽었다"라는 말을 주문처럼 되뇐다.[4] 대상이 무엇이든, 절대적 비판이란 상상도 못할 고지식한 일이요 무지한 대중이나 하는 일이었다. 니체 이후로 자존심이 있는 모든 철학자는 상대주의에 대한 절대적 판단을 버렸다. 정치적 공정성의 시대가 도래하기 오래전부터, 이미 심리학자들은 절대 기준을 폐기하고 무비판적 관용과 수용을 내세웠다.

오든은 친구들에게 고민을 제기했다. "지금 영국의 지식인들은 악의 화신인 히틀러에 맞서 천국을 향해 부르짖지만, 그들에게 그런 천국은 없지 않은가?" 그가 한 친구에게 한 말이다. 자유주의의 치명적 결함이 그에게 분명히 보였다. 이듬해에 그는 이렇게 썼다. "자유주의 사상의 전체 흐름은 절대기준에 대한 믿음을 허무는 것이었다.……자유주의는 이성을 심판자로 만들려 했다.……하지만 삶이란 가변적 과정이므로……약속을 지킬 근거를 인본주의에서 찾으려는 시도는 '내가 불편하면 언제든지 약속을 어겨도 된다'는 논리적 결론을 안고 있다."[5] 『옵서버』^{Observer} 잡지와의 인터뷰에서도 그는 비슷하게 말했다. "모든 도덕이 개인적 취향의 문제라는 상대주의적 관점을 취할 각오가 없는 한, 인간이 결코 피할 수 없는 질문이 있다. '나의 확신처럼 정말 나치가 틀렸고 우리가 옳다면, 무슨 근거로 우리의 가치관은 정당하고 나치의 가치관은 부당한가?'"[6]

오든은 이런 악에 대처하는 유일한 방법이 "절대 기준에 대한 믿음"을 되찾는 것이라 결론지었다. 요크빌의 극장에 다녀온 직후, 그는 다음과 같은 도전을 시구로 표현했다. "우리가 절대 기준을 제시하지 않으면, 히틀러 같은 괴물이 철갑 같은 인습을 만들어 그 기준으로 악을 자행할 것이다."[7]

초월의 신호

여기서 분명히 해둘 게 있다. 오든은 그 통찰을 깨닫고 극장을 나서면서 바로 기독교 신자가 된 게 아니다. 그 단계는 나중에 왔다. 하지만 이 경험은 그에게 강렬한 의문을 불러일으켰다. "내가 기독교와 영영 작별한 줄로 알았었기" 때문이다.[8] 극장을 나설 때 그는 구도자가 되어 있었다. 분명히 믿음 쪽으로, 더 정확히 말해서 무언가 새로운 입장 쪽으로 향하고 있었다. 자신을 실망시킨 기존의 무신론 신앙을 떠난 것만은 확실했다. 그는 히틀러를 절대적으로 틀렸다고 비판할 만한 무조건적 절대 기준을 찾아야 했다. 삶은 그에게 거대한 의문을 제기했는데, 오죽했으면 그의 삶과 사고방식 전체가 그 일 때문에 의문시될 정도였다. 이 사건은 어떤 회피나 지체도 용납되지 않을 만큼 시급하게 답을 요구했다. 기존의 신념이 더 이상 만족을 주지 못했기에 그는 답을 찾아 나섰다. 그 답은 전쟁의 거대한 도전 앞에서도 참으로 만족스러운 것이라야 했다.

오든이 경험한 일은 피터 버거가 말한 "초월의 신호"signals of transcendence의 한 예다.[9] 버거가 『현대사회와 신』*A Rumor of Angels*에서 설명했듯이, 초월의 신호란 "'자연적' 실재의 영역에서 조우하지만 그 실재 너머를 가리키는 듯한 어떤 현상"을 말한다.[10] 이런 경험은 신호음처럼 울려서 우리로 하여금 현재의 인식을 초월하여 더 깊고 넓고 진지하게 생각하게 만든다. 이 신호의 메시지는 이중적이어서, 모순이자 또한 갈망으로 작용한다. 모순이라 함은 그것이 기존의 충분했던 우리의 신념에 구멍을 내기 때문이다. 동시에 그것은 새로운 답에 대한 갈망 혹은 동경을 우리 안에 불러일으킨다. 기존의 신념이 무엇이었던 간에, 그것은 명백히 실패했으므로 새로운 답은 그보다 확실하고 풍성하고 충분해야 한다.

요컨대 초월의 신호는 하나의 신념을 넘어 또 다른 신념을 가리켜 보인다. 적어도 진리일지도 모르는 무엇을 가리켜 보인다. 표지판의 역할이 만족스럽게 끝나려면 그 종착점이 진리여야만 한다.

파블로 피카소의 친한 친구였던 스위스 조각가 알베르토 자코메티Alberto Giacometti는 그런 경험을 "삶에 뚫린 구멍"이라 표현하곤 했다. 그는 열아홉 살 때 친한 친구의 죽음을 통해 깊이 충격을 받았다. 그때 고개를 쳐든 의문들이 25년도 넘게 그를 따라다니며 그를 덧없고 가냘픈 것들의 예술가로 빚어냈다.[11] 자코메티의 경우는 결국 찾아낸 답이 오든과는 판이했지만 "신호" 혹은 "삶에 뚫린 구멍"은 비슷했다.

다른 사람들도 이런 경험을 **단서, 전조, 자극제, 충격적 사건, 계기, 귀소 신호, 인식의 한계점, 국면의 전환점, 현현, 초월적 충동, 형이상학적 갈증** 등 수많은 어휘로 표현했다. 그러나 그들이 하나같이 담아내려 한 그 경험을 통해 사람들은 자신의

삶에 여태껏 상상도 못했던 "무언가가 더" 있어야만 함을 깨
닫는다. 시인 윌리엄 워즈워스^{William Wordsworth}의 표현으로 그 경
험은 우리를 "실현되지 않은 세상"의 문간으로 부른다.[12] 때로
이런 경험은 부드러워서, 더 필요한 "무언가"가 무엇이든 간
에 그것을 향한 아픈 갈망만을 남긴다. 하지만 더 강하게 사람
을 교란시킬 때도 있어서, 사람들은 그 촉매제에 떠밀려 기존
의 신념을 버리고 더 낫고 만족스러운 답을 당장 찾아 나선다.

초월의 신호를 이후의 발견과 혼동해서는 안 된다. 발견은
이런 경험의 최종 결과일 수도 있고 그렇지 않을 수도 있다.
신호는 신호일 뿐이며, 종착점이 아니라 표지판이다. 증거 자
체가 아니라 가리키는 바늘일 뿐이다. 따라서 신호와 발견 사
이에 늘 적어도 두 가지 간극이 있다. 첫째는 논리적 간극이
다. 신호 자체는 발견이 아니다. 똑같은 신호를 경험한 사람들
도 종착점이 아주 다를 수 있다. 신호를 잘 해석하고 주의 깊
게 따라갔는지 여부에 대해서는 이견과 논란이 있을 수 있지
만, 요지는 종착점을 최종 결정짓는 게 신호 자체가 아니라는
점이다.

C. S. 루이스는 문화 전반과 특히 초월의 신호가 교양인들의
사고와 탐색을 자극하는 데 매우 유익하다고 지적했다. 이를
통해 그들이 "실재란 아주 이상한 것이고, 궁극적 진리란 그것
이 무엇이든 간에 특성상 낯설 **수밖에 없음**"을 깨닫기 때문이

다. 그러나 동시에 그는 그런 경험을 우상화하여 그 자체를 넘어서지 못하면 위험하다고 경고했다. 이런 과오를 범하는 사람들은 너무 일찍 중단한 것이다. 그들은 "예루살렘 교외"와 "천국의 외곽"에만 닿았을 뿐, 아직 도시 자체에는 이르지 못했다.[13] 그는 달을 너무 오래 쳐다보면 사람이 미치기도 하거니와, 달의 운치가 "햇빛의 반사체"일 뿐임을 망각하는 것 또한 똑같은 과오라고 말했다. 끝까지 추적해서 해 자체를 보는 게 지혜롭다는 말이다.[14]

아서 케슬러^{Arthur Koestler}는 신호를 듣고도 끝까지 따라가지 않았다. 사실 그런 경험이 있은 지 오랜 후에 그는 아내와 함께 동반 자살했다. 하지만 자신이 그런 현현을 처음 경험했던 젊은 날의 그때를 아주 똑똑히 알고 있었다.

그때 나는 부다^{Buda}의 어느 산비탈에서 푸른 하늘 아래에 드러누워 있었다.……말벌에라도 쏘인 듯 갑자기 무한성의 역설이 내 뇌리를 뚫고 들어왔다.……무한한 세계가 미결의 수수께끼로 남으리라는 생각을 견딜 수 없었다. 절대 기준에 대한 갈증은 지금 여기의 상대적 세상에서 만족을 찾을 수 없는 사람들에게 오명과도 같은 흔적을 남긴다.……우리의 표적인 무한한 세계는 이런저런 유토피아로 대체되고 말았다.[15]

다음으로, 신호와 발견 사이에 시간의 간극이 있다. 신호와 발견, 질문과 답 사이의 간극이 눈에 띄지 않을 정도로 짧은 경우도 있다. 이때는 신호가 즉시 답을 가리켜 보여 사람들이 고맙게 그것을 보고 붙잡는다. 반대로 몇 년이나 몇십 년 동안 괴롭게 찾고 걸러내고 정리한 뒤에야 비로소 발견에 이르는 경우도 있다. 하지만 빠르든 느리든 신호는 의미를 향한 여정을 촉발한다.

이런 경험을 뭐라고 부르든—성경에 "영원을 사모하는 마음"전 3:11이 언급되어 있고 워즈워드는 "불멸의 흔적"을 말했다—변증자에게 중요한 것은, 이 경험의 근거와 우리가 그것을 예상하고 힘입을 수 있는 이유를 확실히 아는 것이다. 그다음에 사람들에게 자신의 삶 속에서 그런 신호를 듣고, 그것이 어디로 인도하든지 따라가도록 권해야 한다. 신호가 들려오기 전에 상대가 믿거나 불신하고 있던 게 무엇인지는 관계없다.

진리는 여전히 진리다　　　　　예로부터 갈망과 열망은 많은 인생철학에 중요한 역할을 했다. 힌두교, 불교, 헬레니즘, 유대교, 기독교가 가장 두드러진 예다. 그중 헬레니즘은 플라톤으로 시작해서 신플라톤주의와 중세의 음유 시인들과 낭만주의에 이르기까지 서구 사상에 지대한 영향을 미쳤다. 스토아 철학과 불교는 갈망을 본질상 부정적으로 보아 늘 초월하려 했지만, 플라톤과 그의 추종자들의 주장에 따르면 모든 인간이 갈망과 열망을 경험하는 이유는 우리가 불완전하기 때문이고, 우리가 불완전한 이유는 본질상 "반으로 나뉘어 있기" 때문이다. 그래서 자신의 "다른 반쪽"을 그리워한다는 것이다. 즉 우리는 전체의 절반으로서 자신에게 맞는 다른 절반을 끊임없이 찾고 있으며, 그 갈망과 열망이 우리 각자를 움직여 전진하게 한다.

그리스와 로마의 고전적 관점에서 볼 때 감정에는 갈망, 두려움, 기쁨, 슬픔 이렇게 네 가지 중심적 감정이 있다(네 가지 기본 덕목에 상응한다). 로버트 윌켄의 설명처럼 "갈망은 내게 없는 것을 가지려는 소원이고, 두려움은 원치 않는 바를 피하는 마음이다. 이 두 가지 감정에 기쁨과 슬픔이 더해지는데, 갈망하는 바를 얻는 게 기쁨이고 두려워하는 바를 겪어야만 하는 게 슬픔이다."[16]

유대교와 기독교에서 설명하는 갈망은 불교나 스토아 철학과 전혀 다르다. 갈망 자체를 초월하거나 소멸시켜야 한다는 개념은 없다. 갈망은 목적에 따라 부정적일 수도 있고 긍정적일 수도 있다. 하나님을 향한 갈망인가, 아니면 자아를 향한 갈망인가? 또한 플라톤과 대조적으로 성경이 말하는 문제는 우리가 "반으로 나뉘어 있는" 게 아니라 "단절되어 있다"는 사실이다. 하나님께 불순종함으로써 우리는 그분과 그분의 임재로부터 분리되었다. 그래서 지금은 "에덴의 동쪽"에 살고 있다. 살아갈 집을 주셨는데 지금은 다 집을 떠나 먼 나라에서 탕자가 되었다. 하지만 아무리 멀리 떠나도 늘 집을 그리워하는 마음은 사라지지 않는다. 우리는 단절되었기에 늘 다른 집으로는 양에 차지 않는 향수가 있고, 다른 만족으로는 채워질 수 없는 갈망이 있으며, 다른 어디서도 달랠 수 없는 그리움이 있고, 어느 휴게소에서도 쉼을 얻지 못하는 불안이 있다. 이런 관점이 가장 잘 표현된 말은 아우구스티누스의 『고백록』 서두에 나오는 유명한 기도다. "주께서 주님을 위해 우리를 지으셨으니, 우리 마음은 주님 안에서 쉼을 얻기까지 안식이 없습니다."[17]

그러므로 초월의 신호 배후에는 갈망의 두 가지 출처가 있다. 하나는 우리를 하나님과 분리시킨 타락이다. 타락은 우리에게 우리가 상실한 것에 대한 떨칠 수 없는 그리움을 남겼다. 에덴의 동쪽에는 늘 불가피하게 "무언가 빠진 부분"이 있다. 다른 출처는 역사다. 어떤 세대는 이전 세대가 당연시했던 것을 거부하거나 상실할 수 있지만, 잦아들 줄 모르는 상실감에서만은 결코 헤어날 수 없다. 철학자 아이리스 머독Iris Murdoch은 "그래도 전에 신이 있던 자리에 무언가가 있지 않을까?"라고 반문했다.[18] 철학자 위르겐 하버마스Jürgen Habermas는 1991년에 한 무신론자 친구의 이상하게 침체된 장례식에 다녀온 후

「결핍된 부분에 대한 의식」이라는 유명한 에세이를 썼다. 지난 세월 많은 사람들이 내게 말했듯이, "무언가가 더" 있어야만 한다. 늘 "무언가 빠진 부분"이 있는 것 같다. 그게 없으니 발전된 현대 세계의 삶은 다음과 같은 집요한 생각을 불러일으킨다. 가지고 살아갈 것은 너무 많은데, 위해서 살아갈 것은 너무 적다는 것이다.

이것이 변증에 의미하는 바는 이렇다. 인간의 사고에 보편적으로 존재하는 **갈망과 열망**은, 인간의 사고에 보편적으로 존재하는 **본의 아닌 결과**라는 동전의 이면이다. 전자는 긍정적 감정인 갈망과 기쁨에서 비롯된다. 즉 내게서 없어졌으나 다시 갖고 싶은 무엇에 대한 열망이다. 후자는 부정적 감정인 두려움과 슬픔에서 비롯된다. 즉 직시하고 싶지 않은 부분을 피하는 마음과, 자신이 틀렸던 부분을 슬퍼하는 마음이다. 중요하게 이런 감정은 굶주림과 목마름처럼 물리적 충동이 아니라 마음과 사고의 감정이다.

처음 두 가지는 취지상 긍정적인 것으로, 비신자의 믿음에 허용되지 않는 억압된 진리에서 비롯된다. 나중 두 가지는 부정적인 것으로, 비신자의 믿음의 귀결점인 똑같이 억압된 진리에서 비롯된다. 그러나 어디에서 비롯되었든 이 모두는 강력한 동인으로 작용하며, 사도 바울이 로마서에 "불의로 진리를 막는다"고 표현한 불신의 해부의 직접적 산물이다.롬 1:18 하나님의 진리에 복종하지 않는 한, 우리에게 있는 진리는 결코 전부일 수 없다. 그래서 우리가 부딪치는 모든 현실을 내게 있는 진리로 해결해 보려고 늘 진리를 무리하게 잡아 늘이지만 실패할 뿐이다.

비신자와 대화할 때 우리는 상대가 불신의 세계관의 잘못된 요소("불의")를 늘 잡아 늘이려 함을 안다. 이럴 때 최선의 변증 방법은 "형세를 역전시키는" 또는 "상대주의자를 상대화하는" 부정적 전략이다(6장의 주제였다). 우리는 비신자에게 자신의 신념에 끝까지 충실할 것을 도전할 수 있다. 그것이 결국 불가능한 일임을 알기 때문이다. 불가능한 이유는, 그들이 주장하는 진리가 하나님의 충만한 진리가 아니어서 모든 현실을 감당할 만큼 늘어날 수 없기 때문이다. 따라서 결국 상대는 어떤 식으로든 두려움과 슬픔의 감정을 경험하게 되어 있다. 직시하고 싶지 않은 부분—곧 자신이 틀렸으며 자신의 관점이 결국 진리가 아니라 허위라는 사실—을 피하려는 마음이 그런 감정을 유발한다.

반대로 진리의 요소에 마음이 더 열려 있는 비신자와 대화할 경우, 우리는 상대의 신념 속에 아직 진리가 있음을 안다. 다만 그 진리는 상대를 자신의 신념으로부터 오히려 더 멀어지게 한다. 이럴 때 최선의 변증 방법은 상대가 경험하는 "초월의 신호를 가리켜 보이는" 일이다(이번 장의 초점이다). 결국 상대는 어떤 식으로든 갈망과 기쁨을 경험하게 마련이다. 상실된 부분을 다시 얻고 싶은 열망이 그런 감정을 유발한다.

기독교 신앙이 궁극적 진리요 충만한 진리일진대, 그것을 부인하는 모든 신앙은 그 부인하는 정도만큼 하나님의 진리에 못 미친다. 그분의 진리만이 충만한 진리다. 이 경우 자신의 불신에서 허위의 요소를 억압하는 사람은 결국 본의 아닌 결과에 늘 봉착할 수밖에 없다. 아무리 그의 사고에 진정한 장점이 남아 있더라도 말이다. 상대를 그가 전제한 논리 쪽으로 밀어붙이면, 그의 신앙이 진리도 아니고 충분하지도 못함이 입증될 것이다. 마찬가지로 자신의 신념에서 진리의 요소를 경청하는 사람은 결국 갈망을 경험하게 된다. 그 진리가 자신의 나머지 신념과 상반되거나 그것을 벗어난다 할지라도 말이다. 이런 열망은 그에게 기존의 신념 너머의 충만한 진리를 가리켜 보인다.

기본 전제는 언제나 동일하다. 인간이 아무리 하나님의 진리에 어긋나게 온갖 진리를 주장해도, 진정한 진리는 여전히 진리이고 항상 진리이며 우리에게 창조주를 가리켜 보인다. 그래서 우리는 진리를 향한 향수가 있고, 모든 창조 세계는 초월의 신호를 통해 우리에게 창조주를 기억할 것을 일깨운다. 그러므로 신호를 애써 듣지 않거나 듣고도 따르지 않는 모든 사람은, 필연적으로 불안한 운명을 자초할 수밖에 없다. 타락한 세상에서 비신자들의 만성적 상태가 이미 그러하지만, 발전된 현대 세계의 현실은 문제를 더욱 악화시킨다. 특히 소비 지상주의와 그 무질서한 갈망의 세계가 악영향을 끼친다. 소비 사회가 번성하려면 통제 불능의 갈망을 지속 불능의 탐욕으로 부추기고, 잔뜩 부푼 권리 욕구로 부채질해야 하기 때문이다. 그런 사회는 거짓된 만족을 주면서 동시에 참된 갈망을 말살한다. 여기서 생겨나는 불안이 경제를 살리고 행복을 죽인다.

말할 것도 없이 앞서 언급한 논리와 시간의 두 간극 때문에 초월의 신호는 늘 증거 자체가 아니라 가리키는 바늘이다. 따라서 후속 조치가 필요하다. 또한 초월의 신호는 구경꾼이나 나중에 전해 듣는 사람보다 직접 듣는 본인에게 항상 가장 명확하다. 다소의 사울이 다메섹 도상에서 보고 들은 것은 신호보다 훨씬 이상이었다. 그는 어마어마한 환상을 보며 바닥에 고꾸라졌고, 그 즉시로 돌변하여 예수를 향해 손을 더듬었다. 하지만 그 모든 극적인 위력에도 불구하고 사울의 길동무들은 소리만 들었을 뿐 아무것도 보지 못했으며, 그들이 바울만큼 영향을 입었다는 징후는 없다. 마찬가지로 다른 사람들도 초월의 신호를 전해 듣고 외부에서 그 논리를 이해할 수는 있으나, 신호의 위력이 고스란히 전달될 대상은 신호를 들은 당사자의 인생 경험을 충분히 공유한 사람들뿐이다. "무조건적 절대 기준"을 찾으려 했던 오든의 열정을 생각해 보라. 성매매나 노예계약의 악에 격분하는 인권 운동가들은 거기에 전적으로 공감하겠지만, 월가를 주무르는 큰손이라면 그것을 과민한 양심의 산물 정도로 쉽게 일축할 것이다. 그의 세계에서 절대 기준은 당연한 요소가 아니기 때문이다.

예기치 못한 기쁨   오늘날 초월의 신호의 유명한 예로 C. S. 루이스가 고백한 "예기치 못한 기쁨"이 있다. 끊임없이 되풀이되는 여러 경험을 계기로 그는 무신론에서 기독교 신앙에 이르는 여정에 올랐다. 니체의 작품에서 자라투스트라는 한밤중에 노래하는 가운데 "모든 기쁨은 영원을 품고 있다. 깊고 깊은 영원을 품고 있다!"고 외쳤다. 여러 해 동안 반복된 그런 기쁨의 경험 때문에 무신론자 C. S. 루이스는 어쩔 수 없이 무신론을 버리고 구도자가 되어 의미와 신앙을 찾는 오랜 추구로 떠밀렸다.

기쁨의 근원을 찾는 과정을 그는 자전적 기록으로 남겼다. 어떤 의미에서 "내 삶의 이야기의 중심은 그것뿐이다." 그의 인생의 핵심 관건은 "어떤 충족보다도 더 매력 있는 충족되지 않는 갈망"이었다.[19] 그가 말하는 **기쁨**이란 행복이나 쾌락과 확연히 구분된다. 행복은 상황에 달려 있고 쾌락은 늘 오감과 관계되지만, 기쁨은 상황과 오감을 초월한다. 니체의 말처럼 기쁨은 영원을 품고 있다. 루이스는 그것을 이렇게 표현했다. "기쁨을 한 번이라도 맛본 사람은 세상의 모든 쾌락을 얻을 수 있다 해도 기쁨과 바꾸지 않을 것이다."[20]

언젠가 그는 꽃이 피어 있는 까치밥나무 수풀 곁에 서 있다가 기쁨을 맛보았다. 벨파스트의 고향집에서 그의 형 워니가 아이들 방에 장난감 정원을 가지고 들어온 적이 있었는데, 예고도 없이 불쑥 그때가 떠올랐다. 그러면서 루이스는 걷잡을 수 없는 기쁨에 휩싸였다.

물론 갈망의 느낌이었다. 하지만 무엇을 향한 갈망이었을까? 이끼로 가득 차 있던 비스킷 깡통에 대한 갈망은 전혀 아니었다. 나의 과거를 향한 갈망도 아니었다(그것도 없지는 않았지만 말이다). 정체를 알기도 전에 갈망은 사라져 버렸다. 희미한 자취마저 싹 지워지고 세상은 다시 평범해졌다. 아니, 방금 멎어 버린 그 동경에 대한 동경이 세상을 휘젓고 있었다. 정말 한순간의 일이었다. 어떤 의미에서, 그때까지 나에게 있었던 모든 일은 그에 비하면 중요하지 않았다.[21]

갈망, 동경, 기억, 감각—루이스가 묘사하는 예기치 못한 기쁨은 끈질기게 우리 안에 되살아난다. 이런 충동은 단지 과거를 그리워하는 향수도 아니고, 현세의 어떤 대상에 멈추어 머물지도 않는다. 그것은 저만치 앞과 더 높은 곳, 늘 손닿지 않는 곳을 지향한다. "언제나 그것은 만나 보지 못한 꽃송이의 향기, 들어 보지 못한 곡조의 메아리, 밟아 보지 못한 나라의 소식"이다."[22]

루이스에 따르면, 기쁨을 향한 열망은 처음에는 "말로 표현 못할 무엇"에 대한 찌르는 듯한 갈망이다. 종소리, 불의 냄새, 새소리 같은 감각이 그것을 촉발한다. 그러나 그의 말이 무슨 뜻인지 아는 사람이라면 누구나 점차 깨닫듯이, 모든 인간적 대상의 배후에는 궁극적 이상理想이 있다. 어떤 산을 오르고 어떤 꽃을 만나고 어떤 수평선을 향해 떠나도, 이 기쁨의 추구는 결코 채워질 수 없다. 루이스의 말대로 이 기쁨을 추구하는 사람은 "결국 분명히 깨달을 수밖에 없으니, 곧 인간의 영혼은 어떤 대상을 누리도록 지음받았는데, 지금처럼 주관적이고 시공의 제약을 받는 실존의 상태에서는 그 대상이 결코 우리에게 온전히 주어질 수 없으며 주어졌다고 상상할 수조차 없다."[23]

이런 기쁨은 결국 기쁨의 근원이신 하나님을 가리키는 것일까? 아니면 "들어 본 곡조는 달콤하지만 들어 보지 못한 곡조는 더 달콤하다"는 시구(존 키츠의 시 「그리스 항아리에 부치는 노래」의 일부—옮긴이)와 비슷하게, 이런 말도 다 순전히 공상에 불과한 것일까? 옥스퍼드 철학으로 잘 단련된 루이스는 워낙 훌륭한 사상가여서 경험을 앞질러 너무 멀리 비약할 사람이 아니었다. 기쁨은 의문을 불러일으켰을 뿐, 그 자체에는 답이 없었다. 기쁨이 만들어 내는 것은 신자가 아니라 구도자. 답은 우리가 찾아내야 한다. 어떤 충족보다도 더 매력 있는 충족되지 않는 이 갈망을 현실이 채워 주지 못할 수도 있음을 루이스는 알았다.

하지만 루이스가 동시에 지적했듯이, 이런 희미한 갈망이 충족될 수 없다면 그것을 느낄 수 있는 우리의 역량은 아주 이상한 것이 된다. 물론 사람이 물리적 굶주림을 느낀다고 해서 빵을 얻으리라는 보장은 없다.

오히려 그는 대서양의 뗏목 위에서 굶어 죽을지도 모른다. 그러나 굶주림은 인간이 음식의 섭취를 통해 몸을 건사하는 존재이며 그가 사는 세상에 식용 물질이 존재한다는 확실한 증거다.……남자가 자신이 사랑하는 여자를 얻지 못할 수는 있으나, "사랑에 빠지는" 현상이 무성無性의 세계에서 일어난다면 아주 이상할 것이다.[24]

C. S. 루이스는 기쁨 때문에 구도자가 되었으나, 전체 여정을 통해 신앙에 이르기까지는 여러 해가 걸렸다. 오든도 악을 단죄해야만 하는데 그것이 불가능한 상황에서 정의에 대한 열정 때문에 구도자가 되었으나, 그의 경우는 머지않아 기독교

신앙에 이르렀다. 신호 이후의 추구에서 두 사람은 큰 차이를 보였다. 그러나 어쩔 수 없이 안일에서 벗어나 기존의 신념에 의문을 품고 무관심에서 관심으로 넘어가 구도자가 된 것은 둘 다 신호와 그로 인한 의문의 위력 때문이었다.

삶의 위력　　　　　　　초월의 다른 신호들에 대한 피터 버거의 풍성한 논의는 그리스도인 변증자에게 금광과 같다. 희망, 놀이, 유머, 질서, 비판 같은 인간의 전형적 경험들이 두루 이에 해당한다.[25] 그의 논의는 참신하고 고무적이지만, 우리는 그것을 완전히 새것이라기보다 탁월한 재발견으로 보아야 한다. 그것이 초대 교회의 강력한 주제였기 때문이다. 예컨대 니사의 그레고리우스는 3세기에 그리스적 개념의 갈망을 취하여 성경적 방향으로 발전시켰다. 그의 취지는 갈망과 열망이 사람들을 감화시켜 하나님을 알고 사랑하게 하는 중심적 역할을 한다는 사실을 보이는 것이었다. 이런 열정이 사고와 행동의 움직임을 촉발하여 결국 하나님을 사랑하게 한다. "우리는 갈망을 통해 하나님께로 인도되어 마치 밧줄에 잡아끌리듯이 그분께로 이끌린다.……하나님을 기뻐할수록 매번 그것이 더 열렬한 갈망의 불쏘시개가 된다."[26]

그레고리우스의 깊은 가르침은 우리에게 변증자의 본분을

다시금 일깨워 준다. 우리의 목표는 사람들을 가르쳐 하나님에 **대해서** 알게 하는 게 아니라, 그분이 그들을 알고 사랑하시듯 그들도 그분을 알고 사랑하게 하는 것이다. 그렇다면 이 일을 우리 힘으로 할 수 있으며 그것도 주로 말을 통해 할 수 있다는 생각은 얼마나 어불성설인가. 하나님은 자신의 최고의 변증자이시다. 그분이 친히 사람들을 이끌어 그분을 알고 사랑하게 하시되, 말을 통해서뿐 아니라 삶을 통해 하신다. 그레고리우스는 모든 인간에게 이런 열망이 끊이지 않음은 단지 우리가 불완전해서가 아니라 하나님이 무한하시기 때문이라고 말한다. 하나님의 경이로움과 아름다움은 무한하고 다함이 없기에 우리를 압도적으로 매료한다. "하나님을 본다는 것은 이 갈망이 결코 다 채워지지 않는다는 뜻이다." 음식, 잠, 섹스, 쾌락 등 우리 인간의 덜 중요한 다른 갈망은 그때그때 다 채워질 수 있다. "그러나 하나님을 보려는 열망은 그분을 더 충만하고 친밀하게 알아야만 채워진다. 더 알수록 더 알고 싶어진다."[27]

성 아우구스티누스 안에도 갈망에 대한 동일한 이해가 불타올랐다. 하나님을 열정적으로 추구한 자신의 경험이 그것을 부채질했다. 그리스도인의 삶은 그 자체로 "거룩한 갈망"이다. 그는 요한 서신을 주석하며 이렇게 썼다.

당신이 갈망하는 그것이 아직은 보이지 않는다. 그러나 갈망하기에 당신은 채워질 수 있다. 무엇으로 채워질지는 나중에 보면 안다. 마치 가죽 가방을 채울 때……가죽을 늘이면……늘인 만큼 더 많이 담을 수 있듯이, 하나님도 우리가 열망하는 그것을 지체하셔서 우리의 갈망을 늘이신다. 갈망이 커지면 사고도 확장되어 그 확장된 만큼 더 잘 채워질 수 있다.[28]

다른 사람들도 초월의 신호의 예들을 더 보탰는데, 물론 그중 망각하기 쉬운 신호는 인간의 삶 자체의 위력이다. 우리 인간의 행동은 다분히 우리가 인간적이고 너무나 인간적이라는 명확한 사실을 증언해 줄 뿐이다. 우리는 허영심이 많고 걸핏하면 짜증을 낸다. 쩨쩨한 질투에 지배당하고 달콤한 험담을 즐긴다. 시선은 늘 빈틈없이 자아와 내 이익과 내 속셈으로 향해 있다. 우리는 이 세상의 산물이며, 우리의 행동은 부끄러울 정도로 쉽게 설명된다. 그러나 토머스 네이글의 말처럼, 또한 어떤 의미에서 "모든 개인의 삶은 그 자체보다 훨씬 이상을 대변하며", 인간의 생활방식이 자아 너머의 실재들을 가리켜 의문을 불러일으키고 심지어 삶을 구원할 때도 틀림없이 있다.[29]

제2차 세계대전 당시에 프랑스의 르 샹봉-쉬르-리뇽의 선량한 시민들이 바로 그러했다. 이 작은 개신교 마을의 위그노

(16-17세기경 프랑스의 칼뱅파 신교도를 가리키는 말—옮긴이)들은 가장 기본적이고 현실적인 차원에서 오천 명 이상의 유대인 아이들을 구조했다. 나치의 죽음의 수용소에 닥쳐온 유대 민족의 처참한 운명으로부터 그들을 구해낸 것이다. 이 시민들 덕분에 상봉은 독일 점령하의 유럽 전역에서 가장 안전한 지역이 되었다. 그러나 지극히 현실적인 이 구조 외에도 그들은 순전히 그 수준 높은 삶만으로 또 다른 방식으로 사람들을 구했다. 전쟁이 끝난 지 오랜 뒤에까지 말이다.

필립 핼리Philip Hallie도 상봉 사람들에게 구조된 경우다. 하지만 구조되기 전에는 그곳에 가본 적도 없었다. 유대인인 그는 평생 열성을 다하여 유대인 대학살의 참상을 연구했다. 올바른 이해를 통해 다시는 그런 일이 없게 하기 위해서였다. 그러나 연구 결과는 자살을 충동질할 정도의 우울증이었다. 1974년의 어느 봄날 저녁에도 그는 생각이 너무 침울해져 잠시 가족들을 피해야만 했다. 그래서 집무실로 걸어가 다년간 끌어안고 씨름해 온 연구 자료들 틈바구니에 앉았다. 흰 가운을 입은 나치 의사가 유대인 아이나 집시 아이의 손가락과 발가락을 마취도 없이 절단하는 광경이 머릿속에서 떨쳐지지 않았다. 음산한 분노가 끓어오르더니 곧 무력감과 수치심과 절망감이 차례로 뒤를 이었다. 그는 정면의 책장을 눈으로 더듬다가 프랑스 레지스탕스에 관한 작은 책 한 권을 뽑아 들었다.

여태껏 눈에 띈 적이 없던 책이었다.

처음에는 건성으로 읽었으나 3쪽 하단에서 그는 갑자기 멈추었다. "뺨이 가려워서 긁으려고 손을 댔더니 눈물로 젖어 있었다. 그저 몇 방울이 아니라 완전히 눈물범벅이었다."[30] 그는 화들짝 놀랐다. 눈물이 다 말라 버려 울지 않은 지 벌써 몇 년째였다. 그런데 그의 굳어졌던 마음이 순식간에 살짝 열린 것이다. 어찌 된 일일까? 그는 "내 기쁨의 태반은 전혀 뜻밖이었다"고 썼다. 생각할수록 똑똑히 보였듯이, 가장 깊은 이유는 "진귀하고 순전한 선善"이었다. 그 눈물은 "도덕적 칭송의 표출"이었다.[31] 자살이 벼랑 끝에서 그를 부르고 있었지만, 마음을 열게 하는 소박한 위그노들의 선이 그를 다시 안으로 끌어들였다. 마을 사람들의 선한 삶 자체가 그의 침울해진 사고의 논리에 구멍을 내면서, 인간과 삶에 대한 믿음이 회복될 수 있는 가능성을 가리켜 보였다. 그들이 행동으로 보여준 증언 속에 초월의 신호가 있었고, 그 신호는 추상적인 말을 뛰어넘어 삶과 맞물렸다.

"예", "아니요", "아직"의 반응   형세의 역전에서 보았듯이, 진리의 순간을 경험하는 사람들은 늘 하나님께 "예"라고 할 수도 있고 "아니요"라고 할 수도 있다. 토머스 네이글, 로널드 드워킨,[Ronald Dworkin] 위르겐 하버마스 등 오늘날의 일부 가장 민감한 무신론자들이 그런 세속주의의 곤경을 준열하게 예시해 준다. 신흥 무신론자들과 달리, 그들은 세속화된 과학적 유물론이 거의 확실히 허위임을 시인한다. 삶의 의미는 삶을 초월해야 하며, 따라서 초월적 의미의 추구가 불가피하게 필요하다. 그런데 무신론의 거부권이 끼어들어 추구를 거기서 중단시켜 버린다. 초월적 충동을 물리쳐야 하기 때문이다. 그 결과 드워킨의 경우는 자신이 모순어법으로 말한 "종교적 무신론"을 불편하게 품고 살아야 한다.[32]

하나님의 진리를 대면할 때마다 인간은 늘 선택의 기로에 선다. 우리는 하나님 앞에 무릎을 꿇을 수도 있고, 발길을 돌릴 수도 있으며, 당분간 뒤로 미룰 수도 있다. 그러나 예수께서 경고하셨듯이, 우리는 자신에게 남아 있는 시간이 얼마나 되는지 결코 모른다. 시간이 실제보다 더 오래 남아 있다고 착각할 위험이 늘 있는데, 그러면 하나님께 "어리석은 자여, 오늘 밤에 네 영혼을 도로 찾으리니"라는 말씀을 듣게 된다.[눅 12:20]

초월의 신호가 촉발될 때도 그 점이 똑같이 적용된다. 사람들은 신호를 따를 수도 있지만 얼마든지 무시하거나 억누를 수도 있다. 게다가 형세의 역전에 비하면 신호의 촉발은 아주 극적인 경우가 드물며, 신호에 반응하여 따르는 시간도 대개 훨씬 오래 걸린다. 케네스 클라크[Kenneth Clark]의 이야기가 좋은 예로서 우리에게 경고와 격려의 말을 동시에 들려준다.

클라크 경은 20세기 중반 영국의 저명한 미술사가이자 비평가였다. 백과사전적 지혜와 도시적 세련미와 품위 있는 언행으로 잘 알려진 그는, 최연소 나이로 영국국립미술관의 관장으로 임명되었고, 제2차 세계대전 중에도 국가의 예술 소장품들을 잘 지켜 냈다. 많은 사람들이 기억하고 있듯이, 그는 BBC에서 방영된 「문명」이라는 연작물로 큰 호평을 받았다. 강사이자 텔레비전 진행자로서 그의 실력을 잘 보여준 작품이었다. 그의 사명은 단순히 "예술을 가지고 대중에게 다가가는 것" 또는 적어도 소수의 세련된 취향과 대다수인 나머지 사람들의 예술적 무지 사이의 간극을 잇는 것이었다.

그러나 클라크의 친구들은 그가 학창 시절부터 공적인 가면 뒤에 속마음을 숨겨 왔음을 알았다. 이면의 진짜 클라크를 아는 사람은 별로 없었다. 고통스러운 유년의 기억, 여러 명의 정부,^{情婦} 혼자만의 단속적인 영적 방랑의 시작 등 그의 개인사를 아는 사람도 드물었다. 클라크의 집안에 종교적 배경은 없었고, 당대 영국의 예술계와 기성 지식인층의 동료들 사이에도 종교를 가진 이가 거의 없었다. 그의 어머니는 내성적인 편이라 좀처럼 감정을 드러내지 않았고, 행여 감정을 보여야 할 일이 있을까 봐 교회에 가기를 늘 두려워했다.

그러나 클라크의 삶에는 그에게 신앙의 가능성을 열어 준 요인들도 있었다. 그는 자연을 깊이 사랑했고, 예술과 아름다움에 대해 열정적이었으며, 문명의 영적 기원에 관심이 있었다. 무엇보다 일련의 경험이 그에게 자신과 친구들이 믿던 세계 너머의 무언가를 가리켜 보이는 듯했다. 그가 고향 근처인 서퍽 주 올드버러의 한 호텔에서 플랑드르의 바로크 화가인 피터 폴 루벤스Peter Paul Rubens에 대한 책을 쓸 때도 그런 일이 있었다. 그 화가의 놀라운 창의력에 대한 단락을 마무리하면서, 그는 그토록 비범한 창조의 힘을 접했다는 이유만으로 자신이 격하게 떨고 있음을 깨달았다. 클라크는 영감 있는 작가로 자처한 적은 없으나, 그 이후로 다른 사람들 안에 있는 영감을 더 잘 인식할 수 있게 되었다.

버나드 베런슨Bernard Berenson과 함께 플로렌스에 머물던 중에 또 다른 경험이 있었다. 클라크는 그것을 "신기한 사건"이라 표현하며 이렇게 썼다. "산 로렌초 성당에서 내게 종교적 체험이 있었는데, 조화로운 건축미와는 무관한 것 같았다. 잠깐 동안 내 존재 전체가 천상의 기쁨 같은 것으로 빛을 발했다고밖에 말할 수 없다. 이전에 알던 그 무엇보다도 훨씬 강렬했다."[33]

클라크도 C. S. 루이스처럼 예기치 못한 기쁨에 부딪친 것일까? 루이스의 경험들이 한순간에 그쳤던 반면, 클라크가 받은 감화는 꽤 오래갔다. 둘의 이야기는 그 이후로 더 극명하게 엇갈린다. 루이스는 예기치 못한 기쁨을 통해 구도자가 되었으나, 클라크는 일부러 그 경험을 털어내 버렸다.

그런 마음 상태가 몇 달 동안 지속되었다. 경이롭기는 했지만 행동과 관련하여 어색한 문제를 야기했다. 내 삶은 흠투성이이므로 개혁이 필요할 것이고, 가족들도 내가 미쳤다고 생각할 것이다. 정말 **망상**이었는지도 모른다. 어느 모로 보나 나는 그렇게 넘치는 은혜를 받을 자격이 없으니 말이다. 점차 강도가 약해졌으나 나도 굳이 붙들어 두려 애쓰지 않았다. 그런 내가 옳았던 것 같다. 나는 세상에 너무 물들어 있어 노선을 바꿀 수 없었다. 하지만 "하나님의 손가락을 느꼈던" 것만은 아주 분명하다.[34]

케네스 클라크의 이야기는 거기서 끝났을까? 전혀 그렇지 않다. 오랜 후에 그는 한 친구에게 "나는 무언가를 찾고 있었네. 그때도 그랬고 지금도 그렇다네"라고 고백했다. 사실 그의 여정의 결말은 1985년 5월에 그가 죽은 후에야 알려졌다. 유럽 예술계의 지도층 인사들은 장례식이 열린 런던 피카딜리의 성 제임스 성당에 모였다가 아일랜드인 사제의 말을 듣고 충격을 받았다. 클라크가 죽기 몇 달 전 신앙에 귀의하여 가톨릭 교인이 되었다는 것이었다. 그의 아내도 그 사실을 확인해 주었다.

현대 세계는 특정 분야에서 심히 세속적인데, 교육받은 엘리트층의 세계보다 더 그런 곳은 없다. 그런 사람들은 베버의 말처럼 악명 높은 "음치"이며, 그들의 당연한 거주지는 피터 버거의 표현으로 "창문 없는 세상"이다. 그러나 클라크의 이야기를 정계와 재계의 많은 지도자들과 함께 읽고 토의하면서 나는 그런 경험을 한 사람들이 참으로 많다는 사실에 매번 놀란다. 그런데 그들은 그럴 때 어찌할 바를 모른다. 말로 표현할 수 없다고 말할 때도 있다. 그보다는 클라크처럼 그 경험을 끝까지 자유로이 따라가지 못할 때가 더 많다. 자신의 삶을 고쳐야 하거나, 또는 친구들에게 미쳤다는 소리를 들을까 봐 두렵기 때문이다.

하나님의 손가락을 줄곧 외면하던 케네스 클라크가 죽음을 앞두고라도 그분의 손을 잡았으니 얼마나 다행인가. 사실 클라크와 C. S. 루이스와 W. H. 오든처럼 우리도 다 "영원을 사모하는 마음"이 있다. 또한 불신에서 신앙의 기쁨으로 가는 확실한 길은 삶이 보내오는 초월의 신호에 주목하는 것이다. 그리스도인이자 변증자로서 우리의 특권은 말뿐 아니라 삶으로 사람들을 도와 그런 신호를 듣고 경청하고 이해하게 해주는 것이며, 나아가 그 신호가 인도하는 데로 따라가게 해주는 것이다.

8. 용수철처럼 튀어 오르는 역동성

피터 버거의 '당신이 그 사람이라'는, 가장 기품 있고 해박하고 강력한 설교 중 하나인데 정작 설교로 전해진 적은 없다. 선지자 나단이 다윗 왕의 잘못을 지적한 대목을 해설한 그 글은, 본래 설교로 작성된 게 아니라 사회학 논증에 포함된 내용이었기 때문이다. 초기의 매우 독창적인 저서인 『위태로운 비전』*The Precarious Vision*에서 그는 사회적 허구와 도덕적 알리바이와 기독교 신앙의 세계를 탐색했는데, 위의 글은 그 책 말미에 실려 있다. 이는 버거가 말한 "이행"alternation을 보여주는 성경의 예이기도 하다. 이행이란, 우리가 생각하던 실재가 사실은 잘 꾸며낸 허구이며 설득력 없고 근거 불충분한 알라바이라는 게 갑자기 폭로되는 경험이다. 그것은 온통 허울 좋은 겉치레일 뿐 알맹이는 없다. 그래서 우리는 다른 가능성들의 세계로 떠밀려 들어간다.

버거에 따르면, 대개 우리는 실재를 탄탄하고 자명한 기정사실로 생각한다. 실재란 워낙 자연스럽고 당연한 것이어서 흔히 "물론"이라는 말로 가장 잘 표현된다. 모유와 함께 주어진 게 분명할 정도로 의심의 여지가 없다는 것이다. 하지만 이런 탄탄한 느낌은 사실 기만적이다. 우선 우리 모두는 "아침 일곱 시부터 밤 열한 시까지의 깨어 있는 세계"의 지배적 실재와는 전혀 다른 실재들을 삶 속에서 경험한다. 어느 사회에 살고 있든지 다를 바 없다. 초현실주의 예술가와 영화 제작자들이 20세기에 이 부분을 부각시켰으나, 굳이 그들의 더 극단적인 공상과 비약을 따라갈 필요도 없다. 확실한 현실적 예는 깨어 있는 시간과 잠자는 시간의 차이이다. 그 자체만으로도 두 "실재" 중 어느 쪽이 진짜인가 하는 의문을 자아낸다. 앞서 인용했던 장자의 유명한 질문도 그래서 나온다. "내가 잠들면 꿈속에서 나비로 변하는데, 그렇다면 생시의 나는 혹 나비가 제 꿈속에서 나로 변한 게 아닌지 어떻게 아는가?"

꿈과 생시의 차이 또는 마약이나 술 때문에 몽롱해진 사고 외에도 사회와 세계관마다 실재를 보는 방식이 크게 다르다. 모든 인간은 깨어 있는 시간에도 각자의 세계관이라는 틀을 통해 실재를 경험하고 이해하고 해석하기 때문이다. 이런 세계관 때문에 세상을 보는 우리의 초점과 주의력이 달라지고, 결국 무엇을 보고 무엇을 보지 않는지(중요하다)가 달라진다. 그래서 옥스퍼드의 무신론자, 호주의 오지에 사는 원주민, 힌두교의 성자, 폴란드의 조선소에서 일하는 가톨릭 교인에게 세상은 각기 달라 보인다.

무신론이나 기독교나 힌두교의 세계관 등 기타 모든 세계관도 마찬가지다. 차이가 차이를 낳는다. 무신론자에게는 자연계만이 실재이며 그 외에는 없다. 과학과 오감을 통해 발견 가능한 세계 외에는 원칙적으로 존재하지 않는다. 그런 관점에서 볼 때, 본인이 믿기에 정말 부재한 것을 듣지 못하는 사람을 "음치"로 단죄하는 것은 불공정하다. 그러나 그 사람이 정말 존재하는 것을 듣지 않으려고 귀를 막았다는 사실이 밝혀진다면 이야기가 완전히 달라진다.

그리스도인에게도 자연계는 기묘함과 경이로 가득한 실재이지만, 유일한 실재나 더 고차원의 실재는 아니다. 과학도 중요하지만 과학을 통하지 않고도 알 수 있는 방법이 있다. 그러므로 무신론자가 다른 실재를 지각하지 못한다고 해서 그 실재가 존재하지 않는 것은 아니다. 그들의 귀먹은 상태는 고의일 수 있다. 심지어 니체도 이런 오류를 "청각적 망상"이라 칭했다. 인간에게는 들리지 않지만 개나 박쥐나 곰에게는 똑똑히 들리는 객관적 실재가 엄연히 존재한다.

위의 둘과는 완전히 대조적으로 힌두교도에게는 자연계가
아예 실재가 아니다. 이 동양 세계관에서 보면 우리가 실재라
고 생각하는 자연계는 플라톤이 말한 동굴 거주자들이 실재
라고 여겼던 벽의 그림자와 다를 바 없다. 철학자 샹카라^{Shankara}
의 추종자처럼 우리도 모든 존재의 근원이라는 궁극적 관점에
서 세상을 본다면, 우리가 생각하는 실재는 사실 환영^{幻影}이다.
쇼펜하우어와 니체 같은 일부 서구 철학자들도 똑같은 관점을
품었다. 니체는 이렇게 주장했다.

> 삶의 두 절반인 생시와 꿈 중에서 전자가 우리에게 명백히 더 낫
> 고 더 중요하고 더 훌륭하고 더 살아갈 가치가 있어 보인다. 실제
> 로 그쪽 절반만 살더라도 말이다. 그러나 아무리 역설적으로 들릴
> 지라도 나는 정반대의 평가를 주장하고 싶다. 꿈이야말로 우리의
> 본질의 은밀한 기초이며, 우리는 그것의 가시적 겉모습일 뿐이다.[1]

요컨대 상이한 세계관에 관한 한, 차이가 큰 차이를 낳는다.
개인에게뿐 아니라 전체 사회에도 마찬가지다.

버거는 아서 케슬러의 예화를 인용했는데, 소년 아서가 즐
겼던 아이들의 놀이는 상이한 세계관의 영향을 잘 보여준다.
그는 어렸을 때 퍼즐을 받았는데, 빨간색과 파란색의 가느다

란 선들이 얽혀 있는 그 종이는 언뜻 보기에 그림보다는 엉망에 더 가까워 보였다. 그러나 투명한 빨간색 박엽지로 덮으면, 빨간 선들은 사라지고 어릿광대와 개의 그림이 파란 선들로 나타났다. 다시 파란색 박엽지로 덮으면, 파란 선들은 사라지고 으르렁거리는 사자가 나타나 고리 너머의 어릿광대를 쫓았다. 마찬가지로 상이한 세계관도 중대한 관점의 차이를 보인다. 차이가 차이를 낳는다. 모든 세계관은 제 나름대로 포괄성을 내세우며, 각자의 방식대로 다른 세계관들을 설명하고 논박한다. 따라서 그것들을 어떻게 분별할 것인가 하는 문제가 제기된다.

어떤 사건이나 경험이 "문화 충격"culture shock으로 작용하면 버거가 말한 "이행"이 발생한다. 우리의 통상적 관점에 강한 문화 충격이 가해지면, 기존의 세계관에 균열이 생기면서 다른 대안적 실재들의 가능성이 열린다. 인류학자들이 쓰는 **문화 충격**이라는 용어는 내 것과는 다른 문화를 새로운 눈으로 본다는 뜻이지만, 거기서 더 나아가 그때부터 나 자신의 문화도 다른 눈으로 보게 된다. 이제 질문은 "저 사람들은 도대체 어떻게 저렇게 생각할 수 있지?"가 아니라 "나는 어떻게 여태껏 이렇게 생각했을 수 있지?"가 된다. 무조건 당연시하던 우리의 탄탄한 실재는 더 이상 없다. 이제 그것은 "성장 과정을 통해 어쩌다 품게 된" "우리의" 세계관일 뿐이며, 다른 가능한 관점들도 분명히 많이 있다. 그리하여 이제 새로운 가능성들의 세계가 열렸다. 물론 기존의 신념을 그대로 고수할 수도 있지만, 이전에 없던 불확실성이 새로 더해진다. 또는 이제부터 다른 새로운 세계관을 찾아 나설 수도 있다.

그런 "실재"의 균열이 충분히 심각해지면 그 결과로 본래의 관점이 허물어질 수 있고, 나아가 새로운 관점의 돌파구가 열릴 수도 있다. 그러므로 "이행"이란 심리학에서 말하는 "게슈탈트 전환"이나 과학철학에서 말하는 "패러다임 전환"에 상응하는 사회학적 개념으로 보면 된다. 기억하겠지만, 패러다임 전환은 그 자체가 종교적 회심 경험에서 유래했다. 버거에 따르면, 인간은 이행을 통해 하나의 세계관에서 다른 세계관으로, 실재를 이해하는 하나의 방식에서 다른 방식으로 "건너뛰거나 도약하거나" 이동하거나 회심할 수 있다.[2]

말할 것도 없이 발전된 현대 세계에는 이행의 가능성을 높여 주는 요인들이 있다. 이행의 가능성은 무엇보다 **다원화** pluralization라는 현대의 경험―삶의 모든 차원에서 선택과 대안과 변화가 배가되는 과정―을 통해 높아진다. 처음에는 그 의미가 "다른 모든 사람들"을 전에 없이 인식하며, 그들의 선택이 우리와는 크게 다르다는 사실을 아는 정도로 그친다. 선택의 내용이 시리얼과 공휴일이든, 아니면 관계와 세계관과 생활방식처럼 훨씬 더 심각한 것이든 마찬가지다. 그러나 머지 않아 그 효과가 더 깊어지면서 나 자신의 모든 선택도 다를 수 있고, 다르면 더 나을 수도 있음을 인식하게 된다. 요컨대 다원화의 경험 때문에 현대인들은 무력감에 빠지든지, 아니면 버거의 말대로 "회심하기 쉬워질" 수 있다.[3] 과거 어느 때보다 선택의 폭이 넓어지다 보니, 이제 우리는 전에 없이 변화에 근접해 있고 마음도 열려 있다.

이런 상이한 실재와 사회적 허구와 이행 등의 개념은 두 가지 면에서 변증에 매우 중요하다. 한편으로, 상이한 실재와 사회적 허구에 대한 이해는 성경이 가르치는 불신의 해부를 한층 더 뒷받침해 준다. 즉 그것은 우리 인간이 마음으로 계속해서 우상을 만들어 낸다는 개념, 에덴동산 때부터 온갖 무화과 잎사귀로 진리를 억압하고 겉치레를 꾸며 자신의 벌거벗은 모습을 숨긴다는 개념과 부합한다. 그런 의미에서 인간의 세계관은 무수히 많을 수 있으나, 모두 공통된 핵심 사실이 있다. 그것들은 하나같이 하나님을 부인하고, 자아의 신전이 되어 스스로를 높이며, 하나님의 진리를 피하는 대피소 노릇을 한다. 요컨대 인간의 모든 세계관은 부정할 수 없는 하나님의 진리를 회피하려고 만들어 낸 도덕적·사회적·철학적 허구다.

다른 한편으로, 이런 동일한 개념은 특정한 논증(형세의 역전과 같은)과 특정한 경험(초월의 신호와 같은)을 뒷받침해 준다. 앞서 보았듯이, 이런 논증과 경험은 위에서 말한 허구에 구멍을 내고 현실과 현실 사이의 이행(게슈탈트 전환, 패러다임 전환)을 촉발한다. 이 논의를 사회학의 틀에서 신학의 틀로 옮기면, 분명히 이행은 회개와 회심 둘 다에 유용한 역할을 할 수 있다. 그 두 경험은 함께 작용하여 인간의 삶의 가장 혁명적인 이행을 이룬다. 사고로 시작하여 마음과 삶과 생활방식까지 바뀌는 근본적 방향 전환이다. 이런 각도에서 볼 때 회개란 진리를 통해 촉발되는 이행 또는 게슈탈트 전환 또는 패러다임 전환이며, 철저한 회심의 열쇠가 된다.

당신이 그 사람이라   나단이 다윗 왕의 잘못을 지적한 일을 생각해 보라. 버거가 말한 바와 같이, 다윗이 밧세바와 간음하고 그녀의 남편 우리아를 살해한 이야기라면 성경을 모르는 사람들도 할리우드 덕분에 알 것이다. 그러나 이 사건을 묘사한 화자의 모든 풍자를 음미하려면 좀 더 자세히 들여다보아야 한다. 왕들이 전쟁에 나가는 봄이 되었으나 "이 전쟁철에 다윗은 예루살렘 왕궁의 지붕에서 한가로이 낮잠을 즐기고 있었다.……육욕을 채울 길을 찾기에 안성맞춤인 상황이었다." 이후에 벌어진 일은 혈기왕성한 데다 권력까지 지닌 동양의 군주에게 요즘 말로 "별일 아니었다." 급히 사주하여 우리아를 죽인 일도 별일 아니었고, 조잡하게 급조된 알리바이와 합리화도 마찬가지였다. 나단이

들어와서 도전하기 전까지만 해도 모든 필요한 구실이 완비되고 모든 사회적 허구가 단단히 버티고 있는 듯 보였을 것이다. 다윗 왕이 이루어 낸 은폐는 닉슨 대통령도 부러워할 만한 수준이었다.

버거가 지적했듯이, 다윗에게 유일한 옥에 티는 이스라엘의 하나님의 까다로운 성품이었다. 그분의 행동은 다른 신들이나 다른 왕들과 달랐다. 다윗이 우리아를 냉혹하게 처치한 일도 그분의 눈길을 피할 수 없었다. 그래서 그분은 선지자 나단을 보내 다윗의 죄를 지적하게 하셨다. 하지만 그는 이 일을 어떻게 처리할 것인가? 공개적으로 지적하여 왕의 체신을 구겨 놓으면, 나단도 즉각 우리아의 운명에 처해질 수 있었다. 그러나 그가 이야기라는 전략을 선택한 것은 결코 자신이 무사히 빠져나가기 위해서가 아니라, 다윗의 부도덕을 지적하여 회개의 가망성을 최대한 높이기 위해서였다.

그래서 나단은 재판관이자 입법자로서의 왕에게 호소하기로 하고, 뵙기를 청한 뒤 자신이 진정하려는 사건의 내막을 털어놓았다. 아마 전에도 그런 적이 많이 있었을 것이므로 아무런 의심을 사지 않았다. 물론 오랜 세월이 지나 이 기사를 읽는 우리는 비밀을 알고 있다. 즉 이야기의 목적과 결과를 모두 알고 있다. 죄를 깊이 깨닫고 회개한 다윗의 고백이 시편 51편에 절절히 나와 있다. 그러나 다윗은 자신이 듣고 있는 사건이 허구일 줄은 꿈에도 몰랐다. 그래서 진짜로만 알고 완전히 판결에 몰두했다. 오죽하면 동정심이 없는 그 부자를 향해 "그 사람은 마땅히 죽을 자라"고 버럭 소리를 질렀을 정도다.^{삼하 12:5}

"당신이 그 사람이라."^{삼하 12:7} 이 유명한 한마디의 반응을 나단은 언성을 높여 일갈했을까? 아니면 침묵이 팽배해질 때까지 잠시 뜸을 들였다가 조용히 말했을까? 알 길이 없지만 결과만은 분명하다. 이 불의의 일격이 이름값을 하여 정말 강타를 날리자, 허구와 알리바이와 피해 관리라는 다윗의 얄팍한 가면은 찢겨지고 말았다. 용수철 달린 문이 갑자기 열린 것처럼, 다윗은 자신이 진리를 조작하여 피해를 관리하던 세상에서 하나님의 피할 수 없는 진리의 세상으로 튕겨져 나갔다. 그 한 방으로 모든 허구와 알리바이와 회피와 합리화가 갈가리 찢어져 바닥에 더미를 이루었다. 임금은 벌거벗은 몸이었다. 하나님과 그분의 진리 앞에서는 천하의 다윗 왕도 벌거벗은 일개 인간에 불과했다. 간음과 살인을 저지른 그는 자신의 백성 중 누구보다도 나을 게 없었다.

"전하, 사건을 들으시고 판결을 내려 주소서." 그래서 다윗은 몰두하여 따라갔다. 서서히 한 방향으로 그의 **기대**가 고조되었을 무렵, 불의의 일격이 그를 반대 방향으로 쓰러뜨렸다. **결과**가 기대와 달랐던 것이다. 본래의 현실관은 파기되고 새로운 관점이 드러났다. 나단의 비유의 역동성 속에는 회심을 지향하는 이행(게슈탈트 전환, 패러다임 전환)의 위력이 용수철처럼 달려 있었다. 그것이 튀어 올라 쥐덫처럼 무방비의 왕을 덮쳤다. 이 경우 바보 행세하는 사람의 예술은 성공을 이루었다. 다윗은 발길을 돌리지 않고 무릎을 꿇었다. 그의 행위의 전반적 결과가 평생 그의 집안을 끈질기게 따라다니긴 했지만, 그래도 그는 회개했고 회복되었다.

버거가 보여주듯, 전체 이야기는 이중의 폭로에 의존하고 있다. 우선 다윗의 정체는 이야기에 담긴 아이러니를 통해 폭로된다. "영웅적 왕으로서 제국을 건설한 다윗과 호색가로서 여자를 유혹한 다윗은 심각한 모순을 보인다."[4] 결국 그것마저도 침실의 광대극으로 전락하여, 이스라엘 왕이 "자기 신하를 아내와 동침하게 하려고 포주 노릇을 하기에" 이른다.[5] 나아가 다윗의 정체는 심판을 통해 폭로된다. 재판관 본인이 자신의 법정에서 심판을 받은 정도가 아니라, 스스로를 심판한 것이다. 조금 전까지만 해도 사건 속의 부자를 무자비하다고 단죄한 다윗인데, 그것이 부메랑처럼 자신에 대한 판결이 되고 말았다.

하나님의 심판이 나단을 통해 다윗의 죄를 지적하자, 겹겹이 쌓여 있던 모든 기만과 핑계가 단번의 강타를 맞고 속살을 드러낸다. 이제 다윗은 자신의 거울이나 요압 같은 충신들이 왕 앞에 내미는

다른 거울 앞에 서 있지 않고 진리 자체 앞에 서 있다.[6]

청중의 자리에서, 목적에 맞게   나단이 다윗의 죄를 지적한 일
은 예수께서 들려주신 이야기
들을 제외하고는 성경 전체에서 창의적 설득과 뜻밖의 전복의
가장 탁월한 예일 것이다. 게다가 결과까지 좋았으니 금상첨
화다. 다윗은 진심으로 회개했고 온전히 회복되었다. 오죽하면
그의 간음과 살인 그리고 그 죄의 여파로 지저분하게 전개된
가족관계에도 불구하고 하나님이 그를 여전히 "내 마음에 맞
는 사람이라. 내 뜻을 다 이루리라"고 극찬하셨을 정도다.[행 13:22]

그러나 흔히 우리는 나단의 전략이 변증자들에게 어떤 의미
가 있으며 애초에 그런 전략이 왜 필요했는지를 잘 생각하지
않는다. 문제는 다윗의 마음과 생각이 닫혀 있어서 비집어 열
어야 했다는 것이다. 그렇게 하는 방법으로 나단은 이야기를
선택했다. 그저 직설적으로 접근했더라면 다윗의 반응이 전혀
달랐을 수도 있다. 나단의 접근 방식은 그리스도인의 변증과
소통 전반에 적용되며, 성경에 이를 뒷받침해 주는 지혜가 풍
성하게 들어 있다. 그러나 그 지혜의 일부 교훈은 너무 단순하
여 지금도 우리가 무시하는 경향이 있는데, 이상하고 놀랍지
않을 수 없다. 너무 뻔해서 굳이 따르지 않는 것이다.

성경에 나오는 소통의 그런 기본 원리 중 하나로, **화자는 늘**

청중의 자리에서 말해야 한다. 다시 말해 우리는 충분히 가까운 자리에서 상대를 보며 말해야 한다. 그래야 상대와 정말 말이 통함을 알 수 있다. 멀리서 소리를 지르거나 막연히 그쪽을 향해 말하여 상대를 놓쳐서는 안 된다. 이보다 더 당연한 사실이 있을까? 일반적인 예의의 문제로만 보더라도 그렇다. 이상해 보이겠지만, 그런데도 이를 실천하지 않는 그리스도인 변증자들이 많이 있다. 어떤 사람이 옆에 앉아 말하면서 우리를 쳐다보거나 주목하지 않는다면, 또는 전화기에 녹음된 광고처럼 말한다면, 우리는 이를 매우 무례하게 여길 것이다. 하지만 "1, 2, 3, 4단계"의 공식이나 진부하고 틀에 박힌 질문을 사용할 때, 우리는 바로 그렇게 하는 것이다. 마치 사람은 누구나 다 같으므로 각자의 개성 따위는 무시한 채 일률적 방식으로 접근해도 된다는 듯이 말이다.

물론 지금은 많은 그리스도인들이 세대 차이와 문화 차이에 몇 년 전보다 더 민감해졌고, 웬만한 사람들은 스케이트보드를 타는 십대 아이와 은퇴한 은행 간부를 상대할 때 말하는 방식이 서로 달라야 함을 직관적으로 알 것이다. 그러나 이런 피상적 차이 외에 흔히 우리가 간과하는 부분이 있는데, 바로 듣는 사람에 대해 알아야 할 가장 깊고 중요한 요소를 분별하는 일이다. 즉 상대는 하나님과 그분의 진리에 정말 마음이 열려 있는가, 아니면 닫혀 있는가?

성경 전체에서 마음이 가장 열려 있었던 사람은 누구일까? 정답은 모르지만 나는 빌립보 감옥의 간수를 후보로 꼽고 싶다. 그의 이야기가 사도행전에 실려 있다. 바울과 실라의 전도는 그 도시에 거의 폭동을 야기하다시피 했다. 그래서 간수가 그들을 맡아 지키고 있는데, 갑자기 지진이 일어나 그의 세계를 뒤집어 놓았다. 감옥의 터가 흔들리고 감옥 문이 모두 열리고 죄수들의 사슬이 풀렸던 것이다. 집단 탈옥이라도 발생했다가는 그의 일자리는 물론이고 목숨까지 날아갈 판이었다. 칼을 뽑아 자결하려는 그를 다름 아닌 바울이 말렸다. 바울은 죄수가 전원 무사히 그대로 있다며 침착하게 그를 안심키셨다. 간수는 여전히 두려워 떨면서도 고마워하며 뛰어 들어가 바울과 실라 앞에 엎드려 외쳤다. "선생들이여, 내가 어떻게 하여야 구원을 받으리이까."행 16:30

당신의 삶의 자리에서 마지막으로 그런 질문을 받았던 때가 언제인가? 이렇게 직설적이고 절박한 질문은 오늘날 극히 드물 것이다. 내가 런던이나 브뤼셀이나 워싱턴이나 뉴욕이나 상하이에서 일을 보는 동안 내게 다가와 그렇게 물은 사람은 여태껏 아무도 없었다. 그런데 1949년 중국의 수도가 공산군에게 함락되기 전의 몇 주 동안, 나의 부모는 온통 두려움에 찌들어 있던 난징에서 그 질문을 몇 차례 받았다. 바로 그게 요지다. 난징 사람들은 절박했고, 바울을 마주한 빌립보 간수도 마찬가지였다. 바울은 그의 마음이 활짝 열려 있음을 보고 간단명료하게 핵심만 말했다. "주 예수를 믿으라, 그리하면 너와 네 집이 구원을 받으리라."[행 16:31] 그게 다였다. 대답은 그것으로 완전히 끝났다.

간수는 분명히 마음이 열려 있었다. 의문의 여지 없이 절박하게 열려 있었다. 그에게는 변증자나 변증이 필요 없었다. 신앙의 합리성, 복음의 역사성, 부활의 증거 따위도 문제가 되지 못했다. 그의 문제는 자칫 자신이 일자리와 어쩌면 목숨까지 잃어 가족들까지 불행해지는 것이었다. 그는 자신의 불운한 상황을 너무도 잘 알고 있었고, 그래서 기쁜 소식은 그 상황에 대한 답으로 그야말로 최고의 희소식이었다. 공식을 내세우는 우리의 친구들이 2단계로 넘어가기 전에 또는 세련된 지식인들이 "간수의 전제에 깔린 논리"를 따져 보기 전에, 바울은 이미 말을 마쳤고 간수는 확신에 찬 회심자가 되었다. 그러나 물론 요지는 이것이다. 바울이 그토록 간단명료하게 말할 수 있었던 이유는 간수의 마음이 그만큼 열려 있었기 때문이다. 우리도 마음이 열려 있는 사람과 대화할 때는 그럴 수 있어야 한다.

그러나 말할 것도 없이 모든 사람이 그렇게 열려 있는 것은 아니다. 그렇게 마음이 열려 있는 사람은 이전보다 더 적어졌다. 성경의 다른 많은 예에서 보듯이, 하나님과 그분의 대언자

들은 마음이 닫혀 있는 사람들을 상대할 때는 전혀 다르게 말
했다. 또 하나 놀라운 것은, 하나님 자신도 그것이 그분의 관
행임을 선포하신 뒤에 그 이유까지 말씀하셨다는 사실이다.
예컨대 아론과 미리암이 동생 모세에게 분개하여 그의 리더십
에 대해 불평하자, 하나님은 즉각 개입하여 그들에게 나타나
셨다. 그들은 "여호와께서 모세와만 말씀하셨느냐. 우리와도
말씀하지 아니하셨느냐"고 투덜거렸다.[민 12:2]

　주님은 신속히 반응하여 세 남매를 회막으로 소집하신 뒤,
다음과 같이 노골적으로 모세를 변호하셨다.

> 너희 중에 선지자가 있으면
> 나 여호와가 환상으로 나를 그에게 알리기도 하고
> 꿈으로 그와 말하기도 하거니와
> 내 종 모세와는 그렇지 아니하니
> 그는 내 온 집에 충성함이라.
> 그와는 내가 대면하여 명백히 말하고
> 은밀한 말로 하지 아니하며
> 그는 또 여호와의 형상을 보거늘.[민 12:6-8]

다시 말해, 주님의 방식은 보통 사람들에게는 선지자를 통
해 말씀하시고 선지자들에게는 환상과 꿈을 통해 말씀하시지

만, 오직 한 사람 모세와는 대면하여 말씀하시는 것이었다. 그
것도 순전히 모세의 겸손한 마음 때문이었다. 하나님은 청중
의 자리에서 말씀하시며, 이때 가장 깊이 고려되는 것은 우리
의 성품과 마음가짐이다.

성경에 나오는 또 하나의 대등한 기본 원리로, **화자는 늘 자
신의 목적에 맞게 말해야 한다.** 상대의 마음이 하나님께 열려
있을 경우, 우리의 목표는 상대에게 필요한 기쁜 소식을 다 주
는 것이다. 그러면 그가 그것을 반가이 받아들일 수 있다. 그
러나 상대의 마음이 하나님께 닫혀 있을 때는 우리의 도전이
상당히 더 힘들어진다. 이때는 목적에 도움이 될 만한 전복적
행위가 우리의 소통에 담겨 있어야 한다. 우리가 마음에 품고
기도하며 노력하는 목적은 상대가 돌이켜 회개하는 것이다.
분명히 나단은 왕의 회개를 내다보며 말했다. 하나님의 보냄
을 받아 왕에게 대언하는 선지자로서 그것이 그의 목표였다.
그러나 그의 이야기도 중요한 역할을 했다. 그것은 바라는 목
적에 꼭 맞는 수단이었다. 그 전복적 역동성이 용수철처럼 튀
어 올라 하나님의 목표를 효과적으로 이루어 냈다.

재구성　　　　　　　아무리 좋은 원리도 그 자체로
　　　　　　　　　　　는 추상적이므로 실제 사례의
유용성과 현실성이 결여되어 있게 마련이다. 아주 중요한 두

원리를 마음에 새겼으니, 이제 우리는 성경적 소통의 다양한 방법을 일부 탐색하고 두 원리를 삶 속에 구현해야 한다. 하나님이 말씀하실 때나 그분의 사람들이 말할 때, 상대의 닫혀 있는 마음과 생각을 열기 위한 몇 가지 전복적 방식은 무엇인가? 어떻게 하면 목표에 도움이 되게 사람들에게 회개하고 회심하도록 도전할 수 있을까?

첫째, **재구성**^{reframing}이라는 전략이 있다. 앞서 보았듯이, 죄의 핵심에는 하나님께 죄를 덮어씌우려는 시도가 포함되어 있다. 죄란 나 자신의 권리와 나아가 내 관점의 권리를 악착같이 주장하는 일이다. 그래서 죄는 실재를 고의로 왜곡한다. 하나님과 참된 실재에 맞서 그런 왜곡을 구축하고 끊임없이 지속해야만 한다. 이런 거짓된 틀이야말로 허구의 가면이고 겉치레이며 나쁜 믿음의 알리바이다. 모든 죄인이 건축하는 자아의 신전은 거기서 정당성을 얻으며, 진리를 피하는 대피소도 마찬가지다.

요컨대 **죄는 책임을 무고하게 하나님께 덮어씌운다.** 죄는 실제의 그분을 거부하고 그분을 뒤집혀 다른 존재로 생각함으로써 자신을 정당화한다. 그런 거짓된 견해를 위안으로 삼고, 하나님을 믿거나 순종하지 않아도 되는 알리바이로 내세운다. 그러므로 앞서 보았듯이, "변호는 중지되지 않는다"가 우리의 전반적 태도가 되어야 한다. 어떤 식으로든 죄가 하나님을 실제와 다르게 보고 무고하게 덮어씌우고 부당하게 비난할 때마다, 우리는 사건을 재구성하여 하나님의 명예를 변호해야 한다. 왜곡된 현실관에 맞서 진리를 회복해야 한다.

단순한 사실이지만, 많은 경우에 비신자들이 불신하는 신은 우리도 믿지 않는 신이고 하나님과는 전혀 다른 신이다. 백 년이 가도 결코 우리가 믿을 수 없는 신이다. 하나님이 만일 많은 사람들이 생각하는 그런 존재라면, 우리도 그런 신을 믿지 않을 것이고 믿을 수도 없고 믿어서도 안 된다. 그렇지만 문제는 하나님 쪽에 있지 않고 그들과 그들의 관점에 있다. 안타깝게도 그들의 왜곡된 하나님관이 그리스도인들 때문일 때도 있지만 말이다(사뮈엘 베케트Samuel Beckett는 자신이 알던 교회들의 하나님관을 "너무 작은 하나님"이라 표현했다).[7] 그들의 하나님관은 알게 모르게 비뚤어져 있다. 때로는 너무 작고 답답하거나 완전히 틀렸다. 또한 생각 없이 물려받았거나 어디선가 주워들은 관점인데도 그들은 그리스도인들 또한 그렇게 믿는 줄로 안다. 그리고 그런 관점을 악의로 끈질기게 고집하기도 한다. 결국 왜곡된 하나님관은 그들에게 철학자 토머스 홉스가 말한 "결백한 자유"를 가져다준다. 단지 핑계와 알리바이 정도가 아니라 하나님을 미워하고 경멸할 권리, 기독교의 신앙과 생활방식을 무시할 권리까지 부여한다.

성경에서 가장 잘 알려진 재구성의 예는 누가가 기록한 두 제자의 이야기에 나온다. 예수께서 부활하신 그날 저녁에 그들은 엠마오로 가고 있었다. 희망이 무산되어 낙심한 채로 낙향하던 길이었다. 놀랍게도 길에서 만난 낯선 사람은 지난주에 벌어진 일을 까맣게 모르고 있었다. 그분이 묻기에 그들은 그 주에 있었던 소식을 아주 정확히 전했으나 결말은 우울했다. 구약 성경의 관점을 완전히 간과한 탓이었다. 십자가의 이야기를 선지서를 통해 부활과 하나로 묶어서 보지 않고 그것만 따로 떼어서 보면, 영웅적일지는 몰라도 당연히 비통할 수밖에 없다. 그런데 예수께서는 자신의 예언된 정체와 실제의 정체에 비추어 사건을 재구성하셨다. 전말을 깨닫기도 전에 그들의 속에서 마음이 뜨거워졌다. 재구성이 모든 것을 바꾸어 놓았고, 그들의 믿음에 다시 불이 붙었다.^{눅 24:13-35}

　제자들은 줄곧 충실하게 믿었어야 했으나, 물론 말 그대로 제자일 뿐이었다. 그들의 난파된 희망을 재구성이 다시 살려냈다. 변증자들에게 이보다 더 분명한 예는 베드로의 오순절 설교다. 이 설교는 회의론자들, 조롱하는 사람들, 예수를 따르지 않는 사람들을 대상으로 했으므로 흔히 "기독교 최초의 변증"으로 불린다. 알다시피 제자들은 예루살렘의 어느 집 다락방에서, 예수께서 떠나실 때 친히 선물로 약속하신 성령의 강림을 분명히 간절하고도 불안하게 기다리고 있었다. 그런데 갑자기 그 일이 일어났다. 급하고 강한 바람소리가 나더니 불의 혀처럼 갈라지는 것들이 각 사람의 머리 위에 임했다. 가장 놀라운 것은, 그들이 외국어들로 말하기 시작했다는 사실이다. 천하에 흩어져 있던 유대인들이 마침 큰 명절을 맞아 예루살렘에 가득 모여 있었는데, 놀랍게도 제자들은 그 방문객들의 언어들로 말했다.

당연히 두려움, 놀람, 경악, 당황 등 온갖 다양한 반응이 나왔다. 도대체 이게 어찌 된 일인가? 물론 회의론자들도 빠질 수 없었다. "허, 광신도에다 시골뜨기인 이 갈릴리 사람들 좀 보게나. 술에 취했군. 밤새도록 마신 게 틀림없어. 지도자를 잃었으니 술로 슬픔을 달랠 만도 하지. 하지만 이런 꼴로 시내로 몰려나오다니, 이 무슨 망측스러운 일인가."^{행 2:1-13}

그래서 그다음에 뭐라고 기록되어 있는가? 베드로와 사도들도 똑같이 혼미하여 어찌할 바를 몰랐는가? 천만의 말이다. 베드로가 일어나 담대히 말했다. 술에 취하다니? 이 사람들은 술에 취한 게 아니라고 그는 역설했다. 어림도 없는 소리다. 아침 아홉 시밖에 되지 않았다. 당신들은 지금 무언가 다른 것을 목격하고 있다. 사실 우리가 경험하고 있는 이 일은 여러 세기 전에 선지자 요엘이 내다보고 선포했던 일이다.^{행 2:14-15}

다시 말해 회의론자들은 사건을 잘못 구성했고, 무리는 하나님이 하고 계신 일과 주시려는 말씀을 놓칠 위험이 있었다. 그래서 베드로가 사건을 재구성한다. 선지자 요엘로부터 시작하여 유대 역사를 훑어 내려오면서 나사렛 예수의 삶과 죽음의 의미를 올바른 틀 안에 제시한다. 그리고 마침내 결론을 명확히 제시한다. 하나님이 당신들을 불러 회개하게 하신다는 것이다!^{행 2:38-39}

이 기독교 최초의 변증의 결과는 어마어마해서 그날 삼천명의 회심자가 교회에 더해졌다. 그러나 베드로의 말의 능력은 방금 전 명백한 권능으로 교회에 임하신 예수의 영으로부터 직접 왔지만, 그 말의 논리력은 그가 사건을 재구성한 직접적 결과였다. 이 경험을 잘못 보고 무시한 회의론자들에게 그는 사건을 재구성하여 올바른 관점에서 제시한 뒤 불가피한 결론으로 마무리했다.

그래도 어떤 회의론자는 베드로가 해석의 틀을 이것에서 저것으로 바꾸었을 뿐이라고 말할 수 있다. 하지만 위의 사건은 "세상에 이런 일이"라는 큰 시합에서 하필 이번에 베드로가 우승한 결과가 아니다. 그것을 어떻게 아는가? 오순절 날에는 성령의 능력이 워낙 압도적이어서 더 이상의 논증이 필요 없었다. 그러나 오늘날에는 대개 논증이 더 필요하다. 기독교 이후의 시대인 지금 우리의 많은 친구와 이웃과 동료들은 수많은 이유로 하나님을 거부한다. 하지만 하나님을 거부하더라도 실제의 그분을 거부해야지, 우리의 말이나 행동으로 그분을 잘못 대변했기 때문에 거부해서는 안 된다. 그만큼 우리의 삶과 말이 중요하다. 여러 가지 틀을 분별하는 문제는 우리의 현 논의를 벗어난다. 다만 간략히 말하건대, 기독교의 재구성은 단순히 하나의 틀을 다른 틀과 대치시키는 끝없는 주도권 싸움이 아니다. 오히려 그리스도인들은 누구든지 참으로 관심이 있다면, 여러 대안적 틀의 충족성과 진실성을 직접 조사해 볼 수 있다고 주장하며 진정한 구도자들에게 직접 마음을 정하도록 권유한다.[행 12장] 그리스도인의 관점에서 충족성과 진실성이라는 두 가지 이슈는 당연히 짝을 이룬다. 복음이 **현실**의 의미를 더 잘 밝혀내는 이유는 하나님이 현실의 진상을 그대로 보시기 때문이다.

질문   닫혀 있는 마음과 생각을 상대할 때 두 번째 성경적 전략은 **질문을 던지는 것**이다. 18세기의 위대한 문인 새뮤얼 존슨 Samuel Johnson은 "질문은 신사들의 대화법이 아니다"라고 말한 적이 있다. 물론 질문을 무례하고 주제넘고 불쾌한 방식으로 할 수도 있다. 성난 검사처럼 말이다. 그러나 세 가지 이유에서 질문은 인간이 진리를 추구하는 데 필수적이다. 우선 우리의 삶을 성찰해야 하기 때문이고, 다음으로 인간이 오류를 범할 수 있기 때문이며, 마지막으로 인간이 성장하는 게 바람직하기 때문이다.

진리와 의미를 찾으려면 질문은 기본이다. 특히 우리에게 인습적 지혜를 버릴 용기가 있고, 시작과 결말과 지속에 대해 물어볼 호기심이 있다면 더하다. 이런 질문은 과학이나 철학에 관심이 있는 모든 사람에게 유용하지만, 더 나아가 실존 자체의 의미와 삶에 대해 생각하는 모든 사람에게도 필수적이다. 예컨대 독일 철학자 라이프니츠^{Gottfried Leibniz}의 다음의 유명한 질문과 거기서 비롯된 깊은 성찰을 생각해 보라. "왜 무無는 존재하지 않는가?"(또는 "왜 무 대신 유가 존재하는가?")

아울러 피할 수 없는 사실이 있다. 어느 순간에든 우리의 사고는 늘 틀릴 수 있으며 늘 성장과 성숙이 필요할 수 있다. 따라서 우리는 현재의 사고에 안주해서는 안 되며 늘 도전에 열려 있어야 한다. 그렇기 때문에 교정이 가능하다는 성경의 개념을 그리스도인들은 매우 중시한다. 이런 교정은 두 가지 방식으로 올 수 있다. 우선 현재의 내 사고에서 오류와 부실한 부분을 내가 직접 찾아낼 수도 있고, 아니면 내가 어디서 틀렸는지 다른 사람들이 말해 줄 수도 있다.

말할 것도 없이 정작 우리에게 교정이 필요할 때는 둘 중 어떤 방식으로도 교정을 얻기가 어렵다. 첫 번째 방식은 자신이 틀렸다고 생각하는 성향을 타고난 사람이 아무도 없기 때문이고, 두 번째 방식은 남에게서 자신이 틀렸다는 말을 듣기를 좋아하는 사람이 아무도 없기 때문이다. 후자의 문제는 삶의 많은 상황을 통해 최대한 줄어든다. 예컨대 학교는 교사가 학생보다 많이 안다는 사회적 합의에 기초한 제도다. 이 암묵적 합의가 깨지면 그 제도가 완전히 무너져 혼란에 빠진다. 병원도 마찬가지다. 흰 가운과 벽에 걸린 학위증서는 의사만의 비장의 영역을 말없이 증언해 준다. 아무리 아마추어들이 인터넷으로 연구를 많이 해도 의사의 의학 지식이 보다 낫다는 인습적 합의는 여전하다.

그런데 신앙을 변증하고 논증하는 분야에는 전혀 그런 기대가 없다. 오히려 정반대다. 누구나 자신의 신앙이 진리이고 충분하다고 당연히 확신하며, 남들의 신앙은 진리일 리 없다고 거의 당연히 확신한다. 솔직하거나 무례하게 그 말을 입 밖에 내지 않더라도 말이다. 마음과 생각이 굳게 닫혀 있는 사람들은 더 그렇다. 바로 거기가 질문이 끼어드는 자리다. 자신의 신앙에 대해 외부인으로부터 어떤 반론도 듣지 않으려는 사람도 질문의 위력에는 언제나 열려 있다.

서술도 전복적일 수 있다. 특히 담겨 있는 정보에 폭발력이 있으면 그렇다. 그러나 대부분의 경우에 서술은 질문이 지니고 있는 전복적 위력을 따라갈 수 없다. 서술에는 늘 "받아들이든지 말든지 둘 중 하나"라는 성질이 있기 때문이다. 누군가가 주장하는 정보가 흥미로울 수 있으나, 단 관심이 있는 사람들—다시 말해 그 정보에 이권이나 이해관계가 있는 사람들—에게만 그렇다. 비가 온다는 말도, 소풍을 계획 중인 사람과 어차피 온종일 실내에서 일할 사람에게는 각기 다르게 들린다. 비슷하게 우리가 신앙을 나누는 방식들도 사람들에게 통하지 않을 때가 많다. 이 이슈가 자신에게 이로운 이해관계가 있음을 그들이 아직 인식하지 못했기 때문이다.

반면에 질문은 두 가지 이유에서 위력이 있다. 우선 질문은 **간접적이며**, 다음으로 **상대를 끌어들인다**. 좋은 질문은 결코 그 지향점을 내비치지 않으며, 듣는 사람을 초대하여 질문을 넘겨받아 직접 답을 찾아내게 한다. 질문의 이런 건설적 활용은 흔히 그리스의 위대한 질문자인 소크라테스에게로 거슬러 올라간다. 그의 탐색 질문은 그 세대의 사고를 자극했고, 지각 없는 그들의 비논리와 안일을 폭로했다.

그러나 소크라테스보다 오래전에 하나님이 친히 질문자이셨음을 잊어서는 안 된다. 아담과 하와가 죄를 지은 뒤에 하나님이 그들에게 제일 먼저 하신 말씀은 무엇인가? "네가 어디 있느냐."^{창 3:9} 그들이 어느 나무 뒤에 숨었는지 주님이 모르셨단 말인가? 말도 안 된다! 하나님의 질문은 인류의 조상을 은신처에서 몰아냈고, 자신들이 뻔히 알고 저지른 일을 직시하도록 도전했다. 비슷하게 하나님은 욥에게 어떻게 대답하셨던가? 욥의 의심은 도덕적 우주의 모든 기둥을 자기 머리 위로 무너뜨리는 끔찍한 결과를 낳았다. 이때 그분은 위로의 대답을 내놓지 않으셨다. 사실은 아예 대답이 없으셨고, 오히려 오십 개도 넘는 질문을 연이어 던지셨다. 결국 욥은 의심의 방향을 자신에게로 돌려 정신을 차리고 무릎을 꿇었다.

> 나는 깨닫지도 못한 일을 말하였고
> 스스로 알 수도 없고 헤아리기도 어려운 일을 말하였나이다.······
> 그러므로 내가 스스로 거두어들이고
> 티끌과 재 가운데에서 회개하나이다. 욥 42:3, 6

질문에 능했던 하나님의 사람들이 성경에 여럿 나온다. 예컨대 다윗 왕은 요압 장군의 사주를 받은 드고아 여인의 비유에 속지 않았는데, 그의 질문 공세를 통해 작전이 들통난 것이다. 여인은 왕의 탐색 질문을 피해 갈 길이 없음을 시인하며 항복했다. 삼하 14:19 나단이 다윗을 속여 허구의 이야기를 믿게 한 적은 있으나, 다윗은 또 속을 마음이 없었다. 그는 질문자가 됨으로써 힘을 유지했다.

그러나 성경의 가장 위대한 질문자는 두말할 나위 없이 예수 자신이다. 그분의 신기한 행동 자체가 번번이 의문을 불러일으켰다. 무엇보다 그분 자신에 대한 질문, 곧 도대체 누구이기에 이런 일을 하실 수 있는가에 대한 질문이었다. "그가 누구이기에 바람과 물을 명하매 순종하는가." 눅 8:25 "이가 누구이기에 죄도 사하는가."^{눅 7:49} 아울러 그분은 제자들과 일반 군중과 자신을 대적하는 자들에게 직접 예리한 질문을 던지셨다. 그 질문들은 세월이 흐른 지금도 공명을 불러일으킨다. "사람이 만일 온 천하를 얻고도 자기 목숨을 잃으면 무엇이 유익하리요."^{막 8:36} "너희는 나를 누구라 하느냐."^{막 8:29} 예수의 질문 방식은 특히 자신에게 던져진 간교한 질문들에 반응하실 때 유감없이 드러난다. 대적하는 자들은 그분을 궁지에 빠뜨려 스스로 유죄를 입증하게 하려고 그분께 교활한 질문을 던지곤 했다. 이런 교묘한 질문에 예수께서는 더 교묘한 질문으로 대응하여 그들의 말문이 막히게 하셨다. "그 후에 감히 묻는 자가 없더라."^{막 12:34}

오늘날 많은 그리스도인들은 질문을 던지기보다 답을 내놓기에 더 능하다. 묻지도 않은 질문에도 답하고, 어떤 질문에든 늘 같은 답―예수―을 내놓는다는 불명예를 안을 때도 있다. 물론 예수께서는 인간의 모든 질문에 대한 완전한 최종 답이 되시지만, 기계적이거나 단순논리식으로는 아니다. 예수께서는 답 자체이시자 또한 답들을 알려 주신다. 그 깊이와 경이를 알려면 인간의 마음이 자신의 열망과 딜레마와 슬픔을 최대한 충분히 인식해야만 한다. 그런데 인생 경험과 더불어, 상대를 그런 인식으로 이끌어 주는 가장 유용한 방법 중 하나가 바로 질문이다.

　세 번째로 성경에 나오는 전복적 소통 방법은 **이야기**와 **비유**다. 질문의 힘이 간접적이고 상대를 끌어들이는 데 있다면, 이야기의 힘은 하나가 더 있다. 이야기는 간접적이고 사람을 끌어들일 뿐 아니라 상상력까지 활용한다. 상상력은 우리 인간의 가장 막강한 능력이다. 지금 어디에 있든 당신은 해변에서 낭만적으로 보내는 휴일을 생각할 수 있다. 율리우스 카이사르나 셰익스피어 등 당신이 좋아하는 영웅의 시대에는 삶이 어떠했을지 생각할 수 있다. 자신을 세상에서 가장 빠른 육상 선수나 화성에 처음 착륙한 인간으로 상상할 수도 있다. 다시 말해 상상력은 현대의 초고속 통신 수단보다도 더 빠르게 지금과 그때를, 여기와 저기를 넘나드는 수단이다.

　나단의 비유의 위력은 앞에서 살펴보았고, 예수께서 들려주신 이야기들은 뒤에서 살펴볼 것이다. 우리 시대에는 J. R. R. 톨킨Tolkien과 C. S. 루이스가 이야기의 엄청난 위력을 특히 영화화될 수 있는 책들로 예시해 주었다. 말할 것도 없이, 인간이 모닥불 주위에 둘러앉던 원시 시대로부터 이야기는 인간의 강력한 소통 수단이었고 지금도 마찬가지다. 첫 장에서 말했듯이, 우리가 변증에 이야기를 활용하는 이유는 우리가 멋있게 포스트모더니즘의 논증에 정통해 있기 때문이 아니라, 대화 상대인 사람들의 마음이 열려 있지 않고 닫혀 있기 때문이다.

네 번째로 성경에 나오는 전복적 소통 방법은 **드라마와 실연**實演이다. 이야기의 세 가지 특성이 여기에도 똑같이 들어 있다. 즉 간접적이고 상대를 끌어들이며 상상력을 활용한다. 선지자가 자신을 상하게 한 뒤 아합에게 전복적 도전을 제기했던 사례를 앞에서 살펴본 바 있다. 이 공연은 아주 큰 효과를 냈다. 우리 기니스 집안은 유명한 흑맥주로 전 세계에 알려져 있는데, 그래서인지 성경의 극적 실연 중 내가 제일 좋아하는 것은 선지자 예레미야의 평생의 사역 중에 나온다. 뜻밖에도 주님은 예레미야에게 레갑 사람들을 성전으로 초대하여 포도주를 권하라고 명하셨다. 레갑 사람들은 절대 금주를 실천하던 주전 6세기의 근본주의자들이었다. 즉 오늘날의 상황에 대입하자면, 존경받는 빌리 그레이엄Billy Graham이 인근의 침례교인들을 노스캐롤라이나 주 몬트리트의 자택으로 초대하여 술잔치를 벌이는 것과 같다.

굳이 상상력을 많이 동원하지 않아도 예레미야의 초대에 뒤따랐을 긴장이 느껴진다. 그들을 초대한 사람은 주님의 선지자였고, 초대한 장소는 주님의 집의 특별한 방이었다. 그러니 레갑 사람들은 어찌할 것인가? 예루살렘의 자유주의자들은 헛웃음을 쳤을 것이다. 레갑 사람들에게 술이 금기임을 예레미야는 모른단 말인가? 물론 그도 알았다. 하지만 이것은 그의 기발한 발상이 아니라, 하나님께서 그렇게 하도록 명하신 것

이다. 그러니 레갑 사람들은 도대체 어찌할 것인가? 만일 우리
가 초대했다면, 똑똑한 사람들의 짐작대로 그들은 일언지하에
거절했을 것이다. 그러나 주님의 선지자가 성전으로 초대했으
니 주님의 명령이나 다를 바 없었다. 좀 더 지켜보면 다음 상
황을 알 수 있다.

전개되는 이야기를 보면, 레갑 사람들은 정중하고도 단호하
게 거절했다. 그러면서 예레미야가 모르기라도 한다는 듯 자
신들이 술을 마실 수 없는 이유를 이렇게 설명했다.

> 그들이 이르되 우리는 포도주를 마시지 아니하겠노라. 레갑의 아
> 들 우리 선조 요나답이 우리에게 명령하여 이르기를 너희와 너희
> 자손은 영원히 포도주를 마시지 말며……우리가 레갑의 아들 우
> 리 선조 요나답이 우리에게 명령한 모든 말을 순종하여 우리와 우
> 리 아내와 자녀가 평생 동안 포도주를 마시지 아니하며.렘 35:6, 8

이제 예레미야는 뭐라고 대답할 것인가? 도대체 무슨 생각
으로 이런 괴상하고 가망 없는 초대를 꾸며냈단 말인가? 터질
듯한 긴장 속에서 그때 갑자기 주님의 말씀이 직접 예레미야
에 임했다. 마치 말이 채 끝나기도 전에 그분이 헛웃음을 치는
구경꾼들 쪽으로 돌아앉으시기라도 한 것 같았다. 그분은 "레
갑의 아들 요나답의 자손은 그의 선조가 그들에게 명령한 그

명령을 지켜 행하나 이 백성은 내게 순종하지 아니하도다"라
고 말씀하셨다.^{렘 35:16} 다시 말해 레갑 사람들은 하나님이 모든
사람에게 요구하신 내용이 아닌데도 조상의 명령을 지켰으나,
나머지 백성은 하나님이 절대적으로 요구하신 그분의 명령조
차도 듣지 않았다.

피터 버거에 따르면, 이 실연은 일반의 기대에 어긋나게 상
황을 재정의하려는 전술이었고, 따라서 다른 등장인물들의 허
를 찌르는 효과가 있었다. 그런 의미에서 그것은 "탁월한 미시
사회학적 방해 행위"였다.[8] 그날 예루살렘의 시민들은 분명히
총총걸음으로 자취를 감추었을 것이다. 하지만 형세의 역전은
그보다 깊고 오래갔다. 그 뒤로 길거리나 시장에서 레갑 사람
을 볼 때마다, 그들은 레갑 사람들 때문에 자신들의 문제가 드
러났음을 떠올리지 않을 수 없었을 것이다. 그 멸시받던 근본
주의자들은 그들의 불신앙을 고발하는 산증인이었다.

말, 말, 말　　　　　　　우리의 설득에 용수철을 다는
　　　　　　　　　　　　이상의 모든 방법이 오늘날 절
실히 필요하다. 발전된 현대 세계에서 말 자체가 가장 밑바닥
으로 떨어졌기 때문이다. 한편으로 현대의 말은 무관심에 시
달린다. 모두가 말만 할 뿐 듣는 사람은 아무도 없다. 다른 한
편으로, 현대의 말은 인플레이션에 시달린다. 광고와 "광고식

말투"가 지천에 널려 있다 보니, 말은 상품과 생각을 팔아먹는 도구일 뿐이다. 가장 하찮은 제품과 최악의 사업에도 도움만 된다면, 가장 고상하고 신성한 말이 동원된다. 오늘날의 말은 다분히 "수다"와 "선전"으로 변해 그야말로 "말, 말, 말"의 문제가 되었다.

이와는 정반대로, 그리스도인들은 우리가 말씀의 사람들이자 말을 믿는 사람들임을 다시금 강력하게 보여주어야 한다. 우리에게 말은 결코 **단순한** 말이 아니다. 말은 진리, 자유, 예배, 인간의 존엄성 등과 불가분으로 맞물려 있기 때문이다. 말이 중요한 까닭은 우리가 예배하는 그분이 말씀 자체이시기 때문이고, 그분을 위한 우리의 말에서 그 말씀의 진리와 능력이 용수철처럼 튀어나와야 하기 때문이다. 특히 마음이 닫혀 있는 사람들을 대할 때 그래야 한다.

무관심과 인플레이션의 문제는 웅대한 통신 시대의 소통이 안고 있는 기현상 중 두 가지에 불과하다. 그러나 이는 예로부터 지금까지 훌륭한 소통자로 부름받은 그리스도인들에게 오늘날의 소통이 더 쉬운 게 아니라 오히려 더 어려울 때가 많음을 보여준다. 더 중요하게 이는 이런 도전에 대한 최선의 답이 발전된 첨단기술에 있지 않고 더 깊은 신학에 있음을 보여준다. 처음부터 강조했듯이 사람들의 마음이 영적·도덕적·지적으로 복음에 닫혀 있을 때일수록 무엇보다 강력한 소통은,

성육신과 십자가와 성령이라는 진리와 그 전복적 능력에 기초한 소통이다.

9. 항상 옳아야 하는 예술?

"그는 도무지 물러설 줄을 모른다. 그와 논쟁하는 일은 마치 불도저를 향해 달려들거나 면도날로 된 벽에 내던져지는 것과 같다. 그가 변호하는 주제는 기독교 신앙이지만, 무신론이나 어떤 정당이나 풋볼 클럽을 변호한다 해도 태도는 똑같을 것이다. 해당 주제가 무엇이든 무조건 자신이 옳아야 하고 최종 답을 내려야 한다." 이것은 어떤 사람이 넌더리를 내며 토의 그룹을 탈퇴하면서 남긴 뼈아픈 말이다. 그 그룹의 한 그리스도인 학생이 설득력도 없고 사랑도 없이 독단으로 치달았기 때문이다.

이런 말을 들을 만한 독선적인 사람들이 틀림없이 많이 있다. 그런데 알베르 카뮈는 달랐다. 그는 논쟁이 자신에게 위험하다고 솔직히 시인했다. 그만큼 열정적인 사람이라 무엇 하나도 가볍게 대할 수 없었던 것이다. 그래서 변론은 그를 화나게 했고, 그의 존재의 웅어리에 있는 자존심을 들추어냈다. 그가 『반항하는 인간』을 쓸 때 일기장에 기록한 결심이 있다. "진실을 말하되 너그러운 마음을 잃어서는 안 된다."[1]

특히나 서글픈 것은 그리스도인들이 카뮈처럼 솔직하지 못하고 아주 흉한 태도를 보일 때다. 사도 베드로의 권유에 따르면, 우리 속에 있는 소망의 이유를 말할 때 보여야 할 두 가지 특성은 바로 "온유와 두려움[존중심]"이다. 그런데 온유하지도 않고 예의도 없는 그리스도인들을 우리도 다 알고 있을 것이다. 그들은 왠지 구제불능으로 똑똑한 체하거나 산더미만한 자존심으로 실내의 산소를 독식해 버린다. 하지만 자신이 입을 열수록 오히려 메시지에 욕이 됨을 알 턱이 없다. 항상 옳아야 하는 사람과는 함께 있기가 힘들다. 그들은 정말 눈엣가시 같은 존재다. 그리스도인 변증자들이 그렇게 행동하면 오히려 주님께 누가 된다. 우리의 그런 모습은 그분과 모순될 뿐 아니라 우리 자신의 모든 말과도 완전히 모순된다. 예수께서는 복음을 제시하실 때 "은혜와 진리"로 하셨고 "은혜 위에 은혜"로 하셨다.요 1:14, 16 예수께서는 그분을 따르는 사람들이 "사람을 낚는 어부"가 되리라고 말씀하셨다. 그러므로 우리는 논증에 이길 게 아니라 사람을 얻어야 한다.

웅변가로 잘 단련되었던 성 아우구스티누스는 말을 권력으로 이용하려는 유혹을 솔직히 직시했다. 그는 자신이 그리스도인이 되기 이전에 "말 장사"*venditor verborum*로서 "늘 무리할 정도로 논쟁에 이겼다.……젊은 날의 욱한 성질이 이내 황소고집으로 굳어졌다"고 고백했다.[2] 에라스무스도 동일한 위험을 인식했고, 확실한 예외가 몇 번 있기는 했지만 자기 나름의 "웅변"*eloquentia*—친절한 담론을 통한 설득—을 힘써 실천했다. 그는 예수 자신을 "하나님의 설득력"이라 부르며 귀감으로 삼았다.[3]

하지만 무슨 수를 써서라도 이기려는 충동이 그리스도인의 말 속에 침투할 때가 너무 많다. 보란 듯이 말재주를 과시하기도 하고, 가차 없이 상대를 깔아뭉개기도 한다. 존 헨리 뉴먼 John Henry Newman은 영국과 로마에서 동료 가톨릭 교인들에게 재판을 받던 즈음에, 진리를 선전 도구로 남용하는 교회에 대해 한 친구에게 이렇게 격렬히 성토했다.

이 나라는 선전에 지배당하고 있다. 그러나 선전은 너무 얄팍하여 나 같은 사람을 이용할 수 없다.……내가 자신을 알거니와, 교황의 성좌에 나보다 더 충성한 사람은 없을 것이다. 아울러 개인적으로 교황을 사랑한다. 그러나 선전은 선교사 나라들을 위한 터무니없고 조잡한 군사력에 가깝다. 선전은 지적인 운동을 이해하지 못하며, 패배한 적군의 수많은 머리가죽처럼 신속한 결과를 좋아한다.[4]

"머리가죽"을 취하는 일은 일부 전도 방식들에 수반되는 나쁜 관행이다. 논쟁을 특히 즐기는 사람들에 대해서나 기독교 변증 자체에 대해서도 비슷한 반론이 퍼부어질 때가 있다. 이런 비난에 따르면, 변증은 항상 옳아야 하는 예술이며 따라서 나쁜 신앙이다. 변증자의 목적은 이해하는 게 아니라 이기는 것이며, 변증자의 논증을 더 좌우하는 것은 신학보다 그의 심리 상태다. 무조건 자신이 옳아야 하는 부류의 사람들이 변증의 분야에 들어선다. 더 겸손하고 관대한 그리스도인들은 자신이 옳아야 할 필요가 없으며, 결코 남을 회심시키려 하지 않는다는 것이다.

이 비난은 불공정하고 틀렸다. 잠시만 생각해 보아도 그것이 얼마나 어리석은 공격인지 알 수 있다. 자신이 옳음을 입증하려는 충동이 더해졌을 수 있다는 이유로 모든 종류의 설득을 의문시한다면, 설득은 하나도 남지 않고 무지가 승자가 될 것이다. 설득은 학습과 인간의 성장에 두루 다 중요하다. 따라서 이 비난은 부메랑이 되어 모든 진리 주장에 대한 모든 종류의 설득을 공격할 것이다.

사실 말과 변론에 능하여 주님처럼 진리와 은혜를 함께 보여준 훌륭한 그리스도인들이 늘 있었다. 기독교의 첫 몇 세기 동안 한 가지 두드러진 특징은 수사학에 단련된 기독교 지도자, 수사학의 교사, 칭송받는 웅변가 등이 많았다는 사실이다. 아울러 그들은 훌륭한 설교자이기도 했다. 그리스 세계의 가장 유명한 인물 중에 나지안주스의 그레고리우스가 있다. 갑바도기아의 교부인 그는 그리스의 마지막 위대한 수사학자인 리바니우스의 제자였다. "황금의 입"으로 불린 크리소스토무스가 콘스탄티노플에서 그의 뒤를 이었다. 성 아우구스티누스는 수사학의 교사였으며, 그가 밀라노에서 기독교 신앙에 끌린 것도 주교 암브로시우스의 탁월한 웅변술에 감탄해서였다. 이 모든 교회 지도자들은 말솜씨가 뛰어났으나, 또한 그 못지않게 자신의 삶과 말로 복음을 전하려는 충실성과 열정으로 잘 알려져 있다.

보다 최근으로 오면 교회는 조지 버나드 쇼[George Bernard Shaw]와의 유명한 토론에서 위세 좋게 성공한 G. K. 체스터턴이나, 신흥 무신론자들과의 토론에서 겸손과 유머를 보여준 옥스퍼드 대학의 존 레녹스[John Lennox]로 인해 감사하고 있다. 그러나 모든 그리스도인 토론자들이 그렇게 사랑과 진리와 은혜의 조화를 보여주지는 못했다. 문제는 논쟁에도 권투 시합처럼 승자와 패자가 있다는 것인데, 논증에 이기고 청중을 잃은 그리스도인들이 너무 많았다. 논리가 사랑을 앞질렀다. 논증으로 기지와 무게감을 보인 적은 있으나, 결코 매력이 받쳐 주지 못했다. 논증이 너무 느슨하면 우리가 무능해 보일 수 있고, 논증이 너무 까다로우면 역시 사랑과 예의가 없어 보일 수 있다. 그동안 그리스도인 변증자들은 청중에게 감동이나 반감만 주었을 뿐, 정작 그들을 얻지는 못한 경우가 너무 많았다.

진리인가, 설득인가

공적인 발언자에 대한 이런 반론은 결코 새로운 현상이 아니며, 그리스 사람들에게로 훌쩍 거슬러 올라갈 수 있다. 일찍이 수사학에 대한 고전적 토론이 시작되던 때부터 그런 반론이 고개를 쳐들었다. 우리가 사는 세상에 죄가 없다면, 함께 진리를 추구하고 함께 진리에 도달하여 서로 간에 더 깊은 합의를 이루는 게 모든 변론과 토론의 주목적이 될 것이다. 상대가 누구이든 관계없이 말이다. 그러나 타락 이후로 우리가 사는 세상은 그렇지 못하다. 사실 진리에 일말의 관심도 없는 사람들이 많이 있다. 그들의 논쟁은 오직 자신의 영역을 지키거나 최종 결정권을 쥐거나 그저 일인자가 되기 위해서다. 정치 토론이나 텔레비전 토론이나 학술 세미나를 유심히 들어 보라. 말싸움의 배후에 깔린 자존심 싸움을 어렵지 않게 볼 수 있을 것이다. 인간의 많은 토론에서 진짜 목표는 진리가 아니라 사리와 권력이다. 사리와 권력이 활개를 칠 수 있는 이유는, 우리가 하는 말의 내용과 형식 사이에 또는 진리와 설득 사이에 중대한 괴리가 있기 때문이다.

소크라테스가 이런 이슈를 특유의 예리한 방식으로 제시했다. 플라톤이 스승인 소크라테스와 파이드로스의 대화를 기록한 『파이드로스』에서 보듯이, 그리스의 이 위대한 질문자는 진리와 설득의 관계라는 까다로운 이슈를 제기했다. 이는 진리와 덕의 관계이기도 하다. 한쪽에서 보면 수사학은 논증에 이기는 예술이다. 그러나 토론 중에 중요한 이슈의 격을 떨어뜨리지 않으려면 진리와 설득의 관계를 잘 지켜야 한다. 소크라테스 시대의 궤변가들은 어찌나 언변이 교묘했던지 백을 흑처럼, 흑을 백처럼 보이게 할 수 있었다. 그리하여 그들은 수사학의 영예로운 위상에 오명을 남겼다. 그때의 수사학처럼, 오늘날의 변증도 진리는 안중에도 없이 무조건 논쟁에 이기는 방법으로 쉽게 전락할 수 있다.

훗날 쇼펜하우어도 자신의 풍자 에세이 『쇼펜하우어의 토론의 법칙』 *The Art of Always Being Right* 에서 동일한 이슈를 탐색했다. 그는 고전적 대화도 잘 알았고 자기 시대의 허울 좋은 논증도 알았다. 그래서 독자들을 그런 기만에 넘어가지 않도록 예방해주고자 그 분야의 모든 수법을 공개했다. 그가 서두에 경고했듯이, 토론은 "말로 싸우는 기술이되 자신이 옳든 그르든 무조

건 자신의 입장을 고수하는 기술이다."⁵

화자의 관심은 오직 온전한 진리에만 있어야 하는가? 즉 자신의 논증의 장점과 엄격한 논리에만 있어야 하는가? 아니면 효과적 설득을 위해 화자가 진리와 논리에는 아랑곳없이 그 분야의 모든 수법을 동원해서라도 상대를 자신의 견해 쪽으로 끌어와야 하는가? 진리만 강조하면 논증에 져서 실패자가 될 수 있다. 그러나 무조건 설득만 강조하면 이기기는 쉽지만 사기꾼으로 비쳐질 수 있다. 실패자가 될 것인가, 사기꾼이 될 것인가? 단순한 사실은, 인간이 죄인이다 보니 실패자로 무시당하기보다 차라리 똑똑한 사기꾼으로 비쳐지는 쪽을 감수할 사람들이 많다는 것이다.

설득에 능한 화자는 당연히 최악을 최선으로, 진리를 거짓으로, 거짓을 진리로, 선을 악으로, 악을 선으로 둔갑시킬 수 있다. 소크라테스는 "언어의 힘으로 사소한 것을 중대하게, 중대한 것을 사소하게 만든다"고 표현했다.⁶ 그러나 문제는 거기서 끝나지 않는다. 쇼펜하우어가 경고했듯이, "진리에 굴복해야 한다고 말하기는 쉽다. 그러나 상대가 그러리라고 단정할 수 없기에 우리도 그럴 수 없다."⁷

요컨대 설득이 진리에 중요하듯 진리도 설득에 중요하다. 그러나 진리 자체만으로는 설득력을 낼 수 없다. 이 두 가지 사실 사이에 분명히 간극이 있고, 그 간극 속으로 가지각색의 대중 선동가, 엉터리, 야바위꾼, 협잡꾼, 돌팔이, 사기꾼 등이 쉽게 끼어들 수 있다. 이런 궤변가들은 생전 일자리를 잃을 염려가 없을 것이다. 그들의 후예인 현대의 대필 작가, 광고업자, 홍보 컨설턴트, 피해 관리 전문가 등도 마찬가지다. 그러나 그들이 안고 있는 고질적 문제 때문에 소크라테스는 이런 근본적 질문을 던졌다. "당신은 수사학에 이론적으로나 실천적으로 접근할 때 어떻게 하는 것이 **신을 가장 기쁘게 하는지** 아는가?"[8]

이에 대한 그리스인들의 보편적 예방책은 화자가 선한 양식, 선한 성품, 선한 의지의 사람이어야 한다는 것이었다. 키케로 등 이후의 로마인들도 똑같이 보았다. 표현을 달리해서, 진리와 덕 사이의 위험한 간극을 메우려면 늘 세 가지 원리를 상기해야 한다. 첫째, 진리와 덕이 거짓과 악보다 강하다. 둘째, 화자는 성품과 덕의 사람이어야 한다. 셋째, 화자는 자신의 이익만이 아니라 늘 공동선을 추구해야 한다. 이 세 가지 원리가 합해져서 궤변가들의 술책을 막고, 진리와 설득 사이의 간극에 내포된 모든 위험을 막는다고 고대인들은 보았다.

이런 고전적 원리에 상응하는 기독교적 개념은 명백하다. 그러나 지금까지 이 책에서 나의 취지는 다른 원리, 곧 고전적 토론에는 전무하고 기독교적 설득에만 있는 독보적 원리를 강조하는 것이었다. 중요한 제한이 적용되기는 하지만, 진리 자체가 지닌 궁극적 승리의 힘을 믿어야 함은 그리스도인들도 알고 있다. 예컨대 토머스 제퍼슨Thomas Jefferson이 인용한 "진리는 위대하며 결국 승리한다"는 아일랜드의 옛 격언에 그것이 잘 나타나 있다. 아울러 설득자의 온전한 성품과 동기가 중요하다는 점도 그리스도인들 역시 믿고 있다.

그러나 그리스도인들은 고전 수사학에 전혀 없는 주제들도 강조한다. 한편으로 우리의 모든 소통에 철저한 현실주의를 적용한다. 성경에서 보듯이, 죄와 불신 때문에 우리는 결코 인간의 본성을 이상적 관점에서 보아서는 안 된다. 우리 자신의 마음과 생각부터가 그것을 증언해 준다. 진리를 위한 인간의 모든 지고한 싸움에도 불구하고—쇼펜하우어의 모토는 "진리에 목숨을 바치라"였다—알다시피 우리는 죄인인지라 아무도 정말 전적으로 사심 없이 진리를 구할 수 없다. 불신의 해부를 논의할 때 보았듯이, 우리 자신이나 우리의 대화 상대나 모두 진리를 추구하는 사람인 동시에 늘 진리를 왜곡하는 사람이다. 쇼펜하우어의 표현으로 모든 인간은 "허영심을 타고났기" 때문에 "허영심을 채우고자 진리가 허위처럼, 허위가 진리처럼 보여야만 한다."[9]

다른 한편으로, 그리스도인들은 우리를 보내시는 그분이 규정하신 방식대로 소통하려 힘써야 한다. 즉 성육신과 십자가와 성령을 본받아야 한다. 전하는 메시지가 독특하기에, 그 메시지를 전하는 방식도 그에 어울리게 독특해야 한다. 그러므로 내용에 맞는 소통 방식은 늘 중요하며, 그것까지도 우리가 전하는 진리들을 통해 빚어져야 한다. "아버지께서 나를 보내신 것같이 나도 너희를 보내노라."*요 20:21* 자주 인용되는 예수의 말씀이다. 물론 여기에는 예수께서 보냄받으셨듯이 우리도 보냄받았다는 단순한 사실이 들어 있다. 그러나 훨씬 그 이상의 의미도 있다. 우리가 보냄받는 방식과 말하는 방식도 예수께서 보냄받은 방식과 같아야 한다는 것이다.

하나님은 뜻밖의 충격적 방식으로 우리에게 자신을 계시하셨다. 그 방식은 우리 인간의 모든 기대에 어긋나고 모든 사고방식을 무색하게 했다. 말씀이 육신이 되어 우리 같은 인간으로서 말씀하셨다. 다만 신분을 감추고 위장하여 우리를 속이고 바보 취급하셨다. 말없는 경외심으로 감히 다시 말하건대, **이 모두는 그분이 그렇게 하셔야만 했기 때문이다. 즉 우리의 고집스런 죄와 불순종을 전복시켜 우리 마음에 다가오실 다른 방도가 없었기 때문이다.** 얼마나 신비로운가! 사실이 아니라면 정말 어처구니없는 일이고, 사실이라면 한없이 경이로운 일이다. 모든 능력의 하나님이 우리의 보잘것없는 능력을 전복시키려고 일부러 연약해지셨다. 모든 부의 하나님이 우리의 빈약한 부를 전복시키려고 일부러 가난해지셨다. 모든 지혜의 하나님이 우리의 주관적 지혜를 전복시키려고 일부러 어리석어지셨다. 홀로 주권자이신 하나님이 대단한 존재로 자처하는 미련한 우리를 전복시키려고 일부러 하찮은 존재가 되셨다. 이처럼 하나님도 어떤 일도 서슴지 않으셔야 했다면, 우리라고 다른 식으로 말할 수 있겠는가? 우리 주님이 그렇게 값비싼 대가를 치르셔야 했다면, 우리의 논증을 최고의 미사여구로 꾸며야 그분의 성육신에 어울린다는 생각은 얼마나 어이없는 생각인가. 그분의 십자가에 합당하게 말하려면 우리의 논증으로 똑똑함을 뽐내야 한다는 생각도 마찬가지다.

때로 하나님보다 더 잘 안다고 생각하는 우리의 미련함이 민망할 뿐이다! 하나님의 진리는 하나님의 목적에 부합되는 하나님의 예술을 요구한다. 진리에는 예술이 있으며, 그 예술은 진리를 통해 빚어진다. 기독교의 진리는 기독교의 예술을 통해서만 소통될 수 있다. 따라서 진리에 대한 그리스도인의 모든 설명이나 변호에는 복음의 핵심 진리들을 통해 결정적으로 빚어진 생명과 방식과 어조가 있어야 한다. 성육신처럼 우리의 말도 인격 대 인격으로 상대와 얼굴을 마주 대할 때 늘 가장 효과적이다. 십자가처럼 우리의 메시지도 동일화의 대가를 치러야만 그 고결하고 가치 있는 목표에 속속들이 성공할 가망이 있다. 또한 매사에 우리가 성령께 의지하듯이, 소통의 모든 능력과 설득력도 우리에게 있지 않고 그분께 있음이 늘 명백히 드러나야 한다. 바로 그런 맥락에서 안디옥의 성이그나티우스^{Ignatius}는 "존재 없이 말만 하는 것보다 침묵하더라도 존재하는 게 낫다"고 했다. 자주 잘못 인용되는 성 프란체스코의 조언도 있다. "늘 복음을 전하되 필요하다면 말로도 전하라."

이 도전에 응하려면 우리 각자가 변증자로서 자신의 마음을 살펴야 한다. 우리는 충분한 사랑으로 경청하는가, 아니면 자신이 답하는 소리 듣기를 좋아하는가? 정말 그리스도를 논증하는가, 아니면 항상 옳아야 하는 자신의 욕구를 표출하는가? 근거 있는 신앙의 견고한 확신을 발견할 수 있음을 상대에게 진정으로 보여주려 하는가, 아니면 사실은 나 자신이 확인하려고 증거를 쌓아 올리는가? 우리는 변증자가 되는 특권을 좋아한다. 하지만 논증에 이겨 똑똑하고 옳게 보이려는 게 혹시 우리의 진정한 동기는 아닌가? "변호는 중지되지 않는다"고 말하지만 정말 우리는 주님을 변호하는가? 아니면 자신의 관심사나 공동체 내에서의 자신의 입지를 변호하는가?

연약한 모습을 내보이는 겸손은 늘 그리스도인 변증자의 분명한 표지가 되어야 한다. 우리는 모든 질문의 답을 다 알지 못한다. 모든 반론에 다 만족스럽게 대응할 수도 없다. 아무리 우리 쪽에서 증언을 그르쳤더라도, 상대가 예수를 알게 되면 우리는 언제나 기뻐해야 한다. 우리는 산파일 뿐이며, 중요한 것은 우리가 아니라 성령께서 하나님의 갓 태어난 새 자녀에게 선물로 주시는 생명이다. 우리가 한 일이라고는 연극의 몇 단어나 잊혔던 대사를 일러 준 것뿐이다. 이제 위대하신 극작가와 그분의 배우들 사이에 조화가 회복되었으므로 드라마는 작가의 의도대로 계속 진행될 수 있다.

이렇게 말할 수도 있다. 정말 우리는 사람들에게 하나님을 알리는 일에 그분보다 우리가 더 열정적이라고 생각하는가? 얼마나 터무니없는 소리인가. 세상을 향해 다가가시는 분은 명백히 하나님이시다. 니느웨에 가지 않으려 했던 요나의 이야기, 부정해지지 않으려고 이방인 백부장에게 가기를 주저했던 베드로, 오늘날 많은 무슬림들이 꿈에 예수를 보고 나서 하나님을 찾는 놀라운 이야기 등에서 그것을 볼 수 있다. 오히려 하나님이 우리를 기다려 주시거나 우리에게 조금이라도 역할을 맡겨 주시는 게 놀라울 뿐이다. 앞서 말했듯이 우리는 보조 변호인일 뿐이며, 모든 시선은 수석 변호인을 향해야 한다. 우리가 하나님을 아무리 잘 변호해도 그분은 그보다 더 확실한 진리이시다. 우리의 이해를 훌쩍 넘어서는 수많은 이유들로 인해 우리는 기독교 신앙을 진리라 믿는다. 그렇다면 설령 우리가 완전히 말문이 막혀 미숙하고 무지한 우리의 참모습이 드러난다 해도, 하나님은 여전히 하나님이시고 우리의 신앙은 여전히 진리다.

아울러 하나님을 변호할 때 감히 그분의 자리에 서려는 큰 위험을 우리는 결코 잊어서는 안 된다. 무엇보다 하나님이 우리의 최선의 논증만큼밖에 확실하지 못하다는 생각의 유혹을 떨쳐야 한다. C. S. 루이스는 이렇게 고백했다.

변증자의 일보다 더 나 자신의 신앙에 위험한 것은 없음을 깨달았다. 이 신앙의 교리 중 방금 내가 공개토론에서 거뜬히 변호한 교리만큼 내게 비현실적이고 실체가 없어 보이는 것은 없다. 한순간 신앙이 나 자신에게 달린 듯 보였고, 그 결과 토론을 마칠 때는 신앙이 이 연약한 기둥만큼밖에 강해 보이지 않는다. 그래서 우리 변증자들은 목숨을 건 위험을 무릅쓴다. 여기서 구원받으려면 자신의 논증의 거미줄로부터 끊임없이 뒤로 물러나……기독교 변증으로부터 그리스도 자신께로 돌아가는 수밖에 없다.[10]

한쪽으로 치우친 교육 우리의 잘못된 태도에 대한 이런 도전을 외면해서는 안 된다. 항상 옳아야 한다는 욕구에 대한 비난은 진지한 것이며, 그 비난이 옳다면 우리가 증언하는 복음에 해로운 영향을 끼친다. 그것은 또한 이 책에 권한 접근들을 받아들이지 못하게 하는 극복하기 힘든 걸림돌이 된다. 우리 자신이 늘 길을 막기 때문이다. 그러나 변증과 변증자에 대한 반론들은 그 밖에도 더 있다. 변증 전반에 대한 항간의 그런 반론들 중 일부에 대해서는 충분히 대응할 가치가 있다.

창의적 설득에 대해 아주 다르면서도 똑같이 보편적인 의혹이 있다. 일각에서는 창의적 설득이 너무 많은 교육을 요구하므로 결코 적절한 기독교적 접근일 수 없다고 말한다. 진지하게든 그렇지 않든, 많은 그리스도인들이 단골로 쓰는 "어부의 패"가 있다. 예수의 첫 제자였던 베드로나 요한 같은 어부들의 쉬운 말로도 이해될 수 있는 부분만 정당한 기독교로 받아들여질 수 있다는 것이다. 어부 출신인 성 요한의 후기 저작이 비할 데 없이 심오하다는 것쯤은 무시해도 좋다. 솔직히 고백하면 나도 이 책에서 어부의 원리를 무척이나 깎아내렸는데, 그러다 보니 아마도 창의적 설득이 교육받은 사람들만의 일이라는 인상을 부추겼을 것이다.

안타깝게도 우리가 살고 있는 이 시대는 예전처럼 책도 읽지 않고 여간해서 고전도 가르치지 않는 시대다. 고전은 이미 세월의 시험을 통과하여 시대와 지역을 불문하고 주목할 가치가 있는데도 말이다. 요즘은 윌리엄 셰익스피어도 점점 더 학자들이나 교양 있는 연극 애호가들만의 몫이 되어 가는 것 같다. 그러니 에라스무스 같은 르네상스 시대의 작가를 언급하기만 해도, 마치 창의적 설득이 대다수 그리스도인들의 수준을 한참 웃도는 학구적이고 동떨어진 일로 보일 수 있다.

전혀 그렇지 않다. 나는 작가이지만 솔직히 학자도 아니고 학구적인 사람도 못 된다. 위의 반론에 대한 단순한 답은, 사실은 정반대라는 것이다. 나를 비롯하여 오늘날 많은 사람들은 창의적 설득을 자연스럽게 잘하지 못한다. **하지만 그 이유는 우리가 충분히 교육받지 못해서가 아니라, 편향된 교육을 너무 많이 받았기 때문이다.** 발전된 현대 세계의 대다수 사람들은 역사의 기준이나 세계 전반의 수준에 비추어 교육을 굉장히 많이 받았다. 그러나 동시에 현대 교육은 이성, 논리, 분석, 비판 등 모든 좌뇌 사고의 강점에만 강하다. 물론 다 훌륭한 자질이며 건강한 사고에 꼭 필요한 것들이다. 반면에 현대 교육은 창의성, 상상력, 직관, 역설, 은유 등 모든 우뇌 사고의 강점에는 대등하게 약하다. 똑같이 훌륭하고 필요한 자질인데도 말이다. 다시 말해, 우리는 과거의 많은 사람들처럼 두루 균형 잡힌 교육을 받았어야 하는데 그러지 못했다. 니체도 학자들이 "종이의 노예"가 되었다며 "고등교육 기관의 진정한 상상력의 수준이 지금보다 더 낮고 약했던 적은 없었을 것이다"라고 역설했다.[11]

그렇다고 해서 우리에게 필요한 일이 교육과정과 학위를 더 늘리는 것은 아니다. 교육만 더 받으면 탁월한 설득자가 되리라는 희망은 근거가 없다. 그보다 우리는 어린 시절 편향된 교육 때문에 잃었던 인간의 다른 요소들을 되찾아야 한다. 조금만 생각해 보아도 분명히 알 수 있듯이, 드라마와 유머의 분야에는 창의적 설득이 멀쩡히 살아 있다. 그 분야까지도 과도한 현학적 교육으로 얼룩졌다고 생각할 사람은 아무도 없다.

기독교 신앙에는 늘 블레즈 파스칼, 조나단 스위프트,^{Jonathan} ^{Swift} 쇠렌 키에르케고르, G. K. 체스터턴, 도로시 세이어즈, J. R. R. 톨킨, C. S. 루이스, 맬컴 머거리지^{Malcolm Muggeridge} 등 탁월한 창의적 설득자의 눈부신 계열이 있었다. 그러나 그들이 기독교의 소통에서 소수파에 속한다는 사실보다 더 중요한 것은, 그들의 영향력이다. 그보다 훨씬 더 중요한 것은 그들의 접근 방식이 설득력 있는 성경적 소통의 강력한 줄기와 일치한다는 사실이다. 오늘날 교회의 많은 사람들이 이 부분에 통탄스러울 정도로 약한데, 그런 우리에게 다행히 그들이 시의적절한 도움을 준다.

이야기와 비유가 왜 필요한가를 둘러싼 이런 편견을 아주 잘 보여주는 옛말이 있다. "나를 보면 알겠지만, 별로 똑똑하지 못한 사람에게 진리를 전할 때는 이미지가 아주 유용한 도구다." 그러나 앞서 보았듯이, 문제는 이런 생색내는 허튼소리와는 정반대다. 설득이 힘든 것은 사람들이 똑똑하지 못해서가 아니라, 똑똑함 여부와 관계없이 우리의 메시지에 마음이 열려 있지 않기 때문이다. 사실 가장 똑똑한 사람들일수록 가장 마음이 닫혀 있는 경우가 많다.

강요의 다른 이름인가?　　　　또 다른 보편적 의혹은, 창의적
　　　　　　　　　　　　　　　설득이 사실은 교묘한 형태의
강요나 조종에 지나지 않는다는 것이다. 어떤 사람은 나에게
이렇게 말했다. "나는 예술가입니다. 당신의 말이 정말 마음에
듭니다. 창의적이고 간접적인 나의 예술관과 잘 맞습니다. 하
지만 한 가지 반감이 있는데, 창의적 설득이라는 예술은 마치
조종처럼 들립니다. 당신은 사람들이 보지 않으려는 것을 억
지로 보게 만드는 게 아닙니까? 그것이야말로 고상한 방식의
조종의 다른 이름입니다."

　이것은 내가 예술계의 전문인들을 상대로 강연한 뒤에 나
온 아주 중대한 질문이다. 여기에 답하지 않는다면, 그것이 마
치 반론 없는 고발처럼 창의적 설득을 늘 괴롭힐 것이다. 조종
당하기를 좋아하는 사람은 없으며 아무도 조종당해서는 안 된
다. 자유가 스스로 결정할 수 있는 능력이라면, 인간에게 자유
와 그에 수반되는 책임보다 더 소중한 것은 없다. 자유를 짓밟
는 것은 곧 인간성을 침해하는 행위다. 하나님은 우리를 믿음
과 신뢰와 예배와 순종으로 부르시는데, 이 모두는 강요 없이
자발적으로 이루어져야 한다. 조종은 저주와도 같다.

　하지만 위의 의혹은 정당한 것인가? 창의적 설득은 조종인
가? 우리는 사람들의 심리를 조작하여 그들이 보기 싫다는 것
을 억지로 보게 만드는 것인가? 이 질문을 앞서 인용했던 성

경의 선례들에 적용해 보자. 나단은 그 유명한 이야기를 통해 다윗을 조종했는가? 무엇보다 예수께서는 비유를 통해 당대의 사람들을 조종하셨는가?

이번에도 역시 사실은 정반대다. 앞서 강조했듯이, 창의적 설득은 직접적이기보다는 간접적이고, "받아들이든지 말든지 둘 중 하나"라기보다는 상대를 끌어들이며, 단조롭기보다는 상상력을 활용한다. 따라서 반응은 철저히 각 개인의 몫이다. 본인 스스로 말뜻을 깨달아야지, 그러지 못하면 그만이다. 스스로 보지 못하는 것을 억지로 보라고 시키는 게 결코 아니다. 외부의 압력은 전혀 없다. 우리는 듣는 사람의 자유와 책임에 호소한다.

형태는 달라도 모든 창의적 설득이 작용하는 방식은 셰익스피어의 『햄릿』에 나오는 연극 속의 연극과 동일하다. 유령의 증언을 듣고 난 젊은 왕자 햄릿은 계부 클라우디우스가 자신의 친모와 결혼하여 덴마크의 왕위를 차지하려고 친부를 살해했다는 의심을 품는다. 하지만 확신이 없다. 그래서 그는 왕의 죄를 가려낼 방도를 꾸며낸다. 순회 연극단을 불러들인 뒤, 그들이 왕궁에서 공연할 연극에 대사를 추가한 것이다. 그의 목표는 분명했다. "연극이 답이다. 연극으로 왕의 양심을 알아내리라."[12]

아니나 다를까, 햄릿이 유심히 지켜보는 가운데 계부는 국

왕 시해가 언급되는 대목에서 도둑이 제 발 저리듯 자신의 유죄를 확연히 드러내고 말았다. 다시 말해, 나단의 이야기가 다윗에게 한 일을 햄릿의 연극이 클라우디우스에게 했다. 그러나 두 이야기의 공통점은, 둘 중 어느 왕도 실제로 유죄가 아니었다면 무심코 자신의 유죄를 드러낼 일도 없었으리라는 것이다. 다윗과 클라우디우스가 무죄였다면 그들은 전혀 아무렇지도 않았을 것이다. 왕에게 죄를 자각시킨 것은 신하가 아니라 양심이었다.

추리소설을 좋아하는 사람들은 동일한 수법을 잘 알 것이다. 애거사 크리스티Agatha Christie의 책에 나오는 에르퀼 포와로 같은 명탐정은 용의자를 세 명으로 좁히곤 한다. 하지만 그중에 범인은 누구인가? 그래서 그는 결정적 시험을 만든 뒤 셋을 모두 불러 거기에 통과시킨다. 무죄한 두 사람은 아무렇지도 않게 멀쩡히 통과하지만, 유죄인 한 사람은 그 과정에서 범인의 본성을 드러낸다. 역시 위협이나 겁박은 없다. "강화된 심문" 곧 고문 기법에 해당하는 변증도 없다. 오히려 뚱뚱한 벨기에인 포와로나 상냥한 미스 마플은 전혀 냉혹한 탐정이 아니다. 그들이 시험을 통해 노린 유죄 입증은 언제나 범인 자신을 통해 이루어진다.

들을 귀 있는 자는 들을지어다 사람들이 예수의 비유를 들을 때도 똑같은 일이 벌어지지 않았던가? 마가복음에 나오는 포도원 일꾼들의 유명한 비유를 생각해 보라. 내가 학부에서 철학을 공부할 때, 사람들은 예수의 비유를 얕보아 말하는 경향이 있었다. 어차피 예수께서는 "단순한 시골 사람들에게 단순한 시골 이야기나 전하는 단순한 시골 교사"였다. 그렇지 않은가? 다시 말해 (혹 우리처럼) 더 세련된 사람들은 차원 높은 논증을 구사하겠지만, 예수라면 이야기로 말하는 게 당연하다는 것이다.

지난 세대에 소통과 해석의 다면적 역동성에 대한 새로운 혁신적 이해가 대두되면서 그런 고자세는 급속히 바뀌었다. 새로운 관점들은 예수를 얕보기는커녕, 그분이야말로 역사상 가장 탁월한 소통자 중 하나임을 공인했다. 특히 그분은 창의적 비유를 통해 사람들이 악착같이 보지 않으려 하는 것들을 보도록 도전하셨다.

알다시피 인터넷 시대인 오늘날의 세상에서 실로 찾아보기 힘든 것은 집중된 관심이다. 모두가 말만 할 뿐 듣는 사람은 아무도 없으며, 그로 인한 익숙함이 무관심을 낳는다. 그래서 여러 겹의 저항을 뚫고 들어가 사람들에게 새로운 의미를 전달하기가 힘들어졌다. 이유가 훨씬 깊긴 하지만, 예수께서도 그와 마찬가지로 진정한 경청이란 단지 귀로 듣는 물리적 문제가 아님을 잘 아셨다. 그것은 마음으로 **새겨듣는** 도덕적 문제이기도 하다. 들을 귀는 누구나 있지만, 새겨듣는 귀는 아무나 있는 게 아니다.

그러므로 이사야가 경고했고 훗날 성 바울이 다시 말했듯이, 사람들은 "듣기는 들어도 깨닫지 못할 것이요 보기는 보아도 알지" 못할 수 있다.[사 6:9-10, 막 4:12, 행 28:26] 그래서 예수께서는 중복 같지만 정확히 벽을 허무시는 말씀을 거듭하신다. "들을 귀 있는 자는 들으라."[막 4:9, 23] 그분은 비유를 통해 사람들이 보지 않으려는 것을 보도록 도와주셨으나, 늘 사람마다 진리를 직접 보도록 초대하셨을 뿐 조종이나 강요는 없었다.

포도원의 비유가 분명한 예다.[눅 20:9-18] 이스라엘이 하나님의 특별한 포도원이라는 개념은 선지자 이사야가 강조했던 민족적 주제였다. 게다가 어느 소유주가 소작인들에게 포도원을 강탈당한 유대의 유명한 이야기도 있었다. 그 이야기 속의 주인은 포도원을 빼앗아 소작인들의 아들들에게 주었으나, 알고 보니 그들은 아버지들보다 더 악했다. 결국 주인은 포도원을 자기 아들에게 주었고, 아들은 소작인들을 쫓아내고 포도원을 직접 관리했다. 그 이야기는 그렇게 끝난다.

예수께서 그 이야기를 아시고 참고하셨는지는 알 수 없으나, 그러셨다 해도 무방하다. 하지만 분명히 그분은 이사야를 아셨고, 따라서 선지자와 똑같은 지점에서 출발하여 이야기를 훨씬 더 극적으로 전개하신다. 비유는 비참한 결말과 뜻밖의 반전으로 이어진다. 선지자 이사야가 가르쳤듯이, 이스라엘은 주님의 포도원이었고, 이스라엘의 역사는 주께서 그 포도원에 대한 합법적이고 독점적인 완전한 소유권을 거듭 주장하신 이야기였다. 때때로 그분은 포도원을 강탈한 사람들로부터 그것을 다시 빼앗으셔야 했다.

당시의 모든 길이 로마로 통했듯이, 예수께서는 자신의 하루하루가 예루살렘으로 향하고 있음을 명백히 밝히셨다. 그곳은 모든 선지자가 돌에 맞고 살해된 곳이었다. 그때 그분은 이 거룩한 도시의 성전 안에 계셨다. 성전은 이스라엘에 하나님이 임재하신다는 영광스럽고도 흠 많은 상징물이었다. 한편으로 성전은 다윗과 솔로몬의 위대함을 회복하려는 헤롯의 꿈이 서린 고대 세계의 찬란한 불가사의였다. 다른 한편으로, 성전은 미움받던 사두개인들의 권력의 중심지였다. 그들은 마귀에게 영혼을 팔고 로마 제국과 결탁하여 로마 밑에서 동족을 지배할 권리를 얻어 냈다.

그런데 최후의 일전을 각오하고 그곳에 서 계신 이 예수는 누구인가? 그동안 그분은 자아 인식과 공적 선언을 통해 자신이 그저 선지자가 아니라 바로 그 아들임을 주장하셨다. 그분은 강탈당한 포도원을 되찾으러 아버지를 대신하여 오신 아들이었다. 요컨대 예수께서는 빼앗긴 아버지의 집인 성전 안에 계셨고, 대제사장들과 그들이 겁내던 성전 경비대의 한복판에 계셨다. 성전을 장악하고 있던 그들은 이제 후속 조치로 그분까지 잡아야만 했다. 하나님의 자리를 찬탈한 권력자들에 맞서고자 충돌의 진원지에 이르신 그분은 삼중의 도발로 도전하셨다. 즉 그분의 선고대로 장차 성전이 파괴될 것이고, 성전과 함께 제사장의 카스트제도도 무너질 것이다. 나아가 그 일의 예고편으로 그분은 채찍을 들고 장사치와 환전상들을 성전에서 쫓아내셨다.

이 비유는 무심코 나온 또 하나의 즐거운 시골 이야기이기는커녕 대담한 고의적 도발이었다. 예수께서 던지신 도전의 두 가지 가장 불온한 요소는 결말부에 나온다.

군중 속의 보통 사람들은 비유의 전체 취지와 선동적 목표를 알았을까? 아마 몰랐을 것이다. 필시 그들은 대체로 아무렇지도 않았을 것이다. 그들에게 이 비유는 나사렛의 놀라운 스승의 입에서 나온 또 하나의 감동적인 이야기일 뿐이었고, 그분은 이야기로 어떤 사람들을 즐겁게 하면서 엉뚱하게 다른 사람들의 심기를 건드리는 듯한 재주가 비상했다. 이번에 콧대가 꺾인 부류가 사두개인들이라면 그만큼 더 잘된 일이었다. 그들이 악하게 독점한 성전 내의 매매 행위는 순전히 착취였다. 그들은 벌을 받아 마땅했고, 특히 경건한 빈민을 괴롭히던 악덕 환전상들은 더했다.

하지만 실제로 사두개인을 언급한 사람은 아무도 없었다. 분명히 예수께서도 언급하지 않으셨다. 요즘의 설교자와 달리 그분은 비유에 해설을 곁들이지 않으셨다. 그저 이야기를 하셨을 뿐이다. 사실 처음에는 그분이 바리새인들을 질책하시려는 것처럼 들렸을 수도 있다. 바리새인들은 그분의 비유의 과녁이 될 때가 많아 보였다.

그러나 이번에는 아니었다. 군중을 잘 보면 누가 자기도 모르게 말뜻을 알아듣고 있는지 알 수 있다. 무리 중 한 부류에 나타난 몸짓 언어로 미루어 보건대, 심기가 뒤틀린 사람들은 바로 성전의 귀족층인 사두개인들이었다. 그들은 초조하게 서성이면서 주먹을 움켜쥔 채 이를 부드득거렸고 이마에는 핏줄이 튀어나왔다. 그들 주변의 경비대는 마치 명령만 떨어지면 덤벼들려고 줄을 팽팽하게 당기고 있는 수많은 경호견처럼 수상한 듯 경계 태세를 취했다.

누가 사두개인을 입에 올렸던가? 예수께서는 그저 이야기를 하셨을 뿐이다. 그런데 사두개인들이 스스로 비유에 이끌려 그 속에 빨려들었고, 전개되는 이야기를 따라가다가 절정에서 자신들을 심판하고 유죄 선고를 내렸다. 군중의 다수는 몰랐으나 그들만은 말뜻을 알아들었다. 포도원의 악한 농부들은 바로 그들이었다. 그들은 성전을 독점으로 운영했다. 예수께서 멸망하리라고 말씀하신 대상도 바로 그들과 그들의 자손이었다. 그들은 하나님이 이전에 보내신 사자들을 박해하고 죽였다. 이제 아들이 친히 아버지의 합법적 소유권을 행사하러 오셨으나, 그들은 이미 공회로 모여 그분을 죽이기로 모의한 상태였다.

예수의 이야기는 여기서 절정에 달한다. 이번에는 소작인들이 또 싸워서 포도원을 자신들의 생각대로 다시 빼앗는 게 아니다. 이번에는 아들이 자신의 죽음을 통해 결말이 올 것을 예고한다. 가야바의 전략은 통하지 않고 오히려 역효과를 낼 것이다. 당시의 로마에는 제국 전역의 모든 종교 시설을 보호하고 아울러 각종 제사장을 골치 아픈 선동 세력으로부터 보호하는 관습적 정책이 있었다. 그래서 가야바는 한 사람이 죽으면 로마가 유대 민족 전체를 멸하지 않으리라고 계산했다. 하지만 사실은 의로운 아들만 죽는 게 아니라 훗날 성전도 송두리째 파괴될 것이다. 그때 합법적 소유주인 주님이 개입하여 소작인들을 모두 멸하실 것이다. 다시 말해, 사두개인들이 만든 제사장의 카스트제도는 안나스와 가야바와 모든 공모 세력과 함께 영원히 소멸될 것이다. 주후 70년 로마가 예루살렘과 성전을 파괴한 뒤에 정말 그렇게 되었다.

드디어 마지막 반전이 나온다. 예수께서는 시편 118편의 한 구절을 인용하여 비유를 마무리하신다. "건축자들이 버린 돌이 모퉁이의 머릿돌이 되었나니."마 21:42 물론 아들은 죽임을 당하신다. 아들이신 그분이 자신의 죽음을 공표하셨다. 그분은 그들의 음모를 아셨다. 다 아시고도 일부러 죽음을 맞이하셨다. 그러나 그들의 생각과 반대로 그분의 죽음은 끝이 아니다. 결국 아들의 대의가 이긴다. 아버지께서 반드시 그렇게 되게 하신다. 끝난 것은 사두개인들의 시대였다. 그들의 완고함과 불순종이 끝내 그것을 자초했다.

이 비유는 조종인가? 어떻게 그런가? 다시 말하지만 사두개인들은 스스로 보지 못하고 볼 마음도 없던 것을 누군가에게 강요당하여 본 게 아니다. 그들이 진리를 알아들었음을 그들 자신의 반응이 증언해 주었다. 그때부터 그들은 자신의 행동에 핑계를 댈 수 없었다. 그들은 자신의 반응으로 스스로 유죄를 입증했다. 이것은 조종이 아니라 설득이었고, 강요가 아니라 자각이었다.

진리의 순간

앞서 지적했듯이, 성 바울은 로마서에서 하나님의 최종 심판에 추호의 반박도 있을 수 없다며 그 심판의 정의를 변호했다. 그날이 와서 판결이 떨어지면 "모든 입을 막을" 것이라 했는데, 여기 그가 쓴 단어를 직역하면 모든 인간이 "변명 또는 변호가 없다"는 뜻이다.롬 3:19 종말의 대심판 때 역사의 모든 책이 펼쳐지고, 온 세상에 정의가 신원되며, 우주의 구석구석에까지 샬롬이 회복될 것이다. 그때 우리는 모두 무방비 상태로 하나님 앞에 설 것이다. 모든 인간의 비밀이 드러나고, 모든 알리바이가 무너지며, 모든 핑계와 회피와 위선이 초라한 속임수로 드러날 것이다. 바울의 말처럼 그 순간 하나님의 심판의 정의가 너무도 명백하여 우리 중 누구도 자신을 변호하려고 상소하지 못할 것이고, 나서서 우리를 변호해 줄 변호인도 없을 것이다. 우리는 하나님 앞에서 벌거벗은 무방비 상태로 할 말을 잃을 것이다. 그때 우리가 알게 될 진리는 이미 늘 알았던 진리인지라 누구도 변명 또는 변호가 없을 것이다.

감히 물을 수 있다면 그런 "진리의 순간"은 무엇을 의미하며, 우리가 각기 삶 속에서 그 의미를 아는 시점은 언제일까? 어떻게 모든 인간에게 그런 순간이 찾아올까? 각자의 책임이 본인과 모든 사람에게 아주 명백해질 정도로 말이다. 우리는 자신이 하나님과 그분의 진리를 충분히 알았음을 알 수 있을까? 반박할 수 없는 공정한 심판이 그 진리에 근거하여 내려질 수 있을 정도로 말이다. 영원히 책임져야 할 만큼 하나님의 진리를 정말 틀림없이 알았다고 말할 수 있는 시점은 언제일까? 우리는 "초월의 신호"를 듣고 반응했거나 반응한지 않은 데 대해 책임을 지게 될까? 심판 날 우리에게 "영원을 사모하는 마음"이 있었다는 증거에 맞닥뜨릴 때 우리가 깨닫게 될 것은 무엇일까?

　이런 질문에 얼마든지 대답을 시도할 수 있으나, 우리의 답은 기껏해야 추측일 뿐이다. 물론 추측일 뿐임을 인정하고 추측을 하나님의 답으로 둔갑시키지만 않는다면 추측하는 것도 자유다. 그러나 사실 지금은 우리에게 이런 질문의 완전한 답이 없으며, 그때 가서는 하나님의 공의와 자비에 의지할 수밖에 없다. 하지만 지금 여기서 그런 엄숙한 순간을 경험하는 사람들을 볼 때면 늘 숙연해진다. 반박할 수 없는 실재를 보며 진리에 양심이 찔리는 그 순간에도, 무릎을 꿇지 않고 발길을 돌리는 사람들이 있기 때문이다. 실제로 본인이 직접 깨닫고 인정하면서도 말이다.

　정확히 그 진리의 순간에 다윗 왕은 무릎을 꿇었으나 사두개인들은 발길을 돌렸다. 그는 회개하고 하나님께 돌아왔으나, 그들은 하나님을 거부하고 고집스레 전보다 더 멀어졌다. 예수께서 그들에게 직접 하신 말씀은 한 마디도 없는데도 사두개인들은 마음이 더 완고해졌고 잔뜩 화가 나서 거드름을 피우며 가버렸다. 하지만 이로써 자신들이 진리를 보고도 고의로 거부했음을 자인한 셈이다. 진리의 순간에 그렇게 반응함으로써 그들은 스스로를 기소하고 재판하고 결국 처형까지 했다. 조종당하지 않고 스스로 유죄를 입증했지만, 그럼에도 그 고발의 정의는 명백했다. 틀림없이 그들은 진리의 순간을 보았고 생각했고 거부했다. 그 사실이 침묵의 증언이 되어 영원히 그들을 단죄한다. 파스칼이 말했듯이, 하나님이 인간의 마음을 상대하실 때는 늘 빛이 충분하여 누구든지 보려는 사람은 볼 수 있으나, 또한 흐릿한 부분도 충분하여 누구든지 보기 싫은 사람에게는 보이지 않는다. 그 차이는 각자의 마음에서 비롯된다.

항상 옳아야 하는 거짓된 예술은 그리스도인 변증자에게 치명적 덫이다. 반대로 설득의 예술을 통해 사람들을 올바른 지점—자신이 틀렸다는 사실과 그럼에도 하나님이 값없이 은혜를 베푸신다는 사실을 마음 깊이 깨닫는 지점—으로 인도하는 일은 엄청난 특권이다. 그러므로 이 특권과 예술을 감당하려면 당연히 겸손해야 하고 우리 자신부터 하나님의 은혜에 압도되어야 한다. 다시 말하지만 진리의 예술은 우리를 성육신과 십자가와 성령께로 다시 데려가며, 그리하여 신앙생활은 처음처럼 계속된다.

10. 부메랑을 조심하라

"오 창백한 갈릴리 사람이여, 그대가 이겼다. 그대가 태어나면서부터 세상은 잿빛으로 변했다." 시인 앨저넌 스윈번^{Algernon Swinburne}은 황제 율리아누스가 남겼다는 유언(그대가 이겼다, 갈릴리 사람이여!)^{Vicisti Galilaee}에 살을 붙여 그렇게 말했다. 율리아누스는 로마를 조상의 이교 신들에게 되돌리려다 실패한 채로 주후 362년에 죽었다. "잿빛으로 변했다"는 표현은 스윈번이 19세기에 빅토리아조의 교회와 기독교 신앙을 공격하려고 지어낸 말이다.[1] 정작 허무한 의식에 빠져 잿빛으로 변한 것은 고전 세계였고, 희망의 번갯불처럼 그 위로 파열한 것은 복음이었다. 사실 기독교 신앙은 죽어 가는 고전 세계에 쇄신의 씨앗을 주어 서구 세계로 연결시켜 주었다.

이상하게도 이 황제를 단면적으로 "배교자 율리아누스"로
만 생각하는 그리스도인들이 많이 있다. 거의 스윈번의 생각
만큼이나 단순논리이되 관점만 반대다. 2년이라는 짧은 재위
기간 동안 율리아누스는 콘스탄티누스가 공인했던 기독교 신
앙을 거부했고, 이교 신들과 고전 로마의 가치관을 되살리려
고 필사의 노력을 기울였다. 그러나 페르시아와 싸우다 전사
함으로써 그가 시도한 이교의 중흥은 완전히 실패로 돌아갔
다. 로마 제국이 그리스도께로 돌아오고 있던 그 여세는 불가
피하여 막을 수 없었다. 섭리의 손길이 틀림없이 확연하여 율
리아누스는 실패할 운명이었다. 시계를 되돌릴 수는 없었다.

그러나 이것은 다 세월이 흐른 뒤의 생각이다. 되돌아보면
모든 역사는 이미 정해진 대로 진행된 것처럼 보인다. 사실
"배교자" 율리아누스는 얼마든지 "이교를 되살린" 율리아누
스가 될 수도 있었다. 두 결과의 차이는 워털루 전투만큼이나
박빙이었다. 더 오래 살았더라면 그는 성공했을 가능성이 있
는데, 그 한 가지 이유는 그가 적을 잘 알았다는 것이다. 그는
그리스도인의 행동 방식을 훤히 꿰고 있었으며, 거기에 기초
한 정교한 전략으로 그들에게 맞섰다.

우선 율리아누스는 그리스도인 부모 밑에서 그리스도인으
로 자라나면서, 나지안주스의 그레고리우스 같은 신앙의 거

인들에게 영향을 받았을 소지가 높다. 다시 말해, 그가 기독교 신앙을 위력적으로 공격할 수 있었던 것은 그것이 내부인의 공격이었기 때문이다. 그뿐 아니라 율리아누스는 마르쿠스 아우렐리우스 이후의 황제들 중 최고의 사상가로 꼽힐 만큼 유능한 철학자이자 전사였다. 그는 점증하는 교회의 영향력을 약화시킬 작전이 명백히 서 있었다. 우선 그리스도인의 권리와 혜택을 제한하는 것, 다음으로 기독교 기관에 필적할 만한 이교 교회를 만드는 것, 마지막으로 켈수스나 포르피리우스처럼 자신도 변증으로 기독교 신앙을 공격하여 위의 두 공격을 보완하는 것이었다.

무엇보다 흥미로운 것은 율리아누스가 빈틈없는 작전의 일환으로 자신이 알고 있던 기독교 신앙의 아킬레스건을 이용했다는 점이다. 그것은 바로 위선이었다. 위선은 언행일치를 보이지 못하는 우리 그리스도인들의 고질적 약점이다. 물론 잘 알려져 있듯이, 그는 그리스도인들의 사랑과 돌봄이 자신의 동료 이교도들을 능가함을 인정했다("유대인은 평생 구걸할 필요가 없는 데다 저 지독한 갈릴리파가 자기네 빈민뿐 아니라 우리의 빈민까지도 우리보다 더 잘 돌보고 있다니 부끄러운 일이다").² 그러나 그는 그리스도인들이 곧잘 분열과 반목을 일삼는다는 점도 놓치지 않았다. 물론 그것은 예수께서 체포되시기 전에 기도를 통해 촉구하신 연합에 정면으로 어긋나는 모습이었다.

그리스도인들의 위선 덕분에 율리아누스는 관용을 빙자하여 고의로 그들의 분열을 조장할 수 있다는 계산까지 했다. 그래서 황제가 된 그는, 기독교 주교들을 소집하여 서로의 이견을 해결하고 화목하게 지내도록 명령했다. 그것이 어쩌면 이견을 더 심화시키고 연합을 무너뜨리는 최선의 길임을 알았던 것이다. 경험을 통해 배운 대로 그는 주변 사람들에게 "들짐승이 인간에게 위험한들 그리스도인들이 서로에게 위험한 것만 못하다"고 말했다.[3]

이전의 황제들은 그리스도인들을 사자 밥으로 던졌으나, 신앙은 박해 속에서 더 활활 타올랐다. 그러나 순교자들의 피가 교회의 씨앗이었다면, 성도들 간의 싸움은 이 신앙의 오명이었다. 차라리 그리스도인들끼리 들짐승처럼 싸워 자신들의 대의를 해치게 두는 편이 낫다. 그리스도인들끼리 서로 싸운다면, 중요한 의미에서 양쪽 다 이미 패배한 것이다.

논박할 수 없는 반론? 그리스도인들의 위선을 이용하여 기독교 신앙에 피해를 입힌다? 율리아누스는 정교하고 치밀한 전략을 썼지만, 그보다는 분노와 혐오감을 품고 기독교 신앙의 위선을 대놓고 공격하는 경우가 더 흔하다. 그런 공격에 따르면, 그리스도인들은 야비한 위선자들이다. 자신들이 전하는 말씀대로 살지 않는다. 언행이 일치되지 않는다. 물론 위선자를 좋아할 사람은 아무도 없다. 그리스도인들은 훌륭한 이상을 말하며 오만한 판단을 내린다. 남들에게 비판을 휘두르며 그 비판을 주홍 글씨처럼 달고 다니게 만든다. 하지만 그들도 정체가 탄로 나면 수치를 당해 마땅하다. 제 꾀에 넘어가는 셈이다. 요컨대 그리스도인들은 세상에서 최악의 위선자들이며, 그것만으로도 기독교 신앙을 거부할 이유로 충분하다. 이런 공격의 결론인즉, 역사를 통해 의심의 여지 없이 입증되듯이 기독교 신앙은 단순히 위선의 화신이라는 것이다.

뼈아픈 공격이다. 격분이나 조롱의 신랄할 분위기 속에서, 위선은 신앙에 대한 논박할 수 없는 반론처럼 보일 수 있다. 변명의 여지가 없는 것을 어떻게 변호할 수 있는가? 그리스도인들의 위선은 신앙 자체에 어긋나고 자신의 모든 주장과 철저히 모순된다. 그러니 누가 그들의 주장을 진지하게 대하겠는가? 사실 위선을 굳이 무참하게 공격할 필요도 없다. 한 그리스도인을 위선자로 드러내기만 하면, 저절로 그는 자신의 신앙이 거짓임을 입증한 사람이 된다. 나아가 전체 공동체를 함께 위선자로 만들면, 다른 사람들이 모두 떠나가 결국 신앙이 죽어 버린다.

분명히 위선은 기독교 신앙과 우리 모든 그리스도인들에게 중대한 도전이다. 하나님이 구약의 자기 백성인 유대인들에게 하셨던 말씀을 예수께서도 제자들에게 똑같이 하셨다. "너희는 나의 증인이라."[사 43:10, 12, 44:8, 요 3:28] 다시 말해, 우리는 예수와 아버지의 말씀을 사람들에게 전하고 선포하고 설득하라는 명령을 받기 전에 단순히 그분의 증인이 되라는 명령부터 받았다. 증인이란 자신이 객관적으로 보고 듣고 경험한 일을 사실 그대로 정직하게 말하는 사람이다("한 가지 아는 것은 내가 맹인으로 있다가 지금은 보는 그것이니이다").[요 9:25] 나아가 우리는 그 말에 일치되게 살도록 부름받았다.

그러므로 위선이 해로운 까닭은, 한마디 말도 하기 전에 그것이 우리의 증언을 완전히 무효로 만들기 때문이다. 우리의 삶이 말과 어긋난다. 그래서 위선은 예수를 따르는 우리에게 가해지는 최악의 공격일 수 있다. 우리가 예수의 방식대로 살지 않으며, 그것이 모든 사람에게 보인다는 것이다. 내 생각에 위선은 악과 고난의 문제 다음으로 무신론의 든든한 지주다.[4] 또한 위선은 복음의 도전을 회피하는 가장 간편한 이유이기도 하다. 그리스도인들이 위선자라면, 누군들 기독교 신앙을 생각해 볼 필요가 있겠는가? 우리도 다 이런 말을 들어 보지 않았던가? "그리스도인들은 모두 다 위선자들이다." 이런 흔한 변명도 있다. "나는 대단히 훌륭한 사람은 아닐지 모르지만, 적어도 위선자는 아니다." 이렇게 쉽게 일축하기도 한다. "자기들부터 그런 위선자인데, 도대체 그리스도인들이 무슨 도움이 되겠는가?"

이런 반응은 예로부터 어느 문화에나 늘 있었다. 기독교 신앙에 대한 적의의 정도는 달랐지만, 많은 사상가들도 똑같이 역설했다. 랠프 월도 에머슨Ralph Waldo Emerson은 "금욕주의자는 다 금욕주의자였는데, 기독교 세계에는 그리스도인이 어디 있는가?"라고 썼다. 니체는 "사실 그리스도인은 오직 한 사람뿐이었으니, 곧 십자가에 못 박힌 그분이다"라고 썼다. 조지 버나드 쇼는 "기독교를 시도해 본 사람이 하나라도 있다면, 기독교는 좋은 것일 수도 있다"고 말하곤 했다. C. E. M. 조드는 "영국국교회에 손대지 말라. 우리와 기독교 사이를 가로막고 있는 것은 그것뿐이다"라고 꼬집었다.

당연히 그리스도인들도 분노 대신 슬픔으로 동일한 비판을 되풀이해 왔다. 에라스무스는 『평화의 불평』에 "회교도를 기독교로 인도하려면 우리부터 그리스도인이 되어야 한다"고 썼다. 키에르케고르는 "고금의 무수한 그리스도인들이 기독교를 신약의 모습과 정반대로 만드는 성과를 올렸다"고 항변했다. 윌리엄 템플William Temple 대주교는 "나는 신성한 가톨릭을 믿지만, 안타깝게도 그런 것은 존재하지 않는다"고 탄식했다.

이렇듯 위선은 신앙의 변호자들에게 아주 심각한 문제다. 하지만 위선이란 정확히 무엇인가? 위선은 왜 그렇게 심각하며, 어떤 의미에서 신앙에 해로운가? 그리스도인들만 위선자인가, 아니면 그들이 어쩌면 최악일 뿐인가? 위선을 물리치고 참된 진정성을 어느 정도 확보하려면 어떻게 해야 하는가? 위선에 대한 공격에 맞설 때 변증자들에게 닥치는 특별한 위험은 무엇인가?

예컨대 교회가 세속화되면 변증자들에게 특정한 위험이 닥친다. 즉 교회가 주변 문화에 동화되어 신앙과 문화가 혼동되면 그렇다. 일례로 프랑스 혁명 이후에 가톨릭과 정치 우익이 결탁하면서 그런 현상이 극단적 형태로 나타났다. 나중에 그것이 "기병대와 세례반洗禮盤"으로 알려지게 된다. 근래에 미국에서도 공화당과 종교 우익이 하나로 수렴되면서 좀 더 온건한 형태로 똑같은 일이 발생하고 있다. 그렇게 되면 반대급부로 강력한 반기독교 세력들이 출현한다. 하지만 열기와 싸움이 한바탕 지나간 후에야 분명해지는 사실이 있는데, 그런 세력들이 싸우는 대상은 기독교 신앙 자체가 아니라 신앙의 정치적·사회적 이용이다.

신앙의 변증자들은 그럴 때 아주 신중하게 반응해야 한다. 자칫 문화와 신앙을 혼동할 수 있기 때문이다. 역사가 헨리 채드윅Henry Chadwick은 프랑스의 호전적 반기독교 운동에 대한 변증자들의 반응을 이렇게 평했다.

기독교 정통의 변호자들은 문간을 내다보다가 철문을 내리고 개폐식 다리를 올리고는 쏟아부을 기름을 끓였다. 공격의 일부는 바로 자신들의 일부 원칙으로부터 기원했건만, 그들은 그것을 너무 몰랐다.……니체는 특유의 과장법을 써서 이렇게 반문했다. "교회가 아니었다면 우리 중에 자유사상가가 누가 있겠는가?"[5]

그러나 여기서 짚고 넘어가야 할 문제가 또 있다. 분명히 일부 독자들도 생각하고 있겠지만 **이 책에 주창된 변증 방식도 위선에 대한 비난을 초래한다.** 그렇다면 내가 제시하는 접근에 분명히 심각한 결함이 있다. 기독교 신앙을 공격할 만한 명백한 빌미를 주기 때문이다. 어떤 사람이 내 강연을 듣고 나서 나에게 이렇게 말했다. 강연의 내용은 하나님 대신 선택한 자기 입장의 논리를 끝까지 따라가도록 사람들을 밀어붙여야 한다는 것이었다. "끝까지 불신으로 일관해 보도록 사람들을 밀어붙이는 것까지야 다 좋습니다. 하지만 말씀하셨듯이 모든 논증은 양방향으로 통합니다. 그들 쪽에서 우리를 다시 밀어붙인 결과, 우리의 언행이 일치하지 않고 일치될 수도 없다면 어떻게 합니까? 그럼 우리는 기껏해야 실패자요, 최악의 경우 위선자로 드러나지 않겠습니까?"

이 질문에 대한 답은 도전적이지만 단순하다. 끝까지 자신의 신념과 세계관으로 일관하도록 비신자들을 밀어붙이다 보면, 결국 그게 그들에게 불가능한 일임이 밝혀진다(그들의 신념은 궁극적 진리가 아니기 때문이다). 그렇다면 우리 그리스도인들도 똑같은 방식으로 밀어붙여지는 것을 환영해야 한다. 부메랑이 돌아와 우리를 맞힌다. **비신자들은 그럴 수 없지만, 우리는 끝까지 언행이 일치해야 한다.** 기독교 신앙이 진리인데 우리가 그 진리대로 일관되게 살지 못한다면, 이를 바로잡아야 한다. 우리는 말씀을 듣기만 하는 자가 아니라 행하는 자로 부름받았다. 따라서 우리가 믿음대로 살지 못한다면, 잘못된 것은 우리이지 기독교 신앙 자체가 아니다. 그러므로 우리는 말과 행동의 괴리를 메우려 노력해야 한다. 위선에 대한 비난은 우리에게 고통스럽지만 정신을 바짝 차리게 한다. 이를 계기로 우리가 회개와 성장으로 나아간다면, 그 비난도 긍정적인 것이 된다. 요컨대 비신자들은 그 신념이 온전한 궁극적 진리가 아니기에 자신의 믿음에 끝까지 충실할 수 없으나, 우리는 우리의 믿음에 충실할 수 있으며 반드시 그래야 한다. 물론 이 생에서는 결코 완전해질 수 없다. 그러나 그리스도인의 성장이란, 우리 주님을 조금씩 닮아 가고 그분의 진리와 생활방식에 점점 맞추어 가는 일이다.

1단계: 지금은 우리 모두가 위선자다

위선에 대해서는 얼마든지 더 말할 수 있으나, 분명한 것은 위선의 비난에 대한 답을 모색하는 일이 변증의 중요한 일부라는 사실이다. 그런 답을 여섯 단계로 제시할 수 있는데, 우선 첫째는 기독교 신앙과 현대 사상이 명백히 동의하는 점부터 인식하는 것이다. 즉 기만은 인류 보편의 병이다. 지금은 우리 모두가 위선자다.

5장에서 보았듯이, 성경적 세계관은 물론 현대 철학과 심리학의 사상도 공히 주장하는 사실이 있다. 기만과 자기기만은 인간의 기본적 경험이자 만연한 현상이라는 것이다. 모더니즘뿐 아니라 포스트모더니즘에서도 인간관의 한 가지 확연한 특징은 내적 자아와 외적 자아, 실체와 겉모습 사이에 괴리가 있다는 점이다. 칼 마르크스가 말한 "이데올로기"는 그저 일련의 관념이 아니라 사회적 이권의 무기로 쓰이는 관념이다. 비슷하게 니체와 미셸 푸코Michel Foucault가 분석한 "도덕의 계보"는 권력과 이권과 속셈을 덕목으로 가장한다는 개념이다. 지그문트 프로이트가 기술한 "합리화"는 진짜 이유가 아닌 다른 이유를 대는 일이며, 알베르 카뮈는 늘 동기와 "이면의 동기"를 말했다. 지식사회학 분야에서는 내면과 외면, 겉모습과 실체 사이의 간극이야말로 "아무것도 겉보기와 같지 않다"는 뻔한 진리의 이유다. 요컨대 성경이 말하는 "거짓된 마음"과 플라톤이 말한 "이중 전법"은 현대 사상에도 건재하며 강하게 확증되고 있다.

물론 요즘은 "투명성", "진정성", "책임", "진심" 따위를 떠벌이는 게 유행이다. 마치 그것을 쉽게 얻을 수 있으며, 젊은 세대만 그것을 중시하고 과거의 역사에는 그런 사람이 없었다는 듯이 말이다. 하지만 그렇게 쉽고 간단한 일이란 없다. 카뮈는 진실의 망상을 이렇게 경고했다. "무엇보다 친구들이 진심을 말해 달라고 하거든 믿지 말라. 그들은 이미 자기를 좋게 생각하면서 당신도 맞장구를 쳐 주기를 바랄 뿐이다. 당신의 진심을 약속받아 자신의 확신을 더 굳히려는 것이다."[6]

대부분의 사람들은 이런 이상理想을 순진하게 생각하지만, 어떤 이상도 그렇게 단순하지 않다. 완전한 투명성은 불가능하고, 참된 진정성은 이전보다 더 어려워졌다. 진정한 책임을 피하기는 이전보다 쉬워졌는데, 여기에는 현대의 기동성과 익명성이 서로 맞물린 탓도 있다. 또한 진리의 자리를 진심에 내주면 진심도 위험할 수 있다. 게다가 눈과 귀가 열려 있는 사람이라면 누구나 분명히 알 수 있듯이, 이런 이상을 말하는 사람들일수록 냉소, 불신의 예술, "의심의 해석학", 꼭 갖추어야 할 예민한 "헛소리의 식별력" 등을 실컷 먹으며 잘도 살아간다.

그도 그럴 것이, 예일 대학의 철학자 해리 프랭크퍼트Harry Frankfurt가 말한 바와 같이 "우리 문화의 두드러진 특징 중 하나는 헛소리bullshit가 너무 많다는 것이다. 누구나 아는 사실이며 우리도 다 거기에 한몫씩 한다. 그런데도 우리는 이런 상황을 당연시하는 경향이 있다"[7](프랭크퍼트에 따르면, 'bullshit'은 허풍을 뜻하는 고대 영어의 'bull'에 모든 영양분이 빠져나간 인간의 배설물인 'shit'이 합성된 단어이므로 적절한 표현이다).

위선에 담겨 있는 이런 모순을 너무 성급히 지나쳐서는 안 된다. 예컨대 늘 그렇듯이, 진리에 대해서는 유행을 따라 회의적이고 무관심한 사람도 거짓말에 대해서는 전혀 회의적이거나 무덤덤하지 않다. 특히 자신에게 누군가가 거짓말을 해올 때는 더욱 그러하다. 그러나 거짓말은 분명히 실재에 대한 주장이며, 진리를 오도하여 상대를 속이려는 명백한 의도로 하는 말이다. 거짓말에는 진리를 알고 있다는 전제가 깔려 있다. 화자가 진리를 모른다면, 그의 그릇된 주장은 거짓말이 아니라 오류가 된다.

포스트모더니즘의 사상은 이 모순이 과장된 경우다. 태생적으로 위선을 안고 있는 사상이라 할 수 있다. 위선을 비난하지만 그 고발을 입증할 객관적 진리가 없기 때문이다. 하지만 실제적 여파는 더욱 중요하다. 포스트모더니스트는 위선에 대항할 때 문제가 있는데, 곧 위선을 고칠 능력이 없다는 것이다. 위선이란 본질상 진리를 침해하는 것인데, 포스트모더니즘에는 그 문제를 해결할 진리의 개념이 없다. 또한 위선은 정의를 침해하는데, 포스트모더니즘에는 객관적 정의의 개념도 없다. 포스트모더니스트의 말처럼 "진리"가 그저 내가 공감하는 주장이나 개념에 대한 찬사에 불과하다면, "거짓말"은 나와는 상충되는 주장이나 개념에 퍼붓는 모욕에 불과하다. 그렇게 보면 상대주의에 맞서는 상대주의, 주관적 거짓말에 맞서는 주관적 거짓말, 그리고 권력에 맞서는 권력만 있을 뿐이다.

도스토예프스키는 19세기에 이 문제를 예견했다. 『카라마조프가의 형제들』에 나오는 조시마 신부는 이렇게 경고한다. "무엇보다 자신에게 거짓말하지 말라. 자신에게 거짓말하고 그 거짓말을 듣는 사람은 자기 내면이나 주변의 진리를 분별할 수 없는 지경에 이르고, 자신과 타인을 존중하는 마음을 다 잃는다."[8]

이 점을 누구보다도 뼈저리게 인식하고 천착한 사람은 카뮈였다. 그의 소설 『전락』에서 주인공 클라망스는 다음과 같은 두려움을 표현한다. 거짓말을 고백하지 않고 왜곡된 실재를 바로잡지 않으면, 그것이 대물림되면서 기하급수적으로 커져 허위와 비현실의 거대한 구조물을 이루리라는 것이다. 쓰레기를 계속 아무렇게나 버리면 지구 환경이 오염되듯이, 거짓말과 왜곡된 실재에도 가속도가 붙어서 결국 "진리의 절대적 피살"은 도덕적·철학적으로 오염된 구제불능의 세상을 만들어 낼 것이다. 다음은 클라망스의 고백이다.

사실 나를 끈질기게 따라다니는 이상한 두려움이 있었는데, 그것은 사람이 자신의 거짓말을 모두 고백하지 않고는 죽을 수 없다는 것이다. 하나님이나 그분을 대변하는 성직자에게 고백한다는 말이 아니다. 알다시피 그것이라면 나도 이미 다 초월했다. 고백의 대상은 사람들이다. 예를 들면 한 여자다. 그렇지 않으면, 한 인생속에 거짓말이 하나만 있어도 죽음이 그것을 화석화시킨다. 그 일에 관한 한 아무도 다시는 진실을 알 수 없다. 진실을 아는 유일한사람이 비밀을 무덤까지 가져갔기 때문이다. 진리의 그 절대적 피살이 나를 아찔하게 했다.[9]

그러므로 현대 세계는 딜레마에 봉착해 있다. 우리는 위선에 대항할 방도를 모색해야 하며, 그러려면 위선을 판단할 기준과 위선을 고칠 해법부터 찾아야 한다. 그러지 않으면 우리는 하나님도 없고 객관적 진리도 없고 독성으로 오염된 진리만 있는 현 상황의 논리를 따라야 하는데, 우리가 만들어 낸이 치명적 환경에 반응할 길이라고는 냉소밖에 없다. 즉 지금은 우리 모두가 위선자이니 그대로 두라. 기만과 자기기만에대해 우리는 철저히 속수무책이다. 문제를 해결할 수 없다면, 차라리 암담한 상황을 최대한 이용하여 우리도 냉소주의자들의 게임에 가담하면 된다. 이제 삶은 더러운 손으로 하는 더러운 게임에 지나지 않으며, 여기서 이기려면 진리 없는 권력과조종의 온갖 수법을 동원해야 한다.

2단계: 이슈를 명확히 규명하라

첫 번째 요지의 당연한 귀결이 있다. 그리스도인뿐 아니라 우리 모두가 위선자인데 모더니즘과 포스트모더니즘의 사상이 다분히 아무런 해법도 내놓을 수 없다면, 그렇다면 우리는 모두를 위해 위선의 문제를 보다 심도 있게 다룰 필요가 있다. 그러려면 우선 이슈부터 명확히 규명해야 한다.

위선을 보는 세간의 관점은 전적으로 옳다. 위선이란 진리와 거짓, 정직과 허위, 정의와 불의 사이의 괴리다. 위선의 핵심인 괴리는 거짓된 겉치레와 꾸며낸 은폐에 가려져 있다. 더 정확히 말해서, 위선은 삼중의 침해다. 위선은 거짓된 내용을 말하기 때문에 진리를 침해하고, 불의한 주장을 펴기 때문에 정의를 침해하며, 부정직한 방식으로 소통하기 때문에 정직을 침해한다. 거짓말이 상대의 동의 없이 상대를 속이려는 시도라면, 위선은 말 대신 행동으로 하는 거짓말이다.

노예 무역상이었다가 노예제도 폐지론자가 된 위대한 존 뉴턴John Newton에게 누군가가 그의 업적을 칭찬하자, 그는 즉시 "선생님, 마귀가 이미 저에게 한 말입니다"라고 되받았다. 탁월한 스코틀랜드 목사 로버트 맥체인Robert Murray M'Cheyne은 한 교인에게서 자신이 성인 같다는 찬사를 들었을 때 이렇게 예리하게 대답했다. "부인, 제 속마음을 보실 수 있다면 제 얼굴에 침을 뱉으실 겁니다." 두 사람 다 남들이 자기를 잘못 생각하도록 내버려 두지 않았다. 오히려 위선의 본질인 괴리―내면과 외면, 겉모습과 실체 사이의 괴리―를 드러냄으로써 위선에 저항했다.

물론 이런 겸손과 솔직함이 과해질 수도 있다. 그러면 자신이 위선자임을 아는 사람들은 일체의 긍정적인 말을 꺼리게 된다. W. H. 오든은 예수의 명령을 "네 삐딱한 마음으로 네 삐딱한 이웃을 사랑하라"고 고쳐 말하곤 했다.[10] 또한 오든은 설교 중에 이렇게 말한 적도 있다. "우리 중에 감히 그리스도인으로 자처할 사람들은 그 주제에 대해 극도로 말을 아끼는 게 좋습니다. 사실 그리스도인이란 신앙이나 행실 면에서 자기가 그리스도인이 아님을 아는 사람입니다. 그렇게 말해도 그리스도인의 정의로 손색이 없습니다."[11]

학자들이 이 논의에 미묘한 차이를 더할 수 있지만, 이슈의 핵심은 항상 동일하다. 예컨대 철학자들이 말하는 "발생론적 오류"genetic fallacy라는 개념이 있다. 진리 주장의 **출처**와 그 주장을 평가하는 **기준**에는 중요한 차이가 있다. 그러므로 단지 출처의 특성과 상태 때문에 어떤 주장 자체를 거부하는 것은 잘못이다.

혹시 불편할지 모르지만, 발생론적 오류를 피하려다 보면 "진리에 수반되는 짐"이라는 중요한 개념을 상기하게 된다. 부모가 버리는 것은 아기가 아니라 목욕물이며, 여인이 목에

두르는 것은 굴 껍데기가 아니라 진주다. 마찬가지로 진리 주장도 그 진리를 주장하는 사람을 따라다니는 짐과는 구분되어야 한다. 당연히 이 원리도 양방향으로 통한다. 교육을 많이 받은 사람들은 "구제불능의 미개인"이 믿는 신념도 진리일 수 있음을 기억해야 한다. 반대로 교육을 덜 받은 사람들은 "엘리트층" 인사가 역설하는 말도 진리일 수 있음을 기억해야 한다. 관건은 언제나 진리이며, 진리란 상대가 어떤 "배경" 출신이며 이 주장을 내놓기 전 과거의 행실이 얼마나 이상하거나 못됐었는지 따위와 무관하다.

사회학자들은 신빙성credibility과 실현성plausibility의 차이라는 또 다른 유용한 구분을 지적한다. 신빙성은 어떤 신념이 **진리인가 아닌가**의 문제이며, 따라서 철학에서 논할 주제다. 반면에 실현성은 어떤 신념이 진리처럼 **보이는가 아닌가**의 문제이며, 따라서 사회학에서 논할 주제다. 후자의 경우는 진리 주장의 진위와 무관하게 무엇이든 진리로 **통하기만** 하면 된다. 이런 구분에 비추어 보면, 분명히 위선 때문에 피해를 입는 쪽은 신빙성이 아니라 실현성이다. 물론 "모두 다 위선자들"이 믿는다고 말하는 내용은 더욱 믿기가 어렵다. 하지만 위선자들이 믿는 내용도 그들의 위선과 무관하게 잘 검토하여 진위를 가려야 한다. 우리가 반복해서 해야 할 말이 있는데, 이는 다른 많은 종류의 반론에 대한 답이기도 하다. **기독교 신앙이 진**

리라면 아무도 믿지 않거나 믿는 사람이 다 위선자여도 진리이고, 거짓이라면 모두가 믿고 그들의 행동에 전혀 위선이 없어 보여도 거짓이다. 신빙성의 문제에 관한 한, 관건은 언제나 진리이며 오직 진리뿐이다.

3단계: 위선의 사회적 유익을 인식하라

이상하게 들리겠지만 위선이 유익할 때도 있다. 덕을 경시하는 시대에 덕을 중시하는 사람들에게는 위험해 보이기까지 하겠지만, 그래도 그것은 엄연한 사실이다. 적어도 우리의 타락한 세상이라는 조건하에서는 그렇다. 즉 악은 사회가 제대로 돌아가는 데 요긴한 역할을 할 수 있다. 예컨대 17세기 프랑스의 귀족 작가인 라로슈푸코 공작$^{Duc de la Rochefoucauld}$의 여러 명언을 생각해 보라. 그는 마치 불신의 성경적 해부를 해설하기라도 하듯 "자애自愛는 최고의 아첨꾼이다"라고 썼다. 위선을 보는 관점도 똑같이 예리하다. "자신에게 흠이 없다면, 우리는 남의 흠을 보며 그렇게 고소해하지 않을 것이다." 아울러 삶을 무조건 낙관하거나 편견으로 대하지 않으려다 보니 그는 위선의 제한적 유익도 지적했다. "위선은 악덕이 미덕에게 표하는 경의다."

라로슈푸코의 경구는 혼자만의 똑똑한 말이 아니라 그보다 훨씬 이상이다. 악과 악덕은 항상 선과 미덕을 모방한다는 성 아우구스티누스의 깊은 가르침이 거기에 배어 있다. 나아가 그 가르침은 개인의 악덕이 공공의 유익을 끼칠 수 있다는 역설적 개념을 낳는다. 앞서 보았듯이, 우리가 곧잘 사랑의 **겉모습**과 **결과**만 보고 그 **동기**까지도 사랑인 줄로 착각하기 때문이다. 그러면 미덕의 동기가 사실은 악덕을 가리는 위선일 뿐인데도, 일단 칭찬의 대상이 된다. 성 아우구스티누스의 이런 개념을 17세기 프랑스 작가이자 얀센파 신학자인 피에르 니콜이 이어받았고, 나중에 버나드 맨더빌Bernard Mandeville이 『꿀벌의 우화』에 더 도발적으로 발전시켰다. 그것이 18세기의 "계몽된 자애"enlightened self-love라는 개념으로 이어졌고, 나아가 자유시장을 지배하고 신기하게 그것의 악까지 바로잡는다는 "보이지 않는 손"에 대한 애덤 스미스Adam Smith의 유명한 해설도 거기서 파생되었다.

앞서 강조했듯이, 교만한 자애는 이기적 동기에서 참된 자애를 독창성 없이 모방한다. 하지만 자애를 공공연히 내보이면 사람들의 반감을 살 것을 알기에 스스로를 위장한다. 이렇듯 자애는 진짜 동기를 감추고 참 사랑을 흉내 내며, 그러다 보니 개인의 악덕이 공공의 이익으로 작용할 수 있다는 역설적 효과를 낳는다. 예컨대 **겉보기에** 이타적인 많은 자선 활동도 사실은 이타심으로 위장된 교만한 자애의 열매다. 목적은 대중의 인정과 사회적 존경을 얻어 내는 것이지만, 그 과정에서 사회에 막대한 유익을 끼친다.[12] 그것은 무언의 계약처럼 "받기 위해 베푼다." 물론 참 사람의 표현은 "받았기에 베푸는" 것이지만, 지금의 세상에서는 오히려 이기적 동기가 당연할 수밖에 없다. 인간의 사회가 죄를 다 없애고 모든 시민을 선하게 만들 수 있다는 생각은 기독교적으로 말해서 유토피아적 발상이다. 그러니 사람들의 말인즉, 차라리 현실적 시스템을 인정하여 대다수 시민에게—그들이 아무리 선하든 악하든 관계없이—선한 행동을 장려하는 게 더 낫다는 것이다. 설령 그들이 선하지 못하거나 자신이 내보이고 싶은 선의 수준에 못 미친다 하더라도 말이다.

올리버 스톤^{Oliver Stone}의 영화 「월스트리트」에서 증권 브로커 고든 게코 역으로 나온 마이클 더글러스는 이런 유명한 주장을 내세운다. "더 마땅한 용어가 없으니 탐욕이라 하자. 탐욕은 선하고 옳으며 잘 통한다." 이 주장은 적자생존을 위해 싸우는 진화론적 철학의 산물이지만, 또한 위선의 사회적 유익에 대한 기독교적 관점과도 일맥상통한다. 타락한 세상에서 탐욕은 악한 동기이지만, 동시에 선한 결과를 낳을 수도 있다. 니콜이 말한 바와 같이, "하나님을 기쁘시게 하는 참 사랑의 행위 치고 인간의 환심을 사려는 자애의 행위로 변질될 수 없는 것은 사실상 전무하다."[13]

물론 위선의 사회적 유익을 인식하려면 악덕 전반과 특히 교만을 세밀하게 재평가해야 한다. 게다가 군주를 위한 정책으로 공공연한 위선을 내세웠던 마키아벨리^{Niccolo Machiavelli}의 경우처럼, 이런 관점에도 명확하고 엄격한 제한이 있다. 마키아벨리가 미처 생각하지 못했지만, 만일 모든 사람이 군주처럼 기만적으로 행동한다면 그의 기만 시스템은 통할 수 없다. 예컨대 진리 없이 거짓과 속임수와 조작만 있는 포스트모더니즘의 세계가 그런 경우다. 아울러 니콜의 다음과 같은 생각도 잘못되었다. 즉 모든 일의 "동기가 **오직** 자애뿐"이어도 사회는 똑같이 잘 돌아가겠지만, 여전히 사회의 "어디서나 보이는 것은 **오직** 사랑의 형식과 겉모습뿐"일 것이라는 생각이다.[14]

니콜은 너무 극단으로 치달았으며 그의 시스템은 어쩔 수 없는 분명한 한계가 있다. 악덕을 정치로 관리하려는 것은 위험한 게임이며, 많은 사람들이 그 게임을 시도하다가 사회를 파멸로 몰아넣었다. 아우구스티누스의 성경적 관점에서 볼 때 이 세밀한 과정을 능히 관리하실 수 있는 분은 하나님뿐이며, 세상을 관리하시는 하나님을 뜻하는 신학 용어가 섭리다. 반면에 인간의 모든 자칭 섭리는 결국 실패하게 되어 있다. 토머스 홉스가 말한 정치 국가의 "리바이어던"^{Leviathan}이라는 섭리도 그렇고, 애덤 스미스가 말한 상업 시장의 "보이지 않는 손"이라는 섭리도 그렇다. 오늘날의 자유민주주의는 문화적으로 부도덕하고, 무엇이든 성인끼리 동의하여 행하는 일이면 무조건 자유를 허용하며, 숫자의 계산을 통한 관리에 집착한다. 따라서 자유민주주의도 그동안 악덕과 인간의 삐딱한 성질을 관리하는 데 실패했던 역사상의 많은 사회를 답습할 수밖에 없을 것이다.

악덕이 늘 미덕을 모방하리라는 것은 명백한 사실이다. 그렇게 인정을 얻어 내야 자신과 자신의 교만한 자애를 정당화할 수 있기 때문이다. 하지만 이는 **미덕이 미덕으로 존중되는 한에서만** 가능한 일이다. 즉 미덕이 대세이자 마땅히 칭찬받을 일이어야 한다. 만일 미덕이 더 이상 대세가 아닌 날이 온다면, 자애와 악덕이 가면을 벗고 자신의 사리와 속셈을 공공연히 드러낼 수 있다. 그 결과 우리는 악덕과 악덕이 대놓고 싸우는 미개한 상태로 급락할 것이다. 그야말로 토머스 홉스가 말한 만인 대 만인의 투쟁이다. 요컨대 이 과정에는 도덕적·사회적 임계점이 있어 그 선을 넘어가면 더 이상 겉치레가 필요 없어진다. 이제 악덕이 악덕의 본색을 드러낼 수 있고, 그리하여 사회는 자신이 선택한 퇴폐의 열매를 거둘 것이다.

위선의 사회적 유익에 대한 이런 미묘한 이해와는 별도로, 동일한 요지를 보다 직설적으로 말할 수도 있다. 타락한 세상에는 의와 선과 정의 등의 덕목에도 정도의 차이가 있다. 이는 냉소적 관점이 아니라 엄연한 현실이며, 하나님의 은혜 앞에서는 다 바람에 날려갈 수 있으나 인간이 인간을 판단할 때는 중요한 개념이다. "선한 일임을 알기에 선을 행하는 것"은 "순전히 남의 눈을 의식해서 선을 행하는 것"과는 다르다. 후자는 다시 "악해 보일까 봐 두려워 선을 행하는 것"과 다르며, 이는 "선이나 남의 눈에 신경 쓰는 겉치레까지도 완전히 버리는 것"과는 또 다르다. 이상의 네 가지 유형별 행동의 동기를 각각 도덕, 책임, 위선, 철저한 악이라 할 수 있다.

그렇다면 비록 위선이 나쁘고 그 여파가 위험할지라도 어떤 의미에서는 위선이 악보다 나을 수 있다는 뜻이다. **위선은 겉으로라도 착해 보이고 싶을 만큼 아직은 미덕을 중시한다. 또는 적어도 위선은 주변 사회에서 미덕이 마땅히 칭찬받을 일로 존중되고 있음을 인정한다.** 이 두 조건이 전제되지 않으면 세상은 심각한 문제에 빠진다. 소돔과 고모라의 공공연한 퇴폐가 그런 경우였다. 이런 제한적 의미에서 라로슈푸코의 말은 옳다. "위선은 악덕이 미덕에게 표하는 경의다."

그런가 하면 위선의 "유익"을 이렇게 볼 수도 있다. 위선자라는 비난은 우리의 언행이 불일치한 데서 비롯되므로 여기에 전제되는 최소한의 사실이 있다. 사람들이 위선의 판단 기준을 알고 있다는 것이다. 다시 말해, 우리의 행실이 모순과 위선으로 비쳐진다는 것은 그만큼 그들이 우리가 전하는 말을 알고 있다는 뜻이다. 우리는 예수를 따르는 사람들인데, 우리의 삶은 그분의 부르심에 합당하지 못하다. 사람들은 이 사실을 알 만큼 예수에 대해 충분히 알고 있다. 이것도 비참하지만 그보다 더 비참한 일이 있다. 그리스도인이 어떻게 행동해야 하는지 사람들이 아예 모르면 상황은 치명적으로 위험해진다. 그러면 그들은 그리스도인들이 실제로 생각하고 살아가는 방식을 그리스도인들이 마땅히 생각하고 살아가야 하는 방식인 줄로 알고 착각한다. 우리의 생활방식이 해이하거나 타락하거나 아예 노골적으로 반기독교적인데도, 그것이 본래의 기독교적 생활방식으로 인식되는 것이다. 그러니 쉽게 거부당할 수밖에 없다.

사실 그것이 역사 속에서 사람들이 복음을 거부한 주된 계기였다. 우리가 겸허히 직시해야 할 사실이 있다. 역사의 여러 시기에 사람들이 교회를 대대적으로 이탈한 것은 기독교 신앙이 보여준 타락하고 불충실한 모습을 그들이 격렬히 거부한 결과였다. 예컨대 서구에 확산된 무신론의 역사적 뿌리는 기독교 세계의 타락에 있다. 앞서 언급한 "은폐의 정책"은 그리스도인들이 국가 권력을 남용하여 자신들을 더럽히고 남들을 압제한 데 따른 썩은 열매였다(프랑스 혁명 때 "마지막 사제의 근성으로 마지막 왕을 교살해야 한다"고 부르짖던 자코뱅당의 당돌한 논리를 생각해 보라). 우리 시대에도 눈에 띄는 동일한 사례들이 있다. 예컨대 "전통 가정"이 다방면에서 성난 공격을 받는 것은, 그리스도인들이 성경의 아름답고 강건한 "언약 가정"을 틀에 박히고 혐오스러운 "위계 가정"으로 변질시켜 페미니스트를 비롯한 사람들에게 빌미를 준 데 따른 썩은 열매다.

물론 이런 관점에 대해서는 아무리 조심해도 지나치지 않으며, 결코 오해가 있어서는 안 된다. 이것은 위선이 좋다는 말이 아니라 위선의 영향에 대한 인식일 뿐이다. 위선은 언제 어디서나 절대적으로 나쁘며, 뿌리 깊은 문제들을 안고 있다. 일단 위선이 드러나면 환멸을 피할 수 없고 "유익"은 증발해 버린다. 모든 사람이 위선을 행하여 결국 칭찬할 덕목이 없어지면, 위선은 무의미해지고 사회는 무너져 총체적 악에 빠진다. 그럼에도 불구하고 제한된 시간 동안 제한된 방식으로 위선에 약간의 유익이 있음은 분명하다. 우선 위선자는 (거짓으로나마) 미덕의 본을 보인다. 발각되지 않는 한, 위선자의 가식적 삶은 좋은 행동의 모범이자 촉매제의 역할을 한다. 또한 위선자는 본인이 실천하지 않아도 말로라도 사람들에게 영향을 미칠 수 있다. 그런가 하면, 위선이 드러날 때 촉발되는 격분조차도 모든 사람에게 자신을 성찰하는 좋은 계기로 작용한다. 모조품이 진품의 가치를 말해 주듯이, 우리가 위선에 퍼붓는 본능적 분노도 다음과 같은 유익한 질문들을 유발할 수 있다. 위선은 자신이 흉내 내는 미덕의 중요성과 위상에 대해 무엇을 말해 주는가? 나 자신도 똑같이 위선의 죄를 범하는 부분이 있다면 무엇인가? 위선에 격분하는 우리에게 위선을 해결할 수 있는 유일한 진리나 정의의 기준이 있는가? 아니면 우리 역시 말과 행동이 따로 노는가?

4단계: 도덕적 심각성이 어디서 유래했는지 잊지 말라

위선을 부추기는 모더니즘과 포스트모더니즘의 사상과는 별도로, 우리의 현대 세계는 다분히 평생에 걸쳐 위선을 교육한다. 사실 발전된 현대 세계는 위선에 완벽할 정도로 적합해서 위선 자체는 놀랄 게 못 되고 오히려 위선에 계속 격분하는 우리가 더 놀랍다. 즉 우리는 얼굴을 마주 대하는 공동체에서 추상적인 세계화의 사회로, 작은 마을에서 대도시로, 거의 모든 사람과 알고 지내던 삶에서 대부분 서로 모르는 사이로 옮겨 왔다. 늘 움직이는 기동성 때문에 우리 현대인은 역사상 어느 세대보다도 더 많은 상황 속에서 더 익명으로 살아간다. 당연히 이런 흐름은 대외 홍보, 이미지 관리, 조작, 속임수, 전면 개조, 성형수술, 보톡스 등 그에 걸맞은 또 다른 흐름과 유행을 불러왔다. 눈에 보이지 않는 진정한 내면은 요즘 세상에 어울리지 않고 그저 겉모습만 괜찮으면 된다. 게다가 소비지상주의 세계는 이렇게 급성장하는 겉모습의 시장에서 지체 없이 모든 욕구에 영합할 뿐 아니라 더 많은 욕구를 만들어 내고 있다.

하지만 원래부터 늘 그랬던 것은 아니다. 성경에 강조되어 있듯이, 하나님이 보시는 눈은 인간과 다르다. "사람은 외모를 보거니와 나 여호와는 중심을 보느니라."^{삼상 16:7} 플라톤도 투명 인간이 되는 능력을 지닌 목동 기게스^{Gyges}의 비유를 통해 똑같은 문제를 제기했다. 현대의 관점과는 거리가 멀어도 한참 멀다. 성경과 고전의 관점에서, 성품이란 **아무도 보지 않을 때의 내 모습**이다. 하나님의 불꽃같은 시선 앞에서 이미지와 조작과 홍보는 전혀 설 곳이 없으며, 손바닥으로 하늘을 가리는 것만큼이나 미약하고 부질없는 짓이다.

바로 그런 엄격한 성경적 관점이 위선에 깊은 도덕적 심각성을 부여했다. 하나님은 위선을 미워하시며, 특히 종교 자체를 은폐물로 이용하는 종교적 위선에 격분하신다. 게다가 그분은 결코 속지 않으신다. 이사야는 그분이 노하시는 이유를 이렇게 선포한다.

이 백성이 입으로는 나를 가까이 하며
입술로는 나를 공경하나
그들의 마음은 내게서 멀리 떠났나니^{사 29:13}

예수께서는 히브리 성경에 나오는 이런 철저한 비판을 한층 더 예리하게 벼리셨다. 예수께서 쓰신 위선(외식)이라는 단어는 본래 그리스어로 "무대 위의 연기"를 뜻하는 단순한 서술

어였는데, 그분이 거기에 폭발력 넘치는 도덕적 의미를 더하셨다. 그 뒤로 서구 세계에 이 단어가 도입된 것은 그분 덕분이다.

예수께서는 세 가지 위선을 맹렬히 질타하셨다. 첫째는 실제의 자신보다 나아 보이려는 허세의 위선이다. "그러므로 구제할 때에 외식하는 자가 사람에게서 영광을 받으려고 회당과 거리에서 하는 것같이 너희 앞에 나팔을 불지 말라."마 6:2 둘째는 자신의 도덕적 결함은 외면한 채 남을 흠잡는 비난과 비판의 위선이다. "어찌하여 형제의 눈 속에 있는 티는 보고 네 눈 속에 있는 들보는 깨닫지 못하느냐."마 7:3 셋째는 자신에게 적용하지 않는 도덕을 남에게만 요구하는 언행 불일치의 위선이다. "화 있을진저 외식하는 서기관들과 바리새인들이여. 너희는 천국 문을 사람들 앞에서 닫고 너희도 들어가지 않고 들어가려 하는 자도 들어가지 못하게 하는도다."마 23:13

이런 모든 위선에 대해 무죄를 주장하여 벌을 면할 수 있는 사람이 우리 중에 하나라도 있을까? 예수께서 죄인들보다 위선자들을 훨씬 더 엄중하게 대하셨음은 의심의 여지 없는 사실이다. 특히 그분은 종교라는 가면으로 자신의 행동과 진짜 동기를 숨기는 사람들을 엄중하게 대하셨다. 그분의 통렬한 비판은 앞서 지적했던 위선의 유익을 전체적 안목에서 보게 해준다. 위선이 사회에 끼치는 제한적 유익이 무엇이든 간에,

각각의 위선자에게는 결코 어떤 알리바이나 핑계도 성립될 수 없다. 하나님은 속지 않으신다. 부끄럽더라도 지금 들통나서 고백과 용서에 이르는 것이, 계속 가면으로 실체를 숨기다가 훗날 준엄한 심판을 당하는 것보다 낫다.

5단계: 복수를 거부하고 담대히 고백하라

공격받을 때마다 인류의 가장 오래된 반응법은 "너도 똑같잖아!"라고 되받는 것이다. 어린아이들은 서로의 말을 그대로 반사하고, 변호사는 상대도 똑같다는 반박 변호를 내놓고, 원수지간인 집안이나 부족은 유혈의 복수를 대물림한다. 모욕이나 상해를 입었을 때 가장 쉬운 대응 방법은 언제나 복수하는 것이다. 특히 비난 자체가 억울하거나 불공정할 때는 더욱 그러하다. 앞서 나는 모든 논증이 양방향으로 통함을 강조했는데, 이는 수사학의 세계에 중요한 조언이다. 또한 그것의 한 형태로 예컨대 "상대주의자를 상대화할 것"을 역설한 바 있다. 그러나 이런 반응을 복수심에서 한다면, 역효과가 날 게 분명하다. 나에게 가해진 비난을 상대에게 그대로 되받아넘기는 것은, 상대의 요지를 피하는 일일 뿐만 아니라 대화를 오히려 악화시킨다.

유머와 사랑이 담긴 노련한 답변은 복수와는 다르다. 보다 중요하게, 똑같이 갚아 주는 복수는 결코 예수의 방식이 아니다. 예수를 따르는 우리에게 그분은 자신의 방식대로 살며 원수를 사랑할 것을 명하셨다. 그래서 우리는 한없이 용서하고, 악을 행하는 사람에게 선으로 갚고, 그분이 십자가에서 그러셨듯이 부당한 대우도 감수해야 한다. 물론 예수께서는 우리의 잘못을 고백할 것도 명하셨다. 그러려면 나를 대적하는 사람의 비난이 옳을 때는 그대로 시인해야 한다.

오늘날 고백은 많은 진영에서 그 입지가 불안해졌다. 한때 지배적이었던 유대교와 기독교의 죄책의 문화와 현대의 새로운 수치의 문화(예컨대 대중매체와 SNS를 통한 재판) 사이에서 우리 현대 문화가 갈팡질팡 흔들리고 있기 때문이기도 하다. 어떤 사람들은 고백이 틀림없이 늘 강요되었을 것이라는 생각 때문에 고백을 미심쩍게 본다. 예컨대 상담실이나 고해실에서 전문가나 권위자가 죄책감을 유발하며 압력을 가할 수도 있고, 또는 현재 유행 중인 죄에 대항하는 사람은 정치적 공정성의 여론 법정 앞에서 굽실거리며 배상해야 한다는 것이다. 그런가 하면 고백을 단순히 나약한 일로 보는 사람들도 있다. 더 이상 힘이나 배짱이 없을 때 꼬리가 잡히지 않게 백기를 들어 "발뺌의 여지"를 만드는 일인데, 피해를 관리하여 대중적 오명을 딛고 일어나려면 이것이 중요한 전술이라는 것이다.

그러나 제대로 이해한다면, 사실 고백은 기독교 신앙의 주된 강점이자 위선에 대항하는 중대한 요소다. 우선 공개적이고 자발적인 고백은 견고한 전체 진리의 본질적 일부이며, 따라서 현실주의와 책임의 일부이기도 하다. 옳고 그름을 떠나서 과거와 현재의 우리의 모든 행동은 실재가 되어 이력에 남는다. 따라서 그 책임을 깨끗이 인정하면 실재와 진실과 조화를 이루어 해방을 얻는다. 고백은 나약한 일이나 항복의 몸짓이기는커녕 오히려 보기 드문 도덕적 용기의 표출이다. **자신에게 불리한 입장을 공적으로 표현할 수 있는** 강인한 성품이 고백을 통해 드러나기 때문이다.

다시 말하지만 솔직한 고백의 결과는 자유다. 반면에 기만은 단기적으로 사리를 채워 주지만 장기적으로는 재앙을 부른다. 월터 스콧Walter Scott이 「마미온」이라는 시에 그것을 아주 잘 담아냈다. "일단 속이기 시작하면, 우리는 얼마나 뒤얽힌 거미줄을 짜 내는가." 거짓은 갑갑한 비현실의 거미줄로 우리를 옭아맨다. 그러나 고백하는 사람은 진실을 직시하고 자신의 행위를 책임진다. 거짓 때문에 복잡하게 꼬인 상황이나 발각될 것에 대한 두려움이 없이 전진할 수 있다. 진실과 실재와 다시 조화를 이루면 더 이상 뒤탈도 없고 진실한 증인에게 논박당할 일도 없다. 다 털어놓으면 숨통이 트이고 앞길이 열린다. 그러나 고백이 없이는 자유도 없고 늘 거짓과 왜곡의 괴로운 가시밭길을 더듬을 뿐이다. 그러다 어느 날 거기에 꼼짝없이 갇히면, 도무지 헤어날 길이 없다.

그리스도인의 위선에 대한 비난에 대응하려면 이런 공개적 고백이 세 가지 이유에서 꼭 필요하다. 첫째, 명백히 악하거나 잘못된 일이 벌어졌다. 둘째, 그 일을 그리스도인이 대개 그리스도의 이름으로 저질렀다. 마지막으로, 그 잘못된 일은 예수의 가르침과 모본에 정면으로 어긋난다. 우리나 다른 그리스도인들의 행동이 말과 달랐으며, 그 행동은 기독교 교회와 예수의 이름에 비참한 오명을 남겼다. 예컨대 크리스토퍼 히친스Christopher Hitchens의 에세이집 『전천후 무신론자』The Portable Atheist를 읽어 보라. 안타깝지만 놓칠 수 없는 한 가지 분명한 특징이 있다. 무신론자들의 주된 정서적 원동력은 자신들의 대단하다는 세계관을 제시하는 데 있지 않다. 그것이라면 결국 지극히 피폐할 수밖에 없다. 그보다 그들은 그리스도인들과 기독교 세계의 여러 악과 부절제를 공격한다. 기독교 신앙을 대적하고 무신론을 논증하는 무신론자에게 그리스도인과 기독교 세계가 최고의 증거가 된다면, 분명히 무언가가 대단히 잘못된 것이다.

말할 것도 없이 위선을 고백할 때는 구체적이어야 한다. 우리 각자가 자신의 죄, 다른 그리스도인들의 잘못, 우리가 아는 교회들의 실패, 지금 대화 중인 상대와 밀접하게 연관된 교회사의 범죄―예컨대 유대인 친구들에게 자행된 대학살과 어두운 반유대주의, 무슬림을 상대로 한 과도한 십자군 운동, 과학

자들에게 저질러진 종교재판의 오류—등을 조목조목 말해야
한다.

교황 요한 바오로 2세[John Paul II]가 그런 도덕적 용기를 보여주
었다. 그는 다양한 상황에서 백 번도 넘게 가톨릭의 죄를 공개
적으로 고백했다. 물론 일부 비판자들은 거기에 만족하지 못
했으며, 그중 더러는 결코 무엇에도—설령 교황이 자신이 가
톨릭 교인임을 사과한다 해도—만족하지 못할 것이다. 다시
말해, 우리는 결과를 바라고 고백하는 게 아니다. 그보다 고백
의 초점은 언제나 진실에 있고, 고백의 대상은 무엇보다 먼저
주님이며 또한 피해자들이다. 제삼자들은 우리의 일차적 관심
사가 아니다. 우리가 죄를 지은 대상도 주님과 피해자들이고,
따라서 고백의 대상도 첫째로 주님이고 다음에 피해자들이다.
제삼자들의 개입은 용서와 그 결과의 진정성을 확증해 주는
의미로만 그친다.

요한 바오로 2세보다 이전에 C. S. 루이스도 고백의 절대적
중요성을 이해한 상태에서 기독교 신앙을 논증했다.

기독교 세계는 인류의 총체적 잔학상에 한몫 거든 기독교 세계의
구체적 죄상을 고백해야 한다. 내가 그런 책을 쓰지는 않겠지만,
만일 쓴다면 그런 내용으로 가득할 것이다. 우리가 기독교의 과거
중 많은 부분을 공적으로 버리지 않는 한, 세상의 많은 지역들은

우리의 말을 듣지 않을 것이다. 들어야 할 까닭이 무엇인가? 우리가 말로는 그리스도의 이름을 외치면서 행위로는 몰렉을 섬겼으니 말이다.[15]

물론 유대인 대학살과 십자군 운동과 종교재판은 오래전에 멀리서 있었던 일이며, 따라서 우리 대부분이 쉽게 고백할 수 있다. 우리가 직접 개입된 일은 아니었으니 말이다. 오늘날 우리의 증언을 해치는 일은 대개 그보다 훨씬 가까이서 훨씬 작게 이루어진다. 우리는 배우자를 깎아내리고 자녀에게 화풀이를 하여 조금도 우리 주님을 닮지 않은 하나님관을 보여주었을 수 있다. 이웃을 자신처럼 사랑한다는 개념에 어긋나게 라이벌을 욕하며 신나게 험담을 늘어놓았을 수 있다. 상대의 도전에 그만 평정심을 잃고 오만하게 그의 논증을 경멸하며 신앙을 변호했고, 그리하여 진리에 따라오는 확신 대신 오히려 자신의 불안한 정서를 드러냈을 수 있다. 요컨대 우리는 위선자가 되었을 수 있다. 그때마다 우리의 언행이 일치하지 않았다. 자신의 논증을 스스로 가장 날카롭게 논박했고, 자신의 신앙을 스스로 가장 지독하게 부정한 셈이다. 예수를 따르는 우리가 결코 외면해서는 안 될 단순하면서도 엄청나게 섬뜩한 사실이 있다. 불교의 일부 분파 등 비교적 소수의 예외를 제외하고는, 역사상 가장 호전적인 세속주의 사회는 거의 모두가 기독교 사회의 산물이었다. 교회는 무신론자를 낳는 주된 온상이다.

그동안 우리는 말로는 예수의 길을 전하면서 정작 행동으로는 그 길에 합류하려는 사람을 정면으로 막아서곤 했다. 분명히 우리의 논증에는 고백이 필요할 때가 있다. 고백과 변화된 삶은 우리의 논증에서 중요한 부분이 되어야 한다. 위선에 대응하려면 말로는 역부족이다.

6단계: 가장 엄격한 위선 퇴치 프로그램에 순복하라   오늘날 흔히들 생각하는 대로라면, 서구에서 기존의 기독교적 합의가 붕괴되면서 그리스도인들은 위선에 망한 존재요 상대주의에 쩔쩔매는 존재다. 다시 말해, 우리는 절대 기준과 명확한 범주의 흑백 논리만을 편안하게 느끼는 숙맥으로 간주된다.

하지만 앞서 보았듯이, 성경적 관점은 진리의 하나님 아래서 진리의 가장 깊은 기초를 제공할 뿐 아니라 또한 상대주의에 대한 가장 철저한 이해를 내놓는다. 진리의 궁극적 왜곡은 성별, 인종, 계층, 문화, 세대에서 오는 게 아니라 죄에서 비롯된다. "성별 때문이다. 인종 때문이다. 계층 때문이다. 문화 때문이다. 세대 때문이다. 당신은 모를 것이다." 이런 말에 훨씬 깊은 차원의 상대주의가 부여된 것도 죄 때문이다. 바울의 말은 "죄 때문이다. 그들은 모를 것이다"와 같다. 창조 때문에 우리를 비롯한 모든 인간은 부분적으로나마 여전히 본질상 진리를 추구한다. 그러나 타락과 우리의 계속되는 능동적 불순종 때문에 우리를 비롯한 모든 인간은 또한 고의로 본질상 진리를 왜곡한다.

이 통찰이 여기서 다시 논의에 개입되는데, 이번에는 목적이 다르다. 앞에서는 그것이 불신의 성경적 해부를 더 잘 이해하게 해주었으나, 여기서는 예수의 방식으로 위선을 벗어나고자 우리가 노력할 수 있는 길을 보여준다. 비신자들은 하나님을 피하려고 진리를 힘써 억압하다 보니 결국 진리를 왜곡하는 사람이 된다. 그러나 은혜로 신자가 된 우리는 삶의 모든 영역에서 진리에 충실하고자 힘쓴다. 그리하여 진리를 추구하고 진리대로 사는 사람이 된다. 빛 가운데 행하며 헌신적으로 진리 안에서 살아간다.

그렇다면 기독교적 설득이라는 동전의 이면은 곧 그리스도인의 성장이라는 뜻이다. 비신자들은 고의적 불신의 행위로 진리를 막아 내지만, 우리 신자들은 고의적 신앙의 행위로 진리를 추구하고 고수해야 한다. 본래 예수께서는 제자들을 일차적으로 어떤 신경信經이나 일련의 신념으로 부르신 게 아니라, 그분 자신과 그분의 생활방식으로 부르셨다. 정통 진리를 믿는 것도 중요하지만, 그보다 우리의 도전은 하나님 앞에서 그분의 방식대로 행하는 것이다. 그렇게 진리를 실천하며 "빛 가운데 살아가면" 비록 부족하나마 진정한 의미에서 실제로 "진리의 백성"이 된다.

그러므로 진리는 위선에 대한 비난에 대응하기 위함은 물론 위선의 삶으로부터 벗어나기 위해서도 꼭 필요하다. 하나님은 진리의 하나님이시다. 예수는 길이요 진리요 생명이시다. 성경은 진리다. 복음은 진리의 말씀이다. 회심은 진리를 통해 돌이키는 것이다. 제자도는 진리 안에서 살아가는 생활방식이다. 고백은 진리와 다시 조화를 이루는 것이다. 영적 성장은 진리의 영이신 성령의 능력으로 삶을 빚어 나가는 일이다. 그리고 최후의 심판은 인류와 온 우주를 위해 최종적으로 진리를 신원하고 회복하는 일이다.

그러므로 기독교 신앙은 진리를 가볍게 여긴다면 아무것도 아니고, 우리 그리스도인들은 진리의 백성으로 부름받지 않았다면 아무것도 아니다. 그리스도인은 진리를 어떻게 대하느냐에 따라 서거나 넘어지고, 흥하거나 망한다. 사도 요한은 이 사실에 함축된 부정적 의미와 긍정적 의미를 양쪽 다 명확히 제시한다. 그의 서신에는 우리의 삶이 말과 다를 때 생겨나는 부정적 측면과 거짓이 지적되어 있다. "만일 우리가 하나님과 사귐이 있다 하고 어둠에 행하면 거짓말을 하고 진리를 행하지 아니함이거니와."요일 1:6 복음서에는 긍정적 측면이 예수 자

신의 유명한 말씀 속에 담겨 있다. "너희가 내 말에 거하면 참
으로 내 제자가 되고 진리를 알지니 진리가 너희를 자유롭게
하리라."요 8:31-32

사람들은 그리스도인들에 대해서 위선자라고 말한다. 그리
고 그 말이 맞을 때가 너무도 많다. 모든 인간처럼 그리스도인
들도 위선자이며 이 글을 쓰는 나는 말할 것도 없다("제 속마음
을 보실 수 있다면 제 얼굴에 침을 뱉으실 겁니다"). 그러나 예수께서
는 역사상 위선을 가장 신랄하게 비판하셨고 세상에서 가장
강한 대응법과 해결책을 제시하셨다. 진리 없이 자유가 없는
것과 마찬가지로, 진리 없이는 위선에서도 해방될 수 없다. 여
태까지 예수를 위선자라고 진지하게 비난한 사람은 아무도 없
다. 예수보다 더 위선을 맹비난하며 심각하게 대한 이도 일찍
이 없었고, 위선에 대해 예수보다 더 엄격하면서도 은혜롭고
효과적인 치료법을 내놓은 이도 일찍이 없었다.

이렇듯 위선에 대한 비난은 우리가 결코 피해서는 안 될 심
각한 주제다. 그 속에 담겨 부메랑처럼 우리에게 돌아오는 예
리한 질문들을 우리는 외면해서는 안 된다. 그러나 그것은 논
박될 수 있으며 우리에게는 전진의 길이 있다. 그 무엇도 감히
필적할 수 없는 이 전진의 길은 그리스도인들에게 있는 게 아
니라 우리 주님께 있다. 기독교 신앙에 대한 수많은 반론이 그
러하듯, 언뜻 논박할 수 없을 듯한 이 반론도 제대로 이해하기

만 하면 장벽이 아니라 오히려 사람들을 예수와 그분의 생활 방식으로 이끄는 강력한 매력으로 작용한다.

11. 입 맞추는 유다들

언젠가 나는 가톨릭의 한 추기경과 함께하는 저녁식사에 초대
받은 적이 있다. 그는 교황 요한 바오로 2세의 친구였고 차기
교황인 베네딕토 16세를 선출한 사람 중 하나였다. 그날 저녁
의 주요 화제는 전 세계의 종교적 자유의 실태였으나 대화의
범위는 그보다 훨씬 넓었다. 깊이가 있으면서도 즐거운 대화
였다. 막 커피를 끝내고 시간을 마치려는데, 갑자기 추기경이
화제를 바꾸어 내게 전 세계의 성공회를 혼탁하게 하고 있는
위기에 대해 물었다. 말이 길어지면 프랜시스 쉐퍼의 표현으
로 "디저트 질문"이 아닌 "수프 질문"(식사 초반에 물어야 그 비
중을 공정하게 다룰 수 있는 질문)이 되겠다 싶어 약간 가볍게 대

답했다. "성공회는 세계의 많은 지역 특히 남반구에서 부흥하고 있지만, 서구 쪽에는 큰 문제들이 있습니다. 하지만 가톨릭에도 보르지아가*의 교황들(15세기 말의 칼리스투스 3세와 알렉산드로 6세로 대표되는 부패한 교황들—옮긴이)이 있으니까요."

예상과 달리 추기경은 가볍게 들어 넘기지 않고 심각해져서 이렇게 말했다. "맞습니다. 알렉산드로 6세는 (근친상간, 살인, 뇌물 수수, 부패 등의 이력으로) 기독교 교회 역사상 최악의 지도자 중 하나였지요. 하지만 그는 사도신경을 단 한 줄도 부인한 적이 없습니다. 그런데 성공회의 몇몇 주교들은 공교회의 가르침을 멸시하고 기독교 신앙의 핵심 자체를 부인합니다. 그러면서도 여전히 기독교 지도자로 남아 있지요. 그것이 성공회의 오욕이며 기독교 역사상 유례가 없는 일입니다."

추기경의 말이 옳았다. 지난 이천 년 동안 이단과 혼합주의와 배교와 이교를 성공회보다 더 용인하고 심지어 칭송한 교단은 별로 없었다. 물론 공정하게 말하자면 성공회만 그런 것은 아니며, 개신교 주류 전통의 다른 많은 교단도 열심히 그 뒤를 따라가고 있다. 이 글을 쓰는 현재, 어느 유수한 성공회 주교가 다종교 행사에 참석한 사람들을 이렇게 환영했다는 말이 들려온다. "전능하신 여호와의 이름으로, 자애롭고 자비로운 알라의 이름으로 여러분을 환영합니다. 부처에게 큰 깨달음을 주신 영원한 일자*의 이름으로, 우주를 지배하는 힌두교의 지고자至高者의 이름으로 여러분을 환영합니다."[1] 이런 혼합주의는 예수와 정면으로 모순된다. 선지자 엘리야와 이사야와 예레미야가 맹비난했을 이 혼합주의는 사고가 혼란에 빠졌음을 보여주는 섬뜩한 예다.

개신교 자유주의 진영의 많은 수정주의자들과 그 뒤를 이은 가톨릭의 극단적 진보주의와 신흥 복음주의는 이미 자체적 사상가들을 통해 "다른 복음"을 전하는 지경에 이르렀고, 일부 지도자들은 차마 그리스도인으로 보기도 어렵다. 사도신경도 입으로만 외울 뿐 믿지는 않는다고 농담하는 사람들도 있다. 위에 인용한 말에서 보듯이, 이런 수정주의는 새로운 독성 혼합주의에 물들어 있다. 그러나 추기경의 반응은 또한 현대의 변증과 교회 전반이 직면해 있는 더 광범위한 과제를 부각시켜 준다. **오늘날 기독교 신앙을 향한 가장 치명적 도전 중 일부는 교회 내부에서 비롯된다. 그런데도 교회의 많은 진영에서 기독교 변증은 미약하고 인식이 부족하며, 하찮은 고집 정도로 공공연히 일축되고 있다.** 대가를 치를 각오가 된 충실하고 용감한 변증자들이 없다면, 교회는 안팎으로 봉착해 있는 온갖 도전 앞에 취약해질 수밖에 없다.

지금은 "웅대한 세속 변증의 시대"이자 기독교 이후의 다원주의 시대이며, 따라서 그리스도인들이 설득하지 않고 침묵만 지키고 있을 때가 아니다. 그 점에 무슨 이의가 있을 수 있겠

는가? 모든 그리스도인이 담대하고 매력적인 신앙의 변호자
가 되어야만 할 때가 있었다면, 바로 지금이 그때다. 알다시피
오늘날 온갖 도전이 기독교 신앙을 연이어 급습하고 있으며,
그만큼 우리의 확실한 반응이 요구된다. 우주의 기원에 대한
문제(라이프니츠의 "왜 무는 존재하지 않는가?"), 과학주의의 도전,
하나님의 존재와 예수의 정체에 대한 공격, 폭로되는 교회의
죄와 위선, 자연재해를 통해 빈번히 제기되는 악과 고난에 대
한 의문, 진리의 정당성과 중요성, 공적 생활에서 위협받는 종
교의 자리, 모든 종교가 불합리하고 강압적이라는 주장, 기독
교 신앙과 타종교의 관계, 새로운 첨단기술과 대안적 생활방
식들에 대한 그리스도인의 반응 등 사상 유례없는 질문과 도
전이 쉴 새 없이 교회에 퍼부어지면서 교회의 핵심 메시지와
세계관과 생활방식을 공격하고 있다.

당연히 외부의 이런 위험한 공격은 내부에도 심각한 피해
를 입혀 왔으며, 이 모두가 기독교 역사상 유례없는 규모와 속
도로 이루어지고 있다. 기독교 신앙이 진리—아무도 믿지 않
아도 여전히 진리이고 모두가 믿어도 허위인 그런 의미의 진
리—가 아니라면, 그리스도인들은 오늘날 교회 내부에 퍼지
는 비겁함과 타협을 보며 낙심할 만도 하다.

이럴 때일수록 예수의 기쁜 소식을 충실히 대변하지 못하
고 우물쭈물하는 자세는 변명의 여지가 없다. 오늘날 그리스

도인들에게 제기되는 모든 이슈에는 분명하고 설득력 있는 답이 있으며, 우리는 세상에 그 답을 들려줄 의무가 있다. 비록 세상이 더디어서 교회에만 답이 있음을 잘 깨닫지 못하지만, 그래도 세상은 실제로 그 답을 기다리고 있다. 그러므로 그리스도인이라면 누구든지 놀라거나 두려워할 필요가 없다. 동시에 오늘날 우리의 거의 모든 공적인 발언에 설득의 요소가 요구됨을 인식해야 한다. 그런데 많은 그리스도인들에게 설득은 잃어버린 예술이 되었다. 그런 사람들도 설교, 선포, 공식 발표, 심지어 이의 제기 등은 제대로 고수한다. 물론 이 모든 형태의 소통도 꼭 필요하며 저마다 역할이 있다. 그러나 설득이 없다면, 그것들은 음이 소거된 텔레비전 논평처럼 다들 입술만 움직일 뿐 소리가 나지 않는 것과 같다.

그런 노력으로 그리스도인이 자신의 충실성을 보이고 자신의 발언에 대해 뿌듯함을 느낄 수는 있으나, 그것만으로는 효과가 없다. 듣는 사람들을 거의 혹은 전혀 설득하지 못하기 때문이다. 이제 우리는 기독교적 설득이라는 구심점을 회복하고, 전도와 변증과 제자도를 다시 연합시키고, 기독교 변증이 모든 그리스도인의 일임을 인식하고, 공적인 발언의 대가를 계산하고, 교회 외부뿐 아니라 **내부의** 도전도 마땅히 설득의 대상임을 깨달아야 한다. 성 바울이 에베소 교회의 장로들에게 준 조언은 우리에게도 똑같이 해당된다. 적은 바깥뿐 아니라 안에도 있다. "여러분 중에서도 제자들을 끌어 자기를 따르게 하려고 어그러진 말을 하는 사람들이 일어날" 것이기 때문이다.행 20:30

1-3세기의 교회에도 지적인 신학 논쟁이 많았으나 주로 신학자들이 관여했으며, 이런 충돌을 계기로 역사적 신경信經들이 탄생했다. 그러나 오늘날 우리의 논쟁은 확연히 다르다. 초대 그리스도인들의 격렬하고 장기화된 설전은 거의 전부가 내부적 문제였다. 예컨대 주후 325년에 니케아 신경을 탄생시킨 뒤 거기서 파생되어 수십 년간 이어진 논쟁도 그런 경우였다. 아타나시우스Athanasius와 정통이 아리우스주의Arianism를 이기는 과정에서, 교회는 예수께서 결정적으로 계시해 주신 하나님의 신학적 의미를 어떻게 가장 명확히 표현할 것인가를 두고 자체적 씨름을 벌였다. 교회의 형성과 교회라는 정체의 본질이 그 계시에 입각해 있었다.

오늘날의 주요 이슈들은 사뭇 달라서 신학자뿐 아니라 변증가도 필요하다. 대부분 외부적 문제인데, 때로는 외부의 비판자들과 조롱하는 자들의 공격을 통해 촉발되기도 하지만, 그보다는 그리스도인들이 어떤 문화적 개념과 행동에 무조건 항복한 데서 비롯할 때가 더 많다. 그런 문화적 개념이나 행동은 그리스도인들도 함께 지지하지 않는다는 게 상상이 안 될 정도로 워낙 진보적이거나 유행으로 여겨진다. 예컨대 예수의 주권이나 성경의 권위를 비겁하게 저버리는 일이 그에 해당한다. 삼천 년에 걸쳐 유대교와 기독교에 확고히 인식되어 온 남녀 간의 결혼을 저버리는 일도 마찬가지다.

이런 이슈들에 대한 싸움은 생색도 나지 않고 인기도 없고 대가도 크며 심지어 위험하기까지 하다. **세상에 맞서는**^{contra} ^{mundum} 일은 아타나시우스와 그의 충실한 동료 신자들이 북아프리카와 기타 지역에서 싸우던 그때 못지않게 오늘날에도 힘들다. 그러나 지금은 기독교 변증가들이 인기 없는 이슈들을 외면하여 기회를 놓칠 때가 아니며, 교회 바깥의 사람들에게는 "복음만 전하면" 된다는 편협한 우선순위에 잘못된 관심을 쏟아서도 안 된다. 거짓 가르침과 행동이 어디에서 발견되든—교회 내부이든 아니면 바깥의 문화 전반이든—변증가는 그 모두를 사건으로 맡는다. 한 세기 동안 G. K. 체스터턴과 C. S. 루이스 같은 탁월한 기독교 변증가들이 있었는데—그들은 전반적으로 인기도 있었다—예루살렘이 함락되기 전의 히브리 선지자들처럼 이제는 충실한 변증가들도 비방에 시달려 곧 멸종될 위기에 처했다.

"설득하지 말고 선포하라!" 예전에 나는 대학원 공부를 하러 옥스퍼드 대학에 갔을 때 여러 교수들과 연속으로 면담한 적이 있는데, 그중 한 분은 한

동안 나의 지도교수가 되었다. 그는 저명한 교수였는데, 크라이스트처치 칼리지의 그의 방마다 1530년에 그곳에서 죽은 울지[Thomas Wolsey] 추기경의 귀신이 출몰한다고들 했다. 그는 학자이면서도 아주 다정다감하여 늘 격려를 아끼지 않았다. 그런데 하루는 내가 어쩌다 지나가는 말로 **변증학**이라는 단어를 언급했다. 그러자 교수는 눈에 띄게 경직된 모습으로 이렇게 말했다. "솔직히 말해서 내가 자네라면 다시는 그 단어를 쓰지 않겠네. 옥스퍼드에서 **변증학**은 더러운 단어일세."

논란의 여지는 있었을망정 기독교 역사에서 변증학의 위상은 전통적으로 명예로웠다. 성 바울, 성 아우구스티누스, 토마스 아퀴나스, 장 칼뱅을 비롯하여 가장 위대한 신학자들은 거의 모두가 떳떳한 변증가이기도 했다. 신학자는 아니었지만 변증가였던 파스칼은 기독교 신앙의 유력한 대변인으로 자리매김했다. 19세기에 프린스턴의 신학자였던 벤저민 워필드[Benjamin B. Warfield]는 기독교 신앙이 "모든 종교 중에서 독특하게 '변증의 종교'로 돋보인다"고 역설했다.[2] 그런데 지난 세기에 변증학은 정말 교회의 많은 진영에서 더러운 단어가 되었고, 자유주의 신학에서뿐 아니라 보수주의 신학에서도 마찬가지다. 벤저민 워필드가 탄식했듯이, "변증학은 신학이라는 집안에서 다분히 의붓자식 취급을 당해 왔다."[3]

그동안 보수주의 진영에서는 "설득하지 말고 선포하라!"는 숱한 말들로 변증을 일축하는 게 대세였다. 그런 증거는 대부분 기록 없이 일화로만 남아 있다. 흔히들 넌지시 밝히는 의견과 무수한 설교에서 그런 말을 들을 수 있으나, 몇몇 유명한 기독교 지도자들이 그것을 언명하기도 했다.

보수 진영에서 변증학을 일축하는 배후에는 두 가지 굵직한 논거가 있다. 변증에 대한 첫 번째 반론은, 변증이 하나님의 말씀의 권위를 부인하거나 위축시킨다는 것이다. 신정통주의 신학과 복음주의 양쪽 모두의 유수한 대변자들로부터 이런 주장을 들을 수 있다. 칼 바르트^{Karl Barth}는 교의 신학이 본질상 변증적임을 시인했다. "교의학도 시종 불신에 대항하는 신앙으로서 말해야 하며, 따라서 그만큼 어법도 변증적이어야 한다."[4] 그러나 19세기의 자유주의의 여러 오류에 대항하여 진리와 계시와 권위를 위해 집요하게 싸우는 과정에서, 그는 적어도 당시의 변증학 개념에 반대하게 되었다. "좋은 교의학이 언제나 최선이며 기본적으로 가능한 유일의 변증학이다."[5]

디트리히 본회퍼^{Dietrich Bonhoeffer}도 나치 치하의 옥중에서 쓴 글에 동일한 관점을 더 신랄하게 표현했다. "성년에 이른 세상을 기독교 변증가들이 공격하는 것은, 첫째로 무의미하고 둘째로 비열하며 셋째로 비기독교적으로 보인다."[6] 프랑스의 훌륭한 변호사요 사회과학자이며 그리스도인 작가인 자크 엘륄^{Jacques Ellul}도 똑같이 직설적으로 말했다. "십자군이나 변증이 아직도

가능하다고 생각한다면, 그 사람은 정신이 나간 것이다."[7]

일부 복음주의 진영에도 동일한 관점이 주를 이루었고 지금도 마찬가지다. 특히 일류대학들의 경건주의 학생 단체들과 최고 교육을 받은 일부 지도자들에게서 그것을 볼 수 있다. 예컨대 흔히 "설교의 제왕"으로 불린 마틴 로이드 존스Martyn Lloyd-Jones는 당대의 변증학이 말씀의 능력과 설교를 약화시킨다 하여 그것을 공격하곤 했다. "지난 이삼십 년 동안 변증학이 복음주의에 재앙을 부르지 않았는지 의심스럽다."[8]

신정통주의와 복음주의의 이런 부정적 태도를 당대의 형편없는 변증학에 대한 반응 정도로 치부하고 싶을 수 있으며, 물론 그런 면도 있었다. 그러나 문제가 그 이상인 사람들도 많았다. 게다가 동기와 무관하게 그런 태도가 남긴 장기적 유산은 변증에 대한 의혹을 조장하여 지금까지 악영향을 끼치고 있다. 그 직접적 결과로, 그리스도인들은 지적 반론들에 대한 답이 기독교 신앙에 없다는 비난 앞에서 속수무책이 되고 말았다. 조지 오웰은 "변호할 수 없는 것을 변호하는" 게 변증이라고 비웃었다.[9] 오랫동안 기독교 신앙을 비판한 유수한 무신론자였다가 나중에 유신론자가 된 앤서니 플루Anthony Flew는 "믿음은 불신과 논쟁할 수 없다. 불신을 향해 설교할 수 있을 뿐이다"라는 유명한 말을 했다.[10]

변증에 대한 보수 진영의 두 번째 반론은, 변증이 자연스러

움을 고갈시키고 성령을 보다 직접 의지하지 못하게 한다는
것이다. 이 경우는 대개 반론의 근거가 충분하며, 이런 이유로
변증을 거부하는 사람들은 복음주의 진영에 그리고 성령의 사
역을 진지하게 대하는—그것은 옳은 일이다—사람들 사이에
더 많았다. 다만 이 반론도 대부분 글로 제기되기보다는 비공
식적인 말로 표현되었다. 반론의 대상은 대개 특정 시기의 다
양한 전도와 변증이었으나, 공식을 따르는 일체의 변증 방식
을 (나처럼) 일축했을 뿐 더 나은 길을 제시하려는 시도는 없었
다. 이 반론은 더 영적으로 생각하는 사람들 사이에 모든 변증
에 대한 의혹을 유산으로 남겼다.

예컨대 꽤 얼마 전까지 흔히들 변증을 공격하던 주장이 있
었는데, 이 반론은 "솟는 샘물에는 펌프가 필요 없다"는 말로
표현되었다. 이에 따르면, 그리스도인의 모든 증언은 자연스
럽고 성령께 직접 의존해야 하며, 따라서 그리스도인들이 방
법론을 가르치고 변증의 여러 다른 종류와 접근법을 토론한
다는 것은 이미 그들이 길을 잃었다는 뜻이다. 내가 자주 들
은 말이 또 있다. 인간이 그리스도를 믿게 되는 과정을 우리가
분석하기 시작하는 순간, 우리는 성령을 제한하는 위험에 빠
진다는 것이다. 또한 문제를 더 복잡하게 만드는 이론적 토론,
일치에 도달하려는 시도 때문에 악화되는 분열, 이 모든 변론
에 소모되는 시간과 에너지 등을 우리가 안타깝게 여겨야 한

다는 말도 있다. 요컨대 이런 논리에 따르면, 변증을 거론해야 하는 교회는 공적으로 입을 열기도 전에 본질상 궤도를 이탈한 것이다.

물론 변증을 일축한 이상의 이유 중 다수는 지난 세기의 부실한 변증학에 대한 비판으로 정당화될 수 있었다. 아울러 변증은 너무 중요해서 변증가들(나를 포함해서)에게만 맡겨 두어서는 안 되는 것도 사실이다. 변증은 성경의 기준에 따라 끊임없이 교정되고 수정되고 갱신되어야 한다. 이 책에 주창된 접근 방식은 최소한 성경의 진리, 특히 창조와 죄와 성육신과 십자가와 성령이라는 진리들을 통해 의도적으로 빚어진 것이다. 그래도 이 방식이나 기타 어떤 종류의 변증에라도 오류나 결점이 감지된다면, 성경의 기준대로 진단하여 바로잡아야 한다. 그래야 변증이 충실성을 잃지 않을 수 있고, 오늘날처럼 아주 요긴한 때에 뒷전으로 밀려날 위험이 없어진다.

"변호하지 말고 대화하라!" 보수주의 성향과 달리 자유주의 성향을 가진 이들은 "변호하지 말고 대화하라!"는 말로 변증학을 일축해 왔다. 이런 태도는 포스트모더니즘 시대에 가장 현저하며, 그 모습으로 자유주의 진영뿐 아니라 많은 젊은 보수층에도 침투했다. 다음은 한 청년이 최근에 나에게 한 말이다. "변증은 죽었습니다.

변증 자체의 모더니즘적 승리주의에 망했습니다. 오늘날에는 객관적 진리가 없기 때문에, 우리가 할 수 있는 일은 겸손하게 대화하며 고백하는 것뿐입니다. 우리의 진실성이 사람들에게 통하기를 바라면서 말입니다."

앞서 보았듯이, 변증을 모더니즘 대 포스트모더니즘의 논쟁이라는 덫에 걸려들게 두는 것은 잘못이다. 두 철학 모두 기독교 변증에 이로운 부분이 있다. 모더니즘의 경우는 무엇보다 진리의 중요성이 그렇고, 포스트모더니즘의 경우는 이야기의 중요성이 그렇다. 반면에 두 가지 모두 해로운 부분도 있다. 모더니즘의 경우는 무엇보다 이성의 비중이 위험하게 부풀려져 있고, 포스트모더니즘의 경우는 상대주의와 권력에 대한 극단적 결론이 그렇다. 결국 기독교 신앙은 이 두 철학과 상당히 일치하는 부분이 있으면서도 또한 상당히 입장이 갈린다. 그러므로 포스트모더니즘에 무조건 항복하여 변증을 포기하는 것은 분명히 철학적으로 어리석을 뿐 아니라 영적으로 불충실한 일이다.

하지만 "변호보다 대화"를 지향하는 경향은 그 뿌리가 포스트모더니즘보다 훨씬 광범위하고도 오래되었다. 그것은 계몽주의로 거슬러 올라간다. 계몽주의는 이성이 승리했으며 따라서 신앙의 확실성—특히 합리적 확실성, 역사적 확실성, 문화적 확신—에 위기가 닥쳤다고 주장했다. 예컨대 신이 존재한다는 고전적 증거들에 대한 확신이 붕괴된 후에 철학자 로널드 헵번[Ronald Hepburn]은 이런 결론을 내렸다. "흄과 칸트와 그 후계자들은 합리적 변증의 논거들을 확실히 논박했다. 그런 확신이 있기에 이제 우리는 불가지론(또는 무신론)을 택하든지 아니면 신앙을 정당화할 대안적 방법을 찾아내는지 둘 중 하나를 해야 한다."[11]

이런 결론의 결과로 자유주의 신앙을 보는 새로운 관점이 모색되었다. 자유주의자들은 기존의 신앙에 승리주의와 일방적 태도가 너무 지나치다고 보고 거기서 물러나 개방성, 경청, 상호 수용 등의 흐름을 새로 열었다. 물론 그것은 너무 쉽게 혼합주의로 변했고 변증은 (전도와 함께) 배격되었다. 1967년에 세계교회협의회는 웁살라 총회에서 "교회의 의제를 세상이 정해야 한다"는 비겁한 개념을 주제로 발표했다. 비슷하게 비교종교학 교수인 윌프레드 캔트웰 스미스[Wilfred Cantwell Smith]도 많은 사람을 대표하여, 자유주의 진영에 수용되어야 할 전반적 결론을 이렇게 내렸다. "전통이 서로 다른 사람들 사이의 '대화'가 전통적 선교 정책의 논증, 변론, 독백식 설교를 빠르게 몰아내고 있다."[12]

이런 지각 변동은 안팎으로 두루 영향을 미쳤다. 신학자 피터 벨츠[Peter Baelz]는 1974년 뱀턴 강연에서 역설하기를, 이제부터 신학의 접근은 늘 "연설이 아니라 탐구"여야 하며 "방법도 용감한 변증보다 신중한 고찰"이어야 한다고 했다. 전통적으로 신학자의 일은 내부적으로 교회의 신앙을 탐색하여 "확신을 주는" 것인 반면, 변증가의 일은 외부적으로 교회 바깥의 사람들을 "설득하는" 것이었다. 그런데 이제 그것이 완전히 달라졌다. 신앙에 대한 회의를 탐색하는 일이 신학의 역할이 되었고, 변증은 부적절한 일로 전면 폐기되었다. 랭던 길키 Langdon Gilkey는 보다 신중하게 이렇게 썼다. "'믿는' 교회가 내놓는 선포 신학이 또한 '회의하는' 세상을 향한 변증 신학이어야 한다. 진의를 보면 다분히 교회가 곧 세상이기 때문이다."[13]

영적 매춘 행위

오늘날의 기독교 변증학은 수십 년 전보다 훨씬 건강해졌다. 특히 옥스퍼드에는 지금 기독교 변증학 센터 Centre for Christian Apologetics가 왕성하게 활동하고 있다. 사실 근래에 변증학이 내실 있게 회복되면서 변증은 지난 여러 세기 동안 보지 못했던 영적·철학적 탄력을 얻었다. 그러나 고등교육을 받은 엘리트층의 세계에 관한 한 피해는 이미 발생했고, 회복의 효과는 아직 곧바로 느껴지지 않고 있다. 그 사이에 철학자들은 변증학을 아예 폐기했다. 예컨대 새뮤얼 톰슨 Samuel Thompson은 변증학을 일종의 아전인수식 궤변이자 "변칙적 학문 분야"라 칭했다.[14] 그런가 하면 갈피를 잡지 못하고 더 애석해한 사람들도 있다.

그리스도인인 니니언 스마트^{Ninian Smart}는 이렇게 탄식했다. "이 모든 결과로 인본주의자는 토마스 아퀴나스의 학설과 보수 복음주의의 중간 어딘가에서 모호한 신앙에 맞닥뜨리기 쉽다. 이런 중간의 입장이 불가능하다면 에큐메니즘은 허울에 불과하며, 내가 믿기로 이 신앙도 마찬가지다."[15]

심지어 무신론자의 옛 거장인 버트런드 러셀^{Bertrand Russell}도 전통적 변증학의 붕괴를 보며 거짓 눈물을 흘렸다.

우리 시대에 옛날의 훌륭한 지성적 전통을 고수하는 사람은 근본주의자들과 소수의 더 학식 있는 가톨릭 신학자들뿐이다. 다른 모든 종교적 변증가들은 논리의 날을 무디게 하고 머리보다 가슴에 호소하느라 여념이 없다. 그들은 우리의 이성으로 도달한 결론이 허위이며 감정으로 그것을 입증할 수 있다고 주장한다.[16]

러셀이 그렇게 말한 이후로 상황이 몰라보게 달라졌다. 지난 세대에 철학과 과학과 역사학과 사회학과 신학 분야에 저명하고 탁월한 그리스도인 지도자들이 많이 배출되었다. 그들의 저서와 논증을 통해 신흥 무신론자들의 주장은 얄팍하고 조잡하고 비합리적인 것으로 드러나고 있다.[17] 그러나 이 모든 진전에도 불구하고 아직 서구의 학계 전반에서 이런 사조의 결실을 거두지는 못하고 있다. 오래전부터 마구간의 문을 열어 두어 말이 이미 도망가 버렸다. 게다가 역사적 기독교 신앙에 대한 이런 탁월하고 명료한 표명이 너무 늦게 나오는 바람에, 불충실과 다른 복음을 향해 떼 지어 곤두박질치는 기독교 수정주의자들을 막지 못했다. 그것이 이번 장의 주제이기도 하다.

개신교 자유주의를 출현시킨 주된 촉매제는 두말할 것도 없이 계몽주의였으나, 두 가지 큰 요인이 더 있었다. 하나는 과학과 첨단기술의 급속하고 눈부신 발전으로, 진보의 역사관도 거기에 따라 나왔다. 또 하나는 세계화의 영향인데, 특히 "이제 모든 사람이 모든 곳에 있는" 세상이다 보니 다양성이 폭발했다.

계몽주의가 탄생시킨 "나는 더 이상 믿을 수 없다"라는 짤막한 모토는, 이성이 신앙을 이겼다며 과거와 결별하고 그 승리를 환영하려는 모든 이들에게 관대한 알리바이가 되어 주었다. 하지만 첨단기술의 발전과 다양성의 폭발에도 그와 똑같은 결론이 뒤따랐다. 첨단기술을 믿는 사람들은 한순간도 시대에 뒤떨어질 수 없다. 그래서 "나는 더 이상 믿지 않는다"는 말은 시대적 속물들과 첨단기술 숭배자들의 표어가 되었다. 그들은 "최신, 최고, 더 새것, 더 진짜"가 아니면 무엇이든 버렸다. 물론 진리의 문제는 상대주의자들의 안중에도 없었다. 그러니 주변의 "다른 사람들은 모두" 나와 아주 다르게 믿더라도 "나는 더 이상 믿을 수 없는" 것이다.

오웬 바필드$^{Owen\ Barfield}$와 C. S. 루이스는 이런 태도를 "시대적 속물근성"이라 불렀고, G. K. 체스터턴도 그것을 가차 없이 비판했다.

> 현대의 논쟁에 저능한 버릇이 하나 출현했으니, 바로 이러이러한 신경^{信經}을 한 시대에는 믿을 수 있으나 다른 시대에는 믿을 수 없다고 말하는 버릇이다. 또한 특정한 교의를 12세기에는 믿을 수 있었으나 20세기에는 믿을 수 없다는 것이다. 그럼 특정한 철학을 월요일에는 믿을 수 있으나 화요일에는 믿을 수 없다고 말해도 되는가?⋯⋯인간이 믿을 수 있는 게 무엇인지는 자신의 철학에 달려 있는 것이지, 시계나 세기^{世紀}에 달려 있는 게 아니다.[18]

시대적 속물근성이라는 오류가 오늘날 팽배할 대로 팽배하여 기독교 신앙에 큰 걸림돌이 되고 있다. 이런 속물들은 과학과 첨단기술의 발전이 인류의 진보에 대한 최고의 모델이라는 생각에 눈이 멀어 신앙을 무조건 퇴보로 간주하기 때문이다. 그런 세속 진보주의자들의 귀에는 "돌이키라"는 부름이 전부 복고로 들릴 수밖에 없다. 하지만 가장 위대한 선지자들도 복고적이라는 이유로 늘 동시대 사람들에게 무시당했다. 교회는 항상 먼저 후퇴해야 가장 잘 전진한다. 이 원리를 아는 사람들에게는 "돌이키라"는 선지자의 부름이야말로 진정한 진보로 나아가는 첫걸음이다. 이 진보는 과학이나 첨단기술보다 훨씬 차원이 깊다. 제일 먼저 기록된 예수의 말씀은 하나님 나라의 도래를 공포하신 것인데, 거기서 핵심은 "회개하라"였다. 그러므로 "회개하고 돌이키는" 일은 전혀 복고가 아니다. 그것은 바른 길로 돌아오라는 부름이며, 대상은 자신이 엉뚱한 길로 가고 있다는 사실을 직시해야 할 사람들이다. 따라서 바른 길로 가려면 절대적으로 이 요건에 따라야 한다.

말할 것도 없이 수정주의자와 이단들은 태어나는 게 아니라 만들어진다. 내가 알고 경험한 몇몇 대표적 인물들로 미루어 볼 때, 많은 사람들은 주변의 문화적 풍토 전반을 십분 인식하고 있으나, 그러면서도 그리스도인이나 교회에 대한 과거의 나쁜 경험에 의식적으로 반응한다. 그런 경험은 그들이 끝내 넘어서지 못한 아물지 않은 상처와도 같다. 예를 들면 가정 폭력, 편협한 교회, 위선적인 기독교 지도자, 대학의 사고하지 않는 기독교 단체 등이다. 이전에 내가 옥스퍼드에 있을 때 유수한 자유주의 신학자들 중 두 사람이 공개적으로 그렇게 말하며 자신의 과거를 현재에 대한 알리바이로 내세웠다. 그런 상처의 경험은 지극히 사적인 것인 만큼 개별적으로 깊이 다루어져야 한다. 일단 그러고 나면, 수정주의자의 사고가 흔히 통과하는 과정을 우리가 역으로 추적할 수 있다. 수정주의자들은 과거에 대한 반응으로 불충실하게 진리와 정통을 거부하는 쪽으로 간다.

처음부터 작정하고 타협하는 사람은 없다. 불충실은 최종 결과물이지 목표가 아니다. 과거의 고통스러운 경험을 상쇄해 줄 의식적이고 긍정적인 목표가 있다면, 대개 그것은 나와 관련된 것을 찾으려는 모습으로 나타난다. 나쁜 경험이 무엇이었든 간에, 그것이 워낙 끔찍하게 느껴지다 보니 교회와 정통은 나와 무관해 보인다. 그러니 더 좋은 길이 있어야만 한다. 모든 그리스도인은 세상 "안에" 있되 세상에 "속하지 않도록" 부름받았다. 그런데 보수주의자들은 후자를 강조하는 경향이 있고, 자유주의자들은 대체로 전자를 강조한다. 바람직한 목표는 세상 안에 있으면서 세상과의 관련성을 잃지 않는 것이다. 고통스러운 경험 때문에 기존의 믿음을 고수하기 힘들 때일수록 특히 더하다. "속하지 않는다"는 균형을 잃으면 서서히 수정주의 쪽으로 미끄러져, 결국 세상의 사조 "안에" 있을 뿐 아니라 거기에 "속한" 수정주의자가 되고 만다.

1단계: 가정 그렇게 미끄러지기 시작하는 첫 단계가 중요하다. 다음과 같은 생각이 든다면 이 단계에 들어선 것이다. 즉 현대의 삶이나 사조의 어떤 일면이 우리가 인정해도 될 만큼 유의미할 뿐 아니라, 진리로 가정해도 될 만큼 현재 그리스도인들이 알거나 행하고 있는 것보다 더 나아 보인다면 말이다. 루돌프 불트만 Rudolf Bultmann 의 유명한 말이 대표적인 예다. 그는 현대인이 전깃불과 라디오를 사용하고 의술로 병을 고치면서 동시에 신약이 말하는 영과 기적의 세계를 믿을 수는 없다고 했다. 불트만과 그의 본을 따르는 사람들은 생각할 겨를도 없이 **서술**에서 **판단**으로 건너뛴다. 서술은 말이 되지만("과학적 세계관은 회의론을 심화시키는 경향이 있다") 판단은 전혀 근거가 없다("과학적 세계관 때문에 신약이 말하는 영과 기적의 세계는 불가능하다").

서술과 판단을 혼동하면 부지중에 새로운 권위가 출현한다. 서술의 정확성이 분명한 마당에 누가 이 판단의 권위에 이의를 달 수 있겠는가? "오늘날 무엇무엇을 믿는 것은 더 이상 불가능하다." 이구동성으로 그렇게 말하는 사상가들이 여론의 풍조를 빚어낸다. 그 속에서 이런 판단을 몇 번만 되풀이해 말해 보라. 머지않아 그것은 재론의 여지가 없는 자명한 말처럼 들릴 것이다. 하지만 이 판단은 어디까지나 새로 생겨난 권위이며 다른 세계관—이 경우 세속주의—의 산물이다. 그런데 아무도 그것을 따져 보거나 평가하지 않는다. 오히려 다른 모든 것이 그것의 평가와 심사를 받는다. 어느새 그것은 사상계의 척도가 되어 더 이상 이 가정에 대한 비판은 허용되지 않는다.

발전된 현대 세계에서는 이 1단계가 더욱 당연해진다. 우리 현대인이 숫자와 계산에 광적으로 집착하기 때문이다. 이런 풍조에서는 여론이 왕이고 최종 결정권이 통계 자료에 있다. 진리와 거짓, 옳고 그름, 지혜와 미련함 같은 요인은 통계 수치와 여론조사와 원그래프에 자리를 내주어야 한다. 이슈가 무엇이고 그 심각성이 어떠하든 간에―대마초의 사용처럼 비교적 덜 중요한 문제도 있지만, 결혼의 형태와 역할처럼 근본적인 문제도 있다―정상화("이제 분명히 과반수가 믿는다")를 거쳐 합법화로 가는 게 이미 하나의 흐름이 되었다. 도덕이나 전통은 겨우 인정될까 말까 하는 정도다. 이렇게 되면 교회의 일부 진영은 재빨리 그 뒤를 따를 게 불을 보듯 뻔하다. 사실 이미 똑같은 반응이 늘 반복된 터라 그들 진영의 습성을 예측할 수 있다. 그동안 어떤 권위에 따라 움직였는지를 보면, 누구라도 그들의 표결 결과를 내다볼 수 있다. 그들이 여론에 끌려가리라는 것을 그들의 입장 발표가 있기 전부터 예견해도 무방하다.

2단계: 유기   다음 단계는 첫 단계의 논리적 귀결이다. 1단계에서 취한 새로운 가정에 들어맞지 않는 것은 무엇이든 고의로 잘라 내거나 서서히 방치 상태로 유기한다. 이것은 단지 전술을 바꾸는 문제가 아니라 진리 자체를 바꾸는 일이다. 전술을 바꾸는 일이라면 성 바울이 대가였다. 회당에서 전할 때는 율법을 활용한 반면, 아레오바고에서는 크레타의 시인 에피메니데스의 시를 인용하여 우리가 하나님을 힘입어 "살며 기동하며 존재하느니라"고 말했다.^{행 17:28} 그러나 그가 진리를 바꾼 적은 없다. 자신과 청중의 격차를 거의 소실점의 수준에까지 줄인 것은, 오직 자신의 메시지의 독특성을 강조하기 위해서였다. 그러려면 일단 듣는 사람들에게 그의 말뜻이 전달되어야 했다.

하지만 수정주의자들은 비위에 거슬리는 가정을 영구적으로 제거하거나 뜯어고친다. 처음에는 전술의 문제였을 수 있으나, 그것은 금세 진리의 문제로 비약한다. 그들은 무언가 현대적 개념을 진리와 정답으로 가정한다. 그러면 거기에 들어맞지 않는 전통은 다 버려야 한다. 기존의 관점은 이제 철학적으로 불가능하거나 유행이 아니거나 정치적으로 공정하지 못하며 따라서 사라져야 한다. 그 결과 수정주의자들도 프로크루스테스처럼 행동하여 성경의 계시를 현대라는 침대의 모양과 크기에 맞추어 잡아 늘이거나 잘라 낸다.

1960년대의 "사신"^{死神} 운동과 광범위한 "세속 신학"이 또 하나의 대표적 사례다. 그 이전의 이백 년에 이어 당시에도 "세속화 이론"(세상은 근대화될수록 종교성을 잃는다는 이론)이 널리 용인되었다. 그 후로는 무너졌지만, 한참 영향력을 떨칠 때에는 그 이론의 배후 가정들 때문에 초월은 애물단지가 되고 내재만 온통 중시되었다. 그래서 존 로빈슨^John Robinson 주교는 1963년 자신의 베스트셀러『신에게 솔직히』^Honest to God에서, 세속화야말로 확고부동한 것이므로 이제 낡은 이미지와 관행은 버리고 갈아치워야 한다고 주장했다. 그리하여 기존의 모든 개념은 희화화되어, 규정된 수의壽衣 차림으로 매장되었다. 예컨대 우리는 하나님이 "하늘의 할아버지"가 아니라 "존재의 근원"이라는 말을 귀가 따갑게 들었다. 또한 기도는 더 이상 "천상의 쇼핑 목록"이 아니라 "명상"의 문제가 되었다.

각 세대마다 버려야 할 "허수아비 오류"가 있고 교회의 생존 가망성을 위해서라도 반드시 수용해야 할 변화가 있다. 오늘날 희화화되는 것은 아마 진리와 교리에 대한 태도일 것이다. 진리와 믿음은 한때 용기와 소신의 문제로 통했으나, 지금 새로 믿는 그리스도인들은 그것이 "교만하고 배타적이고 판단을 일삼고 관용하지 않으며 증오에 찬" 것이라는 말을 듣는다. 하지만 어느 세대의 어느 주장이든 수정주의 운동은 동일하다. 현대적 개념이 가정되고 전통적 개념이 유기된다.

3단계: 각색

2단계가 1단계의 귀결이듯이, 3단계도 2단계의 논리적 귀결이다. 새것이 가정되고 옛것이 유기되면, 나머지는 모두 각색

된다. 다시 말해, 그나마 남아 있는 전통적 믿음과 관행은 새로운 가정과 그 배후에 깔린 무언의 세계관에 편안히 들어맞도록 개조된다. 물론 방향은 새로운 가정이 정한다. 가정된 전제가 세속주의라면, 결과도 세속주의의 방향으로 나온다. 가정이 마르크스주의, 실존주의, 심리 요법, 범신론, 페미니즘, 동성애, 자본주의라면, 결과도 이들 각 철학만큼 특유하고 다르다. 수 세기 전부터 파스칼이 경고했듯이, "모든 것을 이성에 복종시키면 우리의 종교에 신비로운 초자연적 요소는 남지 않는다. 이성의 원리에 거스르는 종교는 터무니없는 부조리가 된다."[19] 요즘의 덜 고상한 표현으로 말하면, "쓰레기가 들어가면 쓰레기가 나온다."

2단계처럼 3단계도 자체적 기준으로는 논리적으로나 신학적으로나 흠잡을 데가 없다. 우선 모든 타문화 간의 소통에는 반드시 각색의 능력이 요구된다. 또한 발전은 늘 움직이시는 우리 하나님이 요구하시는 바다. 하나님은 새로움의 하나님이시다. 다른 신들은 신격화된 우주이며 따라서 이름만 새로울 뿐 "늘 그게 그 타령"이지만, 하나님은 다르시다. 예수께서도 새 술은 새 부대에 담아야 한다고 말씀하셨고, 그동안 그리스도인들이 보여준 발전과 각색의 능력은 타의 추종을 불허한다. 하지만 모든 것은 가정이 무엇이냐에 달려 있다. 즉 각색되어 발전되는 그것이 무엇이냐에 달려 있다. 어떤 그리스도

인이 자기 시대의 어떤 비기독교적 가정을 비판 없이 수용한
다면, 이때의 발전은 거짓된 약속이며 이때의 각색은 본질상
배신이다. 새 술을 새 부대에 담아야 한다는 예수의 말씀은,
엉터리 포도주나 심지어 식초를 이름만 바꾸어 고급 포도주로
속여도 된다는 뜻이 아니다.

4단계: 동화　　　　　　　　수정주의의 네 번째 단계는 앞
의 세 단계를 논리적으로 완성
시킨다. 현대적 개념이 가정되면(1단계), 그 결과 전통적 개념
은 유기되고(2단계) 나머지는 모두 각색된다(3단계). 이제 남은
일은 나머지 기독교적 가정이 현대적 가정에 완전히 흡수되는
것뿐이다. 이 4단계(동화)에서 수정주의는 그 시대 문화의 일
면에 무조건 항복하면서도 여전히 기독교로 자처한다. 하지만
문화에 흡수되고 동화되어 기독교적 특성이 하나도 남아 있지
않다.

　자유주의자보다 **수정주의자**라는 용어가 꼭 맞다. 수정주의
자들이 수정하는 신앙은 본질상 알아볼 수 없을 정도로 달라
진다. 그 결과를 성 바울은 "다른 복음"이라 단죄했고, 포스트
모더니즘에 가장 어울리지 않는 표현으로 거기에 "저주"를 선
고했다.[갈 1:8] 사실 18세기 독일에서 발흥한 이후로 개신교 자유
주의의 역사는 당대의 덧없는 철학적 · 문화적 가정들의 이야

기이기도 했다. 꼬리가 머리를 따라가는 것만큼이나 확실하게 극단적 자유주의 신학도 대체로 시대정신을 따라갔기 때문이다.

일부 자유주의자들은 분개하여 이의를 제기할 수 있다. 하지만 그들은 자유주의 신학자들이 자기네 선배들을 비판한 그 증거만 보면 된다. 그들은 무엇을 비판했던가? 그들의 선배들은 당대의 철학적·문화적 가정들을 비판 없이 신봉하여 신앙을 팔아 버렸다. 유명한 개신교 역사가 아돌프 폰 하르낙Adolf von Harnack은 의심의 여지 없이 자유주의자 중의 자유주의자였는데, 그가 말한 "자유주의 개신교도 예수"는 어떻게 일축되었던가? 한 비판자는 "하르낙이 본 그리스도는 깊은 우물의 바닥에 비친 자유주의 개신교도의 얼굴일 뿐이다"라는 유명한 말을 남겼다.[20] 하르낙의 또 다른 비판자가 말했듯이, 현대 신학은 "역사를 모든 것과 혼합하여 자신의 생각을 찾아낸 뒤에 자신의 그 솜씨를 자랑하면서 끝난다."[21]

수정주의의 역동성을 간략히 말하면 다음과 같다. 오늘날의 철학을 공부하라. 그러면 천둥이 번개를 따라오듯 내일의 새로운 신학이 따라올 것이다. 일찍이 칼 바르트는 "신학자들은 시대를 뒤따라가기에 급급할 때가 너무 많다"고 썼다.[22] 피터 버거는 자유주의 신학이 대개 "기분파 신학들의 연속"으로 보였다고 지적했고, 이보다 더 신랄하게 비판한 사람들도 있다.[23] 역사가 제임스 히치코크James Hitchcock는 다음과 같이 결론 지었다.

이제는 법칙이 되었듯이, 종교적 자유주의자들은 미국 문화의 다양한 측면을 찾아내 신봉한다. 그런데 환멸을 느낀 진정한 세속주의자들은 반대로 종교적 진보 진영이 잊으려 하는 그 실재들을 찾기 시작한다.……본질상 교회는 늘 세상 "뒤에서" 세상을 따라잡으려고 미친 듯이 안간힘을 쓸 것이다.[24]

본격 수정주의는 한때 극단적 개신교 자유주의의 자연스러운 보호 구역이었고, 그 주창자들은 지금도 한참 선두를 유지하고 있다. 그러나 더 이상 그들만 달리는 것은 아니다. "신흥 복음주의"가 출현하여 어느새 나이를 먹을 만큼 먹었다. 이제는 자신들이 신흥이라는 주장을 고수하려면 향수鄕愁나 부정否定을 통해서만 가능하다. 하지만 신흥의 유통 기한이 지나면서 그들은 자기 시대의 젖을 떼고 난 결과를 고스란히 드러내고 있다. 즉 그들은 포스트모더니즘의 영향으로 확신이 없고, 시의성에 악착같이 매달리며, 늘 "틀을 깨는 사고"와 "혁신적인" 모습으로 비쳐지려는 욕심에 불타 있다. 극단적인 경우, 당연히 그 결과는 개신교 자유주의의 재탕인 복음주의적 수정주의다. 특징도 똑같아서 성경과 진리를 가볍게 여기고, 권위에 냉담하고, 전통과 공교회를 낮게 보고, 순진하게 자신들이 더 새롭고 참신한 복음들의 전령으로서 중요한 존재라고 생각하고, 미래를 비판 없이 바라본다.

1960년대의 급진주의자들이 "서른이 넘은 사람을 믿으면 안 된다"고 부르짖자, 토머스 오든[Thomas Oden]은 "삼백 년을 살지 못한 사람을 믿으면 안 된다"고 응수했다. 하나님의 음성[vox dei]에 비하면 시대의 소리[vox temporis]도 민심의 소리[vox populi]만큼이나 믿을 게 못 된다.

사람들이 정말 모든 신흥과 새것과 다음 것은 무조건 현재보다 나을 수밖에 없다고 믿는다면, 못할 게 없는 이 자유방임의 시대에 우리가 그들을 막을 길은 별로 없다. 그러나 이것만은 확실히 지적할 수 있다. 그들은 발전과 퇴보를 판가름할 수 있는 유일한 기준과 권위를 버렸으므로 실패를 자초할 수밖에 없다. 머지않아 그들의 소리도 개신교 자유주의의 먼지 묻은 유물들과 함께 당대의 박물관에 갇힐 것이다. 기독교적 정체를 유지하려면 분명한 기독교적 경계선이 있어야 한다. C. S. 루이스의 지혜로운 말처럼, "신앙이 난감하거나 못마땅해 보일 때마다 자신에게 그 신앙을 개조할 재량이 있다고 생각하는 '자유주의' 기독교는 완전히 정체될 **수밖에 없다**. 그들의 진보는 증거에 **저항하는** 쪽으로만 나타난다."[25] 무엇이든 시대를 따라 움직이면 시대와 함께 죽는다. 시몬느 베이유[Simone

^{Weil}를 비롯하여 많은 사람들이 의문의 여지 없이 정립했듯이, 영원과 맞닿아 있는 사람만이 영원한 시의성을—충실성과 함께—기대할 수 있다.

입 맞추는 유다들   물론 수정주의의 길로 극한까지 가는 사람은 소수에 그친다. 그러나 수정주의자들은 더 멀리 극단으로 치달을수록 예수께 더 불충하고 기독교 신앙에 더 해를 끼친다. 니니언 스마트는 성공회가 문제를 오늘날의 상태로 악화시키기 오래전부터 성공회에 닥칠 피해를 개탄했다. 대학의 한 동료가 스마트에게 이렇게 말한 적이 있다. "내 아내는 무신론자인데 성공회 교인도 되고 싶답니다. 아내가 읽을 만한 책이 있을까요?"

스마트는 "교수님, 그 일이라면 방법을 알려 줄 책이 많지요"라고 답한 뒤 서글프게 이렇게 덧붙였다. "하지만 유신론자가 되는 법에 대한 책은 찾기가 어렵습니다."[26] 옥스퍼드의 철학자 베질 미첼^{Basil Mitchell}도 같은 맥락에서 이런 말을 자주 했다. "현대 신학의 문제는 믿지 **않을** 게 하나도 남아 있지 않다는 것이다." 사실 이제는 기독교 수정주의가 안고 있는 신앙의 위기가 정확히 무엇인지 생각하기 힘들다. 수정주의 신앙은 완전히 권위를 잃어 세상의 무엇과도 양립할 수 있게 되었고, 따라서 아무런 의미도 없다.

극단적인 경우, 수정주의 그리스도인들은 풍랑 속에 침몰하면서도 여전히 자신들의 선한 의도를 내세운다. 자신들은 "새로운 세상을 위한 새로운 기독교"를 대변할 뿐이며, "기독교가 변하지 않으면 소멸할 수밖에 없는 이유"를 확실히 안다는 것이다. 하지만 교회는 멀쩡히 살아 있으며, 그들의 신식 신학들에 속는 사람은 거의 없다. 오히려 소멸되는 것은 수정주의의 일시적 상품들이며, 그들의 용감한 새 복음들은 자기네 진영 밖에서는 거의 팔리지 않는다. 그들이 말하는 내용은 회의론자들이 이미 믿고 있는 것들뿐이기 때문이다. 한 비판자가 신랄하게 비평했듯이, "이쯤 되면 그들이 믿는 것이나 옆집의 신앙 없는 사람이 믿는 것이나 다를 바가 없어진다."[27] 오스카 와일드는 유행을 쫓아가는 한 성직자에게 이렇게 빈정거렸다. "나는 당신을 따라갈 뿐 아니라 당신보다 **앞서갑니다.**"

무엇보다 부검을 해보면 늘 동일한 부류의 영적·신학적 암덩이가 드러난다. 수정주의는 **권위**를 치명적으로 상실하고(운전석을 시대정신에 내주었다), **연속성**을 안타깝게 상실하며(동서고금의 전체 교회의 전통으로부터 스스로 떨어져 나간다), **신빙성**을 심각하게 상실하고(비신자들은 수정주의가 믿는 것을 믿다가 이미 다른 것으로 옮겨 갔다), 끝으로 **정체성**을 완전히 상실한다(자기네 후계자들조차도 수정주의 신앙을 더 이상 기독교로 알아볼 수 없다).

요컨대 수정주의자들이 반복적 배교를 통해 짓는 죄는 선지

자 호세아와 이사야와 키프리아누스가 각각 규탄한 "음란한
마음", "음란을 행함", "매춘" 행위에 해당한다. 그중 가장 철
면피인 사람들은 새로운 사상이 지나갈 때마다 무조건 호객에
힘쓰는 거리의 창녀들이다. 하지만 가장 저주스러운 용어를
써서 그런 수정주의자들을 "입 맞추는 유다들"이라 부른 사람
은 키에르케고르였다. 월터 카우프만Walter Kaufmann은 그 표현을
보충하여 이렇게 덧붙였다. "물론 현 시대에 그리스도를 배신
하는 방식은 문자적 입 맞춤이 아니다. 지금은 해석으로 그분
을 배신한다."[28]

그러므로 그리스도인 변증자들은 교회 바깥의 사람들뿐 아
니라 내부의 사람들에게도 기꺼이 관심을 기울여야 한다. 성
바울이 고대의 영지주의에 대항했고 성 아타나시우스가 아리
우스주의와 당대의 세상에 당당히 맞섰듯이, 그들도 현대의
수정주의에 대항해야 한다. 오늘날의 전도자와 변증자들은 대
가를 계산하고 다시 자기 십자가를 지고 참으로 **세상에 맞설**
각오가 되어 있는가? 조롱과 수모와 어쩌면 투옥과 죽음까지
도 감수할 수 있는가? 결코 오해해서는 안 될 사실이 있다. 오
늘날 서구 교회가 직면해 있는 최대의 위기는 권위의 위기이
며, 그 원인은 교회가 성혁명의 여러 압력과 특히 LGBTQ(레
즈비언, 게이, 양성애자, 성전환자, 퀴어) 동맹의 불량한 의제에 무
조건 항복한 데 있다. 이럴 때 전도자와 변증자들은 복음을 전

할 기회를 잃을 것이 두려워 침묵해서는 안 된다. 루터가 그 시대에 명백히 말했듯이, 누구든지 자기 시대의 전투지를 놓아두고 다른 지점에서 싸운다면 싸움에 질 수밖에 없다. 마르틴 니묄러Martin Niemoller 목사는 자신이 나치즘에 저항하지 못한 것을 후회했는데, 그의 유명한 말은 오늘날의 전도자와 변증자들에게도 똑같은 경종을 울려 준다. "그들이 권위의 문제를 제기했는데, 나는 전도자이자 변증자이지 신학자가 아니라서 저항하지 않았다."

물론 교회의 공공연한 적들을 상대하는 것보다 내부의 일이 변증자들에게 훨씬 더 어렵고 생색도 나지 않는다. 충실성뿐 아니라 대가를 치를 용기가 요구된다. 외부의 공격은 대개 그리스도인들의 반응을 더 굳혀 주는 반면, 내부의 수정주의는 많은 혼란과 배신을 통해 신자들의 진을 빼 놓는다. 의로운 척한다는 비난도 감수해야 하므로 전반적으로 낙심될 수 있다. 그나저나 우리가 누구라고 우리는 옳고 남은 틀렸다는 식으로 말한단 말인가? 우리에게는 복음이 있고 그들에게는 없다고 주장한단 말인가?

하지만 늘 그렇듯이 우리는 여기에 무엇이 걸려 있는지를 기억해야 하다. 우리보다 앞서 싸웠던 사람들의 용기도 잊어서는 안 된다. 성 바울은 다른 복음을 주창하는 사람들에게 단도직입적으로 "저주"를 발했다. C. S. 루이스도 학문적 공정성의 모든 원칙을 접어둔 채, 모더니스트 신학자를 "이름만 빼고 모든 면에서 신앙이 없는 사람"이라 표현했다.[29] 피터 버거는 수정주의의 과정을 자멸의 길이자 **터무니없는 극단**이라 칭했다. 즉 "기독교 공동체를 자체적으로 와해시키는 지름길"이자[30] "괴상하게 표출되는 지적인 착란이나 제도적 자살"로서, "부조리극의 각본"에서 비롯된다고 했다.[31] 알라스데어 맥킨타이어[Alasdair MacIntyre]도 그런 수정주의를 똑같이 신랄하게 비판했다. "세속 세상이 아주 오래전부터 수정주의에 알린 내용을 이제 수정주의가 세속 세상에 알리고 있다."[32]

요컨대 오늘날의 극단적 수정주의는 다름 아닌 변증을 막는 독소이며, 따라서 확고한 반응이 요구된다. 하지만 우리는 단지 우리 자신이나 기독교 정통이나 교회 자체나 심지어 기독교 신앙을 변호하는 게 아니라, 우리가 신뢰하고 사랑하는 그분의 명예와 이름을 옹호하는 것이다. 수정주의자들이 배신하는 것은 예수와 하나님 아버지이며, 그렇다면 그리스도인 변증자들은 당장 할 일이 있다. 하나님의 이름이 모욕을 당하는 한, 변호가 결코 중지되어서는 안 된다.

12. 여정의 길잡이

몇 년 전에 나는 뇌종양이 의심되어 워싱턴 DC 지역의 한 병원을 찾아갔다(다행히 아무 이상이 없는 것으로 나왔다). 컴퓨터 단층촬영으로 뇌사진을 찍으려고 기다리고 있는데, 간호사가 기운차게 병실 안으로 들어와 물었다. "실례지만, 혹시 폐소공포증이 있나요?"

"아니요." 내가 대답했다.

"잘됐네요. 이 촬영기 안에 들어가지 못하는 분들도 있거든요. 저희는 이것을 '관棺 기계'라고 부른답니다." 그녀가 말했다.

"예, 고맙습니다." 그때는 가볍게 대답했으나, 5분이 지나자 그녀의 말이 머릿속에서 떠나질 않았다. 두 번의 방문에 걸쳐 진행된 뇌검사는 뜻밖에도 내 삶을 돌아보는 시간이 되었다. 마치 어둠 속에서 관 안에 누워 있는 것 같았다. 물에 빠진 사람의 눈앞에 그간의 삶이 휙 지나가듯이, 내 인생 전체가 뇌리 속에 주마등처럼 스쳐갔다. 두 번째 날까지 다 끝났을 때, 나는 인생 여정에 대한 경이감을 주체할 수 없었다. 나 자신의 인생 여정만이 아니라, 그동안 내가 이야기를 직접 들었거나 책에서 읽었던 다른 많은 사람들의 여정까지도 황홀해 보였다.

지구별에 살다 가는 우리의 짤막한 인생을 여정으로 보는 개념은 거의 인류 보편에 가깝다. 거기에는 우리가 살아가는 이 세상과 시간을 최대한 잘 활용해야 한다는 의미가 담겨 있다. 단테의 유명한 형이상학적 모험담인 『신곡』$^{Divine\ Comedy}$은 이렇게 시작된다. "인생 여정의 중간쯤에서 나는 어두운 숲속에 들어와 있었다." 히브리 성경의 「출애굽기」, 호메로스의 『오디세이아』,^{Odyssey} 베르길리우스의 『아이네이드』,^{Aeneid} 제프리 초서의 『캔터베리 이야기』,$^{Canterbury\ Tales}$ 미구엘 드 세르반테스의 『돈키호테』,$^{Don\ Quixote}$ 존 번니언의 『천로역정』,$^{Pilgrim's\ Progress}$ 마크 트웨인의 『허클베리 핀의 모험』,$^{Huckleberry\ Finn}$ 조셉 콘래드의 『암흑의 핵심』,$^{Heart\ of\ Darkness}$ 헤르만 헤세의 『싯다르타』,^{Siddhartha} 잭 케루악의 『길 위에서』$^{On\ the\ Road}$ 등 이 주제는 끝없이 되풀이된다. 그나마 이것은 서구의 예에 지나지 않는다. 인생은 여정, 항해, 원정, 순례, 모험의 여행이다. 우리는 모두 시작과 끝 사이의 어디쯤에서 미답의 지점을 지나는 중이다.

여행의 은유에는 인생 여정 전체 안에서 벌어지는 우리 인간의 이런저런 추구도 포함되는데, 그것을 가장 잘 보여주는 여정은 인생 자체의 의미를 찾는 추구다. 소크라테스는 아테네의 민주주의자들의 손에 처형당하기 직전 "성찰하지 않는 삶은 살아갈 가치가 없다"는 명언을 남겼다.[1] 이 말은 성경을 제외한 고전에서 가장 많이 인용되는 대목 중 하나이지만, 실제로 사람들이 그렇게 사는 경우는 그 인용 횟수만큼 많지 않다. 소크라테스의 말이 옳다면, 고등교육을 받은 사람들까지 포함하여 많은 사람들이 살아갈 가치가 없는 삶을 영위하고 있다는 뜻이 된다. 그들은 삶의 의미에 대해 직접 충분히 생각해 보거나 그런 데 차분히 관심을 둔 적이 없다. 우주의 본질, 자신의 정체와 목적, 옳고 그름을 분간하는 기준, 인류에 대한 전망, 모든 것을 가장 잘 설명해 줄 세계관 등과 같은 중요한 질문들을 성찰한 적이 없다.

의미는 중요한가? 철학자 로널드 드워킨이 경멸조로 일축한 말이 자주 인용된다. "한때는 철학자들이 이른바 '인생의 의미'에 대해 사색했다"(이제 그것은 신비주의자와 코미디언들의 일이 되었다).[2] 그러나 물론 그것은 너무 냉소적인 태도다. 칼 구스타프 융은 "인간은 의미 없는 삶을 견딜 수 없다"고 역설했다.[3] 인류학자 클리퍼드 기어츠^{Clifford Geertz}도 "경험의 의미를 도출하여 형태와 질서를 부여하려는 욕구는 분명히 생물학적 욕구만큼이나 생생하고 절실하다"고 말했다.[4] 하지만 의미가 그렇게 중요하다면, 사람들이 의미를 추구하는 일에 지독히도 무관심한 현실을 어떻게 설명해야 할까? 한편으로 어떤 사람들은 그것을 파스칼이 말한 **일탈**^{diversion}의 개념으로 설명했다. 앞서 살펴보았듯이, 우리는 궁극적 실재인 죽음과 자신의 죽을 운명을 직시할 수 없어 쉴 새 없이 즐거운 오락—"대량 오락의 무기"—속에 파묻힌다. 다른 한편으로, 어떤 사람들은 그것을 **협상**^{bargaining}의 개념으로 설명했다. 우리는 "나중에, 나중에"를 연발하며 삶에 대한 중요한 결정들을 뒤로 미룬다. 나중에 처리하겠다는 것이다. 그러면서 늘 더 많은 경험과 지식과 권력부터 먼저 얻으려 하지만, 결국은 더 이상 미룰 수 없는 날이 온다. 마귀와 협상하려는 사람들도 시간을 더 얻어 낼 수는 없다.

하나의 길, 많은 길들　　그러나 다행히 성찰하는 삶을 영위하기 원하는 사람들도 있다. 변증자로서 우리의 목표는 그런 사람들이 더 많아지게 하는 것이다. 삶의 성찰과 의미의 추구가 그들을 곧장 예수께로 이끌어 주기를 기도하면서 말이다. 그렇다면 우리는 성찰하는 삶을 영위하려는 사람들, 관심을 품고 사고하는 사람들을 위해 어떻게 여정을 계획할 것인가? 또한 그 여정이 변증자인 우리에게는 어떤 의미가 있는가? 우리는 인간이 찾으려는 의미의 답이 결국 예수와 그분의 길을 따르는 것에만 있음도 알고, 그렇지만 구도자들의 마음을 딴 데로 잡아끄는 다른 길들이 많이 있음도 안다. 답을 찾는 중인 사람들을 상대하며 기도할 때 우리가 예상할 수 있는 과정은 무엇인가? 믿을 만한 캐디가 프로 골퍼와 함께 골프 대회장을 걷는 것은 모든 그린과 모래 구덩이와 나무숲의 위치를 알려 주기 위함이고, 그랑프리 국제대회에 출전하는 자동차 경주 선수가 주로를 도는 것은 모든 직선 코스와 코너와 감속용장애물의 도전을 알아내기 위함이다. 마찬가지로 우리 변증자들도 신앙을 향한 여정을 숙고하되, 그것의 원리와 도중의 함정뿐 아니라 진행 과정도 알아야 한다. 천로역정은 제자들뿐 아니라 구도자들에게도 적용되며, 우리의 본분은 신앙에 이르는 여정의 노련한 길잡이가 되는 것이다.

내가 이 추구의 네 단계를 개괄하려는 취지는 간단하다. 즉 우리 각자가 자신이 만나는 사람들에게 믿을 만한 길잡이가 되는 것이다. 사람들이 통과 중인 추구의 단계는 각자 다를 수 있다. 하나님을 신뢰하게 되려면 먼저 한 그리스도인을 신뢰하는 게 중요한 전주곡일 때가 많다. 기독교 신앙은 선택과 회심, 회심과 선택이 떼려야 뗄 수 없이 맞물려 있다. 반드시 택함을 받아야 하지만, 또한 자신이 회심해야 한다. 그래서 이신앙을 남에게 가장 잘 전할 수 있는 사람은 자기부터 그 신앙대로 믿고 살아가는 사람이다.

이제부터 구도자의 여정을 보는 관점을 살펴보려 한다. 이관점은 성경의 기록, 역사 속의 많은 개인적 여정들의 증언, 현대의 많은 최고의 통찰들—지식을 얻는 방식, 생각을 바꾸는 방식, 삶 속에서 성장하는 방식—에 기초한 것이다. 그런점에서 사고하는 사람이 신앙을 향해 가는 여정은 네 가지 주요 단계로 진행된다고 볼 수 있다. 이전의 내 책 『인생』*Long Journey Home*에 이 여정을 기술할 때는 관심 있는 구도자들에게 지침을 제공하는 게 목적이었다.[5] 여기서는 여정의 네 단계를 똑같이 요약하되, 각 단계별로 우리 변증자들에게 어떤 의미가 있는지를 강조하려 한다. 신앙을 향한 여정을 계획하는 일은 구도자들에게뿐 아니라 길잡이인 변증자들에게도 중요하다.

분명히 말하지만, 여기에 개괄하는 여정의 노선은 새로운네 단계의 변증 방법이 아니다. 책이 거의 끝나가는 이 시점에도 나는 확실한 기계적 기술*technique*에는 관심이 없다. 또한 이것은 플라톤 학파처럼 지성(과 영혼)이 자력으로 하나님을 향해 올라갈 수 있는 네 칸짜리 상승의 사다리도 아니고, 계몽주의 방식의 추론을 통해 얻어지는 자연 신학도 아니다. 자력으로 하나님을 찾고 자력으로 그분을 만족시키려는 우리의 모든 노력에 대해서라면, 하나님께서 가차 없이 안 된다고 영원히 선언하신다. 기독교 신앙은 인류 앞에 늘 계시로 존재하며, 따라서 믿거나 믿지 않을 말씀으로 우리에게 다가온다. 이 신앙은 우리가 무에서부터 추론해 내는 게 아니다. 옛날에 오리게네스가 켈수스에게 답할 때 명시했듯이, 복음은 자연 종교가 아니다. 복음이란 인간 쪽에서 올라가는 게 아니라 하나님이 내려오시는 것이다.

이 지도가 사고하는 사람들의 여정을 대체로 정확히 담아낸 것이라면, 그 내용을 알아야 다음 사실을 보다 잘 확인할 수 있다. 사람들은 현재 여정의 어느 지점에까지 와 있는가? 어떻게 하면 그들을 가장 잘 격려하여 목적지로 향하게 할 수 있는가? 분명히 말하지만, 이것은 모든 사람이 따라야 할 지도는 아니다. 이것은 사고하는 사람의 여정을 기술한 것이며, 그렇다면 신앙에 이르는 길이 오직 하나가 아니라는 뜻이다. 하나님께 가는 길은 오직 예수뿐이지만, 예수께 이르는 길은 그분께 나아오는 사람들만큼이나 많다. 예수를 믿게 되는 무리 중 대다수는 사고하는 사람이 아닐 수도 있으며, 사고하는 사람들이라 해서 모두 이 길로 가는 것도 아니다. 언젠가 나는 경영의 대가로 유명한 피터 드러커[Peter Drucker]와 함께 강단에 선 적이 있다. 한 질문자가 그에게 어떻게 그리스도인이 되었느냐고 묻자, 그는 자신이 회심한 계기를 한마디로 멋있게 압축하여 말했다. "그게 최고로 수지맞는 일이었거든요!"

기독교 변증은 웬만큼 거리를 두고 이루어지는 정적인 논증일 때가 많지만, 추구라는 여정의 강조점은 구도자의 움직임에 있다. 구도자를 초대하고 도전하여 일단 움직이게 하는 데 모든 것이 달려 있다. 영국의 화가 프랜시스 베이컨은 "다른 사람들에 비해 예술가들은 자신의 어린 시절에 훨씬 가까이 머문다"고 말했다.⁶ 하지만 사실은 모든 사람이 그렇다. 예술가들이 그것을 더 인식하고 있을 뿐이다. 그래서 "당신의 이야기를 들려주십시오"라는 다정한 질문이 그토록 깊고 감정적인 반응을 이끌어 낼 때가 많다. 우리는 들어 줌으로써 상대를 사랑하고, 사랑함으로써 상대를 초대한다. 이를 계기로 상대는 자신이 걷고 있는 길을 인식할 수 있고, 자신이 어떤 사람이며 인생 여정의 어디쯤에 와 있는지 보여줄 수 있다.

물론 여정과 움직임을 강조하는 데는 위험도 있다. 사고하는 사람의 여정을 이렇게 천천히 상술하면, 자칫 그것이 힘들고 고리타분하며 아주 확연히 식별되는 것처럼 보일 수 있다. 그러나 실생활에서 시작부터 끝까지 한결같은 속도로 천천히 체계적으로 사고하는 사람은 거의 없다. 때로 우리의 사고는 느리고 꾸준할 수 있다. 때로는 영영 수렁에 빠진 것처럼 느껴질 수도 있다. 그러나 또한 질주와 직관적 도약을 통해 눈 깜짝할 순간에 통찰과 결론에 도달할 수도 있다.

C. S. 루이스는 자신이 기독교의 유신론을 대체로 믿게 된 시점은 정확히 알았지만, 그 유신론에서 더 나아가 예수를 직접 자신의 주님과 하나님으로 믿게 된 순간은 몰랐다. 그는 그일이 런던의 웝스네이드 동물원에 가던 도중에 어디선가 일어났다고 기술했다. "우리가 떠날 때만 해도 나는 예수 그리스도가 하나님의 아들이라고 믿지 않았는데, 동물원에 도착했을 때는 믿었다."[7] 초고속 엘리베이터는 100층까지 너무 빨리 올라가 100층이 2층이나 3층처럼 느껴질 수 있다. 마찬가지로 구도자의 사고도 추구의 어떤 단계에서는 그렇게 빨리 움직여, 단계별 구분이 중요하지 않거나 아예 없어 보일 수 있다. 그러나 건물은 차례대로 한 층씩 차곡차곡 지어지는 법이다. 우리 변증자들도 전체 여정을 자신이 상대할 구도자들보다 더 잘 알고 있어야 한다. 그래야 그들의 현 위치가 어디이든 잘 도와줄 수 있다. 상대가 거북이든 토끼든 관계없이 말이다.

질문의 단계　　　　　　사고하는 사람의 여정에서 첫 단계가 시작되는 시점은 기존에 느끼던 삶의 의미가 의문시되어 그 사람이 구도자가 될 때다. 즉 삶의 의미라는 문제에 대해 더 나은 답을 찾아 나설 때다. 인간은 누구나 의미와 소속감을 느끼며 살아가려는 욕구가 있다. 인생의 뜻을 이해하고 세상에서 안정을 얻으려는 것이다. 헝가리의 전설적 사진작가이자 보도사진의 아버지인 안드레 케르테스^{André Kertész}는 자신의 이민자 신분을 뼈저리게 느끼며 프랑스 파리를 자신의 "가장 친한 여자친구"라 부르곤 했다. 한번은 그의 형제 중 하나가 그에게 이렇게 말했다. "외로움은 너한테 좋지 않아. 너는 어딘가에 **속해** 있어야 해."[8]

이런 의미와 소속감을 신앙, 인생철학, 세계관과 인생관, 종교 등으로 불러도 좋다. 많은 사람들은 그것을 별 생각 없이 문화와 전통으로부터 받는다. 말하자면 모유와 함께 받는 셈이다. 반면에 길고 괴로운 추구를 통해 직접 심사숙고하는 사람들도 있다. 때로 일대 격변의 회심이 수반되기도 한다. 이런 의미를 플라톤은 "인생의 바다를 항해하는 뗏목"이라 불렀고, 올더스 헉슬리는 "넓은 세상의 폭풍을 피하는 동굴"이라 불렀다. 방식은 아주 달랐지만 물론 부처와 예수도 둘 다 추종자들을 불러 자신의 생활방식대로 살게 했다.

그러나 호칭과 과정이야 어찌 되었든 간에, 우리에게 중요한 것은 각자가 삶의 의미라고 믿는 그것의 충족성과 진실성이다. 우리의 정체감과 목적과 윤리와 공동체가 거기서 나오기 때문이다. 또한 불빛이 환하던 집의 정전처럼 의미를 붕괴시키는 모든 요인이 그토록 중요한 이유도 그래서다. 삶을 물음표로 바꾸어 놓는 붕괴의 경험은 지적인 것일 수도 있고, 정서적인 것일 수도 있고, 실제적인 것일 수도 있다. 그것은 병과 죽음처럼 삶의 풍랑과 스트레스에서 올 수도 있다. 중년의 위기와 은퇴처럼 인생의 계절을 통과하느라 생겨날 수도 있다. 소련이 붕괴한 이후 마르크스주의의 위기처럼, 거대한 역사적 위기가 원인일 수도 있다. 또는 앞서 보았듯이, 그것은 "삶에 뚫린 구멍"이나 "초월의 신호"를 통해 촉발될 수도 있다.

그렇다면 이 첫 단계가 변증자들에게는 어떤 의미가 있는가? 첫째, 우리는 이 단계를 반갑게 환영해야 한다. 거기서 진정한 구도자가 생겨나고, 진정한 추구가 시작되기 때문이다. 원인이 무엇이든 기존 의미의 붕괴는 새로운 의미를 열어 줄 잠재적 돌파구다. 그러므로 새로운 구도자는 대부분의 사람들보다 한참 앞서 있다. 서글픈 사실이지만, 대부분의 사람들은 삶의 어느 순간에도 이 단계에 이르러 본 적조차 없기 때문이다. 그들은 성찰하지 않는 삶을 영위하고 있으며, 현재 믿고 있는 것에 만족한다. 따라서 복음에 무관심하거나 적대적이다. 그들은 무엇이든 자신이 믿는 그것을 믿으며 그것으로 끝이다. 진리와 의미로 연결될 수 있는 질문들을 던지지 않는다. 자신이 믿는 내용에 대해서도 한 번도 깊이 생각해 보지 않았을 소지가 높으며, 그래서 탄탄한 근거가 있든 없든 의식 무의식중에 그것이 진리이며 그것으로 충족하다고 믿는다. 이런 사람들은 아직 의미를 찾는 추구에 오르지 않았으며 구도자가 아니다. 그래서 그들에게 말할 때는 우리의 일이 더 힘들어진다. 앞서 보았듯이, 우리 쪽에서 의문을 불러일으키고 설득력있게 논증하여, 그들이 믿는 내용의 충족성과 진실성에 도전을 가해야 한다. 그리하여 결국 그들도 구도자가 되어야 비로소 진정한 추구가 시작될 수 있다.

그러나 삶이 물음표로 변한 사람은 아주 다르다. 그런 사람들은 더 이상 자신이 여태껏 믿었던 내용에 만족하거나 안주하지 않는다. 신발 속의 잔돌이나 안장 밑의 가시 돋친 밤 껍질처럼, 삶이 의문을 불러일으켰다. 답이 필요해서 그들은 구도자가 되었다. 출발에 불과하다 해도, 그들은 적어도 길 위로올라섰다. 그러므로 우리가 할 일은 그들의 추구가 정확히 어디까지 와 있는지 알아내는 것이다. 이야기를 들려달라고 청한 뒤 사랑과 관심으로 경청하면 그들의 마음속 보물이 어디에 있고, 가장 긴급한 질문이 무엇이며, 어느 방향에서 답을찾고 있는지 알 수 있다. 그다음에 그들의 추구에 진전이 있도록 가장 잘 도울 수 있는 방법을 생각할 수 있다.

둘째, **구도자**라는 단어의 현실을 보아야 한다. 오늘날 이 단어는 막연하게 쓰여 우유부단한 사람, 한가로이 검색만 하는사람, 어떤 신념에도 정말 무관심한 사람 등을 가리킬 때가 너무 많다. 요컨대 "계속해서 채널을 돌리는 사람"과 "끊임없이이동하는 쇼핑객"이라는 표현이 더 잘 맞을 사람들을 대개 정중하게 **구도자**라 부른다. 그들은 전혀 진지하지 않다. 그들을 진지하게 만들어 검색자에서 구도자로 전환시키는 것이 우리의 도전이다. 그러려면 그렇게 검색만 하고 있을 때의 결과가 생각보다 심각함을 보여주어야 한다. 그러나 상대가 스스로 1단계에 도달해 있는 경우라면, 그런 일이 필요 없다. 참된 구도자들은 이미 진지하다. 자신의 의미와 소속감이 의문시되어, 그들은 여태껏 믿던 것보다 더 나은 인생의 해답을 절실하게 찾기 시작한다.

셋째, 이 시점에서 흔히 제기되는 프로이트식의 반론을 막아 내는 게 중요하다. 그런 비판자는 이런 식으로 말한다. "그럼 그렇지. 당신의 진행 방식은 정확히 내가 예상했던 대로네요. 위대한 정신분석학자인 프로이트의 말처럼 당신도 질문과 욕구에서 출발하는군요. 하지만 여정 운운하는 모든 그럴듯한 말의 이면에서 당신이 정작 보여주는 것은 사람들이 욕구 때문에 믿게 된다는 점이고, 거기서 신앙의 본색이 드러나죠. 신앙이란 목발이나 투사投射나 소원 성취에 불과해요."

하지만 프로이트와 그의 동지들은 너무 성급히 끼어들었다. 사실 이 단계에서는 아무도 아무것도 믿지 않는다. 질문과 욕구는 신앙을 만들어 내지 않는다. 질문과 욕구 때문에 **믿는** 사람은 아무도 없다. 오히려 질문과 욕구의 결과로 사람들은 믿지 **않게** 된다. 여태껏 믿던 것이 무엇이든 더 이상 그것을 믿지 않는다. 그것이 더 이상 자신들의 질문에 답을 주지 못하기 때문이다. 질문을 계기로 그들은 구도자가 되어 더 나은 답을 찾아 나선다. 금방 답을 발견할 수도 있고, 몇 년이 걸릴 수도 있고, 남들이 보기에 틀린 답을 붙들 수도 있고, 끝내 답을 얻지 못할 수도 있다. 그러나 성공의 여부나 추구의 기간과 무관하게 그들이 결국 무언가를 믿게 되는 것은 더 나중 단계의 일이며, 그것을 믿게 되는 이유도 제각기 다르다.

프로이트식의 반론과는 정반대로, 질문과 욕구가 만들어 내는 것은 믿음이 아니라 불신이다. 훌륭한 언론인이자 텔레비전 명사인 맬컴 머거리지는 케임브리지 대학의 교육, 소련의 정치, 인도의 종교 등 인생의 많은 분야에서 오랫동안 치열하게 답을 추구한 것으로 유명했다. 그러나 그의 여정의 논리와 동력은 이 한마디에 완벽하게 담겨 있다. 머거리지는 자신이 무엇을 믿는지를 알기 오래전부터 무엇을 믿지 않는지를 알았다.[9]

아서 케슬러도 먼저 부정적 경험이 아주 분명히 찾아온 경우였다.

나는 헝가리 만세를 외쳤으나 조국은 패망했다. 카롤리^{Mihaly Karolyi}의 민주공화국에 환호했으나 그것은 붕괴했다. 백일 코뮌에 가담했으나 그것도 일소되었다. 나는 집단 정착촌에 살면서 레모네이

드를 팔아 신문 판매업을 운영했다. 부랑자가 되어 굶어죽다시피
했고 집안도 몰락했다. 도피하여 숱한 밤을 사창가와 매음굴에서
보냈다. 프랑스 정치도 배울 만큼 배웠지만 영영 질색하게 되었
다.[10]

당연히 어린 시절의 친구였던 에바 스트리커는 그를 "우리
모두 중에서 가장 불행했던 사람"이라 표현했고, 어느 기자는
"그러면서도 새로운 신앙에 가장 굶주렸던 사람"이라 덧붙였
다.[11] 불신은 구도자를 만들어 내지만, 사고하는 신자가 되려
면 프로이트의 말과는 반대로 이성이 필요하다. 피터 버거의
말처럼 "처참한 실패만큼 사고가 트이게 하는 것은 없지만",
실패는 사고가 붙들어야 할 더 나은 확신이 무엇이며 왜 그런
지에 대해서는 아무것도 말해 주지 못한다.[12] 이성 없는 신앙
이 목발이요 투사일 수 있다면, 이성 없는 불신도 마찬가지일
수 있다.

앞서 우리는 초월의 신호와 그로 인해 이루어질 수 있는 발
견 사이의 중요한 간극을 보았다. 마찬가지로 여기서도 질문
과 해답의 관계를 명확히 해야 한다. 1단계에서 구도자는 질
문을 인식하고 답을 원하지만, 질문 자체가 답을 정해 주지는
않는다. 요컨대 1단계가 중요한 것은 질문이 추구로 이어지기
때문이다. 하지만 이 단계의 관건은 질문이지 해답이 아니다.

구도자는 인생의 거대한 물음표에 부딪쳤다. 이 질문 때문에 그는 구도자가 되어 더 나은 답을 찾아 나선다.

해답의 단계　　　　　　　　의미의 추구에서 2단계는 자연스럽게 1단계에 따라 나온다. 삶이 의문으로 변하면 누구나 해답을 찾게 마련이다. 많은 사람들에게 이 단계는 워낙 의미 추구의 핵심이 되다 보니, 과도히 부풀려져 추구의 전체처럼 보일 수 있다. 그래서 변증도 때로 좁혀져 이 단계에만 집중될 수 있다. 그렇다 하더라도 분명히 이 단계는 매우 중요하다. 의미의 반대는 무의미와 혼돈과 무질서와 허튼소리이기 때문이다. 그렇다면 2단계는 변증자에게 어떤 의미가 있는가?

첫째, 의미 추구의 2단계는 대개 더 **관념적**이다. 무언가가 이전의 신자를 넘어뜨려 그의 삶이나 사고의 문제점을 드러냈고, 그래서 그는 이제 구도자가 되었다. 그 무언가는 타격이나 상처나 적어도 자극제다. 물론 구도자들은 자신의 의문에 대해 만족스러운 답을 찾기 원한다. 하지만 또한 새로 드러난 자신의 취약점을 보호하려는 마음도 있다. 한번 덴 사람은 두 번째 시도에 온 신경이 집중되는 법이다. 그래서 그들은 먼저 사고만 따로 내보내 정탐하게 한다.

정찰대나 선발대나 준비팀을 파견하듯이, 구도자는 대개 사고를 먼저 보내 답사를 시키고, 확실하고 탄탄한 답이 발견될 때까지 마음을 잘 간수해 둔다. 사고가 할 일은 답이 발견될 만한 지형을 탐사하고 좋은 대안들을 저울질하여, 그중 가장 확실하고 유망해 보이는 답을 마음에 보고하는 것이다. 이 단계가 관념적으로 보이는 이유가 여기에 있다. 변증자로서 이 단계에서 상대를 사랑하고 경청하려면, 당연히 이런 관념에 대한 대화에 그 자체로 충실히 임해야 한다. 관념의 절대적 중요성을 잘 알기 때문이다. 그러나 우리는 관념보다 훨씬 중대한 문제가 걸려 있음도 안다. 우리가 상대하는 것은 구도자의 관념이지만, 그 이면에는 한 인간이 있다. 그가 어떤 선택을 내리느냐에 따라 그의 모든 미래는 물론 영원한 운명까지도 좌우된다.

둘째, 추구의 2단계는 관념적일 뿐 아니라 **결정적**이다. 다른 어떤 단계보다도 이 단계에서 여정의 결과와 최종 답의 견실성 여부가 결정되기 때문이다. 서로 다른 신앙, 인생철학, 세계관, 종교 등은 그 자체로 차이가 난다. 그것이야 제일 흐리멍덩한 상대주의자가 아닌 다음에야 누구에게나 뻔한 사실이다. 그러나 그런 차이가 실로 엄청난 차이를 낳으며, 앞서 강조했듯이 개인뿐 아니라 사회 전체를 바꾸어 놓는다. 세계관과 인생관은 우리가 삶을 보는 렌즈일 뿐만 아니라, 우리가 거주하는 도시와도 같기 때문이다. 우리가 보고 경험하는 내용이 그것을 통해 결정된다. 그래서 어떤 것은 평생 보지 못하고 평생 경험하지 못할 수도 있다.

"나는 해가 뜬 것을 믿듯이 기독교를 믿는다. 해가 보여서만이 아니라 해를 통해 다른 모든 것을 보기 때문이다."[13] C. S. 루이스의 이 말이 널리 인용되는 것은 지당하다. 아마도 그는 『아레오파지티카』*Areopagitica*에 나오는 존 밀턴의 다음 말을 솜씨 좋게 풀어 썼을 것이다. "해를 잘못 쳐다보면 시력을 잃는다.……우리에게 광명이 주어진 것은 계속 그것만 쳐다보라는 뜻이 아니라, 그것을 통해 아직 모르는 것들을 계속 더 알아 가라는 뜻이다."[14] 하지만 이 개념은 성경 자체로 훨씬 더 거슬러 올라간다. 예컨대 시편의 저자는 하나님께 "진실로 생명의 원천이 주께 있사오니 주의 빛 안에서 우리가 빛을 보리이다"라고 고백했다.[시 36:9] 중요한 것은 모든 신앙과 예술과 문학도 이와 마찬가지라는 사실이다. 프랑스의 철학자 모리스 메를로-퐁티Maurice Merleau-Ponty가 마지막 에세이 「눈과 생각」에서 역설했듯이, 우리는 위대한 예술 **자체를** 본다기보다 **그것을 통해서** 본다.[15]

예술보다는 신앙이 훨씬 더 그렇다. 각각의 신앙은 우리에게 삶을 보는 렌즈이자 세상에 거주하는 도시가 된다. 그런데 신앙마다 서로 다르다 보니, 각각 어떤 것들에는 집중하고 어떤 것들은 흐릿하게 만들거나 아예 몰아내 존재를 없애 버린다. 그래서 우리는 어떤 것들은 보고 경험하지만, 어떤 것들은 전혀 보거나 경험하지 못한다. 힌두교를 자신의 신앙으로 선택하는 사람들은 자아^{Atman}라는 우주의 궁극적 실재에 집중한다. 모든 존재의 근원인 자아는 불변하는 비인격적 개념이다. 하지만 그 결과로 그들은 인간 개개인—예컨대 불가촉천민인 달리트—의 지고한 가치의 근거를 결코 찾을 수 없다. 힌두교의 세계관에 일개 달리트의 가치와 존엄성은 존재하지 않는다. 신앙 자체가 그것을 배제한다.

마찬가지로 무신론을 선택하는 사람들은 과학의 영역 내에 있는 모든 것과 지금 여기의 세상을 누릴 수는 있으나, 그 결과로 완전히 세상 바깥에서 오는 것은 고사하고 과학의 세계 너머에 있는 모든 것과 초월에 대해서는 음치가 된다. 자연주의자와 세속주의자와 기타 많은 현대인의 "창문 없는 세상"에서 그처럼 시력이 나빠진 사람들은 동굴의 벽에 어른거리는 그림자만 볼 뿐 바깥의 햇빛은 보지 못한다. 아인슈타인이 말한 "천체의 음악"도 남들은 듣는데 그들은 듣지 못한다. 그들의 세계관에 햇빛과 음악은 존재하지 않는다. 예컨대 찰스 다윈$^{Charles Darwin}$은 갈수록 더 헨델의 「메시아」를 감상하지 못하겠다고 서글프게 인정했다. 그의 철학이 그것을 배제한 것이다. G. K. 체스터턴은 스스럼없이 이렇게 말했다. "오늘날 대다수 영미 철학자들의 현실관은 점심을 먹고 나서 살짝 졸음에 겨운 중년 사업가의 현실관과 동일하다."[16]

다르게 말해서, 지식에 어떤 식으로 집중하느냐에 따라 지식의 내용이 달라진다. 어떤 식으로 집중하느냐에 따라 경험하는 실재가 늘 달라지는 것과 같다. 영국의 신경심리학자 이언 맥길크리스트[Iain McGilchrist]가 뇌 연구를 통해 예증했듯이, 미국의 여류시인 거트루드 스타인[Gertrude Stein]의 장미처럼("장미는 장미라서 장미다"—옮긴이) 산도 산이라서 산이다. 하지만 산을 보고 경험하는 다양한 렌즈에 따라 산은 각기 다른 사람들에게 아주 다양한 의미를 줄 수 있다. 그리스의 이교도에게 산은 신들이 사는 곳일 수 있다. 포르투갈의 항해사에게 산은 항로의 표지일 수 있다. 남아공의 광부에게 산은 보화와 같다. 프랑스의 화가에게 산은 다음번 화폭의 주제가 된다. 19세기 영국의 등반가에게 산은 그저 "거기 있으니까" 올라가야 할 도전이다.

그러므로 2단계는 구도자에게 아주 결정적이다. 여기서 택하는 답을 나중에 믿게 되면, 이후로는 그것이 그의 세계를 결정짓기 때문이다. 아우구스티누스의 표현으로, 인간의 도성의 삶과 하나님의 도성의 삶은 천지차이다. 변증자는 긴박하고도 민감하게 늘 이런 장기적 결과를 염두에 두어야 한다. 어떤 면에서 2단계의 대화는 상이한 신념과 상이한 관념에 대한 이론적 대화로만 보일 수 있다. 그러나 다른 차원에서 보면 이는 신앙의 문제다. 구도자가 그것을 믿어 신자가 되면, 그것이 삶의 구석구석까지 영향을 미칠 뿐 아니라 영원한 결과마저 좌우한다.

각 신앙마다 자명하게 여기는 부분이 있는데, 그것 때문에 신앙 간의 차이는 물론 그 차이가 낳는 차이까지도 가려져 보이지 않게 된다. 그래서 다른 사람들의 관점들은 우습거나 터무니없어 보인다. "우리는 그렇게 보지 않기" 때문이다. 예컨대 서구인의 상식으로는 영원한 실재가 자명한 "현실"이지만, 힌두교도에게는 실재를 "환상"으로 보는 힌두교의 관점이 똑같이 자명하다. 물론 두 세계관의 중요한 차이 중 하나로, 서구적 관점―더 정확히 말해서 유대교와 기독교의 세계관―은 현대 과학을 탄생시켰지만, 힌두교의 관점은 그럴 수 없다. 차이가 차이를 낳는다. 차별 금지와 관용을 잘못 이해하여 이런 차이를 판단하지 않고 평가하지 않는다면, 이는 어리석은 일이다.

이런 개념은 동양 종교나 서구 자연주의의 주창자를 상대로 기적과 신유 같은 경험에 대해 대화할 때 매우 중요하다. 경험 자체는 결코 결론이 될 수 없다. 경험은 둘 중 어느 쪽의 주창자에게도 아무것도 입증해 주지 못한다. C. S. 루이스가 지적했듯이 "자신이 지금 꿈을 꾸는지 아니면 생시인지 의혹이 든다면, 그 의혹은 어떤 실험으로도 풀릴 수 없다. 모든 실험 자체도 꿈의 일부일 수 있기 때문이다. 어떤 선입관을 품고 있느냐에 따라 경험은 이것이나 저것을 입증하기도 하고, 아무것도 입증하지 못하기도 한다." 세속적 회의론자의 경우도 마찬가지다. "초자연을 배제하는 철학을 이미 품고 있는 사람은 그어떤 경험도 기적으로 여기지 않는다."[17] 또한 "규범을 알아야예외가 있고, 예외가 있어야 경이도 있다."[18] 요컨대 기독교 신앙 같은 세계관을 믿게 된다는 것은 생각을 바꾸어 삶에 대한새롭고 흥미로운 정보를 얻는 문제가 아니다. 그것은 다름 아닌 새로운 관점의 틀을 받아 삶 전체를 완전히 새로운 방식으로 보는 것이다.

셋째, 이번 2단계는 본질상 **비교**를 통해 이루어진다. 현대세계에 많은 해답들이 매물로 나와 있으며, 많은 판매원들이순진하고 진지한 사람들에게 자기네 제품을 소리치며 팔고 있다. 무조건 처음 만나는 해답을 받아들이고 그 이상 더 알아보지 않는다면, 분명히 어리석은 구도자다. 주택을 구입하려는신혼부부나 지원할 대학들을 따져 보는 입시생처럼, 지혜로운구도자는 모든 대안과 그 결과를 비교하고 검토하고 평가하여최종 판단을 내린다. 이때 의미의 기관으로 상상력이 개입된다. 구도자는 이렇게 묻는다. "내가 만일 세상이 그런 식이라고 확신하게 된다면 무엇이 달라지겠으며, 그것이면 내가 생각하고 살아나가는 데 충분할 것인가?" 그러나 이런 비교에도 그 나름의 문제점이 있으며, 그래서 오늘날 비교라는 개념 자체에 대해 많은 반론이 있다.

첫째, 확정적 선택은 포스트모더니즘의 시대에 배타적이고 비관용적으로 보이기 때문에 비교는 불쾌하다는 것이다. 한 학생은 나에게 이렇게 이의를 제기했다. "비교는 자신을 높이는 비열한 방법입니다. 자신이 더 커 보이려고 남들의 머리통을 잘라 내는 일입니다."

둘째, 비교는 상대주의를 부추길 뿐이므로 위험하다는 것이다. 옥스퍼드의 교목을 지낸 로널드 녹스Ronald Knox는 "비교 종교학은 사람들을 비교적 종교적이 되게 한다"고 꼬집었다.

셋째, 반론에 따르면 모든 종교는 어떤 면에서 진리이고, 하나님께 이르는 똑같이 정당한 길이며, 찾을 마음만 있다면 그 모두의 배후에 공통된 핵심이 있다. 그런데 비교는 그 점을 보지 못하기 때문에 잘못이라는 것이다.

넷째, 비교는 불가능하므로 부질없다는 것이다. 인생은 짧고 한 번뿐이다. 정말 세상의 모든 신앙을 알아보려면 인생을 세 번쯤은 살아야 할 것이며, 그 일을 제대로 하려면 억만장자의 재산이 필요할 것이다.

진리를 보는 확고한 기독교적 관점에 비추어, 지금쯤이면 처음 세 가지 반론에 대한 우리의 입장은 명확해졌을 것이다. 다만 네 번째 반론에 대해서는 눈여겨볼 만한 쉬운 대응들이 있다. 사실 세상에는 신앙과 인생철학이 무수할 정도로 많다. 그러니 그것을 어떻게 다 알아보고 평가할 것인가? 답은 그 압도적 다양성에도 불구하고 두 가지 요인이 진지한 구도자의 선택 폭을 좁혀 준다는 것이다. 우선 구도자마다 자기만의 특정한 질문들이 있어, 검토 대상인 전체 질문의 수가 확 줄어든다. 또한 "신앙군"families of faiths의 수가 한정되어 있어 선택의 가짓수가 다시 더 줄어든다.

진지하게 해답을 찾으려는 모든 추구의 가장 큰 장애물 중 하나는, 오늘날 큰 반칙을 범하는 사람들이 두드러져 보인다는 사실이다. 부와 권력과 현대적 명성 때문에 그들은 진지한 추구의 면전에서 냉소주의와 허무주의를 과시할 수 있고, 의미를 발견해야 할 외관상의 필요성이 전혀 없이 살아갈 수 있다. 화가 프랜시스 베이컨이 그런 사람이었다. 그는 어떻게든 모든 인습을 뒤엎고 모든 한도를 넘어서지 않고는 견디지 못했다. 그에게 인생이란 태어나기 전의 무와 죽은 뒤의 무라는 "두 공空"사이의 시간이었다. 그래서 그가 "우리는 무에서 와서 무로 간다"며 늘 입버릇처럼 인생무상을 역설해도 거기에 이의를 제기한 사람이 별로 없었다. "그 중간의 짧은 기간에 우리는 그저 표류하며 자신을 찾으려 할 뿐이다"라고 그는 말했다. 그러고는 안경을 위로 올리면서 잔뜩 빈정대는 목소리로 이렇게 덧붙이곤 했다. "모든 게 이렇게 속임수이니 우리는 똑똑해지는 게 낫다."[19]

이런 허세를 듣고도 우직하게 해답을 추구할 사람이 누가 있겠는가? 남들이 이미 다 찾아 놓은 해답을 말이다. 많은 사람들의 공통된 해답을 믿을 사람은 스스로 사고하기를 두려워하는 겁쟁이뿐이며, 순순히 그 해답대로 살아갈 사람은 더더욱 없다. 단 한 번 니체 철학을 지지했던 베이컨에게 그것은 허무한 인생이요 "이유 없이 하는 게임"이었다.[20] 그는 이렇게 말하곤 했다. "나는 아무것도 믿지 않지만 아침에 일어나는 게 늘 즐겁다.……무에 대한 낙관론이니 미친 소리인 줄은 나도 안다. 내가 생각하는 삶은 무의미하지만 그래도 나를 흥분시킨다."[21]

적어도 베이컨의 허세는 오늘날 궁극적 해답을 예술에서 찾으려는 사람이 거의 없음을 분명히 보여준다. 윌리엄 버틀러 예이츠William Butler Yeats는 한때 예술에 큰 희망을 품었다. "성직자들의 어깨에서 굴러 떨어진 짐을 내가 보기에 예술이 짊어지려 하고 있다."[22] 하지만 한 세기 전까지만 해도 예술에 사회적·철학적 비중이 있었으나 지금은 아니다. 또한 대다수 사람들은 해답을 과학에서 찾지도 않는다. 과학은 삶의 깊은 "왜"라는 질문들과 결코 씨름하지 않는다. 루드비히 비트겐슈타인Ludwig Wittgenstein은 "과학적 질문에 **모두** 답한 후에도 삶의 문제는 전혀 손대지 않은 채로 남아 있을 것이다"라고 말했고, 스페인 철학자 오르테가 이 가세트^{Ortega y Gasset}는 "삶은 과학이 우주를 과학적으로 다 설명할 때까지 기다릴 수 없다. 준비될 때까지 생활을 미룰 수는 없다"고 했다.²³

더 놀라운 사실은 많은 지혜로운 사람들이 삶의 의미에 대한 해답을 철학에서도 찾지 않는다는 것이다. 철학자를 종종 "바보"^{foolosopher}라 칭한 유진 오닐^{Eugene O'Neill}만큼 부정적인 사람은 별로 없겠지만,²⁴ 본인도 저명한 철학자인 레체크 콜라코프스키^{Leszek Kolakowzki} 등 일부 사람들은, 철학이 삼천 년 동안 많은 질문들과 유용하게 씨름해 왔으나 결국 합의된 확답을 하나도 내놓지 못했다고 시인했다. 철학은 명쾌한 사고력을 기르는 데는 부인할 수 없는 본질적 장점이 있으나, 삶의 의미의 확실한 길잡이로서는 턱없이 역부족이다.

궤변의 험악한 구름에 위협당하지 않을 사람들에게는, 의미에 이르는 길로서 그보다 더 검증되고 믿을 만한 것들이 있다. 대개 그것은 큰 신앙군들 중 하나를 따른다. **신앙군**이라는 용어는 우주의 실재의 궁극적 근원을 무엇으로 보느냐에 대한 관점이 같다는 점에서 서로 비슷한 신앙들을 가리킨다. 그렇게 볼 때, 오늘날의 세상에는 세 가지 주된 신앙군이 있다. 첫째는 힌두교, 불교, 뉴에이지 운동을 포함하는 동양 신앙군이다. 이들에게 실재의 궁극적 근원은 비인격적 존재다. 둘째는 무신론, 불가지론, 자연주의, 유물론을 포함하는 세속주의 신앙군이다. 이들에게 실재의 궁극적 근원은 우연이다. 리처드 도킨스는 우주란 "우연한 행운"의 산물이라 했다. 셋째는 유대교, 기독교, 이슬람교를 포함하는 아브라함 신앙군이다. 이들에게 궁극적 근원은 무한하신 인격신이다. 유대교도와 그리스도인들은 그분을 **여호와**라 부르고, 무슬림들은 **알라**라 부른다.

"사상은 결과를 낳는다"는 리처드 위버^{Richard Weaver}의 경구는 오늘날 널리 받아들여지고 있다. 그런데 이상하게도 사람들은 세속주의 문화가 낳은 근시안 때문에, 문명사의 다른 명확한 사실을 인정하지 않는다. 즉 "신앙도 결과를 낳는다"는 것이다. 양쪽이 서로 관련되어 있긴 하지만, 사실 후자의 증거가 전자의 증거보다 훨씬 많다. 신앙들의 주된 차이로부터 역사와 문명의 주된 결과들이 사방팔방으로 흘러나온다. 내 경험으로 보아 구도자들에게 비교를 가장 강하게 부각시켜 주는 두 가지 이슈가 있다. 하나는 인간의 존엄성과 가치의 문제이고, 또 하나는 악과 고난의 문제다. 이 두 가지 이슈를 세 가지 신앙군의 렌즈에 통과시켜 보라. 결과가 너무도 판이해서 각 선택의 대안이 극명하게 대비된다. 하지만 많은 구도자들의 중심 이슈는 이 두 가지가 아닐 수도 있다. 각각의 구도자에게 중요한 것은 자신이 품고 있는 특정한 질문과 지금 마침 눈앞에 마주친 "생생한 대안들"이다. 그들의 해답이 어디서 올지는 그런 요인들을 통해 결정되며, 따라서 우리도 그 부분에서 그들을 도와야 한다.

그러나 그리스도인 변증자에게 여전히 아주 중요한 일반 원리가 있다. "대조법은 명료성의 어머니다." 분명히 성경은 비교를 꺼리지 않는다. 구약에서 하나님은 사람들에게 그분을 강대국이나 다른 신들 등 그 누구나 무엇과도 비교해 보라고 권하셨다. 하나님을 그 누구나 무엇과 비교해 보면, 그분이 비교될 수 없는 분임을 알 수 있다. "너희가 나를 누구에게 비기……겠느냐."^{사 46:5} "나는 여호와라. 나 외에 다른 이가 없나니 나 밖에 신이 없느니라."^{사 45:5} 창조의 세력들과 비교한다면, 하나님은 그것들을 만드신 창조주이며 따라서 비교될 수 없는 **타자**^{他者}이시다. 온갖 잡다한 우상 신들과 비교한다면, 하나님은 항상 비할 나위 없는 **유일신**이시다. 그것들은 창조의 세력들이 투사되고 의인화된 수많은 모양에 불과하다. 신약에서 예수께서는 제자들에게 그분을 다르게 보는 사람들의 모든 관점을 말해 보라고 하셨다. 그렇게 그분은 비교를 통해 제자들의 사고를 집중시키셨고, 또 자신이 비길 데 없이 독특하신 분임을 보도록 도전하셨다. "사람들이 나를 누구라고 하느냐."^{막 8:27} "내가 곧 길이요 진리요 생명이니 나로 말미암지 않고는 아버지께로 올 자가 없느니라."^{요 14:6}

여정의 2단계에서 중요한 것은 의미와 충족성이다. 구도자

가 따져 보고 있을 특정한 신앙의 의미는 그의 질문에 답해 주
는가? 불을 밝혀 주고 열쇠처럼 꼭 맞는가? 그래서 구도자의
삶이 환해지고 생활의 기초가 탄탄해지는가? 대조법은 명료
성의 어머니이며, 의미 추구의 이번 단계에서 평가해야 할 목
표는 의미와 충족성이다.

검증의 단계　　　　　　　2단계가 1단계에 따라 나오듯,
　　　　　　　　　　　　　추구의 3단계도 자연스럽게 2
단계에 따라 나온다. 지금까지 구도자는 자신의 질문을 통해
특정한 하나의 신앙군으로 더 끌렸고, 그중에서도 가장 충족
한 답이라 생각되는 하나의 신앙으로 끌렸다. 이제 자연스럽
게 드는 의문은 이것이다. 하지만 이 신앙은 참(진리)인가? 물
론 그것은 빛을 비추어 주며, 해답이 탄탄하고 충족해 보인다.
하지만 이 신앙을 믿을 만한 근거가 있는가? 이 3단계는 철학
에서 말하는 "정당화,"^justification 과학에서 말하는 "입증"이나
"반증", 법정에서 말하는 "실사"에 해당하며, 일상용어로 하면
그저 "확인해 보는" 일이다. 속고 싶은 사람은 아무도 없다.
"매수자 위험부담의 원칙"은 쇼핑객 못지않게 구도자에게도
적용된다.

　이전 단계의 초점은 충족성이었고 의미 추구의 종은 상상력
이었다면, 이번 단계의 초점은 진리이며 진리의 종은 이성이

다. 오늘날 이 3단계는 구도자와 변증자 모두에게 유난히 더 중요하다. 충족성은 구도자에게 늘 중요한 이슈이지만, 사실은 진리도 그렇다. 그런데도 포스트모더니즘의 시대에 진리는 덜 주목받는 편이다. 무언가를 믿기로 할 때 단 하나의 탄탄한 최종 근거는 그것이 참이라는 확신이다. 그러므로 진리에 대한 주장이야말로 모든 신앙의 기초가 되어야 한다. 합리적이라고 자처하는 신앙이라면 말이다. 또한 진리에 대한 주장은, 원하는 사람이라면 누구나 그것을 조사하고 검토할 수 있도록 열려 있어야 한다. 기독교 신앙은 특히 더 말할 것도 없다. 기독교 신앙의 기초는 진리의 하나님에 대한 믿음이고, 그분의 말씀은 진리이며, 그분의 백성은 진리의 백성이 되도록 부름받았다. 따라서 진리 주장은 그리스도인들에게 매우 중요하다. 기독교의 진리 주장은 누구나 조사할 수 있도록 늘 열려 있으며, 솔직한 질문에 금기란 없다.

그뿐 아니라, 오늘날 그리스도인들에게 진리가 중요한 이유가 또 있다. 진리는 기독교 신앙을 향한 모더니즘과 포스트모더니즘의 각종 반론을 막아 내는 최고의 방패요 예방책이다. 많은 그리스도인들이 대개 부지중에 진리의 문제를 건너뛰었고, 그래서 진리의 빈자리를 진실하지만 불충분한 온갖 답으로 때운다. 가령 그들은 하나님을 믿는 이유로 "신앙이 그들에게 통한다"거나, "기도하는 가정은 깨지지 않는다"는 점을 든다. 이런 신앙은 진실할 수는 있으나 늘 취약하다. 한쪽으로는 의심에 열려 있고, 다른 쪽으로는 현대 회의론의 모든 공격에 열려 있다. 예컨대 진리라는 이유 외의 다른 이유들로 믿기 때문에 "잘못된 신앙"일 뿐이라든지, 또는 신앙이 진리를 둘러싼 도전들을 직시하기를 두려워한다는 식의 공격이다. 체스터턴의 말처럼 그를 비롯하여 무수히 많은 그리스도인들은 기독교 신앙을 믿되, 열쇠가 "자물쇠에 꼭 맞고 그 신앙이 삶과 닮았기 때문에" 믿는 순간이 있어야만 한다. 그는 계속해서 "우리가 그리스도인인 이유는 열쇠를 숭배하기 때문이 아니라 문을 열고 들어갔기 때문이고, 산 자들의 땅에 울리는 해방의 나팔소리를 바람처럼 느꼈기 때문이다"라고 말했다.[25]

바로 이 3단계에서 그리스도인 변증자는 아주 요긴한 설명과 애정 어린 격려를 잘 갖추고 있어야 한다. 누군가는 오늘날 진리가 왜 이렇게 상대적인 것으로 전락했는지를 이해할 필요가 있다. 또 누군가는 오늘의 회의론이 하나님 없이 확실한 삶을 얻으려 한 어제의 무리한 욕심의 뻔한 결과임을 인식해야 할 수도 있다. 그런가 하면 기독교적 관점의 진리는 영원히 유행이 지나지 않지만 회의론은 결코 오래갈 수 없으며, 사업과 과학과 언론과 특히 대인관계 등 인간 만사에 진리가 필수임을 확실히 알아야 할 사람도 있다. 가장 중요하게 예수의 주장과 복음을 직접 조사해 볼 것을 모든 구도자에게 권면해야 한다. 그래야 왜 믿음의 최종 근거가 기독교 신앙의 진실성에 있는지를 확신할 수 있다. 이 신앙은 자물쇠에 꼭 맞는 인생의 열쇠다.

여기서 잠깐 곁들여 주목할 부분이 있다. 현대 변증학에서 가장 부질없는 논쟁 중 하나는 이른바 증거주의와 전제前提주의 사이의 싸움이다. 하지만 지금까지 신앙을 향한 여정을 설명하면서 밝혀졌다시피, 답은 양자택일이 아니라 양쪽 모두이며 언제 어느 쪽이 적용되느냐의 문제다. 전제주의와 증거주의는 둘 다 변증의 중요한 부분으로, 진짜 문제는 언제 어느 쪽에 초점을 두느냐이다.

전제주의와 증거주의의 관계를 이렇게 생각해 보라. 1단계에 이르기 전까지는 사람들의 마음이 하나님께 닫혀 있으며, 성 바울의 설명처럼 그들의 불신은 잘못된 전제의 문제다. 이 단계에서 증거를 논하면, 때로 그들의 흥미를 돋울 수는 있으나 증거 때문에 생각이 바뀌기는 극히 어렵다. 불신이라는 사고의 틀이 그 틀에 어긋나는 것을 다 삼켜 버리기 때문에, 이 단계에서 기독교의 증거는 별로 위력이 없으며 마이동풍이 되기 쉽다. 한때 공산주의에 헌신했던 아서 케슬러는 자신의 많은 신념이 이 단계에 이른 뒤에 시인하기를, "나의 사고 속에 자동 선별기가 있었다"고 했다.[26] 그는 "내게 못마땅한 것은 무조건 '과거의 유물'로, 내 마음에 드는 것은 무조건 '미래의 씨앗'으로" 분류했다.[27] 처리 방식이 그렇다 보니, 아무리 순수한 지성적 증거들을 접해도 마르크스주의와 공산당에 대한 그의 믿음은 흔들릴 줄 몰랐다. 그의 변화는 훗날 삶과 역사를 통해서야 가능해졌다.

그러나 1단계에 이르러 구도자가 되면 모든 것이 달라진다. 삶의 의문에 부딪친 사람들은 기존의 전제를 버리고 새로운 전제를 찾는 과정에 들어선다. 이제 그들은 마음이 열려 있으며, 더 이상 기존의 신앙의 틀로 모든 것이 설명되지 않는다. 2단계에서 구도자는 자신의 의문에 답할 대안적 전제를 찾는 것이므로, 핵심 이슈는 전제다. 만일 그들이 추구의 과정에서 어떤 특정한 새로운 신앙을 참이라고 전제한다면, 그 신앙은 그들의 세계에 빛을 비추고 그들의 의문에 탄탄한 답을 가져다줄 것인가? 반면 3단계의 관건은 당연히 증거다. 이 단계에 제시되는 기독교 신앙의 증거—예컨대 복음의 신빙성이나 예수 부활의 역사성에 대한 증거—는 더 이상 불신의 틀에 삼켜지는 "한낱 정보"나 "기독교적 정보"가 아니다. 오히려 그것은 성경적 세계관의 틀 안에서 이치에 맞는 사실로 다가온다. 이제 구도자는 마음과 생각을 열고 그 증거를 숙고한다. 이 단계에서 기독교의 증거는 구도자가 기독교 신앙의 충족성과 진실성을 조사해 볼 수 있는 탄탄한 기초 역할을 한다.

오늘날 진리가 논란거리로 전락했지만, 진리의 문제를 강조하는 이 3단계를 결코 피해서는 안 된다. 다시 말하지만, 이 단계의 최종 결론은 단순하다. 진리를 강조하는 성경은 기독교 신앙에 방해가 되기는커녕 오히려 다른 모든 패를 이기는 최고의 패다. 기독교 신앙보다 더 진리를 진지하게 대하고 인생관 전체에 큰 결과를 낳는 신앙은 없다. 요컨대 기독교 신앙의 존립 여부는 그 진리 주장에 있다.

결단의 단계   4단계는 앞의 모든 단계가 자연스럽게 신앙의 결단으로 완결되는 시점이다. 이로써 구도자는 다름 아닌 실재 자체에 도달한다. 의문은 구도자를 만들어 내고 답을 찾는 추구를 촉발했다(1단계). 얼마 후 의미 있고 충족해 보이는 답이 발견되면서(2단계) 그 답을 믿을 만한 탄탄한 근거가 있는가 하는 의문이 따라 나왔다. 그 의문이 풀려 답을 믿을 만한 근거가 입증되면(3단계), 이제 모두가 종합되어 구도자는 전인으로서 하나님을 전심으로 믿는 쪽으로 나아간다(4단계).

이제 신앙은 인격적이고 체험적인 것이 된다. 단지 하나님에 대해 아는 게 아니라, 하나님의 실체를 아는 문제다. 생각하는 구도자는 의문을 계기로 답을 찾아 나섰고, 결국 답을 찾아내 그 답의 충족성과 진실성을 확신하게 되었다. 그래서 이제 전인으로서 책임지고 신앙의 걸음을 내딛어 여정을 마무리

한다. C. S. 루이스가 말했듯이 "**진리**는 늘 무언가를 가리켜 보이는 손가락이지만, **실재**는 그 손가락이 가리켜 보이는 대상이다."[28] 신앙을 향한 여정은 이로써 종결된다. 하지만 물론 지금까지의 설명은 중요한 이유에서 동시에 철저히 미완이기도 하다. 즉 그것은 구도자의 입장에서 본 이야기일 뿐이다.

여정의 이 마지막 단계에서 우리 변증자들은 구도자에게 신앙으로 귀향할 것을 권유한다. 이때 우리가 몇 가지 염두에 두어야 할 점은 무엇인가? 첫째, 구도자의 입장에서 본 이야기는 전체의 절반에 지나지 않는다. 성령께서 수석 변호인이자 최고 변증가이신 만큼, 정말 중요한 일은 그분이 구도자를 매료하고 설득하여 깨우치시는 일이다. 우리는 변증자로서 우리의 일에 진지하게 임하되, 결코 우리의 작은 역할을 부풀리거나 그 작은 역할의 큰 부분이 대화 상대를 위해 기도하는 일임을 잊어서는 안 된다. 하나님께서 친히 성령을 통해 하시는 일이 중요하며, 또한 변증을 변증답게 만든다.

흥미롭게도 대개 여정의 4단계에서 하나님의 임재가 처음으로 명백해진다. 새 신자가 전심으로 내딛는 신앙의 걸음은 단순히 자기 자신의 걸음이 아니라 훨씬 그 이상이다. 결단하는 구도자가 한순간 이전의 그 무엇보다도 분명히 아는 사실이 있다. 삶의 다른 어떤 선택보다도 이 신앙의 걸음이야말로 철저히 본인의 책임이며, 자신이 지금보다 더 온전히 자기다웠던 적은 없었다는 것이다. 그러나 다음 순간에 그가 아는 사실이 또 있다. 목표인 줄로만 알았던 그분이 또한 처음부터 길잡이셨다는 사실이다. 내가 하나님을 찾아냈다기보다 하나님께서 나를 찾아내셨음을 그는 안다. 여태까지 구도자는 자신이 찾는 주체인 줄로 알았으나, 사실은 대상이었다. 하나님의 도움 없이는 그분을 알 수 없기 때문이다. 시인 프랜시스 톰슨 Francis Thompson의 표현으로 "하늘의 사냥개"이신 하나님이 구도자를 줄곧 추적해 오셨다.

그와 달리, 인간 쪽에서 하나님을 찾는 것을 너무 강조하면 주객이 전도된다. 우리의 추구를 그렇게 보면 C. S. 루이스의 명쾌한 표현처럼 "고양이를 찾는 쥐"와 비슷해진다.[29] 사실 그는 "나는 하나님을 찾아 나선 경험이 없다. 오히려 그 반대였다. 그분이 사냥꾼이셨고(적어도 내게는 그렇게 보였고) 나는 사슴이었다"라고 고백했다. 결국 그것이 그를 미리 무장시켜 주어, 그는 "이 모두가 소원 성취일 뿐이라는 이후의 우려"를 물리칠 수 있었다. "소원한 적도 없는 일이 소원 성취일 리는 없으니 말이다."[30]

사실 우리는 하나님 없이는 그분을 알 수 없다. 우선 우리 스스로는 하나님을 알 만한 능력이 없으므로 그분이 자신을 보여주셔야 한다. 그것이 계시다. 그뿐 아니라 하나님은 물체가 아니라 인격체이시므로, 우리가 그분을 알려면 그분 쪽에서 계속 자신을 알려 주셔야 한다. 이것은 관계를 통해 가능하다. 그러므로 하나님을 아는 일은 그분으로 시작되어 그분으로 끝나는 선물이며, 이를 가리켜 은혜라 한다. 이런 사랑은 사랑의 반응을 요하며, 거기서 빚어지는 기독교 신앙은 구경꾼의 지식이나 심지어 엿보기 좋아하는 사람의 곁눈질이 아니라 사랑하는 사람의 앎이다.

이 모두가 신앙을 향한 여정의 마지막 단계에서 하나로 모아진다. 결단의 순간에서 핵심이 되는 부분은 인간의 추구가 돌연 앎으로, 앎이 신뢰로, 앎과 신뢰가 하나님을 사랑함과 그분께 사랑받는다는 틀림없는 지식과 경험으로 피어날 때다. 처음에는 그저 갈망이었을 수 있으나, 그것이 충족되었다. 순전히 이론이었을 수 있으나, 갑자기 그것이 살아 있는 실체로 변했다. 이전의 단순한 호기심이 사랑으로 바뀌었다.

따라서 우리의 변증은 결코 무미건조해져서는 안 된다. 사랑이 우리의 모든 노력의 알파와 오메가가 되어야 하기 때문이다. 사랑은 변증의 근원이고 수단이고 목표다. 사랑이 신앙을 향한 여정의 절정이 아니라면, 기독교적 설득은 본질적 정신과 참된 목표가 결여된 것이다. 우리 변증자들이 하려는 일은 그저 개념을 확증하거나 이론을 증명하는 게 결코 아니다. 우리는 사랑이신 그분의 증인으로 서는 것이며, 그분을 사랑하기에 다른 사람들에게도 그분께 알려지고 사랑받는 대상이 되도록 권유하는 것이다. 그들도 그분을 알고 사랑할 수 있도록 말이다. 성 바울의 말처럼, 변증자도 "사랑이 없으면 소리 나는 구리와 울리는 꽹과리"에 지나지 않는다.[고전 13:1]

둘째, 신앙의 걸음은 철저히 합리적이다. 기독교 신앙은 근거가 확실하다. 전인의 헌신이므로 이성 이하로는 안 되지만 이성 이상인 것만은 분명하다. 우리 인간은 사고뿐 아니라 감정과 의지도 있다. "충분히 생각하지 않는 신앙은 아무것도 아니다"라는 성 아우구스티누스의 말은 소크라테스가 중시한 "성찰하는 삶"에 상응하는 기독교적 표현이다.[31] 사고는 믿음의 필수 요소다. 믿을 만한 것만 믿어야 하기 때문이다. "생각하는 사람이라고 다 믿는 것은 아니다. 믿지 않기 위해서 생각하는 사람들도 많이 있다. 그러나 **믿는 사람은 다 생각한다. 믿으며 생각하고 생각하며 믿는다.**"[32]

기독교 신앙이 본질상 불합리하다는 이 시대의 터무니없는 비난이 있다. 이 신앙이 이성 없는 신념이요, 모든 이성에 어긋나는 신앙지상주의라는 것이다. 하지만 방금 인용한 아우구스티누스의 말과 치열하게 추구한 그 자신의 사례는 물론이고, 여태껏 무수히 많은 사고하는 사람들이 이 네 단계의 여정을 거쳐 예수를 믿기에 이른 신중한 방식은 그런 비난을 일소하기에 충분하다. 이 비난은 표적을 빗나가도 우스울 정도로 빗나간 중상모략이다. 그런데도 리처드 도킨스 같은 비판자들은 마치 계속해서 말하면 정말 그렇게 되기라도 한다는 듯이 동요처럼 그것을 연신 읊조리고 있다. 하지만 지금 비합리적인 쪽은 누구인가? 우리 시대의 가장 해박한 일부 철학 지성들과 역사 속의 가장 해박한 다수의 지성들을 통해 이미 완전히 부정된 지 오래인 틀린 주장인데도, 그 주장을 계속 되풀이하는 학자보다 더 비합리적일 수 있는 게 무엇이란 말인가?

제대로만 이해한다면 뿌리 깊은 신앙의 합리성은 이중의 효과를 낸다. 즉 신앙지상주의라는 비난을 침묵시킬 뿐 아니라, 이성을 제대로 신뢰할 근거—여태까지 합리주의가 몰랐던 근거—까지 제공한다. 사고하는 그리스도인은 믿으며 생각하고, 생각하며 믿는다. 역사의 증거만 보아도 알 수 있다. 이제 무신론자도 정직하게 이것을 인정해야 한다. 무신론과 기독교 신앙은 많은 면에서 정말 다르지만, 기독교 신앙이 비합리적이라는 주장만은 그 차이 중 하나가 될 수 없다.

단테는 고전 서사시 『신곡』에서 이성은 "날개가 짧다"고 말했다. 그런 의미에서 이성은 펭귄과 같다. 펭귄은 당당하고 예쁘고 사랑스러운 새인 반면, 신천옹은 새뮤얼 테일러 콜리지 Samuel Taylor Coleridge의 시 「늙은 수부의 노래」 덕분에 온통 부정적 의미를 띠게 되었다("그의 목을 휘감은 신천옹"). 하지만 날기에 관한 한 사실 당당하고 사랑스러운 펭귄은 전혀 날지 못하는 반면, 길이가 3.5미터나 되는 날개로 바람을 타고 활공하는 신천옹은 바다의 독보적 황제다. 마찬가지로 이성은 삶에 꼭 필요하며 모든 최고의 찬사를 받을 자격이 있지만, 단테는 알았고 요란한 신흥 무신론자들은 이해하지 못하는 사실이 있다. 우주의 가장 심오한 이치와 하나님을 아는 일에 관한 한, 신천옹이 펭귄보다 높이 비상한다. 즉 인간의 상상력과 경험과 사랑은 이성을 활용하되, 이성 자체로는 결코 도달할 수 없는 지점까지 높이 날아올라야 한다.

셋째, 앞서 보았듯이 구도자가 무릎을 꿇기보다 발길을 돌릴 수 있는 가능성은 이 마지막 단계에도 늘 존재한다. 니체에 따르면, 어떤 사상가들은 사고하다가 "위험 지점"을 만나면 당당히 맞서지 않고 권투 선수처럼 멋지게 피한다. G. K. 체스터턴과 C. S. 루이스는 사람들이 진리를 피할 때 동원하는 때로는 재미있고 대개는 모순되는 온갖 핑계와 발뺌을 기술한 바 있다. 이 단계에서 가장 보편적인 회피의 방법은 아예 결단을 거부하는 것이다. 그러면 여정이 달라진다. 더 이상 의미를 향한 여정이 아니라, 여정 자체에 의미가 부여된다. 도달하기보다는 희망을 품고 계속 가는 게 낫다는 것이다. 추구 자체가 보상이며, 의미의 추구가 곧 추구의 의미가 된다. 그리하여 추구는 끝없이 계속된다.

이 부분에 마지막 함정이 있다. 현대인들은 두 가지 어리석은 일에서 헤어나지 못하는데, 둘 다 끝이 비참하다. 한편에는

"성찰하는 삶"에 전혀 관심이 없는 사람들이 있다. 그들은 자신이 이미 도달했으므로 추구나 여정이 필요 없다고 생각한다. 다른 한편에는 끝없는 여정 자체가 자신의 열정이자 생활 방식이어야 한다고 생각하는 사람들이 있다. 의미라는 게 존재한다면, 의미란 경주하는 사냥개들이 쫓도록 되어 있는 모형 토끼와도 같아서 결코 잡을 수 없다. 그들에게는 의미의 추구가 곧 추구의 의미다. 행복한 삶의 비결은 행복한 삶을 추구하며 사는 데 있다.

이런 사람들에게 도달이란 생각할 수 없는 일이다. 사실은 일단 하나를 선택하면 다른 모든 대안을 잃고 권태의 운명을 자초할까 봐 두렵기 때문이다. 앞을 완전히 열어 놓는 게 중요하다. 조금만 길을 더 가면 더 나은 일자리, 더 만족스러운 관계, 더 매혹적인 나라, 더 충족한 신앙 등 늘 다른 사람이나 다른 것이 있을지도 모르지 않은가. 하지만 종착점이 없는 이런 끝없는 여행은 부질없는 짓이며, 결국 전설 속의 유령선의 저주처럼 끝난다. 그 배에 탄 사람들은 어디에도 입항하지 못한 채 영영 바다를 떠돌아야 했다.

변증자와 전도자의 기쁜 소식이 그보다 훨씬 낫다. 우리는 "와서 보라"요 1:39 하신 예수의 공개적 초대를 전한다. 우리와 함께 가자고 권유한다. 이 여정의 최종 목적지는 집이고, 거기서 우리를 기다리고 계신 분은 하늘 아버지이시다. 그래서 우리는 이 길에 합류하도록 사람들을 초대한다. 신앙의 결단은 모든 여정의 끝이 아니라, 의미를 향한 여정의 끝이면서 나머지 인생 여정의 시작이다. 구도자가 예수를 만날 때 모든 추구가 끝나는 게 아니라, 가장 위대한 추구가 시작되기 때문이다. 하나의 추구는 거기서 끝나지만 다른 더 깊은 추구가 시작되니, 곧 하나님을 한없이 더 깊이 알아 가는 추구다.

유령선의 운명과는 전혀 다른 의미에서, 여기야말로 참으로 끝없는 추구의 자리다. 대안의 가짓수가 무한하거나 선택이 불가능해서가 아니다. 우리가 얻은 답이자 새로 알게 된 그분이 무한하시고 무궁무진하시기 때문이다. 성 아우구스티누스가 하나님을 알아감에 대해 일깨워 주듯이, 우리는 "그분을 발견한 후에도 계속 반복해서 찾아야 한다." 무한하시고 무궁무진하신 그분을 알려는 평생의 추구는 "발견을 위한 추구이자 추구를 위한 발견이며, 추구할수록 발견이 더 달콤해지고 발견할수록 추구가 더 간절해진다."[33]

사람들이 이렇게 신앙을 결단하여 우리와 함께 예수를 따르려고 나서면, 그리스도인 변증자들의 일은 거기서 끝나고 이제부터는 그들과 우리가 형제자매로서 먼 귀향길을 함께 간다. 신앙을 향한 여정 곧 의미의 추구는 종결되지만, 신앙의 여정은 이제 시작일 뿐이다. 이제 예수의 길이란 우리가 그분의 부르심을 따라 멀고 굽이진 인생길을 간다는 뜻이다. 그분

과 동행하는 그 길의 끝에서, 모든 지친 심령과 생각은 쉴 곳
을 찾고 안도하며 기뻐한다. 예수께서 먼저 예비하러 가신다
고 말씀하신 곳이 바로 거기, 곧 아버지와 함께 사는 우리의
집이다. 거기서는 인생의 추구가 끝나기에 변증자의 일도 끝
나고 오직 천국 집의 기쁨만 남는다.

결론: 손을 활짝 펴라

교회사 초기에 기독교 변증의 예술을 보여주는 두 가지 상징이 있었다. 둘 다 법률과 수사학의 옛 풍습에서 유래했는데, 하나는 **꽉 쥔 주먹**이다. 이것으로 대변되는 변증의 부정적 측면(단념시키는 설득)*dissuasoria*은 인간의 이성의 최고 강점을 모두 활용하여 진리를 변호하는 일이다. 주먹을 꽉 쥔 변증은 이성과 논리와 증거와 논증의 위력을 총동원하여 모든 질문에 답하고 모든 반론에 맞선다. 신앙을 대적하며 하나님을 알기를 거부하는 잘못된 생각을 꺾는다. 성 바울은 "하나님 아는 것을 대적하여 높아진 것을 다 무너뜨리고 모든 생각을 사로잡아 그리스도에게 복종하게 하니"라고 말했다.고후 10:5

다른 상징은 **활짝 편 손**이다. 이것으로 대변되는 변증의 긍정적 측면(확신시키는 설득)*persuasoria*은 인간의 창의력의 최고 강점을 모두 활용하여 진리를 변호하는 일이다. 손을 활짝 편 변증은 능변과 창의력과 상상력과 유머와 풍자를 활용하여 예수의 사랑과 긍휼을 표현한다. 그리하여 오래도록 갖가지 이유로 하나님의 크신 은혜에 저항해 온 사람들의 마음과 생각을 비집어 열어 은혜가 햇빛처럼 비쳐들게 한다.

예나 지금이나 기독교 변증에는 그 두 가지 접근이 다 필요하며, 둘 다 많은 열매를 맺는다. 사람에 따라 둘 중 하나에 더 능할 수는 있으나, 최종적으로 양자택일의 과오를 범해서는 안 된다. 둘 다 설득의 필수 요소다. 그러나 오늘날 가장 절실히 회복되어야 할 길이 사랑의 마음으로 손을 활짝 펴고 다가가 설득하는 길임에 의문의 여지가 있을까? 우리 주님께 충실하기 위해서도 그렇고, 기독교 이후 세대의 마음과 사고에 다가갈 접촉점을 얻기 위해서도 그렇다. 우리의 모든 존재와 말이 그분께 합당하기를 기도한다. 말씀이신 그분은 태초에 하나님과 함께 계셨고, 첫 말씀을 하신 것처럼 마지막 말씀도 하실 것이며, 육신이 되셔서 우리 가운데 사셨다. 그분의 이름은 사랑이다. 홀로 그분께만 영광을 돌린다. 이제 그분께 합당한 방식으로 그분을 증언하기를 전에 없이 힘쓰자. 그리하여 다른 사람들도 그분을 알도록 이끌어 주자. 그분을 아는 것이 우리의 가장 큰 특권이다.

주

머리말: 잃어버린 기독교적 설득의 예술을 찾아서

1. William Edgar & K. Scott Oliphint, *Christian Apologetics Past and Present: A Primary Source Reader*, 제1-2권(Wheaton, IL: Crossway, 2009). Avery Cardinal Dulles, *A History of Apologetics*(San Francisco: Ignatius Press, 2005). Douglas Groothuis, *Christian Apologetics: A Comprehensive Case for Biblical Faith*(Downers Grove, IL: IVP Academic, 2011). W. C. Campbell, Gavin J. McGrath & C. Stephen Evans 편집, *New Dictionary of Christian Apologetics*(Downers Grove, IL: IVP Academic, 2006).

2. 기술: 마귀의 미끼

1. 다음 책을 참조하라. Os Guinness, *Unspeakable: Facing Up to the Challenge of Evil*(San Francisco: HarperOne, 2008). (『오스 기니스, 고통 앞에 서다』 생명의 말씀사)

2. Jaroslav Pelikan, *Divine Rhetoric: The Sermon of the Mount as Message and Model in Augustine, Chrysostom, and Luther*(Crestwood, NY: St. Vladimir's Seminary Press, 2000), 3.

3. Robert Louis Wilken, *The Spirit of Early Christian Thought*(New Haven, CT: Yale University Press, 2003), xvi. (『초기 기독교 사상의 정신』 복 있는 사람)

4. Blaise Pascal, *Pensées* 913, A. J. Krailsheimer 번역(London: Penguin Books, 1966), 306. (『팡세』 민음사)

3. 번호는 중지되지 않는다

1. Dorothy Sayers, *Strong Poison*(London: Times Mirror Books, 1970), 33. (『맹독』 시공사)

2. Albert Camus, *The Fall*(New York: Vintage Books, 1991), 81. (『전락』 창비)

3. Richard Hammer, *The Court-Martial of Lt. Calley*(New York: Coward, McCann & Geoghan, 1971), 238.

4. 다음 책에 인용되어 있다. Rob Barrett, "Idols, Idolatry, Gods", *Dictionary of the Old Testament: Prophets*, Mark J. Boda & J. Gordon McConville 편집(Downers Grove, IL: IVP Academic, 2012), 351.

5. 다음 책에 인용되어 있다. Jacques de Caso & Patricia B. Sanders, *Rodin's Sculpture: A Critical Study of the Spreckels Collection, California Palace of the Legion of Honor*(Rutland, VT: Charles E. Tuttle, 1977), 133.

4. 제3유형의 바보의 길

1. 다음 책에 인용되어 있다. Paul Rahe, *Republics Ancient and Modern: Classical Republicanism and the American Revolution*(Chapel Hills: Unversity of North Carolina Press, 1992), 233.

2. 같은 책.

3. 같은 책, 236.

4. 같은 책, 283.

5. 같은 책, 237.

6. Gerald Curzon, "Paolo Sarpi", *Philosophy Now*, 2014년 3-4월, 22.

7. 같은 책, 238.

8. 같은 책, 244.

9. 다음 책을 참조하라. Ralph Lerner, *Playing the Fool: Subversive Laughter in Troubled Times*(Chicago: University of Chicago Press, 2009).

10. 같은 책, 18.

11. William Shakespeare, *King Lear*, 5막 3장. (『리어 왕』 민음사)

12. Desiderius Erasmus, *Praise of Folly*, Betty Radice 번역(London: Penguin Books, 1993), 134. (『우신예찬』 열린책들)

13. Lerner, *Playing the Fool*, 70.

14. Shakespeare, *King Lear*, 4막 2장.

15. Viktor Frankl, *Man's Search for Meaning*(Boston: Beacon Press, 1959), 68. (『죽음의 수용소에서』 청아출판사)

16. Reinhold Niebuhr, "Power and Weakness of God", *Discerning the Signs of the Times*(New York: Charles Scribner, 1946), 145.

17. Niebuhr, "Humor and Faith", 같은 책, 111.

18. C. S. Lewis, "Christianity and Culture", *C. S. Lewis Essay Collection*(London: HarperCollins, 2002), 81.

19. Friedrich Nietzsche, *The Birth of Tragedy*(Oxford: Oxford University Press, 2002), 45. (『비극의 탄생』 아카넷)

20. Søren Kierkegaard, *Concluding Unscientific Postscript*, David F. Swenson 번역 (Princeton, NJ: Princeton University Press, 1941), 459.

21. Niebuhr, "Humor and Faith", 112.

22. Peter L. Berger, *Redeeming Laughter: The Comic Dimension of Human Experience*(Berlin: Walter De Gruyter, 1997), 205.

23. Peter L. Berger, *The Precarious Vision*(Garden City, NY: Doubleday, 1961), 67, 213.

5. 불신의 해부

1. Paul Johnson, *Intellectuals: From Marx and Tolstoy to Sartre and Chomsky*(San

Francisco: HarperPerennial, 2007). (『지식인의 두 얼굴』 을유문화사)

2. Plato, *The Republic*, Allan Bloom 번역, 제2판(New York: Basic Books, 1991), 164. (『국가』 풀빛)

3. Johnson, *Intellectuals*, 342.

4. Aldous Huxley, "Beliefs", *Ends and Means: An Inquiry into the Nature of Ideals*(Piscataway, NJ: Transaction Publishers, 2012), 291.

5. 같은 책, 314.

6. 같은 책, 320.

7. 같은 책, 312.

8. 같은 책.

9. 같은 책, 315.

10. Thomas Nagel, *The Last Word*(New York: Oxford University Press, 1997), 130.

11. Blaise Pascal, *Pensées*, A. J. Krailsheimer 번역(London: Penguin Books, 1966), 34. (『팡세』 민음사)

12. Huxley, "Beliefs", 316.

13. 다음 책을 참조하라. Evelyn Barish, *The Double Life of Paul de Man*(New York: Liveright, 2014).

14. Friedrich Nietzsche, *Beyond Good and Evil*, Walter Kaufmann 번역(New York: Vintage Books, 1966), 25. (『선악의 저편』 책세상)

15. 다음 책에 인용되어 있다. Peter L. Berger, *Facing Up to Modernity*(New York: Basic Books, 1977), xiv.

16. Søren Kierkegaard, *Attack upon Christendom*(Princeton, NJ: Princeton University Press, 1968), 37.

17. 다음 책에 인용되어 있다. Roland Hill, *Lord Acton*(New Haven, CT: Yale University Press, 2000), 138.

18. Ziyad Marar, *Deception*(Durham, UK: Acumen, 2008), 8.

19. 더글러스 스미스가 쓴 다음 책 서문에 나오는 말이다. Friedrich Nietzsche, *The Birth of Tragedy*(Oxford: Oxford University Press, 2002), xxi. (『비극의 탄생』 아카넷)

20. W. H. Auden, "Death's Echo", 1936.

21. Pierre Nicole, *Moral Essays*, 번역자 미상(London: 출판사 미상, 1696), 32.

22. Reinhold Niebuhr, *Discerning the Signs of the Times*(New York: Scribner, 1946), 121.

23. John Milton, "Paradise Lost", 제1권 263행과 제4권 110행 (『실낙원』 문학동네). Jean-Paul Sartre, *Being and Nothingness*, Hazel E. Barnes 번역(New York: Washington Square Press, 1993), 724 (『존재와 무』 동서문화사). Friedrich Nietzsche, *Thus Spoke Zarathustra*, R. J. Hollingdale 번역(New York: Penguin Classics, 1961), 110 (『자라투스트라는 이렇게 말했다』 책세상).

24. Steven Aschheim, *The Nietzsche Legacy in Germany*(Berkeley: University of California Press, 1992), 17.

25. G. K. Chesterton, *The Everlasting Man*(Garden City, NY: Image Books, 1955), 85.

26. Marar, Deception, 147.

27. N. T. Wright, *The Case for the Psalms: Why They Are Essential*(San Francisco: HarperOne, 2013), 120. (『땅에서 부르는 하늘의 노래, 시편』 IVP)

28. Kierkegaard, *Attack upon Christendom*, 201.

29. Nicole, "Of Christian Civility", *Moral Essays*, 139.

30. Augustine, *Confessions* 7.15, R. S. Pine-Coffin 번역(London: Penguin, 1961), 150. (『성어거스틴의 고백록』 대한기독교서회)

31. 같은 책, 12.25, 302.

32. 같은 책, 4.8, 79.

33. 같은 책, 10.23, 230.

34. Blaise Pascal, *Pensées(Thoughts)* 100(Stilwell, KS: Digireads.com, 2005), 22.

35. Friedrich Nietzsche, *On the Genealogy of Morals: A Polemic*, Douglas Smith 번역 (Oxford: Oxford University Press, 1996), 39, 42. (『도덕의 계보』 책세상)

36. D. H. Lawrence, *Selected Essays*(London: Penguin, 1950), 44-45.

37. Marar, *Deception*, 52.

38. Reinhold Niebuhr, *Discerning the Signs of the Times: Sermons for Today and Tomorrow*(New York: Charles Scribner, 1946), 13.

39. 같은 책, 14, 18, 49, 86.

40. Pascal, *Pensées*, 44.

41. Francis A. Schaeffer, *The God Who Is There*(London: Hodder & Stoughton, 1970), 122. (『거기 계시는 하나님』 생명의 말씀사)

42. Nietzsche, "The Joyful Wisdom", sec. 125. 출전: William V. Spanos, *A Casebook on Existentialism*(New York: Crowell, 1966), 256-57.

43. 다음 책에 인용되어 있다. Spanos, *A Casebook on Existentialism*, 4.

44. Herbert Lottmann, *Albert Camus*(London: Weidenfeld & Nicolson, 1979), 615,99. (『카뮈, 지상의 인간』 한길사)

45. Otto Reinert Strindberg, *Strindberg: A Collection of Critical Essays*(Englewood Cliffs, NJ: Prentice-Hall, 1971), 8.

46. Pascal, *Pensées*, 67.

47. 다음 책에 인용되어 있다. Michael Peppiatt, *Francis Bacon: Anatomy of an Enigma*(London: Skyhorse, 2009), 203.

48. Pascal, *Pensées*, 66.

49. 같은 책, 66.

50. 같은 책, 68.

51. 같은 책, 72.

52. Damon Young, *Distraction*(Durham, UK: Acumen, 2010), 65.

53. Pascal, *Pensées*, 129.

54. Peter Watson, *The Age of Nothing: How We Have Sought to Live Since the Death of God*(London: Weidenfeld & Nicolson, 2014), 268.

55. David Hume, *Treatise on Human Nature* 1.4.7(Oxford: Oxford University Press, 2000), 175. (『인간이란 무엇인가』 동서문화사)

56. Henrik Ibsen, *Wild Duck*, 제5막. (『인형의 집·유령·민중의 적·들오리』 동서문화사)

57. Kati Marton, *The Great Escape: Nine Jews Who Fled Hitler and Changed the World*(New York: Simon & Schuster, 2006), 179.

58. E. M. Forster, "What I Believe", *Two Cheers for Democracy*, E. M. Forster 편집 (London: Allen & Unwin, 1969), 46.

59. C. E. M. Joad, *For Civilisation* (Macmillan War Pamphlets, 1940), 20.

6. 형세를 역전시킨다

1. G. K. Chesterton, *Manalive* (Los Angeles: Indo-European, 2009), 73.

2. 같은 책, 73-78.

3. 같은 책, 78.

4. C. S. Lewis, "God in the Dock", *C. S. Lewis Essay Collection* (London: HarperCollins, 2002), 37. (『피고석의 하나님』홍성사)

5. Peter L. Berger, *A Rumor of Angels: Modern Society and the Rediscovery of the Supernatural* (Garden City, NY: Anchor Books, 1969), 42. (『현대사회와 신』대한기독교서회)

6. 같은 책, 40.

7. Vaclav Havel, *The Power of the Powerless* (New York: Routledge, 1985), 41.

8. 다음 책에 인용되어 있다. Arthur Kirsch, *Auden and Christianity* (New Haven, CT: Yale University Press, 2005), 9.

9. 다음 책에 인용되어 있다. István Mészáros, *Lukács' Concept of Dialectic* (London: Merlin Press, 1972), 52.

10. Peter Brown, *Augustine of Hippo* (London: Faber & Faber, 1967), 345. (『아우구스티누스』새물결)

11. C. S. Lewis, *Undeceptions* (London: Geoffrey Bles, 1971), 213.

12. Lucretius, *On the Nature of the Universe*, R. E. Latham 번역(Harmondsworth, UK: Penguin, 1951), 12, 66. (『사물의 본성에 관하여』아카넷)

13. Augustine, *Confessions* 2.2, R. S. Pine-Coffin 번역(London: Penguin, 1961), 44. (『성 어거스틴의 고백록』대한기독교서회)

14. 같은 책, 3.12, 69.

15. G. K. Chesterton, *Orthodoxy* (New York: Image, 1959), 21-22. (『정통』상상북스)

16. C. E. M. Joad, *God and Evil* (London: Religious Book Club, 1944), 14.

17. 다음 책에 인용되어 있다. Bernard Crick, *George Orwell: A Life*(London: Penguin, 1982), 428.

18. Harry Blamires, *The Faith and Modern Error*(London: SPCK, 1964), 1.

19. Blaise Pascal, *Pensées*, A. J. Krailsheimer 번역(London: Penguin Books, 1966), 60. (『팡세』 민음사)

20. Augustine, *Confessions* 1.16, 36.

21. 같은 책, 3.4, 58.

22. 같은 책, 7.10, 146.

23. Pascal, *Pensées*, 53.

24. Chesterton, *Orthodoxy*, 84.

25. 니체가 1870년 11월에 게르스도르프에게 보낸 편지로 다음 책에 인용되어 있다. Erich Heller, *The Disinherited Mind*(London: Penguin, 1961), 70.

26. 다음 책에 인용되어 있다. Arthur Kirsch, *Auden and Christianity*(New Haven, CT: Yale University Press, 2005), 20.

27. C. E. M. Joad, *The Recovery of Belief: A Restatement of Christian Philosophy*(London: Faber & Faber, 1952), 82.

28. Chesterton, *Orthodoxy*, 156-57.

29. C. S. Lewis, *Mere Christianity*(New York: Macmillan, 1943), 47. (『순전한 기독교』 홍성사)

30. Michael Peppiatt, *Francis Bacon: Anatomy of an Enigma*(London: Skyhorse, 2009), 346.

7. 신호를 촉발한다

1. 다음 책에 인용되어 있다. Arthur Kirsch, *Auden and Christianity*(New Haven, CT: Yale University Press, 2005), 20.

2. W. H. Auden, "September 1, 1939", *Another Time*(London: Faber & Faber, 1940).

3. W. H. Auden, *Forewords and Afterwords*(New York: Random House, 1973), 69.

4. 윌리엄 제임스의 말은 다음 책에 인용되어 있다. Edward Lurie, *Louis Agassiz: A Life in Science* (Chicago: Chicago University Press, 1960), 346. James Joyce, *A Portrait of the Artist as a Young Man* (London: Penguin Books, 1992) (『젊은 예술가의 초상』 민음사).

5. Humphrey Carpenter, *W. H. Auden: A Biography* (Boston: Houghton Mifflin, 1981), 283.

6. 다음 책에 인용되어 있다. Kirsch, *Auden and Christianity*, 22.

7. Carpenter, *W. H. Auden*, 283.

8. Kirsch, *Auden and Christianity*, 13.

9. Peter L. Berger, *A Rumor of Angels* (Garden City, NY: Doubleday Anchor, 1970), 53.

10. 같은 책.

11. 다음 책에 인용되어 있다. James Lord, *Giacometti: A Biography* (New York: Macmillan, 1997), 61. (『자코메티』 을유문화사)

12. William Wordsworth, *Ode: Intimations of Immortality* (Boston: D. Lathrop, 1884), 35.

13. C. S. Lewis, "Christianity and Culture", *C. S. Lewis Essay Collection* (London: HarperCollins, 2002), 81-82.

14. 같은 책, 82.

15. 다음 책에 인용되어 있다. Kati Marton, *The Great Escape: Nine Jews Who Fled Hitler and Changed the World* (New York: Simon & Schuster, 2006), 45-46.

16. Robert Louis Wilken, *The Spirit of Early Christian Thought* (New Haven, CT: Yale University Press, 2003), 299. (『초기 기독교 사상의 정신』 복 있는 사람)

17. Augustine, *Confessions* 1.1.1, R. S. Pine-Coffin 번역 (London: Penguin, 1961). (『성 어거스틴의 고백록』 대한기독교서회)

18. 다음 책에 인용되어 있다. Peter Watson, *The Age of Nothing: How We Have Sought to Live Since the Death of God* (London: Weidenfeld & Nicolson, 2014), x.

19. C. S. Lewis, *Surprised by Joy: The Shape of My Early Life* (Boston: Houghton Mifflin, 2012), 17. (『예기치 못한 기쁨』 홍성사)

20. 같은 책, 18.

21. 같은 책, 16.

22. C. S. Lewis, *The Weight of Glory*(San Francisco: HarperOne, 1980), 31. (『영광의 무게』 홍성사)

23. 같은 책.

24. 같은 책.

25. 다음 책을 참조하라. Berger, *A Rumor of Angels*, 49-75.

26. 다음 책에 인용되어 있다. Wilken, *The Spirit of Early Christian Thought*, 300.

27. 같은 책, 300-301.

28. 다음 책에 인용되어 있다. Wilken, *The Spirit of Early Christian Thought*, 310.

29. 다음 책에 인용되어 있다. Watson, *The Age of Nothing*, 4.

30. Philip Hallie, *Surprised by Goodness*(McLean, VA: Trinity Forum, 2002), 12.

31. Philip Hallie, *Lest Innocent Blood Be Shed*(New York: HarperCollins, 1994), 4.

32. Ronald Dworkin, "Religion Without God", *The New York Review of Books*, 2013년 4월 4일.

33. Kenneth Clark, *The Other Half*(London: John Murray, 1977), 108.

34. 같은 책.

8. 용수철처럼 튀어 오르는 역동성

1. Friedrich Nietzsche, *The Birth of Tragedy*(Oxford: Oxford University Press, 2002), 30. (『비극의 탄생』 아카넷)

2. Peter L. Berger, *The Precarious Vision: A Sociologist Looks at Social Fictions and the Christian Faith*(Garden City, NY: Doubleday, 1961), 1장.

3. 같은 책, 17.

4. 같은 책, 122.

5. 같은 책, 223.

6. 같은 책, 226.

7. Peter Watson, *The Age of Nothing: How We Have Sought to Live Since the Death of*

God(London: Weidenfeld & Nicolson, 2014), 396.

8. Peter L. Berger, *Invitation to Sociology*(Harmondsworth, UK: Penguin, 1966), 152. (『사회학에의 초대』 문예출판사)

9. 항상 옳아야 하는 예술?

1. 다음 책에 인용되어 있다. Herbert Lottmann, *Albert Camus*(London: Weidenfeld & Nicolson, 1979). (『카뮈, 지상의 인간』 한길사)

2. 다음 책에 인용되어 있다. Peter Brown, *Augustine of Hippo*(London: Faber & Faber, 1967), 48. (『아우구스티누스』 새물결)

3. 다음 책에 인용되어 있다. Roland Bainton, *Erasmus of Christendom*(New York: Scibners, 1969), 140. (『에라스무스의 생애』 크리스천다이제스트)

4. 다음 책에 인용되어 있다. Roland Hill, *Lord Acton*(New Haven, CT: Yale University Press, 2000), 126.

5. Arthur Schopenhauer, *The Art of Always Being Right*(London: Gibson Square, 2011), 23. (『쇼펜하우어의 토론의 법칙』 원앤원북스)

6. Plato, *Phaedrus* 267a-b. (『파이드로스』 문예출판사)

7. Schopenhauer, *The Art of Always Being Right*, 32.

8. Plato, *Phaedrus* 274b.

9. Schopenhauer, *The Art of Always Being Right*, 24.

10. C. S. Lewis, "Christian Apologetics", *C. S. Lewis Essay Collection*(London: HarperCollins, 2002), 159.

11. Friedrich Nietzsche, *The Birth of Tragedy*(Oxford: Oxford University Press, 2002), 109. (『비극의 탄생』 아카넷)

12. William Shakespeare, *Hamlet*, 2막 2장. (『햄릿』 민음사)

10. 부메랑을 조심하라

1. Algernon Charles Swinburne, "Hymn to Proserpine", *Poetry Foundation*, 2014년 11월 25일 접속, www.poetryfoundation.org/poem/174559.

2. 다음 책에 인용되어 있다. R. Joseph Hoffmann 편집, *Julian's Against the Galileans*(New York: Prometheus Books, 2004), 서문, 34.

3. 같은 책, 32.

4. 내가 이 도전에 응답하고자 쓴 책이 있다. Os Guinness, *Unspeakable: Facing Up to the Challenge of Evil*(San Francisco: HarperOne, 2008). (『오스 기니스, 고통 앞에 서다』 생명의 말씀사)

5. Henry Chadwick, "All Things to All Men", *New Testament Studies 1*, 1954-1955, 264-75.

6. Albert Camus, *The Fall*, Justin O'Brien 번역(New York: Vintage, 1991), 82-83. (『전락』 창비)

7. Harry Frankfurt, *On Bullshit*(Princeton, NJ: Princeton University Press, 2009), 1.

8. Fyodor Dostoevsky, *The Brothers Karamazov*, Constance Garnett 번역(New York: Macmillan, 1922), 40. (『카라마조프가의 형제들』 민음사)

9. Camus, *The Fall*, 89-90.

10. 다음 책에 인용되어 있다. Arthur Kirsch, *Auden and Christianity*(New Haven, CT: Yale University Press, 2005), 16.

11. 같은 책, xvii.

12. 다음 책을 참조하라. John M. Parrish, *Paradoxes of Political Ethics: From Dirty Hands to the Invisible Hand*(Cambridge: Cambridge University Press, 2007).

13. Pierre Nicole, *Moral Essays*, 번역자 미상(London: 출판사 미상, 1696), 232.

14. 같은 책, 383.

15. C. S. Lewis, *The Four Loves*(New York: Houghton Mifflin Harcourt, 1971), 30. (『네 가지 사랑』 홍성사)

11. 입 맞추는 유다들

1. David W. Virtue, "Atlanta Bishop Departs from the Faith in Interfaith Comments", *Virtueonline*, 2014년 1월 13일, www.virtueonline.org/atlanta-episcopal-bishop-departs-faith-interfaith-comments.

2. Benjamin B. Warfield, "Introductory Note". 출전: Francis R. Beattie, *A Treatise on Apologetics*, 제1권(Richmond, VA: The Presbyterian Committee of Publication, 1903), 26.

3. Benjamin B. Warfield, "Introduction to Francis R. Beattie's *Apologetics*". 출전: William Edgar & K. Scott Oliphint, *Christian Apologetics Past and Present*(Wheaton, IL: Crossway, 2011), 2:395.

4. Karl Barth, *Church Dogmatics*, 1.1, Geoffrey W. Bromiley 번역(London: T & T Clark, 1936), 31. (『교회 교의학』 대한기독교서회)

5. 같은 책, 4.1, 882.

6. Dietrich Bonhoeffer, *Letters and Papers from Prison*(London: Fontana, 1959), 108-10. (『저항과 복종—옥중서간』 대한기독교서회)

7. Jacques Ellul, *The New Demons*(London: Mowbray, 1975), 228.

8. Martyn Lloyd-Jones, *Authority*(London: Inter-Varsity Press, 1958), 14. (『권위』 생명의 말씀사)

9. George Orwell, *Inside the Whale and Other Essays*(Harmondsworth: Penguin, 1962), 152.

10. Anthony Flew, *God and Philosophy*(London: Hutchinson, 1966), 9.

11. Stephen Toulmin, Ronald W. Hepburn & Alasdair MacIntyre 편집, *Metaphysical Beliefs*(London: SCM Press, 1957), 97.

12. Wilfred Cantwell Smith, *The Meaning and End of Religion*(New York; Mentor Books, 1964), 177. (『종교의 의미와 목적』 분도출판사)

13. Langdon Gilkey, "Theology for a Time of Troubles", *The Christian Century*, 1981년 4월 29일, 474-80.

14. Samuel Thompson, *A Modern Philosophy of Religion*(Chicago: University of Chicago

Press, 1955), 30.

15. Ninian Smart, "The Intellectual Crisis of British Theology", *Theology*, 1965년 1
   월.

16. Bertrand Russell, *The Scientific Outlook*(New York: Routledge, 2009), 72.

17. 예컨대 다음 책을 참조하라. Kelly James Clark 편집, *Philosophers Who
   Believe*(Downers Grove, IL: InterVarsity Press, 1997). (『기독교 철학자들의 고백』
   살림)

18. G. K. Chesterton, *Orthodoxy*(Seattle: CreateSpace, 2009), 45. (『정통』 상상북스)

19. Blaise Pascal, *Pensées*, A. J. Krailsheimer 번역(London: Penguin Books, 1966), 54.
   (『팡세』 민음사)

20. George Tyrell, *Christianity at the Cross-roads*(London: Allen & Unwin, 1963), 49.

21. Albert Schweitzer, *The Quest for the Historical Jesus*(London: A & C Black, 1954),
   398.

22. Karl Barth, *From Rousseau to Ritschl*(London: SCM Press, 1959), 315.

23. Peter L. Berger, *A Rumor of Angels*(Garden City, NY: Anchor Books, 1969), 52.

24. James Hitchcock, "Does Christianity Have a Future?" *New Oxford Review*, 1980
   년 7-8월, 12.

25. C. S. Lewis, "Christian Apologetics", *C. S. Lewis Essay Collection*(London:
   HarperCollins, 2002), 149.

26. Smart, "The Intellectual Crisis of British Theology".

27. Walter Kaufmann, *The Faith of a Heretic*(New York: New American Library, 1959),
   32.

28. Walter Kaufmann, *Existentialism: Religion and Death*(New York: New American
   Library, 1976), 3.

29. C. S. Lewis, "Myth Became Fact", *C. S. Lewis Essay Collection*(London:
   HarperCollins, 2002), 141.

30. Peter L. Berger, "Secular Theology and the Rejection of the Supernatural",
   Theological Studies 38(1977년 3월): 51.

31. Peter L. Berger, *Facing Up to Modernity*(New York: Basic Books, 1977), 163.

32. Alasdair MacIntyre, "God and the Theologians", *The Honest to God Debate*, D. L. Edwards 편집(London: SCM Press, 1963), 215-27.

12. 여정의 길잡이

1. Plato, *Apology* 38a, *Plato in Twelve Volumes*, Harold North Fowler 번역, 제1권 (Cambridge, MA: Harvard University Press, 1966). (『소크라테스의 변명』 문예출판사)

2. Ronald Dworkin, "What Is a Good Life?" *New York Reivew of Books*, 2011년 2월 10일.

3. 다음 책에 인용되어 있다. Peter Watson, *The Age of Nothing: How We Have Sought to Live Since the Death of God*(London: Weidenfeld & Nicolson, 2014), ix.

4. 같은 책.

5. Os Guinness, *Long Journey Home*(Colorado Springs: WaterBrook Press, 2001). (『인생』 복 있는 사람)

6. 다음 책에 인용되어 있다. Michael Peppiatt, *Francis Bacon: Anatomy of an Enigma*(London: Skyhorse, 2009), 3.

7. C. S. Lewis, "Surprised by Joy", *The Inspirational Writings of C. S. Lewis*(New York: Harcourt Brace Jovanovich, 1987), 130. (『예기치 못한 기쁨』 홍성사)

8. Kati Marton, *The Great Escape: Nine Jews Who Fled Hitler and Changed the World*(New York: Simon & Schuster, 2006), 77.

9. 맬컴 머거리지와 직접 나눈 대화.

10. 다음 책에 인용되어 있다. Marton, *The Great Escape*, 96.

11. 같은 책.

12. Peter L. Berger, *Pyramids of Sacrifice*(New York: Basic Books, 1974), 201.

13. C. S. Lewis, "Is Theology Poetry?" in *The Weight of Glory and Other Addresses*, 개정판(New York: HarperCollins, 1980), 140. (『영광의 무게』 홍성사)

14. John Milton, *Areopagitica*, Dartmouth.edu, 2014년 12월 1일 접속, www.

dartmouth.edu/~milton/reading_room/areopagitica/text.shtml. (『아레오파지티
카』나남)

15. Maurice Merleau-Ponty, "Eye and Mind", *The Primacy of Perception*, Carleton Dallery 번역, James Edie 편집(Evanston, IL: Northwestern University Press, 1964), 159-90.

16. 다음 책에 인용되어 있다. Peter L. Berger, *A Rumor of Angels*(New York: Anchor Books, 1970), 3.

17. C. S. Lewis, "Miracles", *C. S. Lewis Essay Collection*(London: HarperCollins, 2002), 107. (『기적』홍성사)

18. 같은 책, 108.

19. 다음 책에 인용되어 있다. Michael Peppiatt, *Francis Bacon: Anatomy of an Enigma*(London: Skyhorse, 2009), 159.

20. 같은 책, 271.

21. 같은 책, 272.

22. 다음 책에 인용되어 있다. Watson, *The Age of Nothing*, 167.

23. 둘 다 같은 책, ix에 인용되어 있다.

24. 같은 책, 261.

25. G. K. Chesterton, *The Everlasting Man*(Seaside, OR: Rough Draft, 2013), 159.

26. 다음 책에 인용되어 있다. Marton, *The Great Escape*, 98.

27. 같은 책.

28. Lewis, "Myth Became Fact", *C. S. Lewis Essay Collection*, 141.

29. Lewis, "Surprised by Joy", 124.

30. Lewis, "The Seeing Eye", *C. S. Lewis Essay Collection*, 60.

31. Augustine, *De Praedestinatio Sanctorum*. 출전: *Nicene and Post-Nicene Fathers*, 제5권, Philip Schaff 편집(Buffalo, NY: Christian Literature, 1887), 5장. (『아우구스티누스의 예정론』야웨의말씀)

32. 같은 책.

33. Augustine, *The Trinity* 15.2. 출전: *Nicene and Post-Nicene Fathers*, 제3권, Philip Schaff 편집(Buffalo, NY: Christian Literature, 1887). (『삼위일체론』분도출판사)

찾아보기

감사의 말

예수를 따르는 사람의 삶은 평생 배움의 길이며, 거기에는 온
갖 실수를 통해 배우는 교훈도 포함된다. 이 책도 내게 분명히
그런 과정의 일환이었다. 이 책은 50년 가까운 나의 사고 과
정, 수많은 대화, 강연과 강의, 내가 읽은 숱한 책들의 결과물
이다. 예수의 기쁜 소식을 제시한 내 모든 초라한 시도도 빼놓
을 수 없는데, 때로는 그런 시도에 얼마간 결실이 있었으나 때
로는 안타깝게도 그렇지 못했다. 그러나 이 모든 것 위에 앞서
간 신앙의 영웅인 변증가들의 도전이 있다. 내게는 성 아우구
스티누스, 블레즈 파스칼, G. K. 체스터턴이 최고였다. 아울러
이 책은 현대 신앙의 세 위대한 거인인 C. S. 루이스, 프랜시스
쉐퍼, 피터 버거에게 온통 힘입은 것이다. 그들에게 진 빚을
영영 갚지 못할 것이다.

2장에서 말했듯이 루이스와 쉐퍼와 버거는 서로 모르는 사
이였고, 알았다 해도 서로 좋아하지 않았을지도 모르며, 자신

들의 사상을 가지고 내가 한 일에 전혀 동의하지 않을 수도 있다. 그러나 세 사람의 사뭇 다른 관점의 창조적 충돌이 핵폭발을 일으켜 내 사고에 불을 지피는 원동력이 되었다. 사실 나는 오랜 세월 그들의 사상에 비추어 작업했기 때문에 각자에 대한 고마운 마음을 가히 측량할 길이 없다.

그동안 내게 친구와 귀감과 길잡이가 되어 준 사람들이 그 밖에도 많은데, 그중 특히 변증 분야에서는 로널드와 수잔 매콜리, 존과 프리실라 샌드리, 딕과 마디 키즈, 빌과 바바라 에드거, 제럼과 비키 바즈, 배리와 베로니카 시그런, 래리와 낸시 스나이더, 대로우와 마릴린 밀러, 리처드와 제인 윈터, 앤드류와 헬렌 펠로우즈 등에게 빚을 졌다. 이들은 모두 기독교 변증이라는 위대한 일을 추구하는 특권과 기쁨을 함께 누린 라브리L'Abri의 친구와 동료들이다.

베리타스 포럼의 켈리 먼로우 컬버그, 댄 조, 레베카 맥래플린이 전 세계의 많은 대학에서 강연할 수 있도록 나를 초청하고 지원해 준 일은 나로서는 감히 상상조차 못했던 특권이다.

옥스퍼드 기독교 변증학 센터의 친구와 동료들인 라비 재커라이어스, 존 레녹스, 알리스터 맥그래스, 마이클 램즈덴, 에이미 오어-유잉, 이언 스미스, 데이비드 로이드, 빈스 비탈리, 톰 프라이스, 사이먼 웬햄, 크리스천 호프레이터, 섀런 더크스, 미셸 데퍼, 타냐 워커, 스튜어트 맥앨리스터는 복음에 대한 열정과 복음을 전하는 실력으로 내게 감화를 끼칠 뿐 아니라 차세대에 대한 확실한 희망이 되어 주고 있다.

사랑하는 친구들인 빌 에드거, 더글러스 그루타이스, 앨 수, 딕 오먼, 캐리스 그레이스 라일리는 책의 초고를 꼼꼼히 검토하여 교정해 주었고, 탈고할 때까지 매진할 수 있도록 나를 격려해 주었다.

IVP 출판사의 앨 수와 그의 훌륭한 동료들 그리고 나의 지혜롭고 지칠 줄 모르는 대리인인 에릭 월게머스는 관례상 늘 감사를 받지만, 그들의 지혜와 실력은 관례를 훨씬 넘어서는 감사를 받아 마땅하다.

무엇보다 나의 가족인 제니와 CJ는 변함없는 지원과 아낌없는 격려와 때로 요긴한 비판을 베풀어 준다. 이들의 사랑과 신실함이야말로 온갖 풍랑과 스트레스 속에서 나의 존재 자체를 붙들어 주는 닻과도 같다.